GABRIEL HANOTAUX

de l'Académie Française

HISTOIRE ILLUSTRÉE

DE LA

GUERRE DE 1914

LIRE dans ce Fascicule : **LA BATAILLE de la TROUÉE de CHARMES**

L'HABILE MANŒUVRE DU GÉNÉRAL DE CASTELNAU

FASCICULE N° 53

L'ÉDITION FRANÇAISE ILLUSTRÉE
(GOUNOUILHOU, ÉDITEUR)
30, Rue de Provence, Paris

PRIX NET : 1 franc

ÉTRANGER PORT EN PLUS

A NOS LECTEURS

ES *deux premiers volumes* de ***L'Histoire de la Guerre de 1914*** ont donné l'exposé des faits historiques et diplomatiques qui ont précédé et amené la guerre, et qui engagent si lourdement la responsabilité de l'Allemagne.

Avec *le troisième volume,* l'historien est entré dans le vif de son sujet, le grand drame de la guerre.

Le *quatrième volume,* achevé avec le fascicule 52, est consacré au récit de ***La Bataille des frontières.***

L'auteur aborde maintenant les combats du Luxembourg et de la Meuse, pour en venir, dans les prochains fascicules, aux engagements de la Sambre et à cette retraite vigoureuse qui prépare la victoire de la Marne.

Par les renseignements qu'il a recueillis, par les travaux d'enquête et de recherches auxquels il s'est livré, par les conversations qu'il a eues avec les personnages officiels et les hommes politiques de l'Europe entière, l'historien a approché, d'aussi près que peut le faire un contemporain, de la source où peut se découvrir la vérité complète, sincère et impartiale.

C'est vraiment le tableau de la « grande guerre ».

HISTOIRE ILLUSTRÉE

DE LA

GUERRE DE 1914

GABRIEL HANOTAUX
de l'Académie Française

HISTOIRE ILLUSTRÉE DE LA GUERRE DE 1914

TOME CINQUIÈME

GOUNOUILHOU, ÉDITEUR
PARIS, 30, RUE DE PROVENCE. — BORDEAUX, 8, RUE DE CHEVERUS
1917

CHAPITRE IX

II. LES PREMIERES RENCONTRES DE L'EST
LA VICTOIRE DE LA TROUÉE DE CHARMES

Résistance magnifique des deux armées de l'Est. — La Victoire de la trouée de Charmes et l'opinion. — Échec complet du plan allemand dans l'Est (21-26 août 1914).

NOUS avons dit précédemment ce qui avait été fait sur ce magnifique terrain défensif. Des batteries d'artillerie lourde avaient été disposées sur les hauteurs, enterrées dans les bois ; les bois, qui jouent dans toute cette région un rôle militaire si important, avaient été soigneusement fortifiés par le génie. Notamment les hauteurs d'Amance, du Pain de Sucre, du Rembêtant, avaient été couronnées de grosses pièces. En descendant vers la Seille, ce n'est partout que tranchées, fils de fer, emplacements de mitrailleuses (1).

Pendant que se déroule la première partie de la campagne de Lorraine, on ne cesse de perfectionner.

C'est cette longue préparation que le général de Castelnau achève et met au point pendant les dernières heures que lui laisse la destinée.

Le Grand-Couronné est, pour l'offensive ennemie en Lorraine française, ce que le bastion de Morhange était pour l'offensive française en Lorraine annexée. Les dispositions sont les mêmes, mais retournées : les troupes allemandes ont à défiler le long d'une crête d'où elles recevront l'attaque de flanc qui les arrêtera.

LE GRAND-COURONNÉ La défense naturelle de Nancy se compose de deux parties, l'une est et l'autre ouest qui forment comme une amande dont les deux écailles seraient séparées par le cours de la Moselle. L'écaille est c'est le Grand-Couronné; l'écaille ouest, c'est la forêt de Haye.

Ne nous occupons pour le moment que de la partie est.

L'écaille a ses rugosités et ses excroissances : elles sont formées par les hauteurs qui couronnent la rive droite de la Moselle et qui constituent l'espèce de petite Suisse séparant le bassin de la Moselle du bassin de la Seille. La Seille se jette dans la Moselle à Metz. Si on voulait poursuivre l'image, il faudrait dire que l'écaille étend sa pointe jusqu'à Jouy-aux-Arches, aux portes de Metz.

En réalité, il n'en est pas tout à fait ainsi Car une première pointe achève la région nancéenne au signal de Xon, en avant de Mousson. Lieu consacré aux divinités anciennes, terme que la nature a placé entre la Lorraine de Nancy et la Lorraine de Metz. Au pied du signal de Xon, c'est le pont de Mousson ;

(1) Etat des choses dès le 6 août. Bernard Descubes, *Mon carnet d'éclaireur*, p. 25.

plus près de Nancy, c'est la roche féodale de Mousson, et, en avant encore, une plaine couverte de forêts, la forêt de Facq. Puis le terrain se relève brusquement et en contre-pente, dominant la vallée, l'éperon de Sainte-Geneviève est le premier talus du Grand-Couronné.

Cet éperon, la colline de Sainte-Geneviève, est consacré à la sainte qui a protégé les Gaules contre l'invasion des barbares ; un monument y est élevé en l'honneur de la vierge de Paris, et rappelle la victoire de l'Empereur Jovin sur Attila. C'est toujours le chemin des grandes invasions.

Le paysage est de toute grandeur. En face, le rocher de Mousson ; dans le lointain, le signal de Xon ; au pied de la colline, à gauche, la Moselle niellant le sol brun de ses boucles d'acier. Sur l'autre rive, Pont-à-Mousson, et, au delà, encore à l'ouest, esquissées dans la brume, les pentes du Bois-le-Prêtre qui rattachent la région à celle de la Woëvre : c'est une magnifique tapisserie, mais avec le coloris tendre et bleuté d'une miniature de missel.

Sur la ligne d'horizon, une ville tapie dans une atmosphère plus aérienne et plus bleutée encore : c'est Metz. On discerne les coupoles, les clochers, les cheminées, la mer confuse des toits ; il semble qu'il n'y ait qu'à tendre la main !... Entre Metz et Nancy, les forêts, montant et descendant aux pentes des coteaux, forment un rideau mouvant et perfide promenant son ombre sur la région qui réunit les deux villes.

Au sud de la colline Sainte-Geneviève, le Grand-Couronné développera sa figure bosselée et rugueuse : ce ne sont que hauteurs et vallons, pentes et contre-pentes, sommets qui se commandent les uns les autres, ravins ridant la plaine ou s'enfonçant au creux des bois.

Du nord au sud, voici le mont Toulon (375 mètres), le mont Saint-Jean (407 mètres), les Moivrons à 411 mètres, le Grand Mont d'Amance à 410 et, quand on a franchi la coupure que fait la Pissotte se glissant de Champenoux vers Dommartin, Lay et Nancy, le Rembêtant au-dessus de Varangeville et Dombasle. S'appuyant sur le Sanon et le canal de la Marne au Rhin, il s'élève comme une acropole dominant la plaine au sud vers Lunéville, comme Sainte-Geneviève le domine au nord vers Metz.

Partout, sous nos yeux, c'est un tapis vert à peine coupé par le damier de quelques champs arables.

On ne dira jamais le rôle que les forêts ont joué pour la défense des chemins de Lorraine. Elles se sont dressées en quelque sorte contre l'ennemi. Partout, les routes ont des bois comme flancs-gardes. A défaut d'autre préparation, les forêts furent des remparts. Forêt de Gremecey, forêt de Champenoux, forêt de Vitrimont, bois de Faulx, et tant d'autres, complètent et allongent jusque dans la plaine les contreforts du Grand-Couronné.

Les forêts ont, à leur tour, leurs ouvrages avancés : ce sont « ces ceintures d'arbrisseaux revêches qu'on appelle, dans le pays, des *fourasses*. Les bois de Facq, du Chapitre, de Faulx et, en plaine, la forêt de Champenoux et ses annexes, sont les masses les plus importantes. Le plateau de Malzéville, lieu fameux des fastes militaires locaux, n'est qu'un sol aride et chauve, ceinturé sur tous ses côtés d'une bande étroite de sapins qui le cache à toutes vues du dehors » (1).

On peut s'imaginer ce que va devenir, entre les mains d'un chef avisé et résolu comme le général de Castelnau, une place forte ainsi composée par la nature, aménagée et achevée par la volonté et la main des hommes, couvée depuis de longues années par les prescience locales et les prévisions sagaces des chefs les plus expérimentés. Le Grand-Couronné, c'est le nid du 20e corps. Il s'y retrouve sur son terrain. Presque tous les généraux qui servent dans la 2e armée ont commandé là.

L'avantage que les Allemands avaient trouvé à Morhange, les Français vont le reprendre au Grand-Couronné.

(1) De Pouvourville, *loc. cit.*

LA COLLINE ET LE MONUMENT DE SAINTE-GENEVIÈVE

Comme nous l'avons vu, l'ennemi a passé la frontière le 22 août, mais sans élan. « Le 22, les lignes allemandes entraient en France dans l'après-midi, derrière les populations en fuite. Héros de la bataille de Lorraine, les soldats du prince bavarois Ruprecht purent orner leurs casques de la première branche de la victoire (1). » L'ennemi a fait des pertes lourdes : le récit d'un général allemand publié le 18 septembre 1914, comme le premier exposé officiel des événements, dit en propres termes : « Les pertes du corps d'armée (Ier corps bavarois) durant les quelques jours qui suivirent la bataille de Sarrebourg, ont atteint 25 et même quelquefois jusqu'à 50 0/0 des effectifs. » Les troupes manquent de munitions ; elles ont besoin de respirer. Les renseignements donnés par les reconnaissances aériennes établissent que l'ennemi a perdu le contact sur tout le front, le 22 au matin. Il s'était arrêté, le 21 au soir, sur la ligne Vic-Juvelize-Donnelay-Bourdonnaye.

Le général de Castelnau, le 21 au soir, a placé le front fortifié de Nancy sous les ordres du général Léon Durand, commandant le 2e groupe de divisions de réserve, et il le divise en quatre secteurs :

1° Le Rembêtant : une brigade mixte du 9e corps, deux régiments de réserve et un groupe d'artillerie du 9e corps (colonel Briant) ;

2° Seichamps Pulnoy : 34e brigade, un groupe et deux batteries d'artillerie et un escadron du 7e hussards (général Guignabaudet).

3° Mont d'Amance-La Rochette : 70e division de réserve (général Fayolle, le futur commandant de la 6e armée de la Somme, lors de la bataille de juillet 1916) ;

4° Jeandelaincourt-Mont-Sainte-Geneviève : 59e division de réserve et 35e brigade mixte (général Ropp). En outre, la place de Toul est mise sous les ordres directs du général de Castelnau.

La nuit du 21 au 22 n'est marquée par aucun incident.

La 2e armée se reforme et prend haleine à l'abri des terrains préparés sur le Grand-Couronné ; la cavalerie couvrant la droite de la 2e armée et assurant la liaison avec la 1re armée.

COMBAT ET OCCUPATION DE LUNÉVILLE La journée du 22 août devait être plus dure. Le front nord et est du Couronné est bombardé par intermittence, et notre artillerie lourde répond. Mais au sud, le 15e corps, après les dures journées de combats et de retraite des 19, 20 et 21 août, ne se sent pas en état de se maintenir sur la rive droite de la Meurthe, aux abords nord-nord-ouest de Lunéville : on le renforce par une brigade mixte du 20e corps (général Ferry) sur la position de Flainval.

Les troupes allemandes se mettent en mouvement. Elles sont observées par un témoin qui nous raconte leur passage par les villages de la frontière qui, la veille au soir, avaient vu disparaître les dernières arrière-gardes françaises.

Tout à coup des hurlements sauvages et une galopade effrénée retentissent dans la grande rue et, courbés sur leurs chevaux lancés au galop, la bride dans les dents, la lance en main, le revolver de l'autre, jetant des regards furieux de tous côtés, passent comme un ouragan six cavaliers vêtus de gris : ce sont des chevau-légers bavarois.

Épouvantés, les habitants s'enferment dans leur maison. Dix minutes après, de nouveaux hurlements et le vacarme effrayant d'une galopade. C'est une avalanche de 200 cavaliers qui descendent la grande rue. Ils s'arrêtent en bas du village (Réméréville) dans la cour du château...

Un bruit sourd, cadencé, de troupe en marche. Une colonne d'infanterie passe. Les hommes vont d'un pas allongé. Ils sifflent une mélopée monotone et triste qui scande leur marche. Une troupe arrive au pas gymnastique et disparaît au tournant de la route de Nancy. Le village est bientôt rempli de soldats. Des automobiles arrivent sans cesse, des officiers en descendent. Des cyclistes, des cavaliers partent de tous côtés. A la même heure, des colonnes allemandes débouchaient à Mazerulles, Erbéviller, Courbessaux, Drouville, Maixe.

Voilà que les soldats se répandent dans le village. Ils parcourent les maisons, les écuries, les greniers, toutes les pièces : ils regardent dans les coins, ils ouvrent les armoires, ils enfoncent les baïonnettes dans les matelas. Et toujours, ils frappent les murs avec la crosse de leurs fusils et de leurs bottes aux talons ferrés, ils martèlent

(1) Fendrich. *Gegen Frankreich und Albion.*

(Cl.) Sites et Monuments

LA ROUTE DE METZ ET LE POTEAU FRONTIÈRE ALLEMAND

lourdement les planchers... Ils sont méfiants. Il faut goûter avant eux aux aliments qu'ils emportent (1).

Une scène sur le vif :

Près de la fontaine, au milieu du village, une troupe est arrêtée. L'officier crie devant les maisons fermées : « Monsieur ! Monsieur ! » Personne ne répond. Enfin, il se décide, pénètre dans la demeure la plus proche, et en fait sortir une jeune fille, Marie-Thérèse Guérin. « Pourquoi ne répondiez-vous pas ? demande l'officier. — J'étais dans le jardin derrière. — Prenez ce verre et buvez. Si cette eau est empoisonnée, vous en répondez. » La jeune fille prend l'eau à la fontaine et boit.

L'officier se tourne vers ses soldats et dit : « Es ist gut » ; puis, il interroge : « Y a-t-il soldats français ici ? Quand sont-ils passés ? Avaient-ils l'air découragé ? Peuvent-ils se battre encore ? Où ont-ils fait leurs retranchements ? — Nos soldats sont passés la nuit, répond la jeune fille ; je n'ai donc pu juger de leur état. Quant à dire où ils sont allés se retrancher, je ne puis, n'étant pas sortie de la maison. — Ya, Ya, reprend l'officier moqueur. Demoiselles françaises, malignes, malignes. »

Des soldats sont montés dans le clocher de l'église. On les voit en observation à la lucarne. Ils ont installé une mitrailleuse. Les aiguilles de l'horloge marquent à présent l'heure allemande.

Les Allemands ne cantonnent pas au village. Ils restent au dehors. Durant cette journée, le canon tonne du côté de Lunéville. Mais ici tout est calme.

Tout ne se passait pas partout dans ces conditions relativement calmes. A quelques kilomètres, Maixe est en feu. Les forces allemandes se rassemblent de toutes les directions pour donner le coup de collier nécessaire et en finir avec la résistance française. L'armée du prince royal de Bavière venant de Delme,

(1) C. Berlet, *Réméréville*.

de Morhange, et s'étendant jusqu'à Avricourt, a pour objectif le Grand-Couronné et Lunéville. L'armée du général von Heeringen, débouchant du Donon et des cols des Vosges, a pour objectif, au sud, la ligne de la Mortagne et la forêt de Charmes où elle compte prendre à revers les forces françaises qui ont pour mission de défendre la trouée face au nord-est.

Ainsi l'ennemi vise, comme première base, l'occupation en force de la région de Lunéville par le XXIe corps, les IIe et IIIe corps bavarois.

L'attaque allemande commence le 22 août, dès 8 h. 30 du matin, sur les points où le 16e corps s'était établi, les hauteurs de Crion et de Sionviller. Le 15e corps ne se sentant pas de force à lutter avec, dans le dos, la rivière de la Meurthe, est autorisé, vers 10 heures, à se replier sur la rive gauche. On a pris la précaution de ne pas encombrer, par sa retraite, les passages de Lunéville : la 29e division a ordre de prendre les ponts de Blainville-Damelevières; la 30e division le pont de Rosières-aux-Salines. Le corps vient occuper les positions qui lui ont été prescrites sur les hauteurs de Saffais.

Cependant, il faut tenir le plus longtemps possible sur la rive droite de la Meurthe. Le général de Castelnau donne l'ordre au général Foch, qui commande le 20e corps, de prendre les mesures nécessaires à cet effet. Celui-ci charge la 11e division, «la division de fer », et spécialement la 22e brigade, de cette mission. La division est sous le commandement du général Ferry. La 22e brigade, venant de Morhange, était arrivée à Dombasle dans la nuit du 21 au 22 août après une longue marche : on ne la laisse pas reposer. Soutenue par deux groupes de 75 et deux groupes d'artillerie lourde, elle franchit la Meurthe et occupe les hauteurs de Flainval.

L'ennemi fait un effort pour lui passer sur le corps : mais elle tient toute la journée du 22 août et, empêchant ainsi l'ennemi de tourner le Grand-Couronné vers le sud, maintient ses liaisons avec le 16e corps. Le soir venu, la mission est remplie. La retraite générale s'est accomplie, la 22e brigade se décroche des Allemands sans être inquiétée : l'ennemi perd le contact. Les Français repassent la Meurthe et font sauter les ponts derrière eux.

Quelques semaines plus tard, le 16 octobre, le général de Castelnau se portait lui-même à l'état-major de la division et citait à l'ordre du jour le général Ferry, « pour avoir deux fois rétabli la situation en Lorraine, à Flainval et à Champenoux-Réméréville et avoir, par son organisation et son activité, réussi à maintenir en face de lui des forces trois fois supérieures aux siennes ».

Sur le Rembêtant, la journée n'avait pas été mauvaise non plus :

« Après avoir passé une nuit sur des paillasses *(4e bataillon de chasseurs, à Saint-Nicolas-du-Port)*, nuit qui nous fit bien du bien, chacun s'empresse de se laver un peu, on en a grand besoin, et de courir voir tous les blessés de la 11e division qui sont soignés ici, le quartier ayant été transformé en hôpital. C'est une cohue invraisemblable ; chacun va et vient de tous côtés.

« 8 heures du matin. — Branle-bas général, le clairon vient de sonner le rassemblement et pas gymnastique! Quoi! les Boches seraient-ils déjà là? Les marsouins auraient-ils lâché?... Non! C'est tout simplement pour être prêt. Néanmoins, une demi-heure plus tard, on retraverse la Meurthe et l'on voit arriver des paysans qui s'enfuient de leurs villages.

« On grimpe au Rembêtant où l'on retrouve les marsouins. Le temps est superbe. *Il règne partout une activité fébrile.* Tout à coup, semblable à un orage qui éclate, voilà notre artillerie qui ouvre un feu! 120 et 75 rivalisent à qui jettera le plus vite et le plus terriblement possible la mort dans les rangs adverses. Je crois qu'ils prennent quelque chose! La canonnade cesse, et une furia des marsouins se fait entendre, sans donner le temps de réfléchir aux Boches, qui sont cloués sur place. On a hâte d'y aller pour se venger d'avant-hier. En tout cas, on jouit du coup d'œil. Les Boches contre-attaquent... Peine perdue. Messire 75 rouvre la danse et aussitôt tout s'arrête (1). »

Cependant, le gros du 20e corps s'était établi au sud de la Meurthe, sur les hauteurs de Ville-en-Vernois-Manoncourt et la croupe est de Rosières. L'intention du général de Castelnau,

(1) Carnet du caporal Cazeneuve.

MOUSSON ET LA VALLÉE AU BAS DE SAINTE-GENEVIÈVE

préparant avec un soin minutieux la défense de la trouée de Charmes, est de relier le Rembêtant, c'est-à-dire l'acropole sud du Grand-Couronné, aux hauteurs de Saffais (367 mètres) et de Belchamps (413 mètres) qui commandent à la fois la plaine de la Meurthe et de la Mortagne au nord et protègent la trouée de la Moselle au sud. Le général prescrit sur ces positions des travaux de fortification passagère; malheureusement, la troupe n'en comprend pas encore toute l'importance et ne s'y applique pas. Le corps de cavalerie reste immobile en amont de Moncel-Lunéville.

Ces mesures ramenant légèrement les troupes en arrière, laissent à l'ennemi le champ libre pour s'enfoncer vers la Mortagne, au sud de Lunéville. En effet, si le 15e corps n'avait pu attendre le choc au nord de Lunéville, le 16e corps, attaqué à 8 h. 30 du matin, sur la position Crion-Sionviller, avait été forcé à la retraite. L'avant-garde du XXIe corps allemand avait commencé vigoureusement l'attaque, bientôt soutenue par toutes les forces disponibles débouchant de Valhey et atteignant Einville.

Vers midi, alors que Maixe commençait à brûler, la lutte était devenue très violente ; l'artillerie fait des ravages dans l'infanterie française qui s'accroche au terrain. L'ennemi est contenu à gauche sur la cote qui protège au nord Jolivet. Mais, sur la droite, vers 15 heures, la 31e division (16e corps) commençait à plier.

Les crêtes de la rive droite de la Vezouse avaient offert, d'abord, un point d'appui. Deux groupes d'artillerie de campagne établis là par la prévoyance du commandement canonnent l'ennemi. Une contre-attaque sur Croismare dégage la 31e division. Pourtant, elle doit céder ; elle passe la Vezouse et la Meurthe à Lunéville et vient se reformer à Xermaménil.

Lunéville est découvert. L'artillerie allemande vient se poster sur les hauteurs qui dominent Chanteheux et, de là, elle jette quelques obus. C'est une ville ouverte et sans défense ; les premières patrouilles allemandes y pénètrent sans rencontrer la moindre résistance. C'est seulement le lendemain 23, dimanche, à

2 heures de l'après-midi, que les troupes du XXIe corps défilèrent dans les rues, musique en tête.

Cette nouvelle bataille (du 22 août) nous donna la ville de Lunéville où un zeppelin avait dû atterrir quelque temps auparavant. Nous passâmes la nuit dans le salon d'un homme riche où l'on dormit assis sur les fauteuils à coussins. Le lendemain (23 août) besogne dure et à laquelle nous n'étions pas accoutumés ; nous étions fossoyeurs. Ce devait être un jour d'honneur pour notre brigade (vraisemblablement la 32e brigade, 70e et 174e régiments, de la 31e division du XXIe corps). Elle devait entrer musique en tête à Lunéville. Cela était réservé pour nous, « la brigade de fer », comme reconnaissance et récompense de notre bravoure. Mais la chose tourna mal ; à peine étions-nous en position que l'ordre du départ immédiat nous fut donné. Un combat était de nouveau engagé. Nous marchâmes tout le long du jour pour atteindre tard dans la soirée la petite ville de Gerbéviller. Là nous reçumes au bivouac le premier tonneau de bière (1).

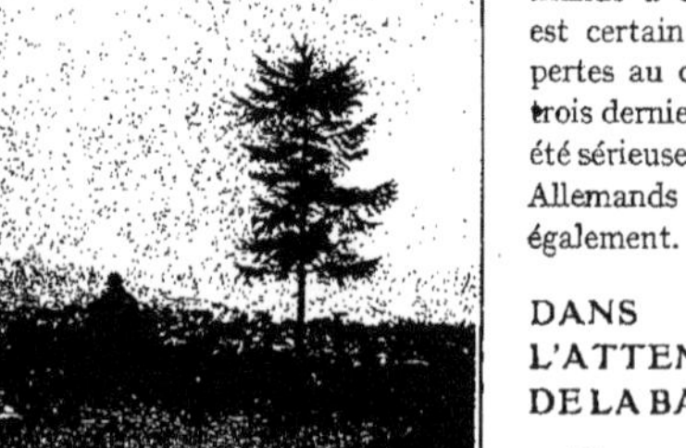

LA COLLINE DE SION-VAUDEMONT

L'occupation de Lunéville était un succès dont on fit grand état en Allemagne. On alla jusqu'à dire qu'elle équivalait à la prise de Verdun.

Cependant, la résistance des troupes françaises dans la journée du 22 août, notamment au combat de Flainval, aurait dû avertir les chefs qu'ils n'avaient pas affaire à des armées épuisées. Mais ils s'en rapportaient aux reconnaissances qui leur dépeignaient la « déroute » des Français comme définitive et ils se grisaient de leurs propres communiqués.

Comparons les deux comptes rendus officiels, ils traduisent l'esprit des deux commandements :

Communiqué allemand. Berlin, 24 août (en fait, le communiqué est du 23 soir, comme l'indique le mot « aujourd'hui »).

Les troupes qui, sous la conduite du prince héritier de Bavière, furent victorieuses en Lorraine, ont franchi la ligne Lunéville-Blamont-Cirey. Le XXIe corps d'armée est entré aujourd'hui à Lunéville. La poursuite de l'ennemi a commencé à porter ses fruits ; l'aile des Vosges fit de nombreux prisonniers et a pris 150 canons et des drapeaux.

Et voici le communiqué français :

22 août, 23 heures. — *En Lorraine.* — L'offensive allemande, qui avait répondu à notre attaque et continué pendant la journée d'hier, a été arrêtée aujourd'hui. Il ne s'est produit aucune attaque allemande contre la position désignée sous le nom de « Grand-Couronné de Nancy ».

Des engagements ont eu lieu sur les hauteurs au nord de Lunéville. On a l'impression que, dans ces actions, l'attaque des Allemands a été molle. Il est certain que si nos pertes au cours de ces trois derniers jours ont été sérieuses, celles des Allemands l'ont été également.

DANS L'ATTENTE DE LA BATAILLE

Nous sommes au 23 août. C'est seulement à partir de cette date que les ordres supérieurs établissent pleinement la liaison entre la 1re et la 2e armées et leur donnent l'objectif commun qui doit consister à tendre une sorte de piège à bascule devant les troupes allemandes s'avançant imprudemment.

La plate-forme du piège est constituée par l'armée Dubail qui a l'ordre de s'établir en ligne par le travers de la vallée, tandis que la charnière et l'abattant se composent de l'armée Castelnau, occupant les hauteurs du Grand-Couronné, passant par-dessus la Meurthe et s'établissant jusqu'à la crête de Saffais-Belchamps.

Quand les positions seront solidement prises, la jonction des deux armées se fera sur les hauteurs au nord de la forêt de Charmes, par les 64e et 74e divisions de réserve (2e armée) qui barrent la trouée, la 16e division du 8e corps et la 6e division de cavalerie (1re armée) qui, alertées dans la région au sud de Rozelieures et

(1) *Frankfurter Zeitung* du 27 septembre 1914.

LE GÉNÉRAL DE CASTELNAU A SON QUARTIER GÉNÉRAL

de Borville, sont prêtes à intervenir dans le flanc de l'armée allemande et à dégager l'armée voisine.

2e *armée.* — La journée du 23 se passe encore dans un calme relatif. Sans doute, l'ennemi souffle de son côté. C'est un dimanche, qu'il consacre à faire son entrée de parade dans Lunéville.

Sauf deux attaques sans résultat, que nous allons signaler, cette journée est une sorte de trêve de part et d'autre.

L'armée de Castelnau s'établit fortement sur ses positions. Le quartier général est transporté à Pont-Saint-Vincent, ce qui indique chez le général la volonté arrêtée de surveiller la région de Charmes, d'opposer l'aile droite de son armée au mouvement débordant de l'ennemi vers le sud, et de défendre la rive gauche de la Meurthe en prolongement du Grand-Couronné.

Voyez avec quel soin il masse ses troupes de façon à dominer ce couloir dont la valeur stratégique et tactique est d'une telle importance :

Le 16e corps d'armée, que nous avons vu se reconstituer vers Xermaménil la veille au soir, gagne la région Ferme Léaumont (cote 352)-Belchamps, commandant la route de Lunéville à Bayon. Il comprend la 32e division et la 74e division de réserve, car la 31e division, que nous avons vu fortement éprouvée, le 22, dans la région de Jolivet, se reconstitue sur la Moselle. La protection de la route Lunéville-Bayon est spécialement confiée à la 74e division de réserve (général Bigot) qui a commencé ses débarquements dès le 20 août; quant à la 32e division, sa 63e brigade est à droite; un des régiments de la 64e brigade à Villacourt au sud de Bayon, allongeant ainsi la défense jusqu'aux régions boisées de la trouée de Charmes. Toute l'artillerie du 16e corps est en ligne sur les crêtes de Belchamps et au nord de Brémoncourt (cote 413).

Plus au nord, le 15e corps, qui, on s'en souvient, n'a pas pu prendre part au combat du 22, se rassemble à gauche du 16e corps, dans la région Haussonville-ravin de Ferrières.

Le 20e corps d'armée s'articule de manière à pouvoir se porter, soit à la défense du Grand-Couronné, si l'ennemi fait une entreprise sur Nancy, soit à la défense de la trouée de Charmes, si, comme il est probable, il se détourne de la ville pour accomplir la grande manœuvre stratégique.

La brigade Ferry (du 20e corps) a repassé la Meurthe après avoir repoussé victorieusement quatre attaques d'une brigade bavaroise sur les hauteurs de Flainval.

L'artillerie du corps d'armée dominant la Meurthe et prenant d'enfilade la vallée du Sanon, est en batterie sur la crête Saint-Nicolas-Cuite-Fève; elle est appuyée par une brigade de la 11e division, ainsi que par le 4e bataillon de chasseurs, qui tient solidement le pont de Saint-Nicolas : car de ce point dépendent les communications entre les deux parties de l'armée.

« 23 août. — Le sol est couvert de cadavres allemands (Rembêtant). Toute la journée se passe sous un marmitage continuel, mais peu sensible pour nous. Le soir arrive; nous quittons nos emplacements et redescendons vers Saint-Nicolas. On s'installe en petits postes sur les routes, les ponts, le canal, etc..., et la nuit se passe assez calme. »

La 39e division (20e corps) est en réserve et au repos à Lupcourt-Manoncourt, derrière l'artillerie du corps d'armée.

On renforce encore la garnison du Rembêtant par le 43e colonial.

Les divisions de réserve gardent toujours le Grand-Couronné plus au nord, ayant leur force principale vers Lenoncourt, prêtes à contre-attaquer, s'il y a lieu, soit vers Haraucourt, soit vers Réméréville. Au fort de Bourlemont, toutes les dispositions sont prises pour une vigoureuse défensive.

On n'est pas encore renseigné exactement sur les intentions de l'ennemi ; il semble qu'il tende à s'écouler vers la trouée de Charmes : en effet, on signale une division ennemie

(Cl.) Sites et Monuments

LE CHATEAU DE LUNÉVILLE

s'avançant sur la route de Château-Salins et se dirigeant vers le sud ; plus au sud, le IIe bavarois est sur le Sanon (la 3e division bavaroise est sur Maixe-Drouville) ; plus au sud encore, un corps d'armée entre le Sanon et la Meurthe se retranche dans la région Maixe-Anthelupt-Flainval. Partout l'ennemi creuse des retranchements comme pour se protéger à sa droite, et installe ses batteries. Quelle chance inespérée s'il se lance vraiment en avant, prêtant le flanc à la manœuvre qui le menace du haut du Grand-Couronné!

« A midi, je pars en reconnaissance avec mon peloton, le long de la Meurthe, pour voir à Damelevières et Blainville les mouvements de l'ennemi. Pas d'incident. En passant près d'un petit bois, au retour (il fait presque nuit), on nous tire dessus assez vivement. C'est un petit poste français qui nous prend pour des uhlans! Personne n'est atteint. Les patrouilles allemandes ont franchi, ce soir, la Meurthe (1). »

Mais, on peut hésiter encore sur ses intentions. Dans cette journée du 23, il tente deux attaques sur le Rembêtant, l'une vers 10 heures venant de Dombasle, l'autre vers 13 heures, par le bois de Crévic. Elles sont arrêtées toutes deux par le feu de l'artillerie lourde du Rembêtant et des batteries de la rive gauche de la Meurthe : une des attaques contre le Rembêtant est repoussée vigoureusement par les 212e et 290e de réserve.

Or, sans que les troupes françaises s'en dou-

(1) *La Victoire de Lorraine* (Carnet d'un officier de dragons), p. 17.

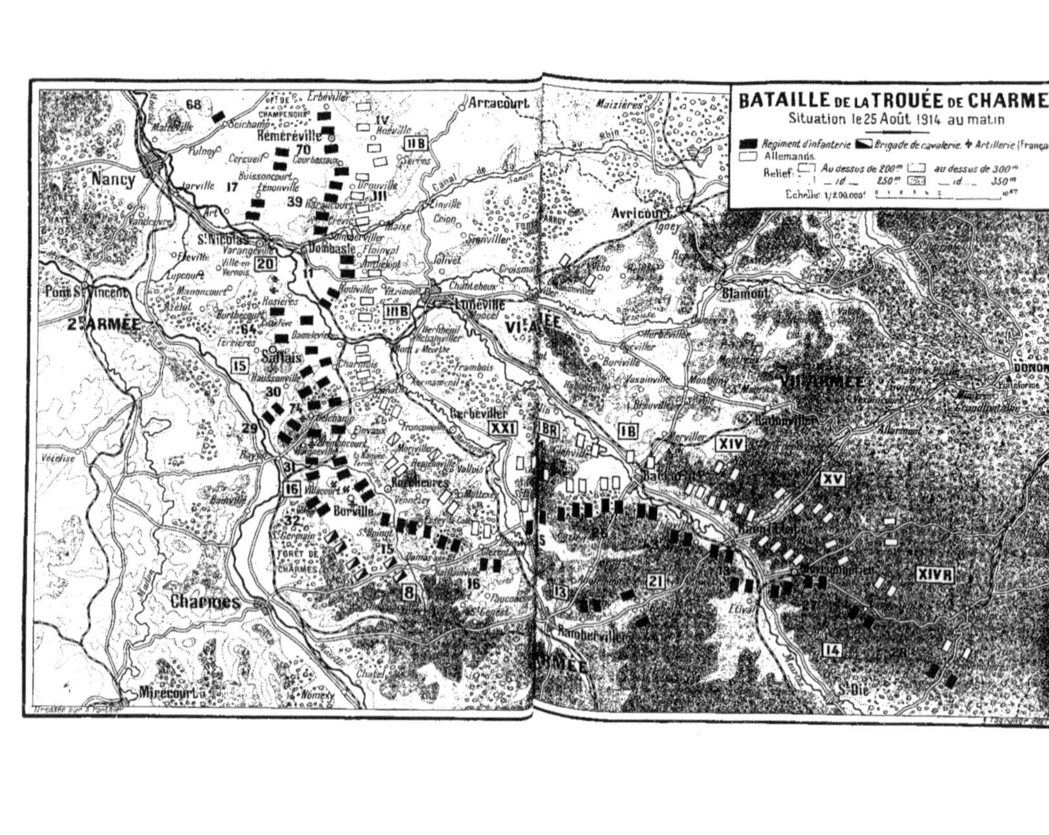
BATAILLE DE LA TROUÉE DE CHARMES
Situation le 25 Août 1914 au matin
Régiment d'infanterie
Brigade de cavalerie.
Artillerie (Français
Allemands
Relief:
Au dessus de 200m
au dessus de 300m
id. 250m
id. 350m
Echelle: 1/200.000
Nancy
Arracourt
Maizières
Remeréville
Erbéviller
Courbesaux
Serres
Drouville
Crion
Sionviller
Jolivet
Croismare
Avricourt
Igney
Blamont
S. Nicolas
Dombasle
Varangéville
Pont S. Vincent
Lunéville
Chanteheux
2e ARMÉE
Rosières
Saffais
Haussonville
Damelevières
Charmois
Fraimbois
Gerbéviller
Moriviller
Remenoville
Vallois
Rozelieures
Borville
FORÊT DE CHARMES
Charmes
Mirecourt
Nomexy
Chatel
Rambervillers
VIIIe ARMÉE
Badonviller
Baccarat
Raon l'Étape
Moyenmoutier
Etival
S. Dié
DONON
Allarmont
68
70
17
39
20
11
64
15
30
74
29
31
16
32
8
IV
III
IIB
IIIB
XXI
IBR
IB
XIV
XV
XIVR
13
21
14
28
27

tassent, elles avaient, par leur artillerie de la rive gauche de la Meurthe, infligé de très lourdes pertes aux Allemands, notamment aux environs de Blainville, où l'artillerie du 15e corps avait fait de véritables ravages dans les rangs ennemis ; le spectacle impressionnant en fut donné aux officiers français dès le lendemain matin, lors des reconnaissances.

C'est dans cette matinée du 23 qu'avait eu lieu, paraît-il, l'entrevue émouvante rapportée entre le général de Castelnau et le général Léon Durand, le premier disant : « Je vous en supplie, tenez, tenez », et le second répondant : « Nous tiendrons (1). »

La veille, le général L. Durand a réconforté les Nancéens par cette fière proclamation (2) :

HABITANTS DE NANCY,

Nancy, 22 août 1914.

Commandant les troupes opérant dans votre région, je fais appel à votre bonne volonté, à votre calme, à votre patriotisme dans les circonstances que nous traversons.

Ne prêtez pas l'oreille aux bruits alarmants qui circulent.

Mes troupes et moi, nous sommes là, comptez sur nous.

Signé :
Général Léon Durand.

Mais, que veut l'ennemi ? Prépare-t-il une sérieuse manifestation contre Nancy pour le lendemain ? Ou bien tente-t-il seulement de mettre à l'épreuve la solidité de nos positions défensives ? Il ne manifeste, dans la soirée, aucune velléité d'attaquer : on le voit installer une nombreuse artillerie sur les hauteurs de Flainval-Anthelupt, d'où il peut, soit canonner le Rembêtant, soit prendre à revers nos troupes vers Lamath-Xermaménil, ou, si elles tentent de s'y glisser, dans la forêt de Vitrimont.

1re *armée*. — La 1re armée a reçu pour instruction de combiner, dès le 23 août, son action avec celle de la 2e armée. Il est temps. L'ennemi a envahi, par tous les points de pénétration, la vallée de la Vezouse et s'est mis en marche sur la vallée de la Meurthe.

Venant d'Avricourt, de Blamont, de Cirey, du Donon, des cols des Vosges jusqu'au col de Sainte-Marie (celui-ci perdu la veille par la 71e division de réserve), l'armée von Heeringen et la gauche de l'armée du kronprinz de Bavière forment un vaste demi-cercle dont le sommet est aux pentes du Donon et dont la corde, qui est l'objectif, se trouve être la Meurthe avec Baccarat comme centre. L'action de l'ennemi intervient, de ce côté, pour aider la poussée du centre et de l'aile droite de l'armée bavaroise vers Rozelieures et la trouée de Charmes.

Les mouvements qui ont été prescrits pour le 23, à la 1re armée française, dans un but précis d'offensive ultérieure, doivent l'amener face au nord et au nord-ouest, *dans une position perpendiculaire au front qu'occupera le soir même la 2e armée*. Or, la veille au soir, 22 août, la 1re armée occupait une ligne dont la convexité était franchement nord-est. Le changement d'objectif, ordonné par le haut commandement pour le 23, entraînait donc une série de larges mouvements, avec, comme pôle d'attraction, les hauteurs dominant la lisière nord de la forêt de Charmes.

Le général Dubail va donc opérer, vers le sud-ouest, une vaste conversion de sa gauche et de son centre afin d'établir sa liaison en équerre avec la droite du général de Castelnau qui, nous l'avons vu, aura son point extrême, le soir du 23 août, au nord de la forêt de Charmes, vers Villacourt.

Le 8e corps quitte, en conséquence, ses cantonnements de la Verdurette, à l'est de la forêt de Mondon, pour opérer ce mouvement et s'articuler avec la droite de la 2e armée en direction de la forêt de Charmes, laissant ainsi à l'ennemi, dans cette journée du 23 août, la faculté d'entrer lui-même dans le piège largement ouvert.

Dans la nuit du 22 au 23, sous un orage

(1) *Est Républicain* du 12 septembre 1915.
(2) *La Vie en Lorraine*, août 1914, p. 212.

épouvantable, le corps d'armée passait la Meurthe ; la 16e division (de Maudhuy) recevait l'ordre, à minuit, de reprendre la retraite, le gros de la division étant déjà sur la rive gauche, un régiment étant resté sur la rive droite, vers Hablainville ; la division prend la direction de Domptail-Saint-Pierremont et passe la Mortagne.

Dans la journée, en très bon ordre et sans être inquiétée, mais fatiguée par la grande chaleur, elle gagne ses cantonnements prescrits : Fauconcourt-Ortoncourt-bois du Chaufour-cotes 361 et 370.

Nous nous sommes dirigés vers la Meurthe, aujourd'hui 22 août, par un temps abominable, écrit le capitaine Rimbault, du 95e (16e division). En sortant d'Hablainville, mon convoi a été pris dans une terrible tempête. Nous étions en pleine forêt, les chevaux avançaient difficilement et d'énormes grêlons nous cinglaient le visage. En débouchant des bois, le soleil réapparut. Mais un spectacle terrible s'est offert à nos regards. Sur les chemins qui, du nord, débouchent sur la Meurthe, nous voyons des files interminables de fugitifs. Je leur demande : « Où allez-vous, braves gens ? » Et sans lever la tête, ils répondent : « A la garde de Dieu ! »

Ils traînent derrière eux leur bétail et un chariot sur lequel ils ont jeté à la hâte ce qu'il faut pour aimer et ne pas mourir : leurs gosses, leurs hardes et leurs matelas. Ce soir, je couche à Flin.

23 août. — Nous avons traversé la Meurthe, et derrière nous, nous avons fait sauter les ponts. Je rencontre sans cesse des régiments qui se replient. Les hommes ne semblent plus abattus et devisent joyeusement entre eux du tabac qu'ils ont pris aux Boches à Sarrebourg. Pour les mettre en confiance, le commandement a donné l'ordre à tous les avions français de l'armée d'évoluer au-dessus des troupes. Enfin, nous voici à Ortoncourt.

LE GÉNÉRAL FAYOLLE

Le 8e corps en entier, le 23 août au soir, est sur la ligne Damas-aux-Bois, Haillainville et Fauconcourt.

A sa gauche, il a laissé, dans la journée, le 2e bataillon alpin pour contenir l'ennemi et l'empêcher, notamment, de franchir la Mortagne avant la fin de la retraite du corps d'armée, la reconstitution des unités et leur liaison avec la 2e armée. Il s'agit, avant tout, d'assurer la sécurité des mouvements qui permettront d'établir solidement le barrage de la trouée de Charmes.

C'est ici que se place l'épisode héroïque de la défense de Gerbéviller et de la Mortagne par une poignée d'hommes, défense qui permit la sécurité de la retraite du 8e corps, retint une journée entière une brigade bavaroise, mais excita à un tel degré la colère de l'ennemi que le martyre de Gerbéviller en fut l'immédiate conséquence. Un détachement de 54 alpins du 2e bataillon, commandé par l'adjudant Chèvre, un enfant du pays, reçut, dans la nuit du 23 au 24 août, l'ordre de tenir coûte que coûte les ponts de la Mortagne qui relient les deux parties du bourg ; des barricades furent établies. La brigade bavaroise du général Clauss occupait les abords de Gerbéviller. Vers 9 heures du matin, le 24 août, commença une fusillade acharnée ; l'ennemi canonna des hauteurs de Fraimbois jusqu'à 5 heures du soir. Les 54 alpins, après avoir infligé des pertes énormes aux Bavarois, se replièrent sans être vus à la fin de la soirée et l'ennemi entra dans le bourg qui fut mis à feu et à sang.

Ainsi, du 23 soir au 24 soir, toute une brigade allemande avait été tenue en respect par une cinquantaine d'hommes, à près de 15 kilomètres en avant des cantonnements du 8e corps. La magnifique conduite de cette troupe, que l'on eût crue sacrifiée, permit aux chefs d'apprécier le peu de mordant de l'ennemi et de donner quelque repos au 8e corps qui en avait tant besoin !

Dans cette journée du 23 août, à droite du 8e corps, le 13e corps descendait des hauteurs de Montreux sur Baccarat et gagnait les bords de la Mortagne où il cantonnait sur Saint-Maurice, Roville-aux-Chênes et Anglemont.

Le 21e corps, accroché aux croupes élevées et boisées des Vosges qui dominent la vallée de la Plaine, se dirigeait vers la Meurthe.

Sa 13e division est chargée du barrage dans la vallée de la Plaine sur le front Pierre-Percée-Celles (la 26e brigade sur Celles-Allarmont-Grand-Brocart). Mais l'ennemi n'a pas attaqué, bien qu'il soit au contact. C'est donc en toute liberté et par ordre que le repli se fait sur Neuf-Maisons et Pexonne; en fin de journée, l'ennemi essaye mollement de déborder la 25e brigade vers la Planée.

A la nuit, le 21e corps bivouaque face au nord, sur la ligne Celles-Pierre-Percée-Pexonne-Merviller-Baccarat-Bois de Glonville, c'est-à-dire sur les pentes septentrionales de la forêt du Reclos qui surplombe la Meurthe et couvre Raon-l'Etape.

Au sud-est, le 14e corps, ayant quitté la vallée de la Bruche, s'est replié vers l'ouest et a occupé la région de Ban-de-Sapt.

Comme l'ennemi est partout au contact, la plus grande vigilance est prescrite, tant à la 1re qu'à la 2e armée. Des mesures de sûreté sont prises en vue d'une forte attaque de nuit possible. Toute la nuit, en effet, on est en alerte à Celles et aux environs.

L'état-major de la 2e armée est à Pont-Saint-Vincent ; celui de la 1re armée a quitté Rambervillers dès le 23 au soir ; il s'est installé à Epinal, à l'Institution Notre-Dame, rue Thiers, et c'est de là que le général Dubail dirige la manœuvre prescrite à son armée.

BATAILLE DE LA TROUÉE DE CHARMES

Nous sommes arrivés à ces journées du 24 et du 25, qui, conformément aux prévisions et aux dispositions prises par le Grand Quartier Général, doivent voir se réaliser la manœuvre préparée depuis trois jours.

L'ordre est le suivant et il est d'une simplicité et d'une précision parfaites : la 1re armée doit faire front et lutter sur place ; la 2e armée, placée perpendiculairement, doit tomber sur le flanc de l'ennemi s'il s'engage dans la région des rivières au sud-ouest de Lunéville.

Essayons de rendre clair l'ordre de combat de façon à faire sentir, d'une part, le glissement des armées allemandes vers leur objectif qui est la trouée de Charmes et, d'autre part, la résistance des armées françaises, résolues non seulement à leur barrer la route, mais à contre-attaquer et à les mettre en échec.

Procédons de l'est à l'ouest.

Journée du 24 août. — L'ennemi n'a pas attendu l'aube du 24 pour se lancer en avant. A minuit, Celles est attaqué par surprise :

« Je m'étais jeté sur mon lit, écrit le colonel Hamon, commandant la 26e brigade (21e corps), quand le cri « aux armes » est poussé. Je m'équipe en toute hâte pour donner l'alarme dans tout le cantonnement et organiser la défense. Je pousse toutes les compagnies que je rencontre sur les issues nord et nord-est de Celles. Un peu plus, nous étions pris au saut du lit. Une autre fois, je ne cantonnerai plus si en avant des lignes. Les 5e et

LUNÉVILLE. — LE FAUBOURG DE NANCY ET LA PLACE LÉOPOLD

6e compagnies du 21e régiment occupent les barricades, établies à l'entrée de Celles, et brisent par leur feu l'élan de l'ennemi qui se replie, laissant sur la route de nombreux morts. Le 17e est sur pied. Toutes les issues sont barrées. Je mets l'ordre dans tout cela. L'ennemi ne renouvelle pas son attaque. A 4 h. 30, les 1er et 2e bataillons attaquent à leur tour; les deux compagnies du 3e bataillon, arrivées du Grand-Brocard à la Planée, sont prêtes à appuyer le mouvement. Le 17e tient Celles et les tranchées. »

Au même moment, l'ennemi attaque Baccarat par le nord et le nord-ouest. La pression de l'armée von Heeringen devient très forte sur le 21e corps. Devant ces forces supérieures et sous le bombardement intense, le 17e et le 21e régiments, notamment, sont peu à peu refoulés dans Celles, puis à l'ouest du village; nos batteries couvrent ce mouvement de repli et font, de leur côté, beaucoup de mal à l'ennemi.

« A 5 h. 30 du matin, je suis avisé, écrit le colonel Hamon, que le 20e bataillon de chasseurs, qui est à Pierre-Percée, doit venir soutenir la 26e brigade; de plus, le 60e bataillon de chasseurs, venant de Raon-l'Etape, doit arriver avant 6 heures à la scierie Lapus. A 6 h. 15, le 20e chasseurs déborde le village par l'est; les deux autres compagnies du 60e en réserve tiennent la lisière du bois face à Celles et au sud de la cote 315. »

La contre-attaque progresse vers l'est. Mais l'artillerie allemande intervient, écrase notre infanterie de ses obus.

Voici un récit allemand du combat:

« Le 24 août, un dur combat à Celles. La lutte commence à 6 heures du matin. Nous devons traverser des espaces découverts et on nous tire dessus de trois côtés. Nous avançons par bonds. Les bombes et les shrapnells éclaircissent nos rangs. Un camarade près de moi a la tête enlevée, je suis renversé par la pression de l'air et n'en reviens pas d'avoir encore tous mes membres. Nous nous glissons dans une tranchée préparée par les Français. Impossible d'aller plus loin; le feu de l'ennemi est trop violent. Nous y restons deux heures. A midi, les chasseurs entrent les premiers dans Celles-sur-Plaine (1). »

La 13e division est obligée de se replier : la 26e brigade gagne la Trouche, où ses éléments se reforment ; au début de l'après-midi, elle reçoit l'ordre de se porter sur Etival, protégée par le 17e chasseurs qui doit faire barrage à la Trouche ; la 25e brigade effectue son mouvement sur Raon. A la tombée de la nuit, la 26e brigade, arrivée à Etival, trouve le village envahi par la 27e division du 14e corps. C'est un chassé-croisé de corps, de parcs d'artillerie, de convois. Enfin, tout se tasse.

Quant à la 43e division, elle se replie également par Baccarat sur la rive gauche de la Meurthe ; le 109e s'était porté de son côté et avait été bombardé dans ses tranchées durant toute la journée. Vers 1 heure de l'après-midi, il retraitait sur Thiaville, franchissait la Meurthe à 4 heures et creusait des tranchées pour la nuit.

Le 21e corps bordait désormais la Meurthe.

L'armée Dubail va s'installer, et, de la droite à la gauche, organiser un barrage continu.

Le 14e corps servait d'appui à droite au 21e corps pour défendre la ligne des Vosges. Il reste en péril s'il ne regagne pas le gros de l'armée. Aussi est-il ramené légèrement en arrière sur sa gauche (27e division) qui, nous l'avons vu, cantonne à la nuit vers Etival. Le front du corps d'armée s'étend sur Provenchères-Ban-de-Sapt-Moyenmoutier, protégeant ainsi la ligne de la Meurthe, depuis Saint-Dié jusque vers Raon-l'Etape.

En Alsace même, à l'aile gauche de l'armée du général Pau, les cinq groupes alpins (général Bataille) tiennent toujours la région ouest de Colmar, au pied des Vosges, où les 12e, 22e et 28e bataillons occupent la zone Ammerschweier-Ingersheim, le 28e en tête de pont jusqu'à Logelbach. Les Allemands paraissent s'être retirés sur Neuf-Brisach.

Malheureusement, au nord-ouest, l'ennemi qui a pu, comme nous l'avons indiqué, s'emparer du col de Sainte-Marie, commence à descendre le versant français des Vosges et à déborder, le 25, les troupes qui, au sud, tiennent toujours l'Alsace jusqu'aux faubourgs mêmes

(1) Récit d'un chasseur allemand dans *Frankfurter Zeitung* du 18 septembre 1914.

VUE DE SAINT-MAURICE

de Colmar. Il cherche aussi la trouée de Charmes, mais par Saint-Dié et Epinal.

La 142e brigade est ainsi obligée d'évacuer le village et le col du Bonhomme et de se replier à Fraize, sur la Haute-Meurthe. Nous verrons, les jours suivants, les groupes alpins se conformer à ce mouvement de retraite sur la frontière, afin d'établir définitivement la continuité du long barrage de la Meurthe.

Comme il importe d'interdire à l'ennemi la route d'Epinal, non seulement les groupes alpins la protègeront, mais la 71e division de réserve, réserve mobile de la place, qui en était sortie pour garder les cols des Vosges et venait de perdre le col de Sainte-Marie, recevait le 24 août l'ordre du général Dubail de se replier sur la place elle-même. La 58e division de réserve gardait la rive droite de la Meurthe au sud de Saint-Dié. Le haut commandement met à la disposition de la 1re armée la 44e division venue de l'armée d'Alsace ; déjà les débarquements de cette unité s'achèvent, le 24 août, vers Saint-Dié et vers Bruyères.

A la gauche de ces masses françaises (21e et 14e corps, 58e et 71e divisions de réserve, groupement alpin, 44e division), qui défendent au nord, à l'est et au sud, l'accès de la région de Saint-Dié, d'où l'ennemi, par la vallée de la Vologne, pourrait tenter de tourner Epinal, il y a, sur le front des 13e et 8e corps, une zone de manœuvre que le haut commandement s'est habilement ménagée et où il espère bien que l'ennemi, trompé par les succès de Sarrebourg et de Morhange, viendra se faire prendre.

C'est dans ce but qu'à gauche du 21e corps, le 13e corps, le 24 août vers midi, s'est calé sur sa droite vers les hauteurs de Ménarmont, au nord de ses cantonnements de la nuit ; ainsi posté, il soulage déjà la droite de la 2e armée, fortement attaquée depuis 10 heures du matin par l'ennemi de Mont-sur-Meurthe à Gerbéviller.

Le 13e corps tient, pour ainsi dire, le goulot de l'entonnoir, assurant avec le 21e corps la possession de la ligne de crêtes qui, de Vallois à Etival, court parallèlement à la Meurthe et en commande les passages.

Le 8e corps prolonge vers l'ouest, au delà de la Mortagne, la solidité de cette ligne qui occupe les hauteurs. Un ordre du Grand Quartier Général, qui révèle une très claire vision des événements et une vigilance stratégique de tous les instants, assure au général de Castelnau la coopération de ce corps de la 1re armée et la met à la disposition de la 2e armée.

Le 8e corps se porte donc sur les crêtes d'Essey-la-Côte, et protège ainsi, exactement l'entrée de la trouée.

« Ortoncourt, 24 août. — C'est vrai que la situation s'aggrave. Les Allemands se sont avancés entre la Mortagne et la Moselle, et, prenant pour objectif cette dernière rivière, veulent percer entre Châtel, Charmes et Bayon. Allons-nous nous faire manger par ces gens-là ?... Le régiment (95e) a reçu, ce soir, l'ordre de prendre l'offensive.

« J'ai assisté au défilé du départ : les hommes étaient joyeux, et, tout en comptant leurs cartouches, ils lançaient en marchant des apartés où ces mots revenaient souvent : « Ce qu'il vont prendre, les Boches, pour leur rhume ! »

« A 4 heures et demie, je me dispose à quitter le bourg avec mon convoi qui doit s'établir en position d'attente à 1.500 mètres de là, quand je vois deux obus éclater sur les hauteurs nord du village *(ce fut là la limite extrême de l'avance allemande dans l'est de la France)* sur lesquelles mes camarades viennent de s'engager... L'un d'eux avait été pour mon chef, le colonel Tourret » (1).

En somme, la 1re armée, tout en cédant du terrain, n'en continue pas moins à faire barrage partout. Cela ne suffit pas. Le 8e corps reçoit l'ordre de contre-attaquer. Il le fait sur Vennezey-Moriviller, aux approches de la trouée, autour de ce village de Rozelieures qui est l'objectif certain de l'ennemi.

C'est pour aider à ce mouvement du 8e corps que le 13e corps, se couvrant à droite sur Ménarmont, maintient les troupes ennemies qui débordent de Baccarat. C'est une bataille qui se dessine partout à la fois à l'entrée du goulot.

Pour défendre la trouée de Charmes. — Nous venons de voir la 1re armée, après son large mouvement de repli du 23 août, luttant pied à pied le 24, tenant tête à l'ennemi et le retenant sur les pentes des Vosges, tandis qu'à l'ouest les forces allemandes se dirigent en masse vers Lunéville et la trouée de Charmes ; le général Dubail a cédé lentement, mais il n'a pas rompu. Tout en pliant, il exécute à la lettre les prescriptions du haut commandement, c'est-à-dire qu'il dispose ses forces au nord-nord-ouest, « perpendiculairement » à la 2e armée.

Ainsi, la 1re armée fait avec celle-ci, le 24 au soir, exactement un angle droit; son front principal s'étendant de la trouée de Charmes à Raon-l'Etape, tandis que les unités formant barrage plus à l'est, dessinent une nouvelle ligne dont la convexité est au Ban-de-Sapt, face au débouché de l'ennemi par la vallée de la Bruche.

Au même moment, la 2e armée, occupant l'autre côté de l'angle droit, est installée, du sud au nord, sur les hauteurs de Belchamps, de Saffais et sur tout le Grand-Couronné jusqu'à Sainte-Geneviève. Le piège est bien tendu. L'ennemi s'y engagera-t-il ?

Le doute semble régner dans la 2e armée jusque dans la matinée du 24 août.

Toutefois, on s'attend à une forte attaque et les contacts sont pris :

« 24 août, 2 heures du matin (4e *bataillon de chasseurs*). — Nous voilà repartis sur Dombasle ; de là, on gagne les hauteurs de Flainval. Nous sommes en soutien d'artillerie sur une petite crête abritée par un verger et qui domine tout le versant de la frontière, avec les petits villages dans le fond. On s'empresse de creuser une tranchée pendant qu'il fait encore sombre. Nous avons deux batteries de 75 en position derrière nous. A peine le petit jour vient-il de poindre qu'un ouragan de fer passe au-dessus de nos têtes : ce sont nos batteries qui ont aperçu un mouvement de l'ennemi, comme nous l'avons su plus tard. Un quart d'heure se passe, et un

(1) Capitaine Rimbault.

GABRIEL HANOTAUX
de l'Académie Française

HISTOIRE ILLUSTRÉE
DE LA
GUERRE DE 1914

LIRE dans ce Fascicule : LA VICTOIRE de la TROUÉE de CHARMES

FASCICULE N° 54

L'ÉDITION FRANÇAISE ILLUSTRÉE
(GOUNOUILHOU, Éditeur)
30, Rue de Provence, Paris

PRIX NET : 1 franc
ÉTRANGER, PORT EN PLUS

A NOS LECTEURS

LES *deux premiers volumes* de ***L'Histoire de la Guerre de 1914*** ont donné l'exposé des faits historiques et diplomatiques qui ont précédé et amené la guerre, et qui engagent si lourdement la responsabilité de l'Allemagne.

Avec *le troisième volume,* l'historien est entré dans le vif de son sujet, le grand drame de la guerre.

Le *quatrième volume,* achevé avec le fascicule 52, est consacré au récit de ***La Bataille des frontières.***

L'auteur aborde maintenant les combats du Luxembourg et de la Meuse, pour en venir, dans les prochains fascicules, aux engagements de la Sambre et à cette retraite vigoureuse qui prépare la victoire de la Marne.

Par les renseignements qu'il a recueillis, par les travaux d'enquête et de recherches auxquels il s'est livré, par les conversations qu'il a eues avec les personnages officiels et les hommes politiques de l'Europe entière, l'historien a approché, d'aussi près que peut le faire un contemporain, de la source où peut se découvrir la vérité complète, sincère et impartiale.

C'est vraiment le tableau de la « grande guerre ».

VUE DE ROZELIEURES

taube ayant survolé nos positions, les Boches se mettent à tirer sur la batterie qu'ils croient avoir découverte. Les obus de tous calibres pleuvent ; mais plus ils tirent, plus nos 75 répondent. Nous restons là quatre heures, le nez dans la terre qui tremble, pour laisser passer cette grêle de mitraille. »

A cette heure décisive, le général de Castelnau, après l'effort qu'il vient d'accomplir, se sent maître de ses moyens : son armée s'est reformée ; ses troupes sont en état de livrer bataille sur le terrain qu'elles occupent ; le mouvement de repli ne doit pas être poussé plus loin. Les ordres sont donnés, dès le 24 au matin, pour une défensive vigoureuse sur les hauteurs du Grand-Couronné et sur les positions occupées par le 15e et le 16e corps.

Les troupes ont pour devoir strict de sauver Nancy au cas où l'ennemi serait décidé à attaquer la ville. Mais, ce n'est qu'une partie de la tâche qui leur est assignée. Si on les attaque, il faut être en mesure de contre-attaquer : c'est dans cette vue qu'un fort groupement, une masse de manœuvre est constituée dans la région de Lenoncourt, à 8 kilomètres à l'est de Nancy : le 20e corps, aidé de toutes les troupes que laisse disponibles la défense du Grand-Couronné, sera prêt à se porter en avant au premier signal.

Les trois divisions de cavalerie (2e, 6e et 10e divisions) sont portées en masse sur la droite de l'armée pour l'appuyer et la couvrir, avec mission d'interdire à l'ennemi de franchir les hauteurs de la Naguée, sur la rive gauche de la Mortagne. Comme nous l'avons dit, le général Dubail a mis le 8e corps à la disposition de la 2e armée. Celle-ci est donc renforcée, sur sa droite, de cet excellent appoint qui couvre les divisions de réserve installées en travers de la trouée de Charmes. Ces dispositions prises, on attend.

Mais voici du nouveau : tandis que la 1re armée recevait, comme nous l'avons dit, le choc de l'ennemi sur la Meurthe depuis Lunéville jusqu'à Raon-l'Etape, une reconnaissance d'avions signale à la 2e armée la marche d'une forte colonne ennemie quittant Lunéville et traversant la forêt de Vitrimont (ferme de la Faisanderie). L'ennemi ne se porterait donc pas vers Nancy ? Il filerait vers le sud ?

En effet, une heure plus tard, on apprend que les avant-postes de la 64e division de réserve (mise à la disposition du 15e corps) sont attaqués et repoussés à Damelevières, au passage de la Meurthe. Les Allemands s'emparent de Damelevières et s'y retranchent.

Tous les renseignements concordent : des forces allemandes, évaluées à deux corps d'armée, au moins, défilent du nord au sud et s'engouffrent en suivant cette troupe. Plus d'hésitation possible : l'armée allemande, laissant de côté la ville, se précipite en masse vers le sud-ouest ; la route qu'elle suit indique son objectif : c'est Rozelieures et la trouée de Charmes.

Ainsi, l'armée allemande, exécutant un plan que nous savons capital aux yeux de ses chefs, se jette, tête baissée, dans le piège qui lui est tendu. Elle va défiler le long du Grand-Couronné et de la croupe séparant la Meurthe-Mortagne de la Moselle et prêter ainsi le flanc à une offensive tombant de cette ligne de hauteurs, tandis que l'armée Dubail lui barrant la route, ne lui laisse aucune issue vers le sud.

Le général de Castelnau, qui a préparé cette heure, n'eût pu la rêver plus favorable.

A 11 h. 30, son parti est pris. D'abord, il attaquera en queue la longue colonne qui s'avance devant lui, essayant de la pousser dans la souricière ; en même temps, il se portera sur le flanc droit qu'elle lui présente. Quant à sa propre droite, qui recevra le choc de l'armée allemande filant en pointe vers la trouée, elle a l'ordre de tenir coûte que coûte et de ne reculer, s'il y a lieu, que pied à pied, de façon à « laisser venir » et à tirer, en quelque sorte, la tête de l'ennemi dans le musoir.

Donc, à 11 h. 30, la 39e division du 20e corps d'une part, la 70e division du 2e groupe de divisions de réserve, les 34e et 35e brigades du 9e corps d'armée, d'autre part, s'ébranlent des hauteurs qu'elles occupent sur le Grand-Couronné et se portent en avant vers le front Serres-Hoéville-Erbéviller. Les 59e et 68e divisions assurent la garde de la ligne principale de défense du Grand-Couronné. Plus au sud, une fraction du 20e corps s'ébranle aussi et marche droit devant elle, dans la direction de Haraucourt et de Flainval, sur l'une et l'autre rive du Sanon.

L'ennemi ne paraît se douter de rien ; il a continué à se porter en avant dans toute la région sud de Lunéville.

Extrait d'un carnet allemand :

« Au sud de Lunéville, vallée de la Meurthe, 24 août, 9 h. 1/2 du matin.

« Après notre samedi du 22, excessivement fatigant et au cours duquel nous avons traversé la frontière, combats continuels.

« Hier, dimanche 23, journée heureuse, sauf le bombardement de notre bivouac par un aviateur français.

« A présent, on continue de marcher vers le sud (1). »

Non seulement l'armée bavaroise continue son mouvement imprudent, mais elle croit fermement au succès de la manœuvre destinée à écraser l'armée française dans la tenaille :

« Près de Gerbéviller, 24 août soir. — Soirée magnifique. Splendide coucher du soleil; une brasserie brûle devant nous. Tout autour de nous, on entend le canon ; nous sommes paisiblement assis dans un champ, les fusils en faisceaux, et nous attendons l'appel pour savoir si oui ou non nous prendrons part à la bataille. Il semble que nous soyons au moment d'un grand succès. *Nous fermons la souricière* (2). »

Et c'est sur eux que la souricière va se fermer.

L'ennemi s'avance toujours. Il allonge de plus en plus son flanc le long de la ligne des hauteurs organisées où le général de Castelnau a articulé le 15e corps d'armée avec la 64e division de réserve depuis Ferrières-Saffais jusque vers Haussonville et le 16e corps d'armée avec la 74e division de réserve sur Brémoncourt et Haigneville.

Si l'ennemi s'enfonce davantage, il se heurtera au 8e corps d'armée vers Essey-la-Côte et à une brigade du 16e corps qui fait jonction entre les 1re et 2e armées à Saint-Germain, point extrême de la trouée de Charmes.

Et encore, avant d'atteindre les abords de la lisière nord de la forêt de Charmes, l'armée bavaroise se heurtera aux forces mobiles françaises descendues presque sur la plaine

(1-2) Extraits des *Briefe aus dem Felde.*

LA MORTAGNE A GERBÉVILLER

et qui surveillent et défendent les passages de la Meurthe et de la Mortagne. Ces forces sont composées des trois divisions de cavalerie du général Conneau (2e, 6e, 10e divisions) dont l'action va enfin se faire sentir, en masquant à l'ennemi la présence, au fond du goulot, du 8e corps et de la brigade de liaison du 16e corps. Le général Conneau se trouve ainsi placé face à l'effort de l'ennemi qui concentre à Lunéville trois brigades d'infanterie, trois régiments d'artillerie, un régiment de uhlans et qui s'infiltre à l'abri des couverts que le terrain lui ménage.

Vers 10 heures du matin, le corps de cavalerie est attaqué par des troupes allemandes de toutes armes remontant ou passant la Mortagne de Mont-sur-Meurthe à Gerbéviller. La 10e division de cavalerie, qui est entre Lamath et Gerbéviller, manque de vues et son artillerie ne lui est que de peu de secours. Elle se replie vers midi sur le bois de Filière, appuyée à gauche par le 2e bataillon de chasseurs et les deux artilleries divisionnaires qui tiennent vigoureusement le plateau de la Naguée, et, plus au nord-ouest, par la 2e division de cavalerie en liaison vers Einvaux avec le 16e corps d'armée.

Mais l'ennemi fait avancer son infanterie et canonner les hauteurs par son artillerie lourde. Vers 2 h. 1/2 de l'après-midi, des forces allemandes évaluées à deux corps d'armée débouchent des bois de Franconville et gagnent immédiatement du terrain de tous côtés.

Le général Conneau décide alors de replier lentement ses gros vers le sud, sur les hauteurs de Borville, en ne laissant à la Naguée que le 2e bataillon de chasseurs. La 2e division de cavalerie parvient à décrocher son artillerie, mais la 10e division perd une batterie qu'elle reprendra d'ailleurs le 26; les chasseurs eux-mêmes se replient; à 4 heures, tout le corps de cavalerie occupait les hauteurs de Borville.

L'ennemi, qui tente aussitôt de s'emparer du plateau de la Naguée, est arrêté dans son élan par les batteries à cheval qui lui en interdisent l'accès. Une brigade mixte du 16e corps, retardée dans sa marche, ne peut prêter son appui au corps de cavalerie, mais on tient quand même.

Pendant ce temps, le 8e corps avait reçu, à midi 30, l'ordre de s'engager sur Vennezey-Rozelieures, soutenu par le 13e corps dont l'aile droite s'appuyait solidement à Ménarmont. Mais il s'est arrêté à Saint-Boingt et Essey. Heureusement, le corps de cavalerie a conservé énergiquement ses positions et tenu sous son feu des forces allemandes considérables qui ont mis une journée entière pour franchir 5 kilomètres. Grâce à cette belle résistance, la 2e et la 1re armées, qui se sont rapprochées l'une de l'autre, sont en bonne posture pour poursuivre leur action le 25 et attaquer l'ennemi.

L'artillerie de Belchamps (artillerie lourde du 16e corps) qui commande la route de Lunéville à Bayon, donne, elle aussi, énergiquement :

« 24 août. — Les colonnes ennemies viennent de partout : de Damelevières, de Mont, de Lunéville. Elles se réunissent autour de la fameuse route de Lunéville à Bayon, coupée par nos positions défensives. Nos postes avancés se replient devant cette marée. Des deux côtés de la route, du bois de Vacquenat et du bois de Clairlieu, débouchent compagnies après compagnies, régiment après régiment. En même temps, le bombardement commence. Les obus et les shrapnells pleuvent sur le plateau. De la ferme Léomont à Belchamps, sur plus de 2 kilomètres, le sol est labouré comme par une gigantesque charrue.

« A partir de 1 heure de l'après-midi, sous un ardent soleil, nos batteries ouvrent le feu. Un feu d'enfer. Elles ont tiré toute l'après-midi et toute la nuit. Les Allemands se sont tus; une seule rafale énorme, le soir. Quand ils auront cédé, nous verrons les effets de ce tir. Sur les deux routes où s'avançaient leurs colonnes, de 50 en 50 mètres, à droite et à gauche, il y a les trous de nos Rimailho et de nos 75. Rien n'a dû survivre de ce qui passait sur ces routes. L'après-midi, nous n'avons pas fait grand'chose. Un général de brigade a vu un mouvement de troupes sur le plateau qui domine la Meurthe. Il nous y envoie plein d'anxiété. L'escadron part au grand trot. Mais le général Bigot (commandant la 74e division de réserve) qu'on rencontre, arrête le capitaine et nous renvoie sur nos pas. Ce sont des régiments du 15e corps qui ont été pris pour l'ennemi ! (1) »

LE GÉNÉRAL BIGOT
COMMANDANT LA 74e DIVISION DE RÉSERVE

Voici, du côté allemand, un épisode du combat du 24 août au sud de Lunéville :

« Arrivés à Lunéville à minuit 1/2, nous partîmes à 5 heures du matin pour nous établir sur les positions. Nous demeurâmes de 7 heures du matin à 1 heure après-midi en ligne de tirailleurs avec les réserves nécessaires, mais nous ne pûmes pas tenir à cause du feu de l'artillerie ennemie. Les Français employaient de lourds obus de marine et nous nous retirâmes sur la gauche. On s'installa dans une sorte d'entonnoir, que notre régiment appelle depuis « la bouilloire de la sorcière », où nous étions tous en « gruppenkolonnen »; bientôt un aviateur français nous survola, décrivit un cercle, et, dix minutes plus tard, les obus nous tombaient dessus, creusant des trous énormes. Notre artillerie était impuissante, de sa position, pour arrêter celle de l'ennemi. Tous les attelages des avant-trains avaient été détruits par l'artillerie française. »

(1) *La Victoire de Lorraine*, loc. cit., p. 17.

LA FERME DE LÉOMONT

OFFENSIVE DE LA 2e ARMÉE

Or, pendant que l'ennemi progresse et se croit déjà maître des passages, l'offensive qu'il n'avait pas prévue s'est développée sur son flanc et presque sur ses derrières. Les divisions de réserve du général L. Durand se sont tenues prêtes : la 59e division est restée en position au nord du Couronné, la 68e division remise sur pied a occupé le terrain tenu jusqu'alors par la 70e division.

Celle-ci reçoit l'ordre d'attaquer sur Courbessaux-Hoéville ; on a ramassé les troupes d'attaque d'Erbéviller jusqu'au Rembêtant pour le mouvement en avant de la soirée; l'ennemi n'ayant pas attaqué le matin et continuant sa marche sur Lunéville est pris en flagrant délit de manœuvre. D'un seul bond, le général Fayolle (70e division) enlève Erbéviller, Réméréville, Courbessaux ; les forces allemandes, ne pouvant supporter le choc, se retirent hâtivement sur la crête de Serres.

Nous avons une physionomie très vivante de ce combat de Réméréville recueilli de la bouche des habitants par un écrivain exact, M. C. Berlet :

« Toute la nuit (du 23 au 24) les Allemands (qui occupaient Réméréville) travaillent à leurs tranchées dans les champs... Au milieu de la nuit, un roulement sourd ébranle les maisons. Une colonne d'artillerie traverse le village au grand trot.

« Elle vient de la direction de Courbessaux. Dès le matin, grande animation parmi les soldats allemands. De petites colonnes d'infanterie passent; elles se dirigent à travers champs vers Hoéville et le bois de Faulx (c'est-à-dire vers l'arrière). Serait-ce la délivrance ? On n'ose encore sortir. Des patrouilles circulent dans les rues. La lance est prête et le revolver sorti de la gaine. Chacun attend, anxieux. On guette. On se signale les indices d'une retraite possible de l'envahisseur. Le canon tonne très fort du côté d'Amance et du côté de Dombasle.

« Vers 4 heures, un uhlan arrive au galop et s'arrête dans la cour du château. Il est légèrement blessé à la tête. Il dit en riant: *Franzouse!* Il cherche à savoir s'il y a d'autres cavaliers dans le village. Il part à fond de train dans la direction d'Hoéville. A peine a-t-il disparu que deux hussards français débouchent au tournant de la grande rue : « Où sont les Boches ? » demandent les cavaliers. — « Pas loin d'ici ; ils sont partis du côté d'Hoéville ; « ils sont nombreux. Faites attention. » Les deux hussards remercient et partent au grand trot. Quelques instants après, courte fusillade. Nos hussards tirent sur des patrouilles.

« Voici que des soldats en pantalons rouges passent au pas gymnastique dans la grande rue, le fusil à la main, l'œil aux aguets. Ils appartiennent au 125e de Poitiers. Dans les champs, à droite et à gauche du village, une longue ligne de tirailleurs s'avance... Réméréville est délivré. Quelle joie ! Que d'espoir dans tous les cœurs...

« Tout d'un coup une furieuse canonnade. Les canons français sont tout près du village, les obus sifflent en passant dans l'air. Ils font au-dessus de nos têtes comme une voûte sonore. Les canons allemands répondent. Quel vacarme !... Des shrapnells roulent sur les toits, cassent les vitres. La fusillade est très vive aux lisières du village vers le bois de Faulx. Des blessés arrivent à l'ambulance ; bientôt tous les lits sont occupés... Le canon tonne toujours très fort. Il se tait vers 8 heures. Mais la fusillade crépite et les mitrailleuses font leur tac-tac-tac régulier. Le combat semble très violent du côté d'Erbéviller. Peu à peu, vers 9 heures, la fusillade s'éteint. Quelques coups encore, puis le silence plane. La nuit est très obscure, toujours des blessés arrivent à l'ambulance. Il y en a du 125e et du 114e. Il y a aussi des Allemands. Les blessés du 125e racontent qu'ils ont refoulé l'ennemi dans le bois de Faulx. Ceux du 114e racontent qu'ils ont attaqué le cimetière d'Erbéviller et que ce fut terrible. Les Allemands avaient organisé là une véritable redoute entourée de fils de fer et d'abatis. Nos soldats étaient tombés sur les fils de fer qu'ils ne voyaient pas. Toute la nuit se passe en alarmes. Les femmes et les jeunes filles restent seules et se multiplient pour adoucir les souffrances des malheureux qui gémissent. Pendant toute la nuit, les blessés arrivent. »

Stendhal envierait ce récit sobre et simple.

En fin de journée, les forces françaises occupent le front Champenoux-Réméréville-Courbessaux et menacent sérieusement la route de la frontière à Lunéville, c'est-à-dire les communications de l'ennemi.

Un récit allemand peint l'aspect tragique que présente Einville à ce moment.

« Nous sortons de Lunéville (le 24 août) et nous partons à Einville, au lazaret de campagne n° 7. Quel endroit de désolation ! J'y ai passé deux soirs dont je n'oublierai jamais l'horreur. Les grands blessés sont couchés dans la belle et grande villa d'un notaire français. Ils sont là étendus l'un près de l'autre dans le jardin, sur les gazons, jour et nuit, sans être encore pansés. Les médecins travaillent avec un dévouement admirable, mais ils ne peuvent venir à bout de la tâche effroyable qui leur incombe. Jamais je n'oublierai l'image d'Einville sur le canal de la Marne au Rhin. Des habitants français d'Einville, de pauvres journaliers, m'ont aidé à rechercher un jeune officier au milieu de l'affreuse moisson. Ils l'ont fait à la sueur de leur front, mais quand j'ai voulu les récompenser de leur dur travail, ils ont unanimement refusé... Voici maintenant s'avancer un triste cortège : le curé, une tête vénérable aux cheveux gris, le vicaire ; derrière eux, six voitures traînées par des chevaux, conduites par des paysans. Les morts sont entassés là-dedans et la fosse commune près de la muraille du cimetière va les recevoir pour le repos éternel. Plus loin, c'est un autre hôpital où se trouve le corps d'un colonel qui a succombé ce matin à ses graves blessures. On prépare un cercueil provisoire et j'emporte aussi ce mort dans la patrie avec l'auto mise à ma disposition. »

Quant au 20e corps, il a marché selon l'ordre prescrit, droit devant lui. Le 4e bataillon de chasseurs a défendu le village de Flainval, qui est resté en sa possession. Le corps d'armée occupe, le soir, le front Haraucourt-Flainval-Rosières, maintenant ses liaisons avec le 15e corps par Saffais.

On peut résumer en deux mots cette première journée. L'ennemi a été surpris : s'avançant imprudemment vers le sud, il s'est heurté au barrage du corps de cavalerie ; au nord, l'armée Castelnau l'a pris à partie dans sa marche et l'a refoulé sur les positions où la bataille décisive s'engagera le lendemain.

LA JOURNÉE DÉCISIVE DU 25 AOUT Pour plus de clarté, nous reprenons la suite du mouvement tel qu'il s'est esquissé dans la journée du 24, en exposant le rôle des différents corps des deux armées, de l'est à l'ouest.

D'abord la 1re armée.

Nous avons indiqué la volonté arrêtée du général Dubail de contre-attaquer dès le 24 au soir. Cet ordre, il le maintient avec plus d'énergie que jamais pour la journée du 25. Lui-même s'est rapproché du terrain de la lutte et son poste de commandement est à la vieille caserne de Rambervillers.

Sur la droite de l'armée, l'objectif est Raon-l'Etape et Baccarat. Le 21e corps a ordre d'attaquer dès la première heure par la rive

LE MONT DONON ET LE TEMPLE ANTIQUE QUI SE TROUVE SUR LE SOMMET

gauche de la Meurthe, tandis que le 14e corps attaquera Raon-l'Etape par la rive droite. Le général garde en réserve d'armée la 44e division qui, la veille, a terminé ses débarquements; elle occupe la région de Bru-Saint-Benoît, entre Rambervillers et le col de la Chipotte.

Le 13e corps attaquera sur Ménarmont et le 8e corps attaquera sur Moriviller.

C'est, comme on le voit, une bataille en ligne, continuant la position de barrage telle qu'elle est indiquée dès le début de l'opération.

Mais si le plan est clair et la volonté de vaincre arrêtée chez le chef et parmi les troupes, les forces allemandes avancent de leur côté avec une confiance extrême, et d'un élan impétueux. La journée de la veille ne paraît pas les avoir averties.

La relation officielle allemande s'exprime ainsi :

«Pendant que, le 23 août, l'attaque et la poursuite des Français continuaient à l'aile gauche avec le plus grand succès, l'aile droite fut fortement retenue par l'attaque des troupes françaises de Nancy et du sud, et il survint là de très violents combats, à Einville et à Lunéville. L'ennemi fut battu et, le 24 août, l'armée du kronprinz de Bavière atteignit, après des combats victorieux, la ligne Blainville-Gerbéviller-Flin-Saint-Pôle-Cirey. Le Donon fut pris d'assaut. La poursuite de l'ennemi fut continuée avec toute notre énergie et les troupes battues furent rejetées au delà de la Meurthe avec de fortes pertes, si bien que les troupes allemandes atteignirent, le 25-26 août, la ligne en avant de Lunéville, le point le plus à droite devant Nancy et le centre et la gauche la ligne Blainville-Gerbéviller-Ménil-Saint-Dié (1). »

LE GÉNÉRAL BOURDÉRIAT
COMMANDANT LA 13e DIVISION DU 21e CORPS

Maintenant, l'ennemi prétend forcer le barrage à tout prix.

Dans la matinée du 25 août, le 21e corps et le 13e corps, qui forment le centre de la 1re armée française, sont, en effet, attaqués par des forces importantes. Le XIVe corps badois, notamment, attaque sur Raon-l'Etape-Thiaville (c'est sa 8e brigade Stenger qui exécutera le 26 août, dans la forêt de Thiaville, l'ordre formel de son chef de massacrer tous les prisonniers).

Au 21e corps français, la 13e division (général Bourdériat) devait attaquer le front Raon-l'Etape-Thiaville, la 26e brigade ayant pour mission de soutenir par la rive gauche de la Meurthe la 25e brigade.

La veille au soir, le 109e a fait des tranchées et formé des barrages à Fagnoux, aux approches de Thiaville. Les Allemands, après une forte préparation d'artillerie qui commence à l'aube, débouchent de Thiaville vers 4 h. 30. Une lutte s'engage sur Fagnoux et le 109e, après avoir cédé d'abord, reprend bientôt ses positions. Les Allemands débordent par le nord et tournent Fagnoux ; un instant, les pièces sont menacées, mais elles sont ramenées en arrière par les hommes du 109e.

A 2 heures de l'après-midi, après un combat de dix heures, les 1er et 2e bataillons du 109e sont obligés de se replier à travers la forêt sur la cote 423 où ils bivouaquent. Le 21e régiment d'infanterie, canonné toute la journée sur les pentes nord du bois de Repy, s'est replié

(1) *Kriegs-Chronik der Münchner Neuesten Nachrichten*, tome III, p. 325.

BAYON. — LE PONT SUR LA MOSELLE

à la nuit sur le col de la Chipotte : mais, on constate que les mitrailleuses du 3e bataillon ont causé de grands ravages dans les rangs allemands, à Raon-sur-Plaine.

Un bataillon du 21e est resté isolé à la Petite-Chatelle et regagne péniblement son régiment par le col de Trace. Le pays est très boisé et d'une difficulté extrême pour le commandement : « Pendant toute la journée, dit le colonel Hamon, j'ai vainement couru à travers bois dans le Repy (entre Raon-l'Etape et le col de la Chipotte) pour tâcher de rejoindre mes bataillons. On ne peut se figurer combien la circulation y est difficile : c'est un fouillis inextricable. Par des pentes très dures, ce sont de vraies ascensions alpines. Après deux heures et demie de circulation sous bois, nous arrivons à la Bellotte et de là remontons au col de la Chipotte. »

Vers midi, sous la pression très violente des forces supérieures de l'armée von Heeringen et de l'aile gauche de l'armée bavaroise, tout le centre du général Dubail, composé du 13e et du 21e corps, s'est replié en abandonnant le grand bois de Glonville et la position de Ménarmont sur la ligne Hardancourt-bois d'Anglemont-Saint-Benoît, qui protège directement Rambervillers.

« Le 25 août à 8 heures du matin, à Ménil-sur-Belvitte, nous avons reçu les premiers obus allemands. Ils tombèrent très serrés jusqu'au soir vers les 5 heures, faisant parmi nos troupes de nombreux morts et blessés. Sept familles du village avaient disposé en ambulances leurs maisons. On y recueillait aussi vite que possible nos héros. A 5 heures, l'église prit feu. A 6 h. 1/2, nos troupes s'étant retirées sur Rambervillers, la riposte française se tut et des milliers d'Allemands se précipitèrent dans le village (1). »

L'ennemi qui avait attaqué sur ce point la gauche du 21e corps (43e division) était le Ier corps bavarois (général von Xylander), ainsi qu'en témoigne le compte rendu officiel allemand des combats livrés par ce corps d'armée. Après la bataille de Sarrebourg, le Ier corps bavarois a pris la direction générale

(1) *Echo de Paris* du 2 juin 1915. Récit du Curé de Ménil-sur-Belvitte rapporté par Maurice Barrès.

de Rambervillers. Il a combattu le 21 sur Gondrexange-Lorquin, le 22 à Blamont, le 23 à Montigny, le 24 à Brouville ; le 25 il débouche du grand bois de Glonville et attaque sur Bazien et Ménil-sur-Belvitte.

Tandis que se poursuivaient ces attaques de l'ennemi, la 44e division française, gardée en réserve par le général Dubail, s'est portée en avant de Bru-Saint-Benoît pour recueillir les troupes qui se replient. De ce côté, comme on le voit, la journée a été dure. Mais le mouvement de retraite est seulement de quelques kilomètres. L'ennemi, en somme, n'a pas pu arracher l'attache qui accroche la 1re armée aux Vosges et il n'a pu forcer le barrage. En repliant son aile droite sur les positions du col de la Chipotte, le général Dubail a choisi le terrain où sa magnifique résistance finira par avoir raison de l'offensive ennemie.

Avant de quitter la droite de la 1re armée, il n'est pas inutile de se rendre compte du caractère de la retraite qu'elle vient d'accomplir du Donon au col de la Chipotte. Le colonel Hamon qui a pris, à cette retraite, la part très honorable que nous venons d'indiquer, la juge sévèrement : exemple frappant de l'impossibilité où est le combattant de voir et surtout d'apprécier les ensembles. « Voilà trois jours, écrit-il, que nous nous replions constamment sans un but bien défini. Depuis que nous avons dû lâcher le Donon, nous faisons de la mauvaise besogne. Le Donon perdu, que nous servait la vallée de Celles? Il eût mieux valu ne pas se précipiter si vite en Alsace d'abord, puis ne pas faire ces replis de petite envergure. Il fallait lâcher le contact par une marche de nuit et nous retirer carrément sur la rive gauche de la Meurthe avec tête de pont sur la rive droite. Peut-être eussions-nous évité ainsi les désastres qu'ont subis Raon-l'Etape, etc..., que les Allemands ont systématiquement brûlé et pillé. Quelle barbarie ! »

Le très intelligent et très brave officier supérieur qui s'exprime ainsi ne se rend pas compte que c'est précisément cette lutte pied à pied qui fait le succès indirect et la gloire incontestable de l'armée Dubail. Si elle avait laissé l'ennemi plus libre, si elle ne s'était pas accrochée à lui désespérément, si, notamment, en découvrant le chemin de la trouée de Charmes, elle lui avait laissé une porte ouverte, il se serait sûrement dérobé : se protégeant par des tranchées et de l'artillerie lourde, il se fût précipité sur son véritable objectif et il eût tombé en masses sur la 2e armée. En le tenant à la gorge, en l'astreignant à rester sur place, en ne lui laissant pas une minute de répit et en défendant la plaine pas à pas, l'armée Dubail et, en particulier, le 21e corps annihile, en quelque sorte, toute l'armée du général Heeringen, de telle sorte que l'armée du kronprinz de Bavière, entrée à Lunéville le 22, ne peut en déboucher, tandis que des renforts arrivent de toutes parts aux 1re et 2e armées francaises et leur permettent d'accomplir la belle manœuvre que la vue supérieure du haut commandement a su préparer.

LA 2e ARMÉE TOMBE SUR LE FLANC DE L'ENNEMI

Retournons-nous, maintenant, vers la 2e armée engagée depuis la veille dans la bataille de charnière qui, à la fois, protège Nancy et défend la trouée de Charmes.

Dans le répit que lui donne la nuit, la première pensée du général de Castelnau est pour son artillerie. De la petite école de Pont-Saint-Vincent où est son quartier général, il répète en lui-même la bataille du lendemain : car il sait qu'elle décidera du sort de la région de l'Est et peut-être, si l'ennemi est victorieux, du sort de la France ; sa troupe s'est appuyée, la veille au soir, sur Borville. C'est ce point qui va devenir le nœud de la bataille.

Le piton de Borville (342 mètres) domine au loin la contrée et commande au sud la trouée de Charmes, de même que Flainval (316 mètres) commande, au nord, la route de Lunéville. Entre ces deux massifs de résistance et le long des crêtes qui protègent la Moselle (Saffais 367 mètres, Belchamps 413 mètres) il faut saisir l'armée allemande comme dans un

LES USINES SOLVAY A DOMBASLE

étau, si elle fait un pas de plus vers la trouée de Charmes.

Borville présente un autre intérêt, non moins capital aux yeux du général : par ce point culminant, il maintient ses liaisons avec la 1re armée. Si la fissure qu'escomptent les Allemands devait se produire, elle se produirait là.

Donc, pendant la nuit, toute l'artillerie disponible grimpe aux pentes du piton, à la cote 342 ; à l'aube, elle est massée sur le plateau, braquant ses bouches à feu sur les chemins qui se concentrent vers la trouée de Charmes (voie ferrée de Blainville à Bayon et Charmes, routes de Gerbéviller, de Xermaménil, de Damelevières). C'est de là que partiront les rafales qui faucheront les pentes du bois de Jontois, du bois de Filière, de Rozelieures et de la côte d'Essey.

On peut dire que ce piton est le clou enfoncé dans cette terre lorraine et sur lequel se brisera l'une des pinces de la tenaille dont l'ennemi prétend saisir la chair de la France.

Cette disposition capitale étant solidement prise et les ordres donnés, le général passe en revue, par la pensée, tout son plan de bataille.

Si l'armée du prince Ruprecht continue à s'avancer vers le sud, elle sera arrêtée depuis la Mortagne jusqu'à Borville par l'action décisive du 16e corps, d'une division du 15e et, enfin, du 8e corps, tandis que l'armée de Heeringen qui s'avance de l'est vers l'ouest et voudrait se servir de la grande route Raon-Rambervillers-Charmes pour atteindre l'objectif commun, se heurtera au barrage de la 1re armée sur les hauteurs au nord de cette route.

En outre, si l'ennemi continue à prêter le flanc, on saisira l'occasion qu'il offre lui-même de tomber sur ses lignes de communications.

Le général a un sens merveilleux des réalités : il va l'appliquer, à la façon dont ses décisions vont se modeler sur les incidents de la bataille. Le front de l'armée s'étend sur une soixantaine de kilomètres, depuis Sainte-Geneviève jusqu'à Borville ; le général est à Pont-Saint-

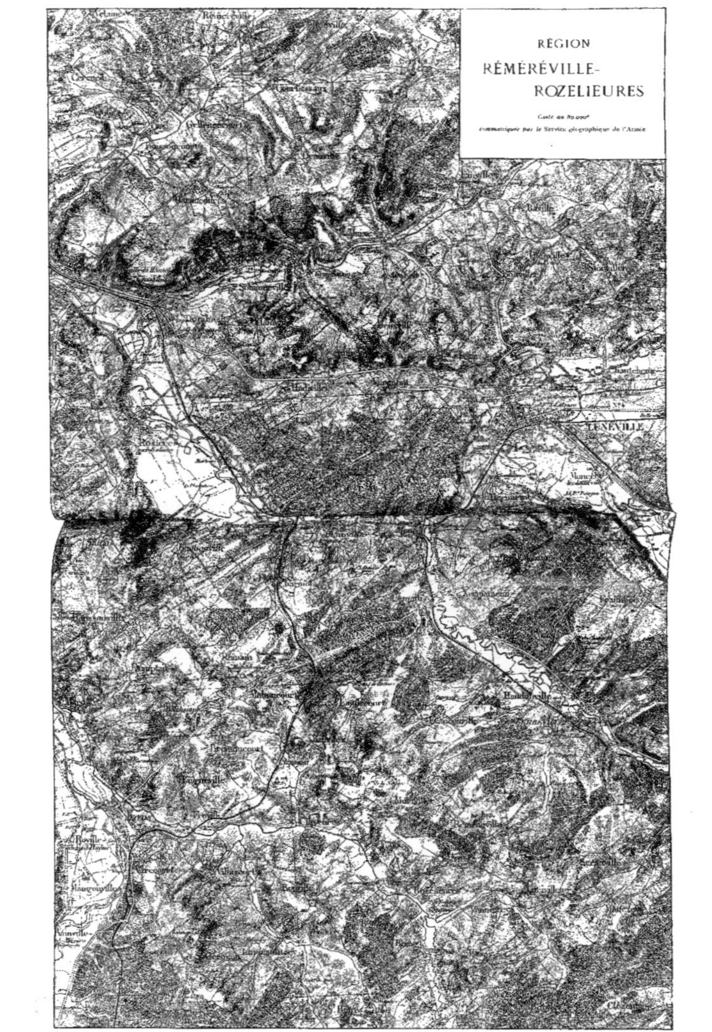
RÉGION
RÉMÉRÉVILLE-
ROZELIEURES
Carte au 80.000e
communiquée par le Service géographique de l'Armée
LUNÉVILLE

Vincent, à 25 kilomètres en arrière, présent partout.

Les précautions étant prises, comme nous l'avons dit, pour la défense de Nancy et du Grand-Couronné en cas d'attaque de l'ennemi, et les liaisons étant assurées sur tout le front par les hauteurs de Saffais-Belchamps, l'offensive est organisée contre la grande ligne de communications de l'ennemi, qui paraît être la route d'Arracourt à Einville et Lunéville. Les forces qui, la veille, ont repris Réméréville, chercheront à atteindre cette route par les deux rives du Sanon ; le 20e corps continuera à presser l'adversaire, se maintenant en liaison avec les divisions de réserve qui opèrent à sa gauche ; son objectif est Flainval.

Le général veille à tempérer la fougue du soldat plutôt qu'à l'exciter. Il a éprouvé trop cruellement les funestes effets de l'offensive « en bourrade ». Il prescrit : 1° qu'on aille lentement, méthodiquement, en s'installant après chaque bond de manière à ménager le sang et les forces des hommes; 2° il ordonne au 16e corps (qui a subi si douloureusement la leçon d'Angweiler et de Gosselmingen) de ne pas s'aventurer sans garder étroitement sa liaison avec le 8e corps d'armée.

LE KRONPRINZ RUPRECHT DE BAVIÈRE

Dès le matin, on eut enfin la conviction que l'armée allemande était décidée à ignorer les troupes françaises laissées par elle à sa droite sur le Grand-Couronné, et qu'elle poursuivrait sa marche en avant pour forcer la trouée de Charmes, coûte que coûte. C'était « la manœuvre du mépris ».

Le prince Ruprecht pensait qu'il ne tenait qu'à lui de nous devancer sur nos lignes de communications. Le plan était d'enlever Manonviller par une attaque brusquée (1), et, en faisant remonter des masses des deux côtés de la Mortagne, de briser toute résistance et d'ouvrir aux armées allemandes la route de Mirecourt-Neufchâteau. Un tel succès tactique, s'il réussissait, assurait le plus beau succès stratégique qu'une armée eût peut-être jamais obtenu, puisqu'il coupait l'armée du général Joffre par ses derrières. Le plan de Schlieffen se réalisait, « comme dans la cour de la caserne », comme à « l'école de bataillon ». C'était l'étranglement pur et simple.

(1) Nous reviendrons plus tard sur le siège du fort de Manonviller, auquel prirent part la 70e division de réserve du 1er corps bavarois, quatre bataillons du génie, le 18e régiment d'artillerie à pied et deux obusiers de 420. L'ouvrage tint du 25 août au matin au 27 août après-midi.

PONT-SAINT-VINCENT. — LE CANAL

VICTOIRE DE LA TROUÉE DE CHARMES Pour la journée du 25 août, la mission du corps de cavalerie est de couvrir l'entrée en ligne du 8e corps d'armée attaquant vers le nord, tandis que le 16e corps d'armée, renforcé d'une partie du 15e corps, attaquera vers l'est dans la direction Einvaux-Franconville, sous la protection d'une masse d'artillerie concentrée à Borville.

Dès l'aube, les forces allemandes ayant atteint au nord les abords de Rémeréville, au sud la ligne Einvaux-Moriviller, l'attaque de front se dessine sur le 8e corps qui protège l'entrée de la trouée de Charmes. Ce corps, qui devait pousser son mouvement offensif sur Moriviller, ne peut faire déboucher ses gros d'Essey-la-Côte et de Saint-Boingt ; l'artillerie ennemie le crible de ses rafales furieuses. Toute la crête d'Essey est sous le feu, tandis que l'infanterie ennemie cherche à franchir les hauteurs au sud-ouest de Remenoville, aux approches de Rozelieures.

Aussitôt, le général de Castelnau conforme ses ordres à cette situation qui lui apparaît de plus en plus certaine et qui comble ses vœux. Le 16e et le 15e corps se porteront en avant, en prélevant des éléments sur les 64e et 74e divisions de réserve ; en même temps, ordre est envoyé aux détachements qui se trouvent dans la région de Borville de presser leur marche au-devant de l'ennemi.

Déjà le succès de la manœuvre s'annonce ; le 16e corps débouche sur Einvaux, et y pénètre : c'est un village sur le chemin de la trouée, au nord de Borville ; les unités du 16e corps continuent vers l'est et progressent dans le bois de Jontois.

« Au point du jour, nous entrons à Lamath. Un silence de mort. Un paysan est sur la crête qui domine le village. Il m'appelle à grands gestes, pour me faire voir, en face, des Allemands. Je vais à lui. A peine a-t-il agité ses bras qu'un shrapnell éclate au milieu de l'escadron caché pourtant derrière la crête, invisible aux Allemands. Cet homme est un espion. Je veux le faire saisir. Mais, brusquement, une fusillade terrible éclate. Les hommes roulent à bas de leur cheval. Je me précipite vers mon peloton où le désordre se met. Il y avait des Prussiens dans le village. Ils sont cachés dans les maisons et tirent par les fenêtres, sur nous. Les pelotons partent à toute bride, à travers champs... Bientôt tout l'escadron (cavalerie de la 74e division de réserve) est reformé. Une estafette est envoyée pour prévenir les fantassins qui vont arriver. Nous n'avons qu'à attendre...

« La journée passe. Au soir, nous apprenons que la prise de Lamath a été très dure. C'est le 6e bataillon d'alpins qui en a eu l'honneur » (1).

Cependant, le régiment de gauche du 8e corps, qui supporte tout le poids de l'offensive ennemie, est repoussé vers 10 heures de Rozelieures et d'une partie du bois de Lalau. Le 8e corps va-t-il être forcé à la retraite sur Damas-aux-Bois, et l'entrée de la trouée va-t-elle se trouver ainsi découverte ?

C'est le calcul de l'ennemi. Mais le général de Castelnau a gardé des forces disponibles. Il donne au corps de cavalerie l'ordre « de s'opposer de toutes ses forces à la progression de l'ennemi sur Saint-Rémy ». Ce village est au bord de la forêt de Charmes. Si, en effet, cette progression n'est pas arrêtée, le centre de notre dispositif sera rompu. L'intervention du corps de cavalerie, qui envoie sur les pentes élevées et boisées de Borville à Saint-Boingt trois régiments appuyés par le 2e bataillon de chasseurs, bouche rapidement le vide qui tend à se produire entre le piton de Borville et les hauteurs de Rozelieures, par le ruisseau de l'Euron.

La cavalerie se jette dans le bois de Lalau : c'est là que se porte l'action principale. Avec un élan magnifique, le 2e bataillon de chasseurs reprend le bois à la baïonnette, appuyé sur les lisières par des escadrons à pied du corps de cavalerie et de la 6e division de cavalerie (2). En s'y maintenant jusqu'au soir malgré des pertes sévères, il permet au 16e corps, au nord, d'accélérer son mouvement décisif de flanc sur les forces allemandes auxquelles le corps de cavalerie faisait front.

Le général de Castelnau envoie un ordre qui donne la plus haute idée de sa vigilance et de sa clairvoyance : « L'intervention du 16e corps sur le bois de Filière est indispensable et devra se faire sentir de toute urgence. »

Il ne s'agit pas seulement d'arrêter l'ennemi : il faut le battre. Une fois sa ligne s'allongeant comme un serpent de 25 kilomètres, depuis Einville jusqu'à Rozelieures, en passant par Lunéville, c'est en tombant sur son flanc que l'on empêchera la tête de progresser.

La 29e division, appartenant au 15e corps, est mise à la disposition du 16e corps pour le renforcer, et le reste du 15e corps (30e division) va soutenir sur la rive sud de la Meurthe l'effort du 20e corps; la 30e division se met donc en marche en échelons refusés sur le Bois-Brûlé et Charmois, avec, comme direction, le bois d'Einville et les hauteurs au sud.

Ces mouvements étonnent l'ennemi. Sans doute, il pensait que le 15e et le 16e corps, encore sous le coup de l'affaire de Morhange, n'étaient plus bons qu'à se tenir à l'abri sur les hauteurs du Grand-Couronné. Et les voici, maintenant, dans la plaine. Vers 2 heures de l'après-midi, on pouvait apercevoir des fractions d'infanterie allemande qui, sous les rafales de l'artillerie de Borville et la menace du 16e corps sur sa ligne de retraite, commençaient à s'ébranler et se repliaient de Rozelieures sur le bois de Rethimont, entre Remenoville et le bois de Filière.

La cavalerie française prenait aussitôt le

(1) Voir également, sur le combat de Lamath et de Xermaménil, *Carnet de route d'un officier d'alpins*, p. 34.

(2) La défense des bois de Lalau fut un des points décisifs de cette bataille si importante. Le 25 août, la compagnie cycliste de la 6e division de cavalerie tenait l'entrée du bois de Lalau, près Rozelieures. La 6e division de cavalerie couvrait le flanc ouest de la 1re armée et était poussée par un détachement bavarois ; les deux capitaines ayant été tués aux journées précédentes, la compagnie cycliste était commandée par le lieutenant A. de Cazenove; elle fut appuyée dans le bois de Lalau par un peloton du 11e hussards (lieutenant de Percin). Puis le 2e bataillon de chasseurs (commandant Boussat) arriva pour renforcer cette défense qui fut, de tous points, admirable. Les hussards chargèrent désespérément « pour gagner dix minutes » et permettre au bataillon de chasseurs d'arriver. Un officier étant tombé, Arnaud de Cazenove aligna 60 chasseurs sous le feu, leur fit présenter les armes et jurer de venger la mort du capitaine. Le commandant Boussat dit : *C'était superbe ! Ce jeune homme, très excité, avait l'air d'un preux. C'était un preux !* Arnaud de Cazenove fut tué au cours de la charge à la baïonnette qui suivit. Combien de traits admirables sont perdus pour toujours. En avançant dans cette l'histoire, je marche parmi l'héroïsme.

ARRACOURT. — LA GENDARMERIE ET LA GRAND'ROUTE DE LUNÉVILLE

moule de ce mouvement. La 6e division, renforcée par le 2e bataillon de chasseurs, par le 2e groupe cycliste et par la 2e brigade de dragons, occupait la lisière nord du bois de Lalau au haut des pentes qui descendent vers le ruisseau de l'Euron ; la 12e brigade de dragons s'emparait de Saint-Boingt ; enfin l'infanterie du 16e corps d'armée progressait de Borville sur Rozelieures.

C'était la main tendue pour ramener le 8e corps. Celui-ci, en effet, s'était déjà replié en partie sur la ligne Rehaincourt-Saint-Genest, entre la forêt de Charmes et Rambervillers. Devant le succès obtenu, le 8e corps se met en mouvement pour reprendre, vers Essey-la-Côte, le terrain perdu.

C'est l'heure décisive. L'armée allemande hésite ; il faut tomber sur elle. Le général de Castelnau télégraphie l'ordre : « EN AVANT, PARTOUT A FOND ! » (de Pont-Saint-Vincent, 25 août, 15 heures soir). Ordre admirable, lancé à l'heure précise, et qui révèle le coup d'œil et la décision du maître.

L'armée tout entière s'ébranle ; l'ennemi résiste avec une vigueur qui emprunte des forces à sa surprise même. Il ne veut pas céder. Il ne veut pas admettre cette offensive insolente. Persuadé de sa victoire, il ne consent pas à une autre issue. Il se fait tuer sur place mais ne veut pas lâcher la proie.

Pourtant il doit céder. En fin de journée, le 16e corps d'armée est maître de Rozelieures et de la crête de la ferme de la Naguée, entre Moriviller et le bois de Jontois. Le 15e corps, après un magnifique engagement, atteint la Meurthe et la Mortagne à Lamath et Blainville, serrant de près Lunéville ; mais la fatigue et la résistance désespérée de l'ennemi l'arrêtent aux portes de Mont-sur-Meurthe.

Le corps de cavalerie reçoit l'ordre d'entamer la poursuite à fond par Deinvillers, à l'est de la Mortagne, et de tomber sur les derrières de l'ennemi en direction générale de Gerbéviller, Fraimbois, Lunéville, Vallois, Saint-Clément, Einville. Mais les chevaux, fatigués par les randonnées effectuées depuis la Sarre et par ces deux jours de combat, ne rendent plus; d'autre part, les Allemands sont trop fortement installés sur la rive droite de la Mortagne; la poursuite est vite interrompue.

Mais, pendant ce temps, le front du 8e corps s'était dégagé, et les troupes françaises voyaient les forces allemandes se replier devant elles.

« L'après-midi (du 25), écrit le capitaine Rimbault, je suis retourné à Châtel-sur-Moselle. Vers 4 heures, j'attends sur le pont le résultat du combat, car je sais que mon régiment (le 95e, de la 16e division) a donné. Non loin de nous, le canon gronde; toutefois, à mesure que le temps passe, il semble s'éloigner, ce qui est bon signe.

« Les gens du pays sont dehors, dans un état d'agitation impossible à décrire. La plupart ont fait leurs malles; certains même, craignant l'invasion, commencent à partir. Des chariots d'émigrés passent sans discontinuer, tous les mêmes, lamentables. Vers 5 heures, les premiers blessés arrivent, étendus sur des voitures de fortune ou au fond de grands camions automobiles; ils sont poussiéreux, les yeux hagards, ternes ou mi-clos. Sur le pont qui relie Châtel à Nomexy, c'est un encombrement indescriptible.

« Je cherche sur les cols le numéro de mon régiment; enfin je le trouve. C'est un brave petit soldat, tout rouge de fièvre, qui a eu la gorge traversée par une balle.

« — Oh! j'espère bientôt revenir, fait-il.

« Les gens qui l'ont entendu lancent une exclamation d'admiration. Je lui demande: « Où avez-vous combattu? » Il me répond : « A Mattexey... C'était effrayant, mais allez, on s'est bien battu! ». Mon petit soldat a dit la vérité: A Mattexey, ils se sont bien battus. J'ai eu ce soir plus de détails. La manœuvre du début, pour prendre le village, a été particulièrement brillante, ordonnée, habile, impétueuse. La fin en a peut-être été moins heureuse. Le porte-drapeau du régiment a été magnifique, et, s'il y a reçu une terrible blessure, du moins, par un beau geste, il a pu, avant d'être fait prisonnier lui-même, sauver son étendard.

« A ce moment, sort d'une maison voisine où siège l'état-major du 8e corps un officier qui, tout heureux, porte un papier à la main. Je m'approche de lui : « Eh bien? « Ça va très bien... voyez plutôt cette dépêche. L'ennemi « est refoulé au delà de la Mortagne. *C'est fini, ils n'auront* « *pas la Moselle* (1). »

Vers le soir, le 8e corps avait, en effet, regagné le terrain perdu et réoccupait le front Essey-la-Côte-Saint-Pierremont. Cependant l'ennemi (XXIe corps) occupe encore Clézentaine qui ne sera repris que le lendemain par le 52e bataillon alpin débarqué le 25 au matin en gare de Châtel-Nomexy.

Que se passait-il, cependant, à la gauche et au centre de l'armée du général de Castelnau ?

Nous avons dit quel avait été l'effet de l'attaque de nos troupes dans la direction d'Einville. La tête de l'armée allemande avait immédiatement senti la nécessité de refluer sur le corps. A ce moment, la situation était des plus graves pour le prince Ruprecht. Battue au sud de la Meurthe, menacée au nord sur ses lignes de retraite, son armée pouvait être anéantie. De notre côté, on eut un moment l'espoir d'une victoire décisive.

Mais soit hasard, soit circonstance favorable, un corps bavarois, sans doute le IIIe corps, faisant flanc-garde de la VIe armée allemande sur les hauteurs de Flainval, y contient l'élan de notre 20e corps. Dès 9 h. 30 du matin, ce corps est obligé d'arrêter son mouvement à la hauteur de Flainval et d'Hudiviller.

Le 4e bataillon de chasseurs avait changé de position dans la nuit du 24 au 25 pour aller devant Hudiviller, encore occupé par l'ennemi. Mais une fois là, les Boches n'y restent pas. On s'y installe et l'on profite de cinq minutes pour faire un peu de jus. De là, nous gagnons nos emplacements de la veille, mais nous n'y restons pas; nous nous installons un peu plus à gauche. Et voilà que le bombardement recommence de plus belle. La journée se passe ainsi dans un abrutissement complet. Des tuyaux circulent que l'on doit attaquer le Léomont ce soir. Brrr... c'est que ça grimpe dur pour aller là-haut, et dans la ferme qui la domine, les Boches doivent y être rudement fortifiés! Mais contre elle, nous n'attaquerons pas; cette mission est réservée à un régiment d'infanterie qui n'a pas donné à Morhange.

Quant à la 39e division (20e corps), elle a progressé difficilement vers Drouville et le bois de Crévic. La lutte a été acharnée au bois de Crévic, pris, perdu et repris plusieurs fois. Les troupes françaises ont chassé la 3e division bavaroise (IIe corps bavarois) sur la croupe 316 au nord de Maixe. Mais elles ont été arrêtées par une violente canonnade venant des hau-

(1) Capitaine Rimbault, *Journal de campagne*, p. 80

CIREY. — LE PONT SUR LA VESOUZE ET LA DOUANE ALLEMANDE A LA FRONTIÈRE

teurs de Lunéville, canonnade rendue possible par l'arrêt de la progression sur Flainval.

Au nord, la 70e division de réserve, qui avait comme objectif les hauteurs au nord de Courbessaux, se trouve mal engagée, elle ne peut pas déboucher. Une de ses brigades, la 140e, avait passé la nuit dans le petit village de Courbessaux. L'ennemi occupait les collines et le bois au nord. Le 25 matin, le mouvement offensif commença en colonnes par quatre et la brigade déboucha du village en lignes de sections. Mais l'ennemi, averti et aux aguets, avait massé sur la lisière du bois de nombreuses mitrailleuses : en dix minutes, de 8 h. 30 à 8 h. 40, des pertes sévères nous furent infligées.

Heureusement, un commandant d'artillerie réussit à mettre rapidement en batterie, prit sous son feu six bataillons allemands qui tentaient de déboucher et en fit, à distance très courte, une véritable hécatombe : 3.000 Allemands tombèrent sous le canon français. Ainsi, entre 8 h. 1/2 et 9 heures du matin, le champ de bataille était couvert de morts. Les innombrables tombes attestent l'horreur de la lutte. Dans la soirée, des forces fraîches allemandes entrèrent dans Courbessaux, attaquèrent le bois de Crévic, mais subirent encore de très lourdes pertes. Pendant trois heures, 70 canons français tirèrent sur elles sans discontinuer.

La 70e division de réserve ayant éprouvé un échec au nord d'Hoéville, avait été obligée de se retirer sur la forêt de Champenoux où elle s'installa. Les 34e et 35e brigades du 9e corps se repliaient aussi. Le soir, toutes ces troupes tenaient par leurs avancées la lisière est des forêts de Champenoux et de Saint-Paul, Buissoncourt et les hauteurs en arrière.

Mais l'ennemi, craignant une reprise d'offensive française, se retirait également. Ainsi, ce qui est arrivé souvent, dans chaque camp, on s'éloignait.

« Réméréville, mardi 25 août (c'est là que combat la 34e brigade du 9e corps, 114e et 125e). — Dès le matin, le canon tonne et c'est le nôtre. Les pièces sont en batterie dans les prés, derrière nos jardins. Les Allemands semblent les viser, car les coups qui tombent, peu nombreux, sur le village, sont les coups trop courts. Tout le monde est content d'entendre notre canon taper si fort. Déjà les cuisiniers s'installent dans nos cuisines ou à l'abri derrière les maisons et préparent la soupe qu'ils porteront à la tombée de la nuit aux camarades sur la ligne de feu.

« Pendant toute la matinée, les blessés passent, allant à l'ambulance. Certains marchent avec peine, s'appuyant sur leur fusil ou à l'épaule d'un camarade, ils disent que sur le champ de bataille, nombreux sont ceux qui ne peuvent bouger et attendent des secours. Il faut aller les chercher : aussitôt les infirmières confectionnent des brassards de la Croix-Rouge avec des bandes de toiles déchirées et des morceaux d'étoffe rouge coupés à de vieux édredons et à des pantalons de soldats.

« Le combat s'apaise au commencement de l'après-midi. Des hommes, des jeunes gens partent avec des brancards improvisés pour relever les blessés. Monsieur le curé est déjà sur le champ de bataille, soignant et consolant; quelques femmes et jeunes filles vont porter de l'eau. Partout des supplications : « A boire! emmenez-nous! » Plus loin, dans les champs, dès qu'apparaît ce groupe de femmes, des mouchoirs blancs s'agitent, des bras se lèvent en signe d'appel... Il y a maintenant des blessés dans toutes les chambres du vieux château de la Gaye, il y en a dans la grange, dans les écuries, dans la cour...

« Le canon s'est tu. La nuit est calme. Dans le ciel montent de grandes lueurs. A Drouville et Courbessaux, des maisons brûlent. »

Au sud, vers 13 heures, la canonnade allemande avait faibli ; probablement des dispositions nouvelles étaient prises par les Allemands pour échapper au désastre qui les menaçait au sud de la Meurthe.

En fin de journée, le 20e corps d'armée occupait avec la 11e division les hauteurs de Sommerviller, de Flainval et d'Hudiviller et avec la 39e le front Saint-Nicolas-Manoncourt. Toute la garnison de Nancy était sur pied et s'alignait sur la forêt de Champenoux.

En somme, l'ennemi était vaincu. Partout, il était ou en fuite ou contenu. Ce sera seulement les jours suivants qu'on constatera, en réoccupant les villages, les pertes énormes qu'il a subies. La journée était très belle; peu s'en était fallu qu'elle n'eût été magnifique.

Les résultats stratégiques dépassaient encore et de beaucoup les résultats tactiques, si brillants qu'ils fussent.

GABRIEL HANOTAUX
de l'Académie Française

HISTOIRE ILLUSTRÉE DE LA GUERRE DE 1914

LIRE dans ce Fascicule : LE MARTYRE DE GERBÉVILLER

FASCICULE N° 55

L'ÉDITION FRANÇAISE ILLUSTRÉE
(GOUNOUILHOU, Éditeur)
30, Rue de Provence, Paris

PRIX NET : 1 franc
ÉTRANGER, PORT EN PLUS

A NOS LECTEURS

es *deux premiers volumes* de ***L'Histoire de la Guerre de 1914*** ont donné l'exposé des faits historiques et diplomatiques qui ont précédé et amené la guerre, et qui engagent si lourdement la responsabilité de l'Allemagne.

Avec *le troisième volume,* l'historien est entré dans le vif de son sujet, le grand drame de la guerre.

Le *quatrième volume,* achevé avec le fascicule 52, est consacré au récit de ***La Bataille des frontières.***

L'auteur aborde maintenant les combats du Luxembourg et de la Meuse, pour en venir, dans les prochains fascicules, aux engagements de la Sambre et à cette retraite vigoureuse qui prépare la victoire de la Marne.

Par les renseignements qu'il a recueillis, par les travaux d'enquête et de recherches auxquels il s'est livré, par les conversations qu'il a eues avec les personnages officiels et les hommes politiques de l'Europe entière, l'historien a approché, d'aussi près que peut le faire un contemporain, de la source où peut se découvrir la vérité complète, sincère et impartiale.

C'est vraiment le tableau de la « grande guerre ».

LE VILLAGE DE ROZELIEURES

Le 26 août, le 8e corps reprit son mouvement en avant en liaison avec la droite de la 2e armée : il occupa, en fin de journée, le front Clézentaine-bois des Fays; huit groupes alpins de réserve qui venaient de débarquer avaient été mis à sa disposition. Le 52e alpins avait enlevé brillamment Clézentaine, soutenu par le 13e d'infanterie et le 46e chasseurs (1).

Le 16e corps atteignit vers midi la ligne Remenoville-Franconville-Landecourt et le soir il s'établit sur le front Bois de Broth-bois de Censal-Remenoville.

Au 15e corps, la 29e division prit pied dans Lamath et ses éléments avancés à Xermaménil, la 30e division attaqua Mont-sur-Meurthe et en resta maîtresse, la 64e division de réserve se retrancha en fin de journée derrière la Mortagne; le pont de Damelevières lancé par l'ennemi resta entre nos mains.

Quant au 20e corps, il atteignit en fin de journée la ligne La Faisanderie-Friscati-Deuxville-Maix-bois de Crévic. A sa gauche, la 70e division de réserve, mise à 10 heures et demie aux ordres du général commandant le 20e corps, atteignit Drouville, et les éléments du 9e corps, regroupés, se maintinrent dans la région Réméréville-Courbessaux : la brigade Mordrelle, laissant un bataillon à Champenoux, occupa le Couronné au sud de la route de Château-Salins. Sur le front nord et nord-est du Couronné, aucun engagement ne s'était produit.

J'arrête, de parti pris, à la date du 26 au soir, l'exposé des événements militaires de l'Est, non pas que la bataille ait été suspendue à la suite du beau succès obtenu par les armées françaises : au contraire, elle se poursuit sans discontinuer et avec un acharnement extrême dans les jours qui suivirent. Mais le coup n'en est pas moins porté dès le 26, et, à partir de cette date, la direction des combats et le cours des événements dans l'Est vont se transformer du tout au tout.

(1) Voir le récit de ce combat dans : Louis Thomas, *Les Diables bleus*.

IMPORTANCE DE LA VICTOIRE DE LA TROUÉE DE CHARMES

La bataille de la trouée de Charmes est une des plus belles pages de la guerre, un des faits les plus considérables de l'histoire.

On a surpris un radiogramme allemand du 27 août, rédigé à peu près dans ces termes : « *A aucun prix ne révélez à nos armées de l'Ouest, les échecs de nos armées de l'Est.* » Le sens profond de la bataille de la trouée de Charmes est dans ce télégramme. Depuis, les efforts de la publicité officielle allemande ont suivi exclusivement cette inspiration : nier les graves échecs du 25 et du 26, ou tout au moins diminuer leur importance.

C'est, qu'en effet, la clef de la guerre se trouvait là.

LE VILLAGE D'ANGLEMONT

Destruction totale des armées ennemies par enveloppement, manœuvre à la fois sur les deux ailes, le front venant assener le coup final, telle était la conception *géniale* qui devait réduire à néant l'armée française; telle était l'adaptation à la campagne de France des idées de Schlieffen. C'est la stratégie de la tenaille : or, dès le premier jour, une branche de la tenaille est faussée.

Le fait parle. Faut-il une autre preuve ?

Le 6 septembre, au moment où l'offensive française qui allait produire la bataille de la Marne commençait, et tandis que le kronprinz l'ignorait encore, celui-ci donnait pour objectif à sa cavalerie (IVe corps) *l'exploration sur la ligne Dijon-Besançon-Belfort.* Donc, à cette date encore, l'armée du kronprinz comptait être fidèle au rendez-vous où devaient se réunir, dans la vallée de la Seine, les trois armées allemandes de l'Ouest, du Centre et de l'Est, pour l'anéantissement simultané des armées françaises « comme à l'école de bataillon ».

Nous expliquerons plus tard comment le kronprinz pouvait croire, le 6 septembre, que l'affaire était encore possible; mais l'existence du grand projet étant prouvée par le fait qu'on en poursuivait même à cette date l'exécution, cela montre l'importance des journées du 25 et du 26 qui arrêtent l'ennemi à l'entrée de la trouée de Charmes.

La trouée de Charmes était l'objectif : le village de Rozelieures, porte de la trouée, se trouve en effet inscrit comme but sur les documents surpris à l'ennemi. Les deux armées allemandes : celle qui descend de la frontière lorraine, celle qui débouche du mont Donon et des Vosges, ont là leur point de convergence.

Ces armées négligent de parti pris Nancy; elles coulent le long du Grand-Couronné. Elles se précipitent avec hâte vers le sud. Il faut bien admettre qu'elles exécutent une manœuvre, un plan quelconque : sinon, la ville, ce Nancy tant convoité, presque à l'égal de Paris, les eût attirées. Non; dans leur rapidité, elles ne songent même pas à se couvrir sur leurs flancs, résolues qu'elles sont à briser, coûte que coûte, la résistance de l'armée Dubail. Les chefs n'ont pas prévu, ils n'ont pas voulu prévoir que l'armée Castelnau s'allongerait jusqu'à donner la main à la 1re armée et que la fissure dont ils espèrent profiter ne se produirait pas.

Les chefs français, par contre, ont deviné les mouvements de l'ennemi, ont pris admirablement leurs dispositions et se sont adaptés eux et leurs troupes aux circonstances qui demandaient à la fois de la décision, du coup d'œil et

LE GÉNÉRAL DUBAIL OBSERVE LES POSITIONS ENNEMIES

une prompte énergie. Comment eût-on pu obtenir de pareils efforts s'il se fût agi de troupes battues? Ces deux journées donnèrent aux chefs la conscience de ce qu'ils pouvaient obtenir du soldat français : ce fut le premier « rétablissement ».

Elles leur donnèrent à eux-mêmes la première confiance dans la supériorité — sinon de leur préparation — du moins de leur décision et de leur jugement.

Le grand commandement français, quoique son attention fût retenue si tragiquement par les événements qui se précipitaient au même moment sur l'aile gauche, ne perdit pas de vue un seul instant son aile droite, et il ordonna les belles dispositions, communes aux deux armées, qui, les plaçant l'une à l'égard de l'autre, dans un ordre *perpendiculaire*, prouvent une vision très claire de ce qu'il fallait faire et de ce qui allait se passer. Cette vision serait démontrée encore, s'il était nécessaire, par l'ordre qui met le 8e corps à la disposition du général de Castelnau à partir du 24, par l'envoi en renfort des divisions de réserve qui tamponnent, si j'ose dire, la trouée de Charmes, enfin et surtout par la série de mesures indiquant une communion d'idées parfaite entre le Grand Quartier Général et les deux chefs illustres qui agissent sur le terrain.

La manœuvre de la « trouée de Charmes », parfaitement conçue et magnifiquement exécutée, est une des plus belles de l'histoire militaire. La campagne de France commence par une page sur laquelle est inscrite une opération stratégique et tactique du caractère le plus pur, sans emphase et sans bavure. Dubail barre la route, Castelnau tombe sur le flanc de l'ennemi : il y a, dans cette combinaison de la stabilité et du mouvement, quelque chose qui sent son Marengo.

Les conséquences du beau fait d'armes sont à la hauteur de la conception. Dès ce jour, l'offensive allemande a « du plomb dans l'aile ». L'aile gauche, en effet, bat l'air péniblement tandis que l'aile droite essaie en vain de rétablir l'équilibre.

LA VICTOIRE ET L'OPINION

On peut se demander pourquoi ces faits si considérables ont été si mal connus jusqu'ici. Je ne voudrais pas incriminer la modestie parfois excessive de nos chefs, une sorte de crainte de paraître glorifier eux-mêmes leurs services, quoique cette réserve qui a ses avantages présente aussi quelques inconvénients : la valeur des chefs n'appartient pas à eux seulement, mais à la nation qui a besoin de confiance en eux.

Il y a d'autres raisons.

Les batailles de l'Ouest et la marche précipitée des Allemands sur Paris ont, à ces heures critiques, retenu l'attention générale sur des événements intéressant d'autres parties du vaste champ de bataille. Paris menacé, c'était, pour la France, un danger et une angoisse tels que tout ce qui se passait ailleurs paraissait secondaire.

Les personnes renseignées surent bien, dès lors, que le *pivot* de la manœuvre qui devait assurer la victoire de la Marne tenait bon. La confiance du pays fut, dès lors, inébranlable dans sa force de l'Est. Mais cette confiance était instinctive plus que raisonnée et renseignée; elle restait confuse et n'avait pas une connaissance réelle de la situation et des succès déjà remportés.

Cependant, les soldats qui avaient assisté aux événements, les hommes qui connaissaient le pays et qui purent relever sur le terrain la marche des armées, ne s'y trompèrent pas.

L'officier de dragons, auteur de *La Victoire de Lorraine*, écrit, visant la trouée de Charmes :

« C'est là que les Allemands vont foncer, comme le bélier antique, pour faire une brèche. *Nous comprenons vaguement leur plan :* nous l'avons mieux vu plus tard; par la Belgique, ils sont arrivés devant Paris. Par la trouée de Charmes, une autre armée devait menacer, sur son aile droite, notre armée qui reculait du nord, opérer sa jonction avec le reste de l'armée allemande, en se soudant à l'armée du kronprinz qui envahissait l'Argonne, nous envelopper, cantonner, comme tous les corps prussiens, à Paris (1). »

(1) Page 14.

MAISONS DÉTRUITES A SAINT-DIÉ

Maurice Barrès, en octobre 1914, quand il rentra chez lui, dans son « jardin de Lorraine » situé justement en pleine trouée de Charmes, a le sentiment profond de ce qui s'est passé sur le seuil de sa maison :

« Nous sommes sur des chemins mystérieux du monde, la route de l'esprit, le sentier de guerre... Je vais tout droit jusqu'à la mairie : « — Bonjour, monsieur le maire! « Les Prussiens ne sont tout de même pas arrivés dans « Charmes. — Ils n'en étaient pas bien loin! Le 23 août, « à 11 heures du soir, on installait nos mitrailleuses à « l'entrée du pont; on massait les autobus pour faire une « barricade... à 10 kilomètres d'ici, entre Saint-Rémy et « Rozelieures, on se battait furieusement... Ah! nous « avons été bien défendus. » Et, tout aussitôt, le cantique s'élève, l'action de grâces que j'ai entendue sur toute la Lorraine en *l'honneur des armées du général de Castelnau et du général Dubail...* » (1) C'est leur orgueil qui perdit les Allemands... S'ils avaient pu franchir l'obstacle et puis forcer la trouée de Charmes, les opérations de Joffre étaient irrémédiablement compromises et ses armées coupées. Mais, durant vingt et un jours, dans nos villages malheureux et désormais glorieux, les deux armées de Castelnau et de Dubail tinrent bon (2). »

Quant à l'opinion générale, elle ne connaît que ce que lui apprennent les communiqués officiels. Que lui disent-ils ?

Le premier communiqué français, daté du 25 août, 5 heures, signale les engagements du 24, comme faisant partie d'un ensemble où les événements du Nord prennent la place principale. Il s'agit de faire comprendre à l'opinion laissée jusque-là dans l'ignorance, les faits graves qui déterminent le recul des forces françaises sur toute la frontière : retraite en Belgique, retraite en Alsace, retraite sur la Meuse, retraite dans le Nord. Un exposé de la

(1) « Dans un jardin de Lorraine » (*Echo de Paris* du 24 octobre 1914).

(2) « La Messe sur les tombes de la victoire ». *Ibid.*, 9 novembre.

« situation générale » est un arrangement des événements couvert de quelques fleurs de rhétorique :

« Notre armée, calme et résolue, continuera aujourd'hui son magnifique effort ; elle sait le prix de cet effort ; elle combat pour la civilisation ; la France tout entière la suit des yeux, elle aussi calme et forte, etc... »

Visiblement le rédacteur du communiqué a les larmes aux yeux. Il ne voit pas très clair. Ses vues sont brouillées. Il mentionne en ces termes les affaires de l'Est :

« *En Haute-Alsace.* — Le général en chef ayant à faire appel pour faire face sur la Meuse à toutes les troupes, avait donné l'ordre d'évacuer progressivement le pays occupé. Mulhouse a été de nouveau évacué. La grande bataille est engagée entre Maubeuge et le Donon (première esquisse de la formule « de la Somme aux Vosges »). C'est d'elle que dépend le sort de la France et de l'Alsace avec elle (toujours ces généralisations un peu hâtives). C'est au nord que se joue la partie, c'est là que le général en chef appelle, pour l'attaque décisive, toutes les forces de la nation (inutile et d'ailleurs exagéré). L'action militaire entreprise dans la vallée du Rhin distrairait des troupes dont dépend peut-être la victoire. Il leur faut donc quitter momentanément l'Alsace, pour lui assurer la délivrance définitive, quel que soit leur chagrin de n'avoir pu la soustraire déjà à la barbarie allemande : c'est une cruelle nécessité que l'armée d'Alsace et son chef ont dû subir et à laquelle ils ne se sont soumis qu'à la dernière extrémité. »

Absorbé par ces rédactions douloureuses, surpris par les affirmations violentes des radiogrammes allemands, l'écrivain du communiqué ne consacre que quelques lignes aux vigoureuses opérations de la 1re et de la 2e armée.

« *En Lorraine.* — Les deux armées ont pris une offensive combinée, l'une partant du Grand-Couronné de Nancy, l'autre au sud de Lunéville. La bataille engagée continue au moment où nous commençons le bulletin. On n'entend plus le canon comme on l'entendait hier aux environs de Nancy. Le 15e corps qui, depuis la dernière affaire, avait été replié en arrière et s'était reconstitué, faisait partie d'une des deux armées combinées. Il a exécuté une contre-attaque très brillante dans la vallée de la Vezouse. L'attitude des troupes a été très belle et montre qu'il ne reste aucun souvenir de la surprise du 20 août. » (Désir évident d'arranger l'incident de presse fâcheux relatif au 15e corps, et c'est tout.)

Le 26 août, 23 heures, le communiqué réprend :

« D'une façon générale, notre offensive progresse entre Nancy et Vosges. Toutefois notre droite a dû légèrement se replier dans la région de Saint-Dié.

« L'ennemi paraît avoir subi des pertes considérables ; on a trouvé plus de 1.500 cadavres dans un espace très restreint. Dans une tranchée, une section tout entière avait été fauchée par nos obus ; les morts étaient cloués sur place, encore dans la position de mise en joue.

« Il se livre dans cette région, depuis trois jours, des combats acharnés qui paraissent, dans l'ensemble, tourner à notre avantage. »

Evidemment, Paris ne comprend pas. Il relate les faits qu'on lui livre. Mais lui qui, d'ordinaire, explique tout, ici n'explique rien et même ne s'explique pas très bien ces succès.

Le 27, ayant à faire connaître cette décisive journée du 26, il signale l'avantage obtenu, mais dans ces termes froids :

« Dans la région entre les Vosges et Nancy nos troupes continuent à progresser. »

Le 27 août seulement, cette note, enfin, plus juste et plus réconfortante :

« *Dans la région entre les Vosges et Nancy.* — Notre offensive est ininterrompue. Depuis cinq jours les pertes allemandes sont considérables. On a trouvé au sud-est de Nancy, sur un front de 3 kilomètres, 2.500 Allemands ; dans la région de Vitrimont, sur un front de 4 kilomètres, 4.500 morts. »

C'est bon. Mais la vue générale manque encore. On dirait qu'on craint « d'emballer le public ».

Le Bulletin de renseignements du Grand Quartier Général, destiné aux commandants des armées, était beaucoup plus formel et plus énergique, il s'exprimait ainsi le 27 août :

« Les corps bavarois, le XXIe et XVe corps, ont été battus par les forces françaises opérant au sud-est de Metz ? Ils ont reculé en laissant 12.000 hommes sur le champ de bataille. »

Mais à la nation, on ne donne aucunement le fort tonique qui lui serait nécessaire et dont on a les éléments.

Le nom de la « trouée de Charmes » n'est pas même prononcé. La région où se livrent ces magnifiques combats est désignée par ces termes vagues : « au sud-est de Nancy ».

SAINT-DIÉ. — VUE SUR ROBACHE ET PANORAMA DE LA VILLE

La reprise des champs de bataille, la constatation des pertes énormes subies par l'ennemi, la progression continue de nos armées, rien n'éclaire le rédacteur.

Comment eût-il, à son tour, éclairé l'opinion ?

Mais ce même jour, 27 août, le général Joffre sent que justice n'a pas été rendue à la vaillance et au succès des deux armées de l'Est et il communique aux autres troupes le magnifique ordre du jour suivant :

Les 1re et 2e armées donnent en ce moment un exemple de ténacité et de courage que le général commandant en chef est heureux de porter à la connaissance des troupes sous ses ordres.

Indépendamment des corps de couverture dont quelques-uns ont combattu depuis l'ouverture des hostilités, ces deux armées ont pris le 14 août une offensive générale, obtenu de brillants succès jusqu'au moment où elles se sont heurtées à une barrière fortifiée et défendue par des forces très supérieures.

Après une retraite parfaitement ordonnée les deux armées ont repris l'offensive en combinant leurs efforts, et regagné une grande partie du terrain perdu. L'ennemi plie devant elles et son recul permet de constater les pertes considérables qu'il a subies.

Ces armées combattent depuis quatorze jours sans un instant de répit, avec une inébranlable confiance dans la victoire qui appartient toujours au plus tenace.

Le général en chef sait que les autres armées auront à cœur de suivre l'exemple fourni par les 1re et 2e armées.

Le général commandant en chef :
Signé : J. JOFFRE.

Suivons, par contre, la manœuvre morale dans les communiqués allemands.

D'abord quelques détails sans importance :

Prise de Longwy, succès en Alsace, jusqu'au 27. Mais le 27, coup de fanfare :

« *Les armées allemandes victorieuses en France.* L'armée allemande de l'Ouest a pénétré victorieusement, neuf jours après sa concentration, sur le territoire français, de Cambrai jusqu'aux Vosges méridionales. L'ennemi a été battu sur toute la ligne et se trouve en pleine retraite. Vu l'étendue énorme du champ de bataille, dans une région boisée et en partie montagneuse, il n'est pas possible de donner des chiffres exacts sur ses pertes en tués, blessés, prisonniers et étendards pris. » (Que l'on remarque l'imprécision voulue.)

Le pays exulte ; voici ce qui se passe à Metz :

« La Mutte sonnait en volée à faire trembler les tours de la cathédrale. Les fenêtres étaient ornées de drapeaux ; les bâtiments publics et administratifs illuminés. Devant l'hôtel de ville, le public, appelé par la voix grave de la Mutte, se pressait pour entendre la lecture du bulletin de victoire. Le maire, qui avait pris la peine de se mettre en habit, montait sur une table en bois blanc, lisait ou plutôt hurlait le bulletin. La foule d'Allemands poussait des *Hoch!* délirants et reprenait en chœur le *Heil dir im Siegerkranz* que le maire avait entonné. Puis elle se dispersait en continuant par la *Wacht am Rhein* ou le *Deutschland über alles.* De copieuses beuveries commençaient alors, qui se prolongeaient bien au delà de l'heure du couvre-feu (1). »

Mais le même communiqué du 27 arrange comme il suit les événements militaires immédiatement postérieurs.

« L'armée du prince-héritier de Bavière, pendant qu'elle poursuivait l'ennemi en Lorraine, a été attaquée par de nouvelles forces françaises venant de la position de Nancy et du sud, et les Français ont été repoussés.

« L'armée du général von Heeringen continue la poursuite de l'ennemi dans les Vosges, dans la direction du sud. L'Alsace est évacuée par l'ennemi. »

L'officieuse agence Wolff glisse timidement un commentaire qui a pour caractère voulu de réduire l'importance des batailles de l'Est :

« Notre aile gauche, après neuf jours de combats de montagne, a repoussé les troupes de montagne françaises jusqu'à l'est d'Épinal. La cavalerie avance victorieusement. »

C'est tout. Ces rencontres terribles, ces batailles où 700.000 hommes sont engagés, cette défaite grosse de conséquences est devant l'histoire officielle comme si elle n'existait pas.

De part ni d'autre, les bulletins ne la signalent, et ils n'y reviendront plus jamais. Calcul d'un côté, réserve extrême, excessive, de l'autre.

Il est facile de comprendre, maintenant, quel crédit « la manœuvre morale » non déjouée donne au haut commandement allemand. Il est facile de comprendre comment le peuple allemand put se croire vainqueur sur toute la ligne, alors que le sort de la frontière de l'Est se décidait contre les desseins de ses chefs. Il est facile de comprendre pourquoi il ne put admettre ni les faits ni les conséquences ultérieurs quand l'armée française vainquit l'armée allemande sur la Marne et réduisit à néant le système de Schlieffen.

(1) *Revue hebdomadaire* du 18 décembre 1915.

LUNÉVILLE. — LA VEZOUSE ET L'ÉGLISE SAINT-LÉOPOLD

Tels sont les avantages et les inconvénients réciproques des deux manières, quand il s'agit d'une guerre où les peuples et les opinions sont engagés. Si le peuple allemand tient encore aujourd'hui, c'est peut-être parce qu'il ignore les fautes de ses chefs et qu'il lui est impossible de déduire, de ce qui s'est passé, ce qui se passera demain.

Il est inutile d'ajouter que les neutres acceptent, les yeux fermés, la version donnée par la propagande allemande.

C'est à peine si quelques esprits avisés sentent qu'il se passe quelque chose : Angelo Gatti, observateur très attentif de la carte, devine, sous les phrases ambiguës des communiqués, quelque minime partie de la vérité. Il écrit le 1er septembre :

« En Lorraine, la marche offensive des forces françaises s'est accentuée et il semble que « la ligne des montagnes « y ait été occupée tandis que l'aile droite française « avance » (communiqué officiel français). La menace que les Français porteraient sur les communications de l'arrière des Allemands serait très sérieuse, maintenant qu'une grande partie de l'armée allemande a pénétré en France et s'affaiblit au fur et à mesure qu'elle progresse... Si le réduit des troupes combattantes est le centre de la France, si l'on renonce à défendre à tout prix Paris, si l'on soutient que le salut de la nation est dans l'armée et non dans l'objectif territorial, la menace des troupes devient moindre. La persistance de l'offensive française en Lorraine devient, dans ces conditions, très importante (1). »

En réalité, comme nous croyons l'avoir démontré d'après les faits avérés, la persistance de l'offensive française en Lorraine a été un des éléments du succès pour la France et l'un des gages les plus certains de la victoire. La « trouée de Charmes » et le « Grand-Couronné » préparent la Marne et Verdun.

LA LORRAINE MARTYRE « Parux est le premier village que nous avons brûlé; après, la danse commença : les villages, l'un après l'autre; par prés et par champs nous fûmes à bicyclette jusqu'à des fossés au bord de la route, et là nous mangeâmes des cerises. »

(1) *La Guerre des nations*, p. 57.

CRÉVIC. — CHATEAU ET MAISONS DÉTRUITES

La boucherie dans l'idylle : ainsi l'âme sentimentale du soldat Seb. Reishaupt du 3e d'infanterie bavaroise (Ier corps bavarois) se complaisait, d'après son propre carnet, aux débuts de la campagne de France (1).

C'est, un peu interverti, le même sens moral qui fait écrire au soldat Moritz Grosse du 177e d'infanterie :

« Lancement de grenades incendiaires dans les maisons. Le soir, choral militaire : *Nun dankelt alle Gott (Maintenant, remercions tous Dieu).* »

Et cela à propos du sac de Dinant !

La Lorraine, en effet, a connu les mêmes maux que la Belgique, les armées obéissant aux mêmes ordres. Car la simultanéité absolue des crimes, leur frappante identité, les prétextes invoqués dans les mêmes termes, les mêmes accusations portées contre les populations, tout prouve qu'une volonté pareille disposait des violences et des passions du soldat et les déchaînait méthodiquement.

La méthode, voilà ce qui donne à cette guerre un caractère particulier et ce qui la distingue des autres guerres où des événements analogues se produisirent ; et c'est pourquoi il est nécessaire de préciser. Les plus hautes responsabilités internationales, la signature des puissances qui ont pris part aux conventions de La Haye, que dis-je ? la justice et le droit sont en cause. Alors que l'Allemagne se prétend attaquée et réduite à une guerre défensive, tandis qu'elle se pose en victime devant le monde et devant l'histoire, l'histoire se doit à elle-même de n'omettre aucun des éléments du débat : elle doit inscrire, en ses relevés exacts, ces faits abominables prouvant que l'Allemagne avait résolu de dominer le monde par tous les moyens et qu'elle ne s'est arrêtée et n'a cherché à se justifier que quand elle a senti la victoire lui échapper. Les puissances alliées se sont défendues et ont défendu le monde contre une razzia de *barbares*.

Pour ce qui concerne spécialement les armées opérant en Lorraine, la cruauté réfléchie des chefs résulte, d'une façon indiscutable, de l'ordre du jour daté du 26 août et signé par le général Stenger, commandant la 58e brigade allemande (XIVe corps) qui opérait dans la région de Thiaville :

A partir d'aujourd'hui, il ne sera plus fait de

(1) Cité par Bédier, *Les Crimes allemands*, p. 22.

PONT-A-MOUSSON. — PONT SUR LA MOSELLE DÉTRUIT PAR LES FRANÇAIS AVANT L'ARRIVÉE DES ALLEMANDS

prisonniers. Tous les prisonniers seront massacrés. Derrière nous, il ne restera aucun ennemi vivant.

Le général commandant la brigade,
Signé : STENGER.

M. Bédier, qui donne le texte de l'ordre du jour, ajoute (1) :

« Une trentaine de soldats de la brigade Stenger (112e et 142e régiments d'infanterie badoise) ont été interrogés dans nos dépôts de prisonniers. J'ai lu leurs dépositions recueillies sous la foi du serment, signées de leurs noms; tous confirment que cet ordre du jour leur fut, en effet, transmis le 26 août; la plupart disent ignorer si l'ordre fut exécuté; mais, trois d'entre eux disent qu'il le fut, sous leurs yeux, dans la forêt de Thiaville, où dix ou douze blessés français reçus à merci par un bataillon, furent achevés; deux autres ont vu exécuter l'ordre le long de la route de Thiaville, où quelques blessés rencontrés dans les fossés par une compagnie en marche furent achevés. »

(1) Voir le texte dans Bédier, p. 29.

On trouvera, dans le même ouvrage, la déposition d'un capitaine du 288e d'infanterie, relatant le fait de blessés français trouvés sur le champ de bataille *ayant tous la même blessure, un coup de fusil dans l'oreille.*

Le peuple allemand se réjouissait au récit de ces horreurs. On a imprimé un morceau « très orné, très littéraire », dans le *Janersches Tageblatt* du 18 octobre 1914, sous le titre: *Une Journée d'honneur pour notre régiment,* morceau qui relate, à la grande joie d'une petite ville paisible, des faits abominables.

Ce n'est pas un cas isolé. Nous avons sous les yeux la littérature des *Briefe aus dem Felde:* elles exposent naïvement l'âme du soldat allemand dans ces premiers jours de l'invasion lorraine. Le singulier mélange de sentimentalité et de barbarie, d'obéissance servile et d'orgueil délirant qui la compose y apparaît à toutes les pages. Parmi ces lettres, je citerai seulement une des plus caractéristiques; certainement elle émane d'un esprit cultivé :

En France, 25-8-1914, après-midi.

« Chère Mère, Cher Richard, Chère Anne !

« A présent j'ai vraiment vu la guerre. Jusqu'à présent, cela nous paraissait une sorte de manœuvre; il y avait rarement du danger. Mais, hier, j'ai été témoin d'un châtiment terrible. Dans un village qui n'était pas occupé par l'ennemi, notre infanterie reçut des coups de fusil. En passant, on apprit (?) que les habitants s'étaient abondamment pourvus de munitions et s'étaient fortement barricadés. Les blessés que nous laissâmes couchés là furent retrouvés la gorge coupée. (Des témoignages infiniment nombreux, quand ce ne serait pas le naturel du paysan français si contraire à de telles violences, s'élèvent contre cette assertion toute gratuite. Mais c'était les bruits que l'on faisait courir pour exciter le soldat, le mot « on apprit »... est révélateur à ce sujet.) Le village fut bombardé et mis en flammes par nos « Haubitzer ». Le maire et un certain nombre d'habitants fusillés sur place. Aujourd'hui, j'ai été cueillir des fleurs et des fruits et j'ai fait une nature morte pour l'offrir à notre capitaine le jour de sa fête. Il en a été fort touché.

« Ton : Fritz. »

« Depuis six heures nous sommes encore en plein combat. J'espère que nous anéantirons toute l'armée (1). »

La volonté des chefs ne s'applique pas seulement au système de terreur qu'une psychologie bien lourde considère comme un instrument de victoire plus rapide; elle vise aussi des résultats immédiats et palpables. Voici ce qui se passe à Lunéville :

LES ALLEMANDS A LUNÉVILLE Les Allemands entrèrent dans Lunéville, comme nous l'avons dit, le 22 août; la ville avait subi préalablement un bombardement qui avait duré six heures et qui avait démoli nombre de maisons. « Les premiers jours de l'occupation furent assez calmes : le maire, M. Keller, et un certain nombre de citoyens avaient été pris comme otages et leur vie répondait de la sécurité des soldats allemands. Dans les journées du 25 et du 26, alors qu'aucun engagement ne se produisait ni dans la ville ni dans les proches environs, les incendies et les meurtres commencèrent. On peut se demander s'il n'y avait pas, dès lors, un calcul préparant les réquisitions dont on allait accabler la ville. Quoi qu'il en soit, douze vies humaines furent sacrifiées, près de cent maisons incendiées ou détruites (1). »

Les Allemands étaient arrivés dans Lunévile en réclamant, comme partout ailleurs, « ce que vous avez à manger, à boire et à fumer ». Bientôt le maire reçut un ordre de réquisition ainsi conçu :

« La commune de Lunéville fournira, jusqu'au 1er septembre 1914, sous peine d'amende de 300.000 francs en cas de refus ou d'opposition :

« 1° 100.000 cigares ou 200.000 cigarettes ou 5.000 kilos de tabac ;

« 2° 50.000 litres de vin (en tonneaux ou en bouteilles) ;

« 3° 1.000 kilos de thé ou cacao ;

« 4° 10.000 kilos de sucre ;

« 5° 1.000 kilos de café torréfié ;

« 6° 1.000 bas (laine) ;

« 7° Une quantité de savon, un grand nombre de mouchoirs et de couteaux ;

« 8° 10 kilos de glycérine ;

« 9° 10 kilos de graisse ;

« J'ajoute expressément que tous les objets à livrer doivent être de première qualité et que, dans le cas contraire, la commune en serait responsable.

« Toute réclamation passe pour nulle et non arrivée (2). »

Le document est intéressant. Il comporte, en effet, dans son avant-dernier alinéa, l'aveu officiel de la brutalité allemande.

« Si tout n'est pas de première qualité, la commune en sera responsable ! »

Et l'on sait ce que les Allemands entendent par ces mots : « La commune en sera responsable ! »

Ce n'est qu'un commencement. Le 3 septembre, le général en chef von Fasbender faisait afficher la proclamation suivante, dans laquelle il a formulé des accusations évidemment erronées et même absurdes (puisque Lunéville était occupé en force depuis dix jours) :

AVIS A LA POPULATION

« Le 25 août 1914, des habitants de Lunéville ont fait une attaque par embuscade contre les colonnes et les trains allemands. Le même jour, des habitants ont tiré

(1) *Briefe aus dem Felde*, cahier 4.

(1) *Rapport officiel* de M. Mirman, préfet de Meurthe-et-Moselle.

(2) Voir « Bataille de Lunéville » (*Liberté*, 1er avril 1915).

RÉMÉRÉVILLE. — MAISONS EN RUINES

sur les formations sanitaires marquées de la Croix-Rouge. De plus, on a tiré sur des blessés allemands et sur l'hôpital militaire contenant une ambulance allemande. A cause de ces actes d'hostilité, une contribution de 650.000 francs est imposée à la commune de Lunéville Ordre est donné à M. le Maire de verser cette somme en or et en argent jusqu'à 50.000 francs, le 6 septembre à 9 heures du matin, entre les mains des représentants de l'autorité militaire allemande. Toute réclamation sera considérée comme nulle et non arrivée. On n'accordera pas de délai. Si la commune n'exécute pas ponctuellement l'ordre de payer la somme de 650.000 francs, on saisira tous les biens exigibles. En cas de non-paiement, des perquisitions domiciliaires auront lieu et tous les habitants seront fouillés. Quiconque aura dissimulé sciemment de l'argent, ou essayé de soustraire des biens à la saisie de l'autorité militaire, ou qui cherche à quitter la ville sera fusillé. Le maire et les otages pris par l'autorité militaire seront rendus responsables d'exécuter exactement les ordres sus-indiqués. Ordre est donné à M. le Maire de publier exactement les ordres sus-indiqués. »

Hémaménil, le 3 septembre 1914.

Le commandant en chef

Signé : VON FASBENDER.

Les faits visés dans la proclamation se rapportent au 25 août : c'est un des deux jours de la bataille de la trouée de Charmes. Au rapport de la Commission officielle française constatant la fausseté des prétextes invoqués par le général von Fasbender, l'agence Wolff oppose une accusation formelle contre les habitants de Lunéville : « ils auraient, pendant une heure et demi, assailli à coups de fusil l'hôpital militaire où se trouvaient de nombreux prisonniers sans défense. Le jour suivant, les troupes victorieuses ont été assaillies pareillement par une fusillade partant des maisons. Ces faits sont établis sans conteste et objectivement par les dépositions faites sous serment de nombreux témoins. »

Bien entendu, on ne cite aucune de ces dépositions, on ne donne le nom d'aucun de ces témoins. Le maire de Lunéville, les conseillers, les habitants affirment qu'aucune tentative du genre de celle qui est alléguée (combien invraisemblable dans une ville occupée par une armée tout entière !) ne s'est produite.

En fait, les choses paraissent s'être passées de la façon dont les expose un récit local :

« Le 25 août, les Allemands essuyèrent une défaite épouvantable aux environs de Lunéville, à Rozelieures, où ils perdirent 6.000 hommes. Un jeune sous-officier artilleur m'a raconté qu'il était porteur d'un ordre de son colonel pour faire avancer une batterie au delà de Rozelieures. Il dut traverser dans la soirée le champ de bataille. Partout, ce n'étaient que cadavres... Ce soir-là, les Allemands rentrèrent à Lunéville dans un grand désordre. Il était 4 heures de l'après-midi. Une auto lancée à toute vitesse s'arrête devant le comptoir américain. Les officiers ou les soldats de cette automobile braquèrent leurs armes sur l'hôpital et tirèrent. Un jeune infirmier nommé Monteils, qui se penchait à la fenêtre, est tué d'une balle en plein front. Aussitôt une très vive fusillade commença, fusillade qui dura deux heures. »

On reconnaît là des faits tout à fait analogues à ceux qui se passèrent en Belgique. Le soldat allemand, sûr de l'impunité ou bien pris de boisson ou de panique, espérant peut-être le pillage et le butin avec toutes les conséquences, tire. Puis au cri de *man hat geschossen*, la fusillade devient générale et le châtiment s'en suit.

Cette fois, la ville échappa au désastre habituel, mais elle dut payer une contribution de 650.000 francs. Le récit local conclut : « Après la déroute de Rozelieures, la panique s'est emparée des troupes allemandes... à moins d'admettre que la colère et le vin leur aient fait perdre la raison. » C'est exactement l'affaire de Louvain.

LE GÉNÉRAL VON XYLANDER
COMMANDANT LE Ier CORPS BAVAROIS

BOURGS ET VILLAGES LORRAINS PENDANT L'INVASION

Pont-à-Mousson, ville ouverte et non défendue, fut bombardée à intervalles réguliers et sans avertissement (quatorze personnes de la population civile, notamment femmes et enfants, furent tuées).

Crévic fut brûlé, notamment la maison du général Lyautey que les incendiaires, sous la conduite d'un officier, avaient envahie, en réclamant à grands cris Mme et Mlle Lyautey « pour leur couper le cou ! »

A Deuxville, une partie du village fut brûlée : le curé et le maire furent fusillés. A Maixe, incendie : douze civils fusillés, viols non réprimés; au château de Bauzemont, pillage en règle, infection, excréments, comme partout : à Baccarat, pillage général le 25 août; incendie du centre de la ville. Mot du général Fabarius, commandant l'artillerie du XIVe corps badois : « Je ne croyais pas qu'il y avait autant de vins fins à Baccarat; nous en avons pris plus de cent mille bouteilles. » A Jollivet, meurtres; à Bonviller, incendie; à Einville, fusillades. Un braconnier qui avait un fusil est odieusement martyrisé : promené dans le village le nez tranché, les yeux hors des orbites, puis fusillé; maire et adjoint emmenés en otage. A Sommerviller, meurtre, pillage; à Rehainviller, le curé et un de ses paroissiens fusillés; à Lamath, meurtre d'un vieillard de soixante-dix ans; à Fraimbois, curé emmené, trois habitants fusillés : le curé porte plainte auprès des généraux Danner et Clauss : « Que voulez-vous, c'est la guerre! »

A Mont, un fait plus particulièrement abominable : on enferme les habitants dans l'église pendant que l'artillerie française bombardait le village. Le capitaine, furieux qu'une femme ait pu se sauver de l'église, s'écrie : « Je ne voulais pas qu'on ouvrît la porte. Je voulais que les Français tirassent sur leur propre peuple. » Vingt-quatre personnes ont été tuées à l'intérieur de l'édifice. Quatre victimes, femmes et enfants, tuées froidement à la sortie, et d'autres encore les jours suivants. A Maquières, viol d'une enfant de douze ans. A Réméréville la plus grande partie du village brûlée! A Courbessaux, à Erbéviller, incendie, pillage, viol;

LA RUE GAMBETTA A GERBÉVILLER

non loin de là, deux religieuses victimes de la lubricité des soldats; à Embermesnil, deux femmes fusillées de sang-froid dans des conditions horribles; à Domèvre un jeune homme de dix-sept ans; tout cela sur un soupçon dans un accès de panique, par pur caprice; évidemment le système des chefs est de laisser faire le soldat et de l'encourager :

« A Audun-le-Roman, le 21 août, vers 5 heures du soir, les Allemands *qui occupaient depuis dix-sept jours le village* se mirent, sans motif, à tirer sur les maisons des coups de fusil et de mitrailleuse. Quatre femmes, Mlle Roux, Mlle Tréfel, Mme Zapoli et Mme Giglio ont été blessées, Mlle Tréfel a été atteinte pendant qu'elle versait à boire à un soldat allemand. Trois hommes ont été tués : M. Martin, cultivateur âgé de soixante-huit ans, dont la maison a été brûlée, a été emmené hors de chez lui et fusillé dans la rue en présence de sa femme et de ses enfants. M. Chary, chef cantonnier âgé de cinquante-cinq ans, fuyait devant l'incendie en tenant sa femme par la main quand il a été tué à coups de fusil... J'ai vu l'ennemi mettre le feu au café Motte avec du pétrole. Mme Motte, étant sortie ayant à la main un petit sac qui contenait ses économies, a été dévalisée par un officier allemand qui lui a arraché son sac (1). »

LE MARTYRE DE GERBÉVILLER Nous avons dit la belle défense des cinquante-quatre chasseurs du 2e bataillon sous les ordres de l'adjudant Chèvre dans Gerbéviller (2). La jolie petite ville lorraine paya cher l'héroïsme des braves qui défendirent le pont de la Mortagne. Gerbéviller est, comme Nomeny, une ville martyre.

Tous ceux qui ont vu la coquette résidence sortant des mains des Allemands ont eu le frisson de la terreur et de l'indignation. Est-il possible que de telles choses se soient produites et que le monde affecte d'ignorer et de rester insouciant et froid ?

L'aviateur docteur Emile Reymond survole Gerbéviller le 1er septembre et il note : « Gerbéviller flambe toujours. » Il visite les ruines le 15 septembre et voilà ce qu'il constate :

« Gerbéviller est une ville assez importante et dont'il ne reste que trois maisons debout. Tout le reste donne l'impression d'un Pompéi encore tiède, flambant par places. L'église est un découpage de dentelles qui tient encore, on ne sait pourquoi. Le château, l'église du château, tout est ruines... Une vaste écurie a brûlé avec le reste, contenant encore ses dix chevaux : leurs carcasses fumantes tiennent encore au râtelier. Ces ruines sont vides. Quelques habitants apparaissent craintifs, sortent du bois, viennent voir, hébétés, ne comprenant pas comment l'existence peut continuer pour eux.

« Beaucoup de cadavres sous les décombres à en juger par l'odeur infecte, par les nuages de mouches qui sortent des ouvertures des caves (1). »

Quand il s'agit de la Lorraine, comment ne pas se laisser conduire par Barrès ? Il a suivi pieusement toutes les stations du calvaire :

« J'arrive à Gerbéviller où l'horreur est sanctifiée par la charité. Gerbéviller la martyre ! Une ville tout entière est là sous notre regard, sans toits, dressant les moignons de ses murs calcinés, recevant la pluie par toutes ses plaies, immobile, muette, déserte, effroyable. C'est Pompéi, mais une Pompéi notre parente, et qui nous demande vengeance. A Pompéi, il y a moyen de bâiller; on nous y explique trop de choses. Ici, ce soir, dans cette brume, mon cœur est contracté par un sentiment simple : comme nos frères ont dû souffrir !

« Quand il y avait l'atmosphère, l'horreur, les hurlements, la flamme, les morts, toute la musique, tout l'enfer, qu'est-ce qu'ils ont subi ? Et le château dans son parc charmant, qu'est-il devenu ? Le voilà : un chicot noirâtre derrière ses hautes grilles tordues et sur un décor de belles frondaisons qui retournent à la libre nature. Je ne résiste pas au désir de faire quelques pas dans ces parterres ruinés. Je croise un gamin qui s'en va d'un pas ferme en sifflant. Il est vêtu d'une tunique de fantassin français. Qu'ai-je besoin de rien lui dire ? J'ai tout mon renseignement à le voir vigoureux, joyeux, militaire, bien allant, bien vêtu de la défroque d'un mort. Bel héritier, salut ! « — Et les Prussiens ? lui dis-je.—Y m'ont fait deux heures prisonnier. » Il s'éloigne en sifflant derechef une marche...

« ... — Mais qu'est-ce que j'ai donc fait pour qu'on s'occupe de moi comme ça, dit la sœur Julie. Les sœurs de Saint-Charles sont hospitalières, je ne devais pas agir autrement. Les sœurs de Saint-Charles, la congrégation lorraine par excellence, une vieille fondation de notre duché. De par leurs lettres patentes du XVIIe siècle, elles avaient mission de prier pour la conservation et la prospérité de la maison de Lorraine. Elles viennent de bien servir l'honneur du peuple lorrain. — Soit, ma sœur, vous n'avez rien fait qui soit extraordinaire pour une sœur de Saint-Charles. Mais des choses extraordinaires, vous en avez vu. — Ah ! J'en ai vu ! La grande fusillade et le bombardement, ce fut le 24 août, de 9 heures du matin à 9 heures du soir. Dans la nuit du 23 au 24, on nous avait envoyé des petits alpins pour défendre le

(1) Déposition de M. Véron, ancien instituteur à Audun-le-Roman. Sur l'ensemble des faits, voir « rapports et procès-verbaux de la Commission d'enquête », p. 30-36.

(2) Les défenseurs de Gerbéviller appartenaient au 2e bataillon de chasseurs à pied de Lunéville, sous-lieutenant Gamelin.

(1) « Carnet de route » du Dr Emile Reymond (*Figaro* des 12 et 13 janvier 1916).

LA SŒUR JULIE QUI SE SIGNALA PAR SA BELLE CONDUITE A GERBEVILLER

passage. Une cinquantaine. Et si jeunes! des enfants! Ils se battaient; nous recevions des bombes, des balles. Le maire leur dit : « Mes enfants, vous ne pouvez rien : « ils sont trop nombreux. Et vous allez exposer le village. » Ils répondirent doucement : « Le général nous a donné « l'ordre de tenir jusqu'au bout. » Et ils tinrent jusqu'au soir où l'infanterie allemande arriva dans le centre de la ville. A ce moment, ils réussirent à se glisser à ras de terre et puis par-dessus les murs du cimetière sans que les Allemands les vissent. Alors ceux-ci s'en prirent aux gens de la ville... M. le curé avait été emmené par les Allemands. L'église brûlait. Alors l'idée me vint soudain que le ciboire était en danger. J'ai couru le prendre dans le tabernacle, je l'ai apporté ici et, m'étant mise à genoux, je me suis communiée...

« Ici, dans cette salle, sous la suspension dorée! Ce tableau m'explique la sœur Julie: une nature excellente, formée divinement. Je me trouve en présence d'une personne de la campagne, pleine de bonté et d'esprit pratique, mais tout cela rehaussé par le sentiment mystique (1). »

(1) Maurice Barrès, *Echo de Paris*, septembre 1914.

Le curé de Gerbéviller m'a fait un douloureux récit des terribles angoisses et souffrances par où il a passé : le lundi 24 août à 7 heures du matin, la fusillade éclata; la défense de la ville est organisée par l'adjudant Chèvre, un fils du pays et qui connaissait très bien les lieux; les hommes sont dissimulés derrière les haies et dans les jardins qui bordent la rivière. L'adjudant Chèvre refusa de s'installer dans le clocher pour ne pas compromettre l'église. Le curé procédait, parmi la fusillade, à l'enterrement rapide d'une vieille femme, qui était fixé pour cette heure : car la mort continue son œuvre et la vie a ses devoirs. Le bombardement commence, 500 obus incendiaires tombent sur le bourg. L'ennemi venait de Lunéville; il avait occupé, dès le 23, les forêts au nord de Gerbéviller. Le combat dura toute la journée. Chaque fois que l'infanterie allemande essaye de déboucher, la fusillade des chasseurs, qui tirent de sang-froid, les tient en respect. Enfin, vers 5 heures du soir, la tâche du groupe est accomplie. Les Allemands entrent. On reconnaît un sous-officier qui avait travaillé à la brasserie et qui salue par leurs noms les gens du pays. L'église brûle : le curé pense à sauver ses saintes espèces. Il sort. Un officier le fait prisonnier et le conduit devant un major qui lui dit, d'abord : « A genoux ! » Près de chaque officier chargé d'interroger, il y a toujours un soldat chargé spécialement de dire : « On a tiré ! » C'est donc l'éternelle formule. Le major dit au curé : « Nous craignons votre influence. Nous avions cru que, vous, curés, vous nous accueilleriez comme des libérateurs ! » Plusieurs fois le curé fut condamné, collé au mur, mis en joue. Enfin, on se décida à l'emmener. Par rangs de cinq, garrottés, on emmena ce qui restait d'habitants du village jusqu'à Mattexey au sud de Gerbéviller. Là, le 25 au matin, le curé assista à la reprise du village : c'était la victoire de la trouée de Charmes. Il entendit un commandement français : « En avant ! à la baïonnette ! » Mais il fut emmené à l'arrière et de là en Allemagne où il fut montré, lui et ses compagnons, comme des bêtes fauves dans les rues des villes où ils passaient. Après un an, quand le sort des armes parut changé, le curé fut entouré d'égards et finalement rendu à sa paroisse en ruines.

Les faits sont constatés dans leur précision par le rapport officiel : sur 475 maisons, 20 au plus restèrent debout. Plus de 100 personnes ont disparu, 50 au moins ont été massacrées. Les unes ont été conduites dans les champs pour y être fusillées, les autres ont été assassinées dans leurs demeures, ou abattues au passage dans les rues quand elles essayaient de fuir l'incendie. Quinze de ces pauvres gens ont été exécutés froidement au lieu dit la Presle (1). D'autres, des inconnus, sont enterrés au Haut-de-Vermont. Dans les rues et dans les maisons, pendant une journée d'incendie, de pillage, de carnage, les scènes les plus tragiques se sont produites. Plusieurs personnes furent brûlées vives, des femmes violées, etc. Un officier d'un grade élevé crie : « Il faut fusiller ces enfants et ces femmes. Tout cela doit disparaître. » Les excès et les crimes commis à Gerbéviller sont principalement l'œuvre des Bavarois. Les troupes qui s'y sont livrées étaient sous le commandement du général Clauss dont la brutalité systématique tint la Lorraine sous la terreur (1).

(1) Pendant cette dernière exécution, le général Clauss, assis sous un frêne près d'une table sur laquelle se trouvait du champagne, donna l'ordre de tirer au moment où il lèverait son verre. (Note autographe de sœur Julie.)

(1) « Rapports et procès-verbaux de la Commission officielle », p. 28.

PRISE DU FORT DE MANONVILLER Un fait militaire d'une importance secondaire, mais sur lequel les détails ont manqué jusqu'ici, est la chute du fort de Manonviller. Fort de barrage, il était destiné à défendre la vallée de la Vezouse et la route de Lunéville. Il avait un aménagement et une défense moderne appropriée à son importance, et une garnison de 900 artilleurs et fantassins « bien décidés à obéir à leur chef jusqu'au bout, jusqu'à la mort ». Mais, au dire des Allemands eux-mêmes, tous les travaux de supra et infrastructure du fort avaient été soigneusement repérés par l'espionnage allemand ; les moindres détails de la défense étaient connus ; le siège était préparé d'avance ; les plates-formes sur lesquelles les gros mortiers de 420 devaient être établis étaient installées à Avricourt.

Le fort s'élève sur un plateau à l'extrémité d'un système de collines ; ses canons commandent le pays à plusieurs kilomètres. Son artillerie était redoutable à l'ennemi s'il s'engageait dans la vallée de la Vezouse : le commandement allemand résolut d'en finir avec lui. La 70e division de réserve (troupes bavaroises), quatre bataillons du génie, le 18e d'artillerie à pied, encerclèrent la petite forteresse. Deux mortiers de 420 furent scellés proche la gare de Deutsch-Avricourt. Les premiers coups de canon furent

LE FORT DE MANONVILLER : TOURELLE DE 20.000 KILOS DÉTRUITE

tirés dans la soirée du 25 ; le fort répondit vigoureusement. Un récit allemand dit : « Les obus de la place éclataient si près de nous que nous crûmes que la garnison nous avait dénichés. » Mais la situation devint tout autre à partir du moment où les gros mortiers entrèrent en jeu.

« Notre première tour blindée fut presque instantanément détruite, dit un récit français... Le bombardement était effroyable. Il dura sans interruption jusqu'au surlendemain. Les canons de la place se taisaient l'un après l'autre. Bientôt, il ne resta plus que les mitrailleuses. Cependant les Allemands, protégés par leur artillerie, avançaient et entouraient la place d'un réseau de fils de fer. On songea à une sortie. Le commandement jugea que c'était sacrifier ses hommes inutilement. Restait à choisir entre la capitulation et la défense à mort contre l'assaut qui se préparait. On essaya de téléphoner; mais les Allemands s'étaient rendu maîtres des communications et répondaient aux questions.

« Nous étions comme des damnés dans un enfer : les casemates, les murailles, les tours blindées, etc., etc., tout s'effondrait. On aurait pu croire que la terre s'entr'ouvrait à chaque explosion et qu'un volcan sautait dans Manonviller.

« Les Allemands s'approchèrent assez près du fort pour lancer des gaz asphyxiants : ce fut la première fois peut-être qu'il en fut fait usage.

« Le drapeau blanc fut hissé dès le 27 entre 4 et 5 heures : la reddition du fort se fit avec tous les honneurs de la guerre pour la garnison. A notre question : « — Pourquoi il s'est rendu si vite ? » Le commandant du fort a répondu qu'il craignait que toute la garnison du fort ne devînt folle si elle avait été exposée plus longtemps à une pareille tempête. C'était comme la fin du monde ! »

Preuve que l'impression morale produite par la grosse artillerie l'emporte de beaucoup sur les effets matériels, et que les défenses fixes sur

LE FORT DE MANONVILLER. — UNE PIÈCE DE 90 DÉTRUITE

lesquelles le bombardement produit, en quelque sorte, un effet volcanique, sont les moins aptes à résister.

Depuis, l'expérience a démontré l'énorme supériorité de la défense mobile. Et puis, les effets des obusiers lourds ont été mieux connus et plus justement appréciés.

La prise du fort de Manonviller n'était, d'ailleurs, qu'un incident propre à enrichir les communiqués allemands. Le sort des armes se décidait dans la plaine et sur les routes mêmes que le fort avait pour mission de protéger. Là et partout ailleurs, la France s'adaptait aux nécessités de la guerre moderne : elle avait pris rapidement son parti de se défendre au grand jour et en rase campagne.

APRÈS LA CHUTE DU FORT DE MANONVILLER. — LES RUINES ET LE FOSSÉ DU COTÉ DE VÉHO

CHAPITRE IX

LA BATAILLE DES FRONTIÈRES

II. — OPÉRATIONS DANS LE LUXEMBOURG BELGE ET LES ARDENNES (août 1914)

Les armées allemandes massées dans le Luxembourg. — Dispositif des armées françaises. Le mystere des Ardennes. — Importance du centre dans le plan allemand. Raisons de l'offensive française. — Les marches d'approche jusqu'au 22 août.

DANS l'ensemble de la Bataille des Frontières, les opérations et les engagements qui eurent pour théâtre la frontière franco-belge — région du Luxembourg et des Ardennes — ont une importance considérable. Les forces engagées, dès le début, de part et d'autre, sont plus nombreuses qu'elles ne le furent dans aucune autre région. Si les premiers résultats furent défavorables aux armes françaises, ils n'en contribuèrent pas moins à l'ébranlement profond des armées allemandes et eurent ainsi leur retentissement ultérieur sur la bataille de la Marne.

Il faut essayer d'expliquer leur développement resté obscur jusqu'ici.

POURQUOI LES ARMÉES ALLEMANDES SE MASSENT DANS LES DEUX LUXEMBOURG

On sait que les armées allemandes avaient envahi le grand-duché du Luxembourg dès le 1er août, avant la déclaration de guerre.

La politique astucieuse de l'empire s'était appliquée, depuis des années, à obtenir le contrôle de l'administration des voies ferrées dans ce pays neutre, tout en jurant de respecter la neutralité (1). A peine la guerre est-elle en perspective que le but militaire de ce travail diplomatique se découvre : il s'achève, en effet, par une mainmise brutale sur ces voies de communication dont on a calculé, d'avance, l'intérêt stratégique. Comme suite à cette violation outrageuse du droit, on apprend que les armées allemandes s'organisent dans le grand-duché et dans le Luxembourg belge. Et puis plus rien : le silence se fait et il est bien gardé.

Ce mystère résulte d'un calcul et d'une volonté réfléchie du grand état-major.

Pendant que les armées de von Kluck sont arrêtées derrière la Gette jusqu'au 19 et se préparent avant de prendre leur élan, ici d'autres armées se massent sans bruit et se mettent au travail.

Quels sont les desseins du haut commandement allemand?

En fait, ce secteur des Ardennes et des deux Luxembourg forme l'articulation entre les armées de l'Est et les armées du Nord-Ouest. Du mont Donon à Givet, de Givet à Dunkerque, les distances sont à peu près égales. Le grand état-major allemand, qui combine le

(1) Voir ci-dessus, tome III, p. 130 et suivantes.

mouvement stratégique par les deux ailes, n'ignore pas que le plus grand péril pour lui serait de voir son centre brisé au point où s'attachent les deux branches de la tenaille : ayant préparé, depuis longtemps, les voies ferrées de l'Eiffel, les camps d'Elsenborn et des Trois-Vierges, les formidables rassemblements de Saint-Vith et de Malmédy, il compte bien précipiter ces forces pour donner le coup de massue sur les armées françaises, poursuivies et traquées vers Châlons ou Troyes.

Cette action finale a, dans la pensée de l'état-major, une importance telle que le commandement de l'armée à qui elle incombe est confié à l'héritier de la couronne impériale. Dans le secret de cette sombre forêt d'Ardennes, on prépare la chevauchée magnifique qui fera déboucher le chasseur noir pour l'hallali dans la plaine française.

ARLON. — LA GARE PRINCIPALE

A elle seule, cette raison expliquerait le groupement de forces importantes dans cette région.

Il en est d'autres.

L'état-major allemand n'est pas sans avoir deviné quelques-uns des projets de l'état-major français. Les programmes mis à l'étude successivement, découlent, d'ailleurs, de la nature des choses : les voyages d'état-major, les revues militaires, les journaux eux-mêmes les ont souvent étudiés dans leurs grandes lignes.

Il suffit d'y réfléchir un instant pour comprendre les raisons qui retiennent de préférence sur certains de ces projets l'attention des techniciens français.

Pour une armée française se proposant de pénétrer en Allemagne, *tout en respectant la neutralité belge et luxembourgeoise*, les débouchés ne sont pas nombreux. Le champ des opérations est forcément limité au front Givet-Belfort. Or, sur cet espace déjà si restreint, la frontière déterminée par de Moltke en 1871 oppose aux armées françaises, outre les difficultés du terrain, un triple obstacle, les trois camps retranchés de Thionville, Metz et Strasbourg. Et, en arrière, le Rhin reste la barrière suprême : de toute façon, il faut franchir le fleuve.

Ou l'on essaiera de passer le Rhin dans son cours moyen et on s'acheminera vers l'Allemagne du Sud : c'est la campagne classique des généraux français de l'ancien régime, alors qu'ils se proposaient pour objectif Vienne ; ou il faut longer le Rhin dans la direction du nord et chercher à le franchir plus en aval, vers Mayence ou vers Coblentz, de façon à retrouver, quelque part autour de Gotha ou de Weimar un nouveau « Iéna » qui nous livrerait Berlin. Certes, cette campagne serait fructueuse, mais elle serait dure. Si on la dirige vers Mayence, c'est la campagne du Palatinat et de Kaiserslautern ; si on la dirige vers Coblentz, c'est la campagne de la Moselle.

La place de Strasbourg ne peut être enlevée ou masquée que par une campagne victorieuse en Alsace : même ce résultat obtenu, le débouché vers Mayence par la rive gauche du Rhin reste difficile, puisque l'armée qui l'aborde laisse sur son flanc les places de la Moselle, Metz et Thionville. Quant à la campagne de la Moselle, elle ne peut commencer que par le siège de ces deux places : début ingrat. Cependant, il ne reste pas d'autre chemin à une offensive française en Allemagne, si la neutralité du grand-duché du Luxembourg et de la Belgique est, de part et d'autre, respectée.

Il semble, qu'entre ces deux alternatives, le choix du grand état-major français se soit porté d'abord vers la première. Ainsi que l'établit, un an avant la guerre, le décret : *Règlement sur la conduite des grandes unités*, on est résolu à une offensive « ardente » pour porter la lutte, autant que possible, en territoire allemand (1).

Dans ces conditions, la première bataille paraissait devoir être cherchée, toutes forces réunies, en appuyant au Rhin la droite du dispositif général. La gauche suivrait dans la région des Étangs, mais elle n'avancerait que prudemment et en échelon refusé, de façon à éviter tout engagement décisif avant que des premiers résultats fussent acquis et que les forces destinées à prendre l'offensive fussent groupées sur le terrain.

Selon ce projet, l'armée d'Alsace occuperait d'abord la rive gauche du Rhin, détruirait les ponts, masquerait Neuf-Brisach, et, successivement renforcée, investirait Strasbourg. A sa gauche, la 1re armée prendrait pour objectif l'armée allemande de Sarrebourg et chercherait à la rejeter sur Strasbourg ; à gauche encore, la 2e armée, se couvrant du côté de Metz, essaierait de déboucher dans la direction générale de Sarrebrück. La 3e et la 4e armées, qui formeraient la véritable masse de manœuvre, marcheraient face au nord et masqueraient Metz, en se reliant au besoin avec la 2e armée. Le siège de Metz pourrait même être entrepris par des forces réservées à cet effet. Tout à fait à gauche, enfin, la 5e armée, groupée dans la région Vouziers-Aubenton, surveillerait les frontières de la Belgique et la trouée de l'Oise, de façon à prendre à parti, le cas échéant, tout ce qui déboucherait entre Mouzon et Mézières. On parerait ainsi à une violation de la neutralité au cas où elle viendrait à se produire. Pour plus de précaution, enfin, une armée d'extrême aile gauche se formerait dans la région de Vervins et s'y établirait solidement, de façon à être prête si un imprévu quelconque venait à se produire de ce côté.

Comme il est de certitude absolue que l'état-major français était décidé à respecter la neutralité belge et la neutralité luxembourgeoise, le projet qui vient d'être exposé s'imposait, pour ainsi dire, à lui. Comme on le voit, il appuyait sensiblement sur la droite et menaçait, le plus directement et le plus vigoureusement possible, les débouchés du Rhin.

Mais, tout à coup, on apprend que les armées allemandes sont décidées à violer les neutralités belge et luxembourgeoise. Que dis-je, elles les ont violées. Ces armées ont occupé le territoire du Luxembourg, et, le prenant comme pivot, elles commencent le grand mouvement tournant qui vise tout le cours de la Meuse, le dépasse sur la rive gauche de cette rivière, s'étend vers Bruxelles, vers la mer.

Est-ce le moment de s'enfoncer en Allemagne en laissant la France et Paris à découvert?

Et faut-il, d'autre part, renoncer au bénéfice de l'initiative et de l'offensive?

POURQUOI LES ARMÉES FRANÇAISES SONT MASSÉES DANS LES ARDENNES

Le grand état-major français par d'abord au plus pressé ; il ordonne le grand transfert de troupes de droite à gauche qui lui permettra d'opposer des forces suffisantes au mouvement d'extrême-droite allemand. La 5e armée se déplace et est portée dans la direction de la Sambre de façon à s'y installer avant que les armées allemandes aient atteint le cours de cette rivière ; le vide qui se produit par suite de ce mouvement est comblé par la 4e armée qui, conservée d'abord en réserve, s'avance jusqu'à la frontière ; la plupart des réserves disponibles viennent renforcer soit la 5e armée, soit la 4e armée ; enfin, un certain nombre de corps d'armée sont

(1) Voir l'article du général Cherfils, dans *Correspondant* du 10 mai 1914 : « L'impression est celle d'une offensive ardente, résolue, *a priori*, non seulement dans la bataille mais pour aller à la bataille dès l'ouverture des opérations. » Page 567.

GABRIEL HANOTAUX
de l'Académie Française

HISTOIRE ILLUSTRÉE DE LA GUERRE DE 1914

LIRE dans ce Fascicule : ***Le Front d'Offensive en Ardenne Belge au 20 Août 1914***

FASCICULE N° 56

L'ÉDITION FRANÇAISE ILLUSTRÉE
(GOUNOUILHOU, Éditeur)
30, Rue de Provence, Paris

PRIX NET : 1 franc
ÉTRANGER, PORT EN PLUS

A NOS LECTEURS

LES *deux premiers volumes* de ***L'Histoire de la Guerre de 1914*** ont donné l'exposé des faits historiques et diplomatiques qui ont précédé et amené la guerre, et qui engagent si lourdement la responsabilité de l'Allemagne.

Avec *le troisième volume,* l'historien est entré dans le vif de son sujet, le grand drame de la guerre.

Le *quatrième volume,* achevé avec le fascicule 52, est consacré au récit de ***La Bataille des frontières.***

L'auteur aborde maintenant les combats du Luxembourg et de la Meuse, pour en venir, dans les prochains fascicules, aux engagements de la Sambre et à cette retraite vigoureuse qui prépare la victoire de la Marne.

Par les renseignements qu'il a recueillis, par les travaux d'enquête et de recherches auxquels il s'est livré, par les conversations qu'il a eues avec les personnages officiels et les hommes politiques de l'Europe entière, l'historien a approché, d'aussi près que peut le faire un contemporain, de la source où peut se découvrir la vérité complète, sincère et impartiale.

C'est vraiment le tableau de la « grande guerre ».

empruntés aux armées de l'Est et transportés rapidement à l'ouest pour s'opposer aux armées allemandes menaçant à la fois la Belgique et le nord de la France.

Mais ces dispositions nouvelles ont pour effet de déplacer l'axe de nos armées et, par conséquent, leur force de propulsion, leur poids va peser non plus à l'est, mais à l'ouest. Le Rhin n'est plus l'objectif immédiat.

Entre les deux alternatives, il faut se prononcer de nouveau et le moment paraît venu de se rabattre sur la seconde : à la campagne du Rhin par Strasbourg et Mayence, on substituerait le débouché par la Moselle en masquant ou tournant Metz ou Thionville et en progressant, le cas échéant, vers Trèves. Ce plan a le grand avantage de laisser les armées qui l'exécuteraient, d'une part en liaison étroite avec les armées de l'est menaçant Metz, et, d'autre part, en liaison suffisante avec la 5e armée opérant sur la Sambre et la Meuse.

Ce nouveau projet était, pour ainsi dire, la conséquence logique du fait que la Belgique devenait décidément le champ d'opérations choisi, sur ce front, par le haut commandement allemand.

ARLON. — LE PARC DE L'HOTEL DU GOUVERNEMENT

Une fois les précautions prises pour s'opposer de face aux armées de von Kluck et de Bülow exécutant le grand mouvement tournant, n'était-il pas sage et même habile de profiter de l'imprudence apparente du commandement allemand paraissant lancer ses troupes dans cette marche risquée sans assurer son flanc ? N'était-il pas possible, puisqu'on occupait en forces la frontière du Luxembourg belge et du duché, de piquer droit au nord, de déchirer le rideau de troupes cachées sous les ombrages des Ardennes, et, en marchant soit sur Liége, soit sur Namur, de surprendre les armées allemandes en pleine course et de les couper de leur base d'opérations, Aix-la-Chapelle, tandis que les armées françaises de l'est fixeraient les autres armées allemandes en Lorraine, et les empêcheraient de marcher au secours des armées de l'ouest et de la Meuse.

Il semble bien que, tout compte fait, le commandement français, se conformant aux événements qui se présentaient à lui, ait conçu ce nouveau plan, et on comprend ainsi l'importance croissante que prend, à ses yeux, la ligne Virton-Arlon-Longwy, c'est-à-dire le front des Ardennes en Belgique et en Luxembourg.

Si l'état-major allemand eut quelque connaissance d'un tel projet, — et le mouvement des troupes françaises sans compter son puissant réseau d'espionnage suffisait pour le lui avoir révélé, — il n'est pas étonnant qu'il ait porté, à son tour, son attention sur un secteur où sa propre offensive se cachait depuis les premiers jours de tension diplomatique et militaire.

Soit donc pour l'offensive, soit pour la défensive, il était de toute nécessité, aux yeux des Allemands, que la région de Metz-Thionville-Luxembourg-Arlon-Dinant, fût abondamment garnie de troupes, que ces troupes fussent solidement établies, munies, fortifiées, et, qu'en attendant le succès des deux ailes, le centre fût capable de résister au redoutable assaut qui pouvait lui être livré.

Si ces dispositions étaient non seulement bien prises, mais soigneusement cachées, si, à la faveur du terrain coupé et boisé, il était possible de masquer les troupes et les artilleries, de dissimuler les travaux, et de tromper l'adversaire, l'avantage n'en serait que plus assuré et plus profitable. Dans cette région mystérieuse, le secret devenait essentiellement l'instrument de la stratégie. « Nous arrivons à Sommethonne, premier village belge, dit le *Carnet d'un artilleur* ; une vieille femme nous raconte que voilà quelques jours, elle a vu un petit combat entre uhlans et chasseurs à cheval. Comme nous lui disons que, maintenant, notre présence doit la rassurer, elle nous répond : « Vous ne savez pas où vous « allez, les Allemands occupent le pays depuis « quinze jours et se sont fortifiés. » — « Propos de bonne femme », pensons-nous... »

En fait, ces travaux préparatoires et la configuration du pays devaient jouer un rôle prépondérant dans la suite des événements.

ARDENNES ET LUXEMBOURG BELGE Quand on franchit la frontière pour passer de France en Belgique entre Moselle et Meuse, le pays garde, l'espace de quelques kilomètres, un aspect lorrain. De Longwy à Arlon, quoique les cotes de 400 et au-dessus ne soient pas rares, sont encore les champs arables et le sol brun, non gris : cependant les grands bois commencent, les champs se raréfient au fur et à mesure que l'on progresse vers le nord ; de l'est à l'ouest les forêts s'épaississent autour de la frontière. A proximité de Longwy, la forêt des Monts, les bois de Musson, le bois du Pas-Bayard amassent déjà sur de vastes étendues leurs ombres profondes. Plus à l'ouest, la jonction de la vallée du Ton et de la vallée de la Crusnes fait comme une péninsule de forêts, bois de Guéville, bois de Lahaut et, de l'autre côté de la rivière, bois d'Etalle et de St-Léger, bois de Robelmont. Puis, toujours d'est en ouest, les ombrages deviennent plus denses encore : c'est la grande forêt de Merlanvaux, la forêt d'Orval, abritant les ruines de la vieille et puissante abbaye ; ce sont les forêts de Neufchâteau et de Luchy, celles de Chiny, d'Herbeumont, la forêt de Muno, la forêt de Bouillon, et enfin, résumant le tout et faisant une pointe vers Cons-la-Grandville, l'immense forêt des Ardennes, l'antique forêt où dorment les plus vieilles légendes du monde européen.

Si l'on montait encore vers le nord, ce serait toujours les mêmes ombres, les mêmes mystères et les mêmes légendes. Le centre du pays est à Saint-Hubert où le saint des chasseurs tombe à genoux devant le cerf miraculeux, rappelant ainsi la tardive conversion au christianisme des peuplades sylvestres ; par Laroche et Marche on ne s'arracherait à la région des bois que quand la vallée de la Meuse commence à drainer vers les Pays-Bas, encore lointains, les terres améliorées qui échappent enfin aux schistes ingrats du vieux massif ardennais.

Tel est donc le terrain : un immense sous-bois. Clairières parsemées, rivières et ruisseaux tortueux, chemins difficiles, climat rude, rares embellies sous un ciel bas et brumeux. Il faut laisser parler un Ardennais :

« Pour voir encore la forêt à demi intacte, il faut aller du côté de Dun et remonter vers le nord... Aux diverses heures du jour et de la nuit, la grande forêt a des joies et

(Cl. Sites et Monuments.)

CHATEAU-REGNAULT ET LES QUATRE-FILS AYMON

des menaces inexprimables; il faut la voir dans la vapeur pendant les semaines de pluie, ruisselante, morne, hostile, quand les chênes tranchés par la hache gisent saignants comme des cadavres, et que l'universel bruissement des feuillages fait rouler autour d'eux une lamentation infinie; mais il faut la voir aussi riante, parée comme une belle fille, quand, le matin, le soleil oblique glisse des flèches entre ses troncs... Néanmoins c'est lorsqu'elle avance au-delà de Sedan, vers Bouillon et la frontière, qu'elle atteint toute sa beauté. Là, une chaîne de petites montagnes escarpées la dresse et la déploie en précipices verdoyants; un torrent de cristal, la Semoy, met autour de ses rondeurs des colliers de pierreries mouvantes; des fumées bleuâtres flottent sur elle comme une gaze; et le matin, quand, du haut d'un roc, on regarde ses vallées emplies par la vapeur de la nuit, on la voit peu à peu se dégager de la brume, apparaître entre les molles blancheurs, sécher tour à tour ses sommets et ses pentes sous la caresse du jour qui fait sourire à la fois tous ses bouleaux et tous ses chênes (1). »

(1) Taine, *Derniers Essais de critique et d'histoire.*

Ces « précipices verdoyants », ces « fumées bleuâtres », ces « brumes persistantes », ces sommets et ces pentes lentement apparues, les troupes françaises allaient apprendre à les connaître. La forêt d'Ardenne leur réservait de dures surprises sous cette caresse dangereuse qui fait sourire « tous les bouleaux et tous les chênes ».

Car le pittoresque prend ici un caractère stratégique : la forêt défend partout ce sol, par lui-même difficile.

Arrêtons-nous sur la ligne parallèle Longwy-Virton - Florenville - Bouillon - Paliseul. Nous avons franchi la frontière franco-belge et nous sommes sur les rives de la Semoy tortueuse; si nous la passons, nous nous trouvons en plein dans la zone des forêts : or, c'est là qu'il faudra frap-

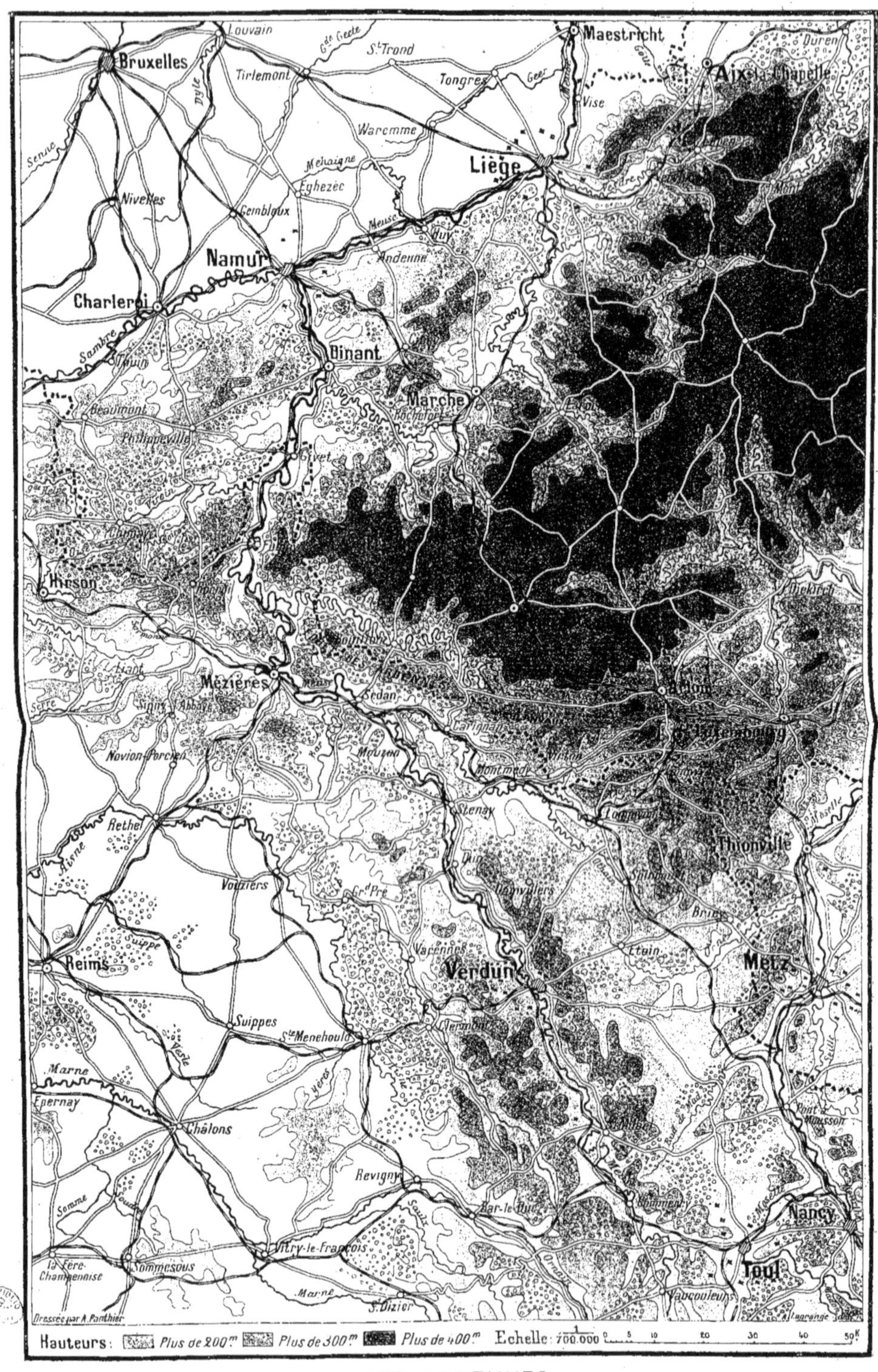

LES ARDENNES

« Tel est donc le pays : un immense sous-bois, clairières parsemées, rivières et ruisseaux tortueux, chemins difficiles, climat rude, rares embellies sous un ciel bas et brumeux. »

per le coup le plus vigoureux et forcer la porte.

La Semoy est un premier obstacle ; resserrée entre des rochers « monstrueux », elle se creuse un chemin si difficile que, dans ses plis et replis, elle ne parcourt, entre sa source, près d'Arlon et son embouchure près de Monthermé, que 46 kilomètres avec un développement de 137 kilomètres. Elle coule entre deux murailles énormes qui tombent à pic sur son flot, d'ailleurs peu profond. Les gués connus des paysans sont nombreux et faciles, mais l'ascension des bords qui surplombent est rude. Le pays est sauvage. Dans ces bois infinis, j'ai, il y a de longues années, chassé le loup, le renard, le sanglier, le lynx, le daim qui y vit encore en nombreux troupeaux. Le paysan est pauvre et émigre volontiers. Cependant, Florenville est un gros bourg d'aspect cossu. Virton est une agréable petite ville de 2.500 habitants. Un peu plus au nord, Neufchâteau, bâti à flanc de colline et entouré de beaux bois, est un village d'aspect antique.

LA CONVERSION DE SAINT-HUBERT
(ÉGLISE SAINT-HUBERT)

« Là, commence l'Ardenne aride, aigre et pouilleuse. C'est un pays plat à peine ondulé, une haute plaine. Rien ne reste des montagnes qui s'y élevaient jadis, selon les géologues ; leur schiste a été usé par l'air, l'eau, le vent et la pluie, véritablement saboté par les éléments, puis submergé sans doute par la mer crétacée. Aucun pic n'a résisté et ne dresse son aiguille sur le plateau ardennais. Les points culminants, la Baraque Michel, la Baraque de Fraiture, la Baraque Mathieu ne sont guère que des renflements de la fagne ou de la bruyère (1). »

Ce terrain ne paraît pas propice aux voies de communication. Cependant sa situation est telle, au milieu de l'Europe occidentale, sur l'épine dorsale qui sépare les fleuves de l'Océan des fleuves de la mer du Nord, et les peuplades celtiques des peuplades germaniques, que plusieurs des grands chemins du monde se sont fait jour sous ses rudes ombrages. La vieille chaussée romaine de Reims (Durocortorum) à Trèves se glissait par Virton et Arlon. Orolunum (Arlon) figure sur la carte de Peutinger. Une des voies qui mène de la Saône et de la Seine en Basse-Allemagne est fixée ici de toute antiquité. Trèves lui devait sa gloire et sa splendeur.

D'autre part, du nord au sud, la ligne de chemin de fer qui, traversant la Belgique de part en part, d'Ostende à Arlon, conduit directement les voyageurs vers le Saint-Gothard et vers l'Italie, passe ici. Cette ligne a une de ses gares à Longlier, au pied de la colline de Neufchâteau. Une armée venant du sud qui occupe Arlon et Longlier domine une croisée de chemins dont on saisit toute l'importance : vers Trèves on se porte en Allemagne et vers Rochefort, par la vallée de L'Homme, on prend la Belgique à revers. La région triangulaire Arlon - Neufchâteau - Florenville peut être la matrice de grandes choses.

On comprend que, malgré le rude obstacle tenant à la nature du terrain, le grand état-major français n'ait pas renoncé à la seule voie ouverte à une offensive vigoureuse ; cette offensive, précisément, avait pour premier

(1) Dumont-Wilden, *La Belgique illustrée*, p. 200.

TYPE D'HABITATION ARDENNAISE

avantage de le rendre maître, si elle réussissait, d'un carrefour laissant libre débouché à ses projets soit vers le nord et la Belgique, soit vers l'est et l'Allemagne, selon le cours que prendraient les événements.

Les circonstances paraissaient se prêter à la réalisation de ce plan ; d'autant plus que l'on avait sous la main les moyens de l'exécuter.

Rappelons, en effet, quelle était la force et quels étaient les emplacements des armées françaises qui, par suite des différentes phases de la concentration, se trouvaient, vers le 19 août, massées de ce côté.

CONSTITUTION DES DEUX ARMÉES FRANÇAISES OPÉRANT DANS LA RÉGION DES ARDENNES Deux puissantes armées, la 3e et la 4e armées, se trouvaient là réunies.

A l'ouest de la 2e armée, en liaison avec celle-ci par Toul et les Hauts-de-Meuse, appuyée en arrière sur le camp retranché de Verdun, s'était installée, depuis le début de la concentration, la 3e armée, commandée par le général Ruffey.

La composition prévue pour la 3e armée était la suivante :

4e corps (général Boëlle), 5e corps (général Brochin) et 6e corps (général Sarrail).

La 7e division de cavalerie avait été mise à la disposition du 6e corps dès le 7 août. Le 9 août, le 2e corps (général Gérard), — d'abord rattaché à la 3e armée, — passait à la 4e armée.

Les 54e, 55e et 56e divisions de réserve (général Pol Durand) étaient également sous le commandement du général Ruffey.

L'armée, sous la protection du 6e corps en couverture dès le 31 juillet entre Meuse et Moselle, s'était concentrée sur les Hauts-de-Meuse de Saint-Mihiel à Damvillers, le quartier général à Verdun.

Nous avons indiqué ci-dessus (1) les empla-

(1) Tome IV, p. 30.

cements pendant la période qui suit la concentration jusqu'à la bataille des Frontières.

Mais il est nécessaire de préciser le rôle des forces françaises chargées d'opérer dans cette région.

La première mission confiée, le 8 août, à la 3e armée, était de s'établir sur le front Flabas-Ornes-Vigneulles-Saint-Baussant, et de se tenir prête, soit à agir en direction du Nord, l'aile gauche marchant sur Damvillers, soit à contre-attaquer les forces allemandes qui déboucheraient de Metz.

Bientôt, la nécessité s'imposa de constituer deux groupements en vue de ces deux missions. C'est pourquoi, le 16 août, la 3e armée recevait l'ordre de s'établir sur Jametz-Etain, prête à déboucher en direction générale de Longwy avec les 4e et 5e corps et deux divisions du 6e corps, la troisième division de ce corps restant face à Conflans et Briey. En même temps, un groupement, sous les ordres du général Pol Durand, et constitué avec le 3e groupe de divisions de réserve (54e, 55e et 56e divisions) et la 67e division de réserve, recevait la mission de commencer progressivement l'investissement du front sud-ouest de Metz, mais, avant tout, d'arrêter sur les positions organisées entre Toul et Verdun, toute tentative de l'ennemi visant la rupture du front.

BOUILLON
VUE D'UNE MEURTRIÈRE DU CHATEAU

L'ennemi ne paraissant pas en force en Luxembourg belge, l'heure de l'offensive approchait pour la 3e armée. La dissociation qui, sans doute, allait en résulter entre cette armée et le groupement Pol Durand, fit que l'on jugea prudent de renforcer ce dernier groupement et de le constituer, le 19 août, en armée de Lorraine, sous les ordres du général Maunoury. Cette armée se composa donc du groupement Pol Durand (54e, 55e, 56e, 67e divisions de réserve) et de deux nouvelles divisions de réserve, les 65e et 75e. L'armée de Lorraine recevait comme mission de masquer Metz. C'est le lendemain soir, 20 août, que la 3e armée, réduite à ses trois corps (4e, 5e et 6e), allait recevoir l'ordre d'offensive en direction générale d'Arlon.

Le 6e corps (général Sarrail), après s'être concentré dans la plaine de Woëvre, autour de Vigneulles, s'était porté en échelon dans la région nord-est de Verdun, quartier général à Fresnes, du 14 au 21 août; deux de ses divisions, la 12e division à gauche, et la 42e division à droite, sont prêtes à se porter soit vers le nord pour appuyer les 4e et 5e corps, soit vers l'est; une division (la 40e) étant réservée.

Les 4e et 5e corps sont dans la région du nord-est de Verdun, orientés face au nord.

Ainsi la 3e armée a exécuté, du 16 au 21 août, les mouvements destinés à préparer les formations qu'elle prendra pour exécuter, en combinaison avec la 4e armée, l'opération offensive à laquelle on jugerait à propos de l'employer.

La 4e armée est une formation plus puissante

(Cl. Sites et Monuments.)

LES BORDS DE LA SEMOY

encore ; au 20 août, avec les renforts d'une partie du 9e corps et de la division du Maroc elle ne compte pas moins de six corps et demi.

Enumérons : c'est d'abord le 2e corps (général Gérard) ; après qu'une de ses divisions, la 4e, eut livré, le 10 août, le combat de Mangiennes auquel prit part également le 4e corps, cette unité a pris ses cantonnements en deçà de la frontière française en face de Virton : elle est, par Montmédy, en liaison avec la 3e armée (4e corps)

Le corps colonial (général Lefèvre), qui a pris ses cantonnements au nord de Montmédy, s'est installé un peu plus à l'ouest, face à Meix-Géronville-Herbeuval-Villers-devant-Orval.

Le 12e corps (général Roques), qui eut primitivement son quartier général à Stenay sur la Meuse, s'est rapproché de la frontière belge et a pris, la veille de l'offensive, son quartier général aux Deux-Villes. C'est de cette région qu'il partira, le 21 au matin.

VUE GÉNÉRALE DE MONTHERMÉ

Le 17e corps (général Poline), parti de Suippes, a transporté son quartier général de Suippes à Buzancy et de Buzancy à Mouzon, sur la Meuse. Vers Sachy, le 2e chasseurs à cheval assure la liaison avec le 11e corps. Son débouché est la vallée de la Chiers dans la direction de Carignan. Son objectif sera droit au nord par la forêt de Muno dans la direction d'Herbeumont-Cugnon.

Le 11e corps (général Eydoux), parti de Monthois, est venu se loger entre Mouzon et Sachy. Le 19, il fait des exercices de déploiement à Sachy. Le 20, une brigade mixte du 11e corps occupe la région Bouillon-Corbion, dans la vallée de la Semoy ; ce corps étendra bientôt sa droite jusqu'à Dohan, se rattachant ainsi au 17e corps par Cugnon.

Une partie du 9e corps (général Dubois), c'est-à-dire la 33e brigade et son artillerie, 36e brigade de la 18e division et son artillerie, le tout formant la 17e division provisoire, vient, comme nous l'avons vu, de la 2e armée et débarque à Charleville le 20 au matin. On jette cette formation en hâte dans la région de Bièvre et Nafraiture, tandis que les 34e et 35e brigades actives, n'ayant pu être embarquées à temps, sont restées à l'armée de Lorraine et prendront part aux engagements du Grand-Couronné. Il est vrai que le 22, la division du Maroc qui débarque à Charleville est mise à la disposition du 9e corps, et c'est un excellent appoint.

Au nord encore, la 52e division de réserve portera des éléments vers Willerzie comme extrême-gauche et même un peu comme couverture de la 4e armée ; sa mission sera de garder les ponts de la Meuse entre Fumay et Monthermé.

La 60e division de réserve laissée un peu en arrière se glissera plus tard sur la Semoy dans la direction de Rochehaut.

La 4e armée était éclairée sur sa gauche, à environ deux jours de marche, par les 4e et 9e divisions de cavalerie.

En additionnant les forces de la 3e et de la 4e armée, c'est donc la valeur de plus de dix corps d'armée qui sont prêts à manœuvrer sur le front des Ardennes belges, de Longwy à Monthermé et même Fumay. Force considérable, la plus belle peut-être dont pût disposer alors l'état-major français.

CHATEAU-REGNAULT ET LA MEUSE

TABLEAU DES FORCES ALLEMANDES DANS LES DEUX LUXEMBOURG

Nous avons dit quelles forces allemandes leur étaient opposées. Rappelons ces indications pour que le problème soit posé d'ensemble dans ses grandes lignes.

Trois armées allemandes font face aux armées françaises, et encore faut-il tenir compte des forces des garnisons de Metz et de Thionville qui intervinrent à l'heure décisive.

Du sud au nord, ces armées sont :

1° *L'armée du kronprinz, Ve armée.* Elle se compose de la 33e division de réserve renforcée d'une brigade de landwehr, qui, sortie de Metz, et en liaison avec la 6e division de cavalerie, se portera sur notre droite ; du XVIe corps actif (général von Mudra), qui débouchera de Thionville sur Pierrepont-Bazailles; du VIe corps de réserve, dont certains éléments attaqueront Longwy et d'autres s'engageront vers Xivry-Circourt ; du Ve corps de réserve (général comte Solms) qui, en arrière, le 22 août, s'est avancé de Bettembourg (dans le grand-duché de Luxembourg) à Kœrich en face de Longwy ; enfin, du Ve corps actif de Posnanie (général von Strantz), qui opère en avant de son corps de réserve ; du XIIIe corps actif (général von Fabeck) qui, à l'aile droite de l'armée du kronprinz et se dirigeant d'Arlon sur Neufchâteau, semble avoir fait face au sud pour s'opposer au mouvement de la 3e armée française. Le VIe corps actif fait partie de l'armée du duc Albert de Wurtemberg jusqu'au 30 août, mais il opère au sud de Neufchâteau en liaison avec l'armée du kronprinz et lui prête fortement appui.

2° *L'armée du duc Albert de Wurtemberg, IVe armée,* avec : au début, comme il vient d'être dit, le VIe corps actif (général von Pritzelwitz) qui opère dans la direction de

Rossignol, le VIIIe corps actif (général Tulff von Tchelpe und Weidenbach) qui vient du Luxembourg et s'est avancé rapidement vers la Meuse, on le trouve, le 23, dans la région de Bièvre entre Gedinne et Paliseul; du VIIIe corps de réserve (général Egloffstein) vers Paliseul; de deux divisions de cavalerie (les 3e et 8e divisions); enfin du XVIIIe corps (général von Tchenk) et du XVIIIe corps de réserve, tous deux opérant dans la région ouest de Neufchâteau, le premier vers Bertrix, le second sur Neufchâteau même.

3° *L'armée du ministre de la Guerre saxon, von Hausen, IIIe armée.* En fait, cette armée qui a signalé sa présence, du moins par ses troupes de couverture à Dinant, dès le 15 août, paraît trop éloignée pour pouvoir inquiéter sérieusement les forces françaises qui opèrent entre Spincourt et Fumay ; il semble qu'elle aura à s'occuper surtout de ce qui se passe vers Namur et dans la direction de Charleroi. Mais, en fait, elle interviendra et sera d'un grand poids dans la bataille des Ardennes.

Elle se compose du XIXe corps qui, parti des Trois-Vierges, défile derrière l'armée du duc de Wurtemberg, arrive à Ambly le 19 août, passe à Mont-Gauthier le 20, et se dirige à marches forcées vers les ponts d'Hastières et d'Haybes où il traversera la Meuse pour faire office d'aile tournante contre la gauche de la IVe armée française.

La IIIe armée compte, en outre, le XIe corps actif (général von Pluskow), qui sera, à la fin d'août, rappelé en Prusse orientale, le XIIe corps actif ou Ier saxon (général d'Elsa), qui est à Marche le 19 et à Achène en face de Dinant le 20, le XIIe corps de réserve (général von Kirchbach) qui manœuvre dans la même direction et est vers Sorinne le 23. En plus, la IIIe armée dispose de la cavalerie de la Garde.

Les trois armées présentent donc un total d'au moins quinze corps (600.000 hommes). Il est impossible de ne pas admettre que le grand état-major allemand, en massant des troupes aussi considérables dans cet étroit espace, n'ait pas eu une idée parfaitement arrêtée. Evidemment, le double mouvement tournant, celui de von Kluck vers Paris, celui du kronprinz de Bavière vers la trouée de Charmes, ne représentent pas toute la conception stratégique allemande. Il y a autre chose ; et les armées françaises, si elles se risquent dans cette difficile région, vont avoir à qui parler.

Mais, il est fort probable, par contre, que le haut commandement français, puisqu'il n'hésite pas à foncer sur le nuage suspect qui s'amasse depuis les tout premiers jours d'août dans les Ardennes, dérangera bien des projets.

Une question s'est posée que, selon les moyens d'information actuellement publiés, je crois utile d'aborder maintenant, parce que sa solution importe, d'une part pour déterminer le plan de l'état-major allemand, et, d'autre part, pour apprécier la parade qu'y oppose l'état-major français. Cette question est la suivante : quels étaient les renseignements parvenus au commandement français sur les troupes allemandes agissant sur le front occidental ?

Nous avons dit le soin apporté par le haut commandement allemand à cacher sa force véritable ; il profite de la configuration du terrain dans la région des deux Luxembourg, des forêts qui couvrent cette région, de la surprise causée par la violation des neutralités, etc., etc. C'est dans le même dessein qu'il retient le plus longtemps possible ses masses de manœuvre loin du champ d'opération, d'une part derrière la Gette jusqu'au 19, d'autre part dans le grand-duché de Luxembourg et dans les camps retranchés de Metz et Thionville jusqu'au 19 et même jusqu'au 20.

Préparation silencieuse que toute l'Allemagne exalte, dès les dernières semaines d'août, comme le plus sûr gage de la victoire. Maximilien Harden, avec une apparence d'indépendance et d'originalité plus savoureuse auprès du public que les vantardises de la presse officieuse, écrit dans la *Zukunft* :

« Le chef de nos armées, Hellmuth von Moltke, porte un nom qui est, à lui seul, un présage de victoire et

(Cl. Sites et Monuments.)

LES FORGES DE PHADE ET LES BORDS DE LA SEMOY

il a mérité d'ores et déjà la reconnaissance respectueuse de tout l'Empire (fin août, c'est tout de même un peu tôt). Aucune autre armée n'aurait pu faire la mobilisation dont l'Allemagne a été le théâtre. Tout, jusque dans le moindre détail, s'est trouvé au lieu que le crayon du stratège lui avait assigné... Celui qui sait quelle est la valeur de la première impression appréciera le mérite de ceux qui travaillèrent silencieusement pendant des années dans la maison de Moltke.

« Ils savent tout ce qu'on peut savoir. Ils connaissent jusqu'au marais le plus insignifiant, jusqu'au plus mince bouquet d'arbres, les plus petites lignes de chemins de fer, en un mot toutes les possibilités de marche dans les pays ennemis. En eux revit l'esprit de Scharnhorst... etc., etc. (1). »

Tout l'art, en effet, va consister à préparer la grande surprise, en cachant les forces jusqu'à l'heure décisive, et en les détendant soudain comme un ressort. La neutralité belge et luxembourgeoise est le rideau derrière lequel s'abrite cette ruse stratégique. Jusqu'à quel point l'état-major français est-il réellement trompé par ce formidable faux-semblant ?

Le point de départ de ses informations lui fut fourni par la grande randonnée du corps de cavalerie du général Sordet en Belgique. Il est exact que cette première recherche n'apporta que des données par trop incomplètes. Nous avons dit pourquoi : d'une part, la cavalerie du général von Marwitz formait, en avant du front allemand, un rideau qui avançait et reculait, mais qui ne se laissait pas soulever ; d'autre part, les forces allemandes retenues entre le Luxembourg et la Gette étaient hors de

(1) M. André, « La *Zukunft* pendant la guerre ». *Correspondant* du 25 novembre 1916.

tout contact pour les plus hardies explorations.

On peut admettre que la somme des renseignements fournis avant le 13 août par la cavalerie, qui a battu l'estrade en Belgique, se résume dans les indications suivantes : la Belgique est couverte de cavalerie ; c'est la seule chose que l'on puisse savoir avec précision. Qu'y a-t-il au delà de la ligne organisée de l'Ourthe ? Deux hypothèses peuvent être admises : ou les Allemands n'y ont pas grand'chose et ils bluffent ; ou ils y concentrent des masses importantes dont les directions de marche ne pourront être déterminées que quand elles seront entrées dans le rayon d'action de la cavalerie française. Tout au plus signale-t-on derrière Geest, Gerompont et Ramillies-Offus de fortes positions organisées, défendues par de l'artillerie de campagne et des obusiers, des compagnies de mitrailleuses et de l'infanterie.

Ce point de départ est évidemment maigre ; on peut admettre qu'il détermine chez certains chefs un état d'esprit dont nous retrouverons les traces aux heures décisives : les Allemands bluffent, ou bien encore les Allemands ne tiennent pas.

Mais le haut commandement français a d'autres sources de renseignements.

Elles complètent, à peu près dans les conditions suivantes, les investigations de la cavalerie Sordet : sur le front des 3e et 4e armées, les commandants des régiments de cavalerie signalent à l'envi la difficulté des reconnaissances. Au 13 août, d'autres renseignements, parvenus au Grand Quartier Général, permettaient d'établir la présence, entre Liége et Neufchâteau, de sept corps allemands (IXe, VIIe, Xe, IIIe, XIe, XIXe et XIIe) suivis de la garde vers Stavelot et précédés de quatre ou cinq divisions de cavalerie. En outre, dans la région Luxembourg-Thionville, il semblait que fussent groupés trois corps (VIIIe, XVIIIe et XVIe) avec deux divisions de cavalerie.

Peu à peu, les renseignements se précisent. On a des raisons de croire, le 16 août, que le groupement de la Meuse comprend sept corps (IXe, Xe, VIIe, XIe, IIIe, IVe, VIe) avec quatre divisions de cavalerie. Peut-être a-t-on une tendance à réduire à ces corps l'ensemble des armées allemandes destinées à opérer dans la Belgique d'outre-Meuse : mais on sait que le groupement du Luxembourg belge peut avoir trois corps (Garde, XIXe, XIIe) et une division de cavalerie, et que le groupement du Luxembourg-Thionville se compose également de trois corps (VIIIe, XVIIIe et XVIe) avec deux divisions de cavalerie (6e et 3e).

Le 18 août, une division de cavalerie allemande a été refoulée de Tintigny sur Arlon.

Voici que, le 19 août, c'est-à-dire aussitôt que l'armée allemande se met en branle, on apprend que les colonnes des VIIIe, IVe et Xe corps, précédées du IXe corps, ont franchi la Meuse entre Huy et Seraing. Par contre, devant le front des 3e et 4e armées françaises, il semble toujours qu'il n'y a pas de grosses forces à l'ouest de la ligne Houffalize-Bastogne. Les observateurs ont eu l'impression du vide : Briey est même évacué le 20.

Le même jour, on commence à signaler des colonnes de troupes partant du nord-est de Thionville et se portant vers le nord-ouest.

Le 20 août, enfin, on suit en quelque sorte ce mouvement ; on apprend que des colonnes allemandes ont traversé d'est en ouest la région nord de la Sure, se portant sur Neufchâteau. Au sud de cette rivière et vers Luxembourg, on ne remarque encore que quelques bivouacs entre Etalle et Arlon, et des « mouvements sans importance ». Cependant, Longwy est attaqué de la direction de Differdange.

Enfin, le 20 août, au soir, la situation générale en Belgique apparaît à peu près ainsi : au nord de la Meuse, une armée allemande précédée de trois divisions de cavalerie et composée d'une division du IIe corps, des IXe, Xe, VIIe, IVe corps et de la garde s'est avancée, la droite en avant, dans la direction de Bruxelles ;

Au sud de la Meuse, les forces allemandes se sont retranchées par la droite sur la Lesse, entre Rochefort et Dinant, tandis que leur

LE VILLAGE DE HAUTES-RIVIÈRES DANS LA VALLÉE DE LA SEMOY

gauche (XIXe et XVIIIe corps) a été aux prises avec notre cavalerie dans la région de Neufchâteau.

En somme, on a reconnu quatorze corps ; ce que l'on ignore encore, c'est que ces corps actifs sont à peu près doublés d'autant de corps de réserve, selon le tableau que les publications allemandes nous permettent de dresser :

Unités reconnues et identifiées.		Unités non reconnues.	
IIe, IXe, IVe, VIIe, IIIe, Xe, Garde	KLUCK ET BULOW	IIIe rés., IXe rés.	Face aux Belges direct. Anvers
		IVe rés., Xe rés., VIIe rés., Garde rés.	KLUCK ET BULOW
XIe, XIXe, XIIe	HAUSEN	XIIe rés.	HAUSEN
VIIIe, XVIIe	DUC DE WURTEMBERG	VIIIe rés., XVIIIe rés.	WURTEMBERG
VIe, XVIe	KRONPRINZ	Ve rés., Ve actif, XIIIe actif, 33e div. rés., VIe rés.	KRONPRINZ
14 corps		13 corps 1/2	

Total : 27 corps 1/2.

Mais il y a lieu de ne tenir compte que de 25 corps 1/2 seulement, car 2 corps (XIe et Garde réserve) firent demi-tour pour la Russie.

L'apparition de ces treize corps et demi, dont la plupart de réserve et qui, d'ailleurs, ne donnèrent pas à effectif complet dès le premier jour, telle fut la « grande surprise » ménagée par les Allemands.

Mais il convient d'ajouter, à l'éloge de notre haut commandement, que s'il ignora ce qui fut ignoré de tout le monde, il sut cependant parer dans la mesure du possible, même à cet imprévu. Car il s'était mis en mesure de pousser sur son propre front des forces françaises ayant la valeur de dix-huit corps, auxquelles devaient se joindre deux corps anglais et que devait appuyer l'armée belge (valeur de deux corps), non compris les trois divisions territoriales françaises d'extrême-gauche, ni les garnisons des places de Maubeuge et de Verdun et des petites places intermédiaires : si bien que les vingt-cinq corps d'armée allemands, amenés dans le secret grâce à la « grande surprise » et grâce à la fraude — et à la faute — colossale

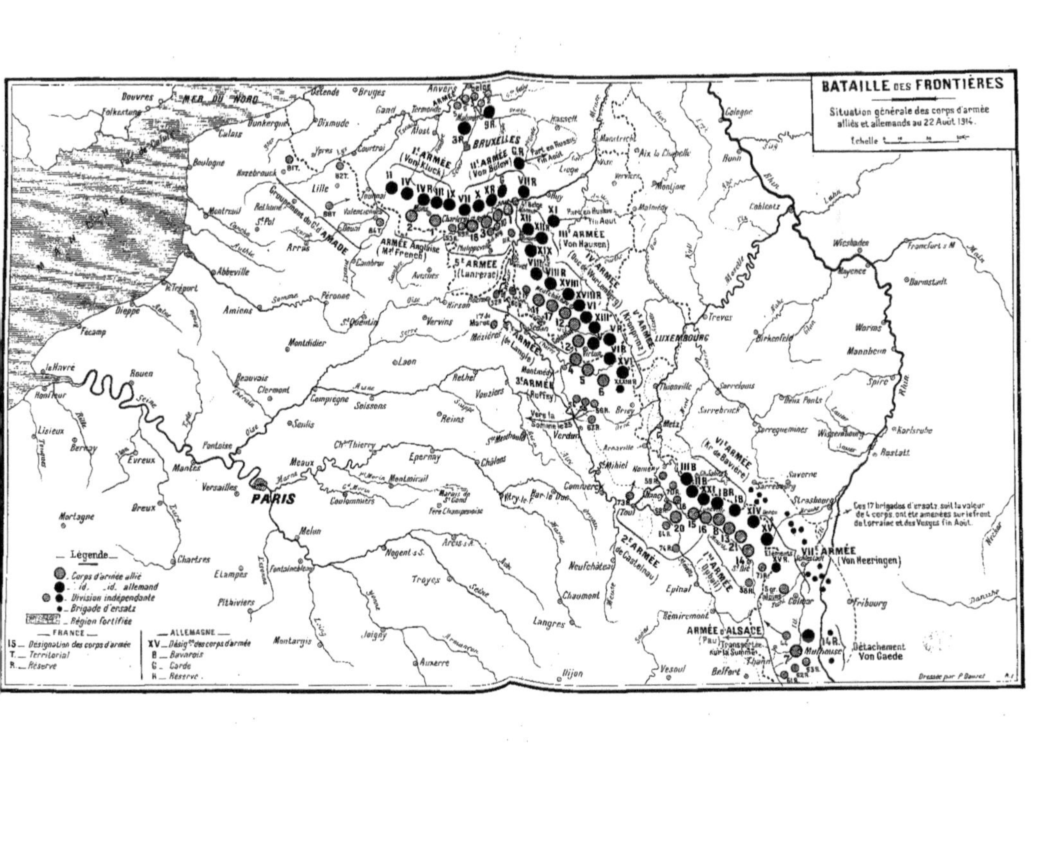
BATAILLE DES FRONTIÈRES
Situation générale des corps d'armée alliés et allemands au 22 Août 1914.
Échelle
Légende
Corps d'armée allié
id. id. allemand
Division indépendante
Brigade d'ersatz
Région fortifiée
FRANCE
15 — Désignation des corps d'armée
T. — Territorial
R. — Réserve
ALLEMAGNE
XV — Désignon des corps d'armée
B — Bavarois
G — Garde
R — Réserve
MER DU NORD
PARIS
BRUXELLES
LUXEMBOURG
Iʳᵉ ARMÉE (Von Kluck)
IIᵉ ARMÉE (Von Bülow)
IIIᵉ ARMÉE (Von Hausen)
IVᵉ ARMÉE (Duc de Wurtemberg)
Vᵉ ARMÉE (Kronprinz)
VIᵉ ARMÉE (Kr. de Bavière)
VIIᵉ ARMÉE (Von Heeringen)
ARMÉE Anglaise (Mᵃˡ French)
5ᵉ ARMÉE (Lanrezac)
4ᵉ ARMÉE (de Langle)
3ᵉ ARMÉE (Ruffey)
2ᵉ ARMÉE (de Castelnau)
1ʳᵉ ARMÉE (Dubail)
ARMÉE d'ALSACE (Pau)
Détachement Von Gaede
Ces 17 brigades d'ersatz, soit la valeur de 4 corps, ont été amenées sur le front de Lorraine et des Vosges fin Août.
Dressée par P. Dauret

que fut en réalité la violation de la neutralité belge, allaient trouver en face d'eux, dès le premier jour de bataille, des forces à peu près égales (vingt-deux corps) dont voici le tableau :

Armée belge............	valeur	2 corps	
Armée britannique......	—	2 —	
Lanrezac..............	—	6 —	1/2
De Langle.............	—	7 —	
Ruffey................	—	4 —	1/2

Tels sont les faits. Ils permettent de répondre, chiffres en mains, aux coups de trompette de Harden et des officieux allemands. H. de Moltke a dû, dans la retraite, digérer assez mal les dithyrambes prématurés qui ont évoqué, au sujet de ses combinaisons stratégiques, la sévère figure du vieux Moltke.

MARCHES D'APPROCHE DES ARMÉES FRANÇAISES Il semble que le commandement en chef des armées françaises ait, de parti pris, attendu que l'offensive de la 1re et de la 2e armées en Lorraine (14-19 août) fût un fait accompli pour déclencher la manœuvre centrale qu'il méditait contre l'Ardenne belge. Ajoutons qu'il voulait avoir toutes ses forces dans la main et que le 9e corps, destiné à prendre en quelque sorte la tête du mouvement sur la gauche, ne fut en place (du moins pour la partie de ses forces destinée à la 4e armée) qu'à partir du 20 août.

On avait gardé jusque-là le secret le plus absolu. Les chefs de corps eux-mêmes ne savaient rien. Après les quelques rencontres qui avaient marqué la période de contact des troupes de couverture, tout était rentré dans un repos apparent. Les troupes, en apprenant les premiers succès en Alsace et en Lorraine, se demandaient si elles allaient rester éternellement l'arme au pied.

Enfin, le 20 août, les ordres commencèrent à faire pressentir que l'offensive était imminente. Cette perspective prochaine fut accueillie par tous avec enthousiasme.

Les renseignements sur les marches de l'ennemi ne paraissaient révéler chez lui d'autre dessein que de marcher de l'est à l'ouest, sans doute pour agir vers Dinant et Namur et d'appuyer le grand mouvement commencé par les armées von Kluck et von Bülow. On assurait qu'il avait entrepris une marche de flanc par rapport à notre front, ayant pour résultat de déplacer vers le nord-nord-ouest la masse centrale de ses forces, et qu'il s'abstenait de tout mouvement important vers notre 4e et notre 3e armées, c'est-à-dire au sud de la ligne Longwy-Neufchâteau-Givet.

Un groupement de forces ennemies était signalé comme prolongeant le mouvement de Belgique en passant entre Givet et Bruxelles. Puisque ce mouvement se produisait, nous avions intérêt à le surprendre par une vigoureuse offensive en laissant d'abord l'ennemi s'écouler vers le nord-ouest, en le surveillant de près, en nous approchant de lui, peu à peu, en évitant surtout, s'il essayait de provoquer notre offensive par des détachements envoyés sur notre front, de tomber dans le piège et de nous engager prématurément.

Chercher la bataille, mais choisir l'heure telle paraît bien être la pensée qui inspire, à cette date du 20 août, l'état-major français, pensée qu'il communique aux deux chefs chargés de l'exécuter en commun, le général de Langle de Cary, commandant la 4e armée, et le général Ruffey, commandant la 3e armée.

Le général de LANGLE DE CARY (Fernand-Louis), est né à Lorient le 4 juillet 1849. Entré à l'École de Saint-Cyr le 11 octobre 1867, il en sort avec le no 1, sous-lieutenant au 2e chasseurs d'Afrique en octobre 1869, il entre à l'École d'État-major et prend part à la guerre de 1870 comme officier d'ordonnance du général Trochu. Blessé grièvement d'un coup de feu à la poitrine, au combat de Buzenval, le 19 janvier 1871, il est décoré pour ce beau fait d'armes. Capitaine d'état-major en 1873, chef de bataillon en 1885, il est professeur à l'École supérieure de guerre en 1886. En 1895, il est promu colonel et commande le 127e régiment d'infan-

Gal de Langle

LE GÉNÉRAL DE LANGLE DE CARY, COMMANDANT LA 4e ARMÉE

terie. Général de brigade en 1900, il commande successivement une brigade de cavalerie en Algérie, puis la 72e brigade d'infanterie. Promu divisionnaire le 9 mars 1906 il reçoit le commandement de la 14e division d'infanterie à Belfort. On lui confie ensuite successivement le 4e corps d'armée au Mans en 1908, le 8e corps d'armée à Bourges en 1911. Enfin il est nommé membre du Conseil supérieur de la Guerre en 1912.

Les précieuses qualités de commandement du général de Langle de Cary, son intelligence prompte, saine et claire, son coup d'œil, sa belle allure militaire le distinguent partout. C'est un homme de devoir. Le général de Langle de Cary n'est pas seulement un cavalier et un soldat accompli, c'est un chef.

La 3e armée est sous les ordres du général RUFFEY. Né le 19 mars 1851 à Dijon, élève de l'École Polytechnique (promotion d'octobre 1871), le général Ruffey est un artilleur. Admis à l'école de guerre en 1879, capitaine au 8e d'artillerie en 1881, il s'était fait remarquer par des travaux sur son arme qui l'avaient désigné pour devenir professeur à l'École spéciale militaire en 1882, puis professeur adjoint à l'École supérieure de guerre en 1888. Il avait commandé le groupe de batteries montées du corps expéditionnaire de Madagascar et, au retour, avait été nommé professeur à l'École de guerre ; général de brigade le 26 décembre 1905, général de division le 8 novembre 1910, il avait commandé la 36e division d'infanterie à Bayonne et le 13e corps d'armée à Clermont-Ferrand en 1912. Il était membre du Conseil supérieur de la Guerre depuis 1913. Le général Ruffey s'était fait remarquer par ses études sur l'artillerie lourde dont il était partisan déclaré et même obstiné.

La préface qu'il avait donnée à l'étude du capitaine Daille sur les méthodes de Schlieffen le montre suivant avec intérêt les dernières évolutions de la méthode allemande. Il écrivait, au début de 1914, ces lignes qui montrent une véritable prescience des événements auxquels il devait prendre part : « Le système de Schlieffen comporte une très grande extension du front ; ce système, de l'aveu de Moltke, renferme un danger immédiat s'il peut être le germe de grands succès. A un adversaire avisé de ne pas laisser à ces germes le temps de se développer ! Dès qu'il aura concentré ses moyens, une vigoureuse offensive résolument tentée avec le gros de ses forces fera toujours (toujours est peut-être de trop) échouer les plans élaborés par la stratégie allemande... La doctrine allemande se montre tout aussi inférieure dans l'organisation de la poursuite (voilà ce qui se vérifia de tous points). Les armées d'aile chargées de l'enveloppement venant se coller aux flancs immédiats des troupes de l'attaque de front, il en résulte nécessairement, sur un étroit espace, une accumulation et un mélange confus d'unités. Un jour de repos ne suffira pas à les reconstituer (ce qui arriva partout, en effet). Une poursuite efficace devient impossible, et ce n'est qu'au bout de quelques jours qu'elle pourra reprendre quelque activité (1). »

Le chef d'état-major du général Ruffey était le général Grossetti.

C'est à ces deux chefs distingués qu'est confiée l'exécution de la manœuvre hardie qui a pour objet de tâter l'ennemi d'abord dans cette sombre région où il s'est dissimulé, et, si l'occasion paraît favorable, de le couper, de l'enfoncer et de le rabattre d'un côté dans le cul-de-sac que forme la Belgique vers la mer, de l'autre côté vers la route qui, par Trèves, permet de déboucher sur l'Allemagne.

Dans l'exécution de cette manœuvre, la 4e armée mène le jeu ; la 3e armée devra l'appuyer tout en la couvrant du côté de Thionville et de Metz.

L'opération, telle qu'elle se présente, par suite de la disposition de la frontière franco-belge et les raisons de la nécessité où s'est trouvée la 5e armée de « s'étirer » vers le nord, présente une double difficulté. D'une part,

(1) *Essai sur la doctrine stratégique allemande*, 1914. Préface, p. x.

GIVET. — VUE PRISE D'UN DES FORTS DE LA VILLE

les divers corps des deux armées françaises étant disposés face au nord-est, comme les degrés d'une échelle renversée, ne peuvent progresser que successivement si, selon l'ordre reçu, ils se portent droit vers le nord : c'est comme s'ils montaient une échelle à l'envers en présentant à l'ennemi, non pas précisément un flanc, mais une oblique en zigzag, où les points faibles ne manquent pas ; d'autre part, entre la région de Fumay, occupée par l'extrême-gauche de la 4ᵉ armée, et la région de Namur occupée par la 5ᵉ armée, il existe, tout le long de la Meuse, un vide, un trou par où l'ennemi peut se glisser, et, s'il débouche, tenter un mouvement tournant. Or, ce trou est assez mal gardé : la division de réserve Bouttegourd (51ᵉ division) a bien reçu pour mission de relever, à partir du 22 août, le 1ᵉʳ corps (5ᵉ armée) pour la défense de la Meuse dans la région de Givet-Namur ; le pont d'Hastières est bien tenu, par exception, il est vrai, même sur la rive droite de la rivière, du 15 au 23, par une compagnie du 348ᵉ (1). Mais ces forces ne sont pas suffisantes pour s'opposer à un mouvement en force des armées allemandes si, pour tourner les 4ᵉ et 3ᵉ armées, elles entreprennent de passer la Meuse à la faveur de cette dangereuse coupure.

L'état-major français avait certainement conscience de ces difficultés : mais il comptait avec raison sur la vigueur et l'élan de ses troupes. Et si l'offensive réussissait, la récompense devait être telle qu'il valait bien la peine de risquer quelque chose.

Donc, les ordres donnés pour la nuit du 20 au 21 août sont les suivants : la mission de la 4ᵉ armée, dans sa marche droit au Nord, est de tomber par surprise dans le flanc des forces allemandes en marche à travers le Luxembourg belge. Dès que l'ennemi sera découvert, l'offensive doit être soudaine et violente. Elle doit être menée par les six corps d'armée actifs de la 4ᵉ armée, les 52ᵉ et 60ᵉ divisions de réserve restant sur la Meuse et sur la Semoy pour en tenir les passages.

Cette offensive de la 4ᵉ armée sera secondée par les quatre corps de la 3ᵉ armée selon les ordres

(1) Voir Bureau documentaire belge du 19 août 1915, nº 128.

suivants : l'armée entamera sa marche offensive vers le nord dans la direction générale d'Arlon, et devra couvrir le mouvement de la 4e armée opérant vers Rulles, Ebly, Nives; au cas où l'ennemi menacerait le flanc de cette armée, la 3e armée contre-attaquerait aussitôt en s'engageant face à l'est si c'était nécessaire : les divisions de réserve du général Pol Durand, appuyées sur les divisions de réserve de Verdun et de Toul, veilleront sur les Hauts-de-Meuse.

En raison de ces ordres généraux et de la nécessité de garder étroitement ses troupes en mains, les dispositions suivantes sont prises, dès le 20 août à midi, par le général de Langle de Cary : les divers corps de son armée s'assureront les débouchés au nord de la Semoy et de la clairière de Florenville, mais de manière à se dissimuler soigneusement, surtout à l'observation aérienne. Tous les mouvements se feront de nuit ou sous bois, de manière à ce qu'à la fin de la nuit du 20 et avant le lever du jour, les détachements d'avant-garde chargés de ces opérations soient en place.

Le 9e corps (général Dubois), qui prend la tête, poussera ses avant-gardes sur les débouchés de la Semoy de façon à les établir sur la ligne de Houdremont-Baillamont-Vivy.

Les autres corps de la 4e armée se sont portés, par des mouvements de nuit, en cantonnements d'alerte, le 21 à l'aube, dans le dispositif suivant :

Le 11e corps (général Eydoux) doit être prêt au combat, son front à Escombres-La Chapelle, la queue de ses combattants sur la ligne Douzy-Bazeilles : éventuellement son champ d'opération est entre la route de La Chapelle (en territoire français), Corbion, Poupehan, Rochehaut et Paliseul à gauche et la route Pouru-aux-Bois, château des Amerois, Dohan, Auby et Bertrix en Belgique : en somme, face au nord, avec une légère inclination nord-nord-est.

Le 17e corps (général Poline) part de la ligne Messincourt-Pure, en territoire français, ses arrière-gardes restant appuyées sur la Meuse.

Le 12e corps (général Roques) a ses têtes sur la ligne Matton-Mogues en territoire français, Villers-devant-Orval en territoire belge, la queue des combattants sur la Chiers de Blagny à Margut. Le développement de l'offensive pourra se faire entre, à gauche, la route incluse Matton en France, Chassepierre en Belgique et, à droite, la route incluse Villers-devant-Orval, Pin (sur la voie ferrée de Bertrix à Virton) en Belgique.

Le corps colonial : 3e division et 5e brigade dans la zone Margny-Herbeuval-Signy-Thonnelle-Thonne-la-Long en territoire français ; la 2e division et l'artillerie de campagne dans la zone Chauvency-Saint-Hubert-Chauvency-le-Château-Quincy-Baalon-Stenay-Brouennes, en somme la Chiers et la Meuse dans le triangle Margut-Stenay-Montmédy.

Le 2e corps, tout entier réuni, agit dans la zone Torgny, qui fait la pointe en Belgique, Grand-Verneuil-Montmédy, les villages en arrière de Montmédy jusqu'à Jametz, par divisions accolées, face au nord-est.

Il est bien entendu qu'aucun mouvement ne se produira en avant des lignes qui viennent d'être indiquées, et que les marches nécessaires pour gagner les points désignés se feront dans le plus grand secret.

Le général de Langle de Cary a toujours son quartier général à Stenay.

Ces instructions étant données pour la disposition des gros, le sens de ces mouvements et des premiers actes de la prochaine offensive est l'objet d'une nouvelle instruction personnelle et secrète, tant le commandement tient à garder en main l'exécution d'une affaire si délicate. On table toujours sur le mouvement de flanc de l'armée ennemie : donc laisser ce mouvement se produire. « Plus la région Arlon-Audun-le-Roman-Luxembourg sera dégarnie au moment où nous passerons à l'offensive, meilleurs seront les résultats. » Dissimuler nos forces et même, si possible, notre présence dans la région ; que les avant-postes s'abstiennent de tirer contre les groupes ennemis qui glisseraient devant eux vers le nord-ouest ;

BASTOGNE. — L'ÉGLISE ET LA PORTE DE TRÈVES

sous aucun prétexte, les détachements avancés ne doivent passer à l'offensive. Qu'on s'en tienne, jusqu'à nouvel ordre : les 11e et 9e corps, à protéger les ponts de la Semoy entre Bohan inclus et Membre ; le 17e corps à se maintenir sur les ponts de Cugnon et d'Herbeumont, le 12e corps à garder Chassepierre, Florenville et Pin ; le corps colonial, à maintenir ses détachements avancés à Gérouville et Meix-devant-Virton.

Sans ordre exprès, les gros ne bougent pas et les généraux ne quittent pas leur quartier général.

Du haut en bas, partout ces ordres se répandent par la voix des chefs locaux. Silence. Secret. Echapper aux vues verticales. Attendre. Veiller. Etre prêts partout.

Voyons, maintenant, ce qui se passait à la 3e armée en application des ordres généraux dans cette veillée des armes.

L'ordre général du 20 août à 8 h. 30 du soir prescrit l'offensive dans la direction générale d'Arlon. Le général Ruffey donne aussitôt ses instructions en conséquence. Les directions particulières données à chacun des corps sont : pour le 4e corps Virton, pour le 5e corps Tellancourt, pour le 6e corps Beuveilles ; la 40e division, placée en échelon en arrière et à droite, la 54e division de réserve devant emboîter le pas à la 40e, cette division devant être appuyée elle-même par la 67e division, de manière qu'il y ait toujours une *succession d'échelons*.

Les corps seront donc disposés ainsi qu'il suit, pour le 21 au matin :

Le 4e corps est à gauche de la 3e armée, en liaison avec le 2e corps (corps de droite de la 4e armée). Il opérera pour soutenir la 4e armée dans la région de Virton : pour cela, il portera ses avant-gardes sur la Basse-Vire, à Virton et la Tour, la queue de ses gros sur la Chiers ; le 14e hussards éclairera le front de marche entre la Chiers et Robelmont-Ethe, avec reconnaissance, si possible, dans la direction Bellefontaine-Etalle.

Le 5e corps, la 9e division à gauche, la 10e à droite, manœuvrera au débouché de Longuyon vers Tellancourt, avec ordre de prendre les avant-postes au nord de Cons-la-Granville, dans les trois villages qui occupent un ravin boisé: Cosnes, Villers-la-Chèvre, Lexy.

Le 6e corps manœuvrant dans la région de Beuveilles se portera également vers le nord: 12e division à gauche, 42e division à droite. Le quartier général est à Spincourt ; le 19e bataillon de chasseurs flanc-garde de la division de droite se portant dans les bois à l'est de Landres ; en arrière et en échelon à droite, la 40e division forme flanc-garde de l'armée, face à Thionville et Metz.

Le 3e groupe des divisions de réserve, 54e, 55e, 56e, s'est avancé un peu vers le nord.

La 67e division vers Étain.

Ainsi, à la veille des engagements décisifs, les deux armées françaises s'appuyant l'une l'autre et se faisant, pour ainsi dire, la courte échelle, chevauchent la frontière franco-belge.

Le silence règne partout sous les bois et hors des bois.

On s'étonne dans les rangs de cette attente muette. Tout le monde répète : « Mais, que font donc les Allemands? » (1).

Maintenant que nous avons vu les deux armées françaises se masser lentement vers les lignes où la grande lutte va s'engager, essayons de dire justement « ce qu'ont fait et ce que font les Allemands ».

DERNIÈRES DISPOSITIONS DANS LE CAMP ALLEMAND Le mouvement signalé par l'ensemble des renseignements officiels est exact : une armée allemande (c'est l'armée von Hausen) défile de l'est à l'ouest en arrière des lignes du front vers Ambly, Saint-Hubert, Rochefort, Mont-Gauthier : elle se porte vers la Meuse, direction générale de Hastières-Givet-Haybes. Ces troupes sont constamment renforcées par d'autres qui arrivent directement d'Allemagne (1).

Mais ce mouvement s'abrite, en fait, derrière d'autres formations plus nombreuses et solidement établies à proximité du front : ce sont les deux armées du prince Albert de Wurtemberg et du kronprinz, elles aussi soigneusement cachées sous les bois.

Les 9e et 11e corps français trouvèrent devant eux le VIIIe corps actif et le VIIIe corps de réserve (Trèves) vers Maissin-Paliseul.

Le 69e régiment de réserve (VIIIe corps de réserve) reste sur la frontière allemande du Luxembourg entre Echternach et Diekirch jusqu'au 19 août ; le 21 au matin seulement, il passe la frontière belge à Allerborn ; le 22, il débouche dans Saint-Hubert à 5 h. 1/2 du matin, et après deux heures de marche, se trouve engagé dans le combat (2).

Sur la présence de ces corps et pour ce qui concerne leur force réelle, on est assez mal renseigné avant la bataille dans les états-majors français. On sait seulement que des unités allemandes se retranchent derrière la Lesse. Les avions d'armée ont signalé des colonnes en marche dans la région de Ciney (mais c'est toujours le même mouvement de la IIIe armée qui ne se dissimule pas). Les 4e et 9e divisions de cavalerie ont constaté la présence de deux divisions d'infanterie vers Longlier ; ces divisions appartiennent, sans doute, au XVIIIe corps (comme nous allons l'indiquer d'après les documents allemands). Mais on ignore si l'ennemi a franchi L'Homme (la rivière qui passe à Rochefort) et quels sont les points atteints par lui. D'autre part, les avions d'armée n'ont constaté aucun mouvement dans la région Virton-Arlon-Longwy.

Un peu plus au sud, à gauche du VIIIe actif et du VIIIe corps de réserve allemand, le

(1) Général Malleterre, p. 42.

(1) « Comme nous traversons Bourcy dans la direction de Saint-Hubert, des troupes saxonnes de landwehr débarquent à la gare, venant du pays, après soixante heures de trajet. » V. Carnet de route d'un officier saxon *: Unser Vormarsch bis zur Marne.* — Cfr. Dampierre, p. 5.

(2) Carnet de route communiqué par M. J. de Dampierre.

GABRIEL HANOTAUX
de l'Académie Française

HISTOIRE ILLUSTRÉE DE LA GUERRE DE 1914

LIRE dans ce Fascicule : *Marches d'approche en Ardenne Belge*

FASCICULE N° 57

L'ÉDITION FRANÇAISE ILLUSTRÉE
(GOUNOUILHOU, ÉDITEUR)
30, Rue de Provence, Paris

PRIX NET : 1 franc
ÉTRANGER, PORT EN PLUS

A NOS LECTEURS

Les *deux premiers volumes* de ***L'Histoire de la Guerre de 1914*** ont donné l'exposé des faits historiques et diplomatiques qui ont précédé et amené la guerre, et qui engagent si lourdement la responsabilité de l'Allemagne.

Avec *le troisième volume,* l'historien est entré dans le vif de son sujet, le grand drame de la guerre.

Le *quatrième volume,* achevé avec le fascicule 52, est consacré au récit de ***La Bataille des frontières.***

L'auteur aborde maintenant les combats du Luxembourg et de la Meuse, pour en venir, dans les prochains fascicules, aux engagements de la Sambre et à cette retraite vigoureuse qui prépare la victoire de la Marne.

Par les renseignements qu'il a recueillis, par les travaux d'enquête et de recherches auxquels il s'est livré, par les conversations qu'il a eues avec les personnages officiels et les hommes politiques de l'Europe entière, l'historien a approché, d'aussi près que peut le faire un contemporain, de la source où peut se découvrir la vérité complète, sincère et impartiale.

C'est vraiment le tableau de la « grande guerre ».

XVIIIe corps actif et le XVIIIe de réserve se sont glissés dans la région de Longlier-Bertrix. Tout près de la ville de Luxembourg, le XVIIIe corps appartenant à la IVe armée avait attendu l'ordre de marche pendant dix jours... « Après avoir franchi la frontière belge à Martelange, nous fûmes engagés dans un combat, à Longlier, près de Neufchâteau, d'une façon tout à fait inopinée, etc.» (1).

Au sud et à gauche des XVIIIe et XVIIIe corps de réserve, le VIe corps actif a été gardé dans le grand-duché de Luxembourg le plus longtemps possible :

« 15 août. — Nous cantonnons à Ibingen (à l'extrême pointe du Luxembourg belge et du grand-duché)... Une marche terriblement fatigante nous amena du Luxembourg en Belgique. Jusqu'à 10 heures on marcha au grand soleil, puis repos d'une demi-heure. L'indignation des soldats était déjà très grande. Les pieds étaient complètement abîmés, le sac blessait de façon incroyable. Beaucoup roulèrent dans les fossés. De 10 h. 30 à 2 heures, la marche se poursuivit. Nous arrivâmes à Metzert (Messancy). A 4 heures on reprend la marche. L'on poursuit la marche à la rencontre de l'ennemi; de nouveau, six heures de route sur un chemin poudreux par monts et par vaux. Nous arrivâmes comme bataillon d'avant-garde à Mellier (2) dans les bois. Dans le lointain, on entendait le grondement du canon. » C'est le canon qui tire sur Longwy; la date de cette marche extraordinaire est certainement le 21, car le lendemain, le VIe corps se bat, comme nous le verrons, à Tintigny.

(1) Extrait de *Der deutsche Krieg in Feldpostbriefen*. J. Delbrück, 1er volume.

(2) Gros bourg au sud-est de Neufchâteau, à environ 26 kilomètres d'Arlon.

LE FELD-MARÉCHAL COMTE HÆSELER

La 33e division française (17e corps) n'ignore pas la présence de l'ennemi devant elle. Au quartier général de Mouzon, on est averti que deux colonnes allemandes de toutes armes se trouvent le 20 août à 9 heures : la 1re colonne, tête à Tronquoy (6 kilomètres nord de Neufchâteau), queue à Vitry (12 kilomètres est de Neufchâteau), 2e colonne, tête à Nives (20 kilomètres sud-ouest de Bastogne), queue vers Hollange (à l'ouest de Nives).

La 4e armée sentait donc, chaque fois qu'elle tâtait en quelque sorte le terrain devant elle, une force réelle et avec laquelle elle devait compter : mais ses chefs n'en restaient pas moins frappés par cette idée qui résultait, en somme, de nombre de renseignements concordants, d'une marche de flanc des armées allemandes se dirigeant franchement de l'est à l'ouest, c'est-à-dire vers la Meuse, et beaucoup moins par la présence d'autres armées sur le front même des Ardennes.

Il convient d'observer, d'ailleurs, que les formations allemandes furent amenées sur la ligne de la frontière française à la dernière minute et avec une rapidité singulière, soit que le dessein des chefs allemands fût simplement de cacher leur jeu le plus longtemps possible, soit, qu'en fait, ils ne se soient portés sur ce front que quand ils eurent reçu de leur côté, par leurs avions beaucoup plus nombreux que les nôtres avis de l'importance des troupes françaises se massant dans cette direction. Nous verrons qu'il y eut, sur de nombreux points, « rencontre inopinée » et, pour ainsi dire, surprise de part et d'autre. La région boisée était exceptionnellement favorable à ces dissimulations de cantonnements et de mouvements.

En face de la 3e armée française, l'armée du kronprinz opérait, de son côté, de manière à se rapprocher de la frontière. Elle avait pour objectif Longwy et surtout Verdun. Le vieux maréchal comte Hæseler accompagnait le kronprinz « en quelque sorte comme volontaire » (1).

Donnons, d'abord, un renseignement général d'origine allemande, sur la situation de cette armée, considérée du point de vue allemand : « Les combats de l'armée du kronprinz se sont livrés du 22 au 25 août dans le quadrilatère Thionville - Longwy - Montmédy - Verdun. La profonde vallée de la Chiers la découpe en quelque sorte en une partie nord et une partie sud. L'armée du kronprinz se porta en avant, le 22 août, vers Longwy, pendant que l'armée française marchait en plusieurs colonnes en partant de la ligne Virton-Tellancourt-Beuveille-Mercy-le-Bas-Landres. *On en vint au combat de rencontre* : le premier choc entre les deux armées eut lieu sur la ligne générale Virton-Audun-le-Roman. »

Ce texte précise ce qui résulte de l'examen des faits. Du côté allemand, il ne s'agit pas d'une manœuvre proprement dite : seule, la grande manœuvre stratégique, visant l'enveloppement des armées françaises et l'intervention postérieure du centre, guide le haut commandement. Les mouvements signalés dans le Luxembourg belge ne représentent donc pas, comme on serait porté à le croire, une combinaison calculée, par exemple comme celle de Frédéric II à Leuthen, dissimulant une marche en ordre oblique voilée à l'ennemi par un rideau de troupes. Non. L'armée du kronprinz n'a pour le moment d'autre objectif que les forteresses Longwy-Verdun, objectif uniquement territorial.

C'est ce qui résulte, d'ailleurs, d'un autre document presque officiel, la publication allemande sur les *Batailles de la Marne* : « La Ve armée était commandée par le kronprinz allemand ; le rôle assigné à son armée était, tout d'abord, de maintenir de puissantes forces ennemies entre Verdun et Toul, ensuite *d'assiéger Montmédy, Longwy et Verdun*... Les opérations de l'armée du kronprinz commencèrent le 22 août. La petite forteresse de Longwy fut investie le même jour ; mais la marche de l'armée n'en fut aucunement retardée. *Pendant ce siège*, de violents combats furent livrés à Virton, Longuyon, Audun-le-Roman, sur la Chiers et l'Othain .»

Guerre de siège, combats de rencontre, comme on le voit : rien ne sent moins la grande conception tactique et « la manœuvre ». Cette constatation est de la plus haute importance pour apprécier les conditions dans lesquelles se produisent les premiers engagements et surtout leurs suites ultérieures.

Les corps de l'armée du kronprinz se sont rapprochés de la frontière dans l'ordre suivant : au nord, le VIe corps fait encore partie de l'armée du duc de Wurtemberg et établit la liaison avec celle-ci aux environs d'Arlon.

Plus au sud et à gauche, les corps de Silésie-Posnanie ont fait un détour pour gagner la frontière.

Le Ve corps actif, suivi du Ve corps de réserve, que nous avons vu dans la région de Bettembourg et de Kœrich, s'avance en Belgique par Arlon (1). Nous trouvons des éléments du Ve corps à Ethe, le 22 août.

« Après avoir traversé la Lorraine, le Luxembourg, nous avancions en Belgique méridionale sous la conduite du kronprinz... Le 21 août nous campions dans un petit village belge nommé Vance (entre Etalle et Arlon) quand tout d'un coup « alerte »; nous marchons immédiate-

(1) Correspondance de guerre du *Journal des Vosges*.

(1) *Der Deutsche Krieg im Feldpostbriefen. Longwy et Verdun*, 4e volume.

UNE RUE DE LONGUYON AVANT ET APRÈS LE BOMBARDEMENT

ment sur Etalle où nous arrivons vers 1 heure de la nuit. A 3 h. 1/4. nouvelle alerte et nous continuons notre marche en direction de Virton » (1).

On signale le 123e wurtembergeois (27e division du XIIIe corps) à Virton, le 21 au matin.

D'après une lettre d'un lieutenant d'artillerie, une division du XIIIe corps a quitté Metz pour le grand-duché de Luxembourg. Le 19 et le 20, cette même division (la 27e probablement) est en route pour Arlon ; de là elle a gagné Chantemelle et Virton (2). L'autre division (le 26e) doit se porter sur Longwy, puisque nous verrons une de ses brigades, la 52e, assiéger la forteresse.

La 6e division de cavalerie bat l'estrade au sud de Longwy et étend même sa reconnaissance jusqu'aux approches des Hauts-de-Meuse.

Les forces de réserve entassées dans Metz, où elles ne font que passer, sont envoyées sans cesse sur le front : non seulement les corps de Posnanie et les Saxons, mais les ersatz et les landwehr bavarois (3).

Ces indications suffisent pour repérer la marche et les emplacements de l'armée du kronprinz à la veille des grands engagements :

L'investissement de Longwy a suivi immédiatement la déclaration de guerre ; c'est un des objectifs immédiats de cette armée ; mais le bombardement ne commencera que le 22 ; on attend évidemment que la manœuvre générale soit prête et l'armée tout entière en place. Celle-ci descend par le Luxembourg où elle s'est formée ; au sud, le XVIe corps est remonté de Metz sur Thionville et Audun-le-Roman pour former son aile gauche : au nord, elle est en liaison avec l'armée du duc de Wurtemberg par le VIe corps vers Arlon. Le VIe de réserve et d'autres corps venus d'Allemagne la renforcent sans cesse, soit arrivant de Metz, soit descendant de la région de Malmédy et des Trois-Vierges par Bastogne et Neufchâteau. C'est à ces puissantes formations arrivées à marches forcées et en partie dissimulées dans les bois que la 3e armée française va se heurter.

Voici donc les deux plus puissants groupes d'armées que cette guerre ait préparés face à face sur la frontière franco-belge, dans la nuit du 20 au 21.

CARACTÉRISTIQUE DE LA BATAILLE DES ARDENNES

La bataille qui va s'engager, sur l'initiative du haut commandement français, est assez difficile à exposer parce qu'elle n'est pas, à proprement parler, une bataille de manœuvres, avec un nœud critique vers lequel se dévelop-

(1) *Le Baptême du feu du 3e bataillon du 5e régiment d'infanterie de Basse-Silésie* (Ve corps, 9e division, 18e brigade).

(2) *Ibid.*, p. 184.

(3) *Feldpostbriefen, loc. cit.*, IV, p. 32. « J'arrivai (le 25 août) à la ligne de combat ; un lieutenant bavarois me dit : « Oui, « oui, il fait bon se battre avec les Saxons. »

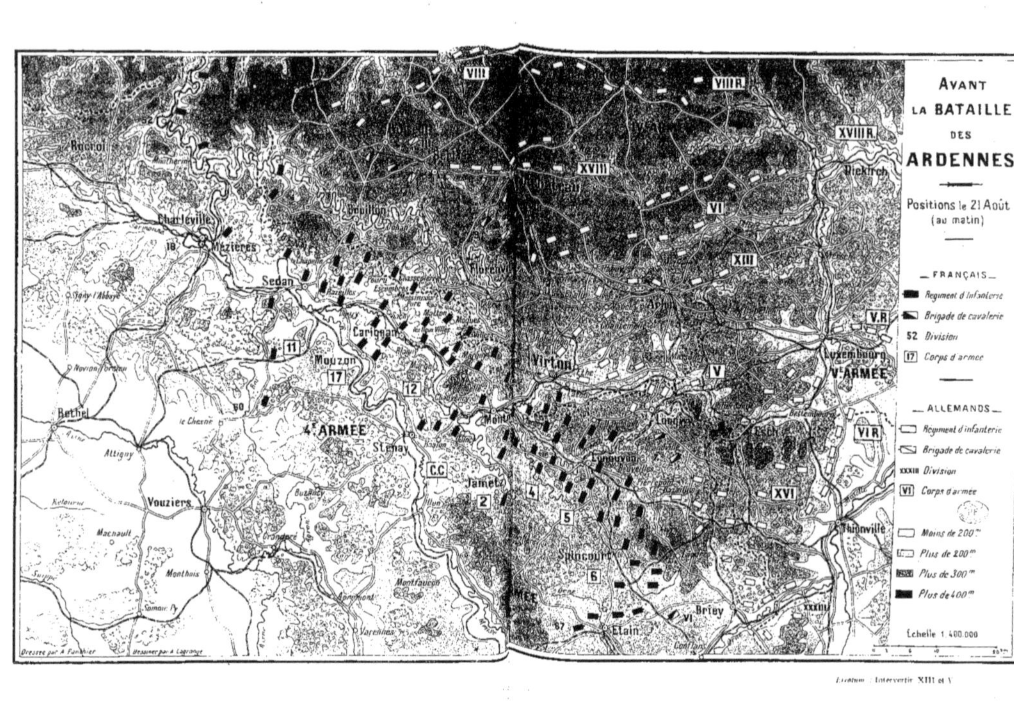

Erratum : Intervertir XIII et V

pent des mouvements combinés : c'est une bataille de rencontre où des troupes, alignées de part et d'autre, en cordon, se heurtent de front. L'immensité du champ de bataille (de Givet à Metz) et la nature boisée et ravinée du terrain empêchaient les vues et rendaient très difficiles les liaisons. Par la marche, l'une contre l'autre, des deux armées massées de chaque côté de la frontière, des chocs nombreux se produisirent, mais ces chocs se trouvèrent en quelque sorte séparés et disloqués. De part et d'autre, il y a, comme nous l'avons indiqué, une conception stratégique de très haute portée ; mais la conception tactique maîtresse (si tant est qu'il en existât une) est difficile à percevoir et à déterminer.

Cependant, le but stratégique existant, on sent l'importance des marches d'approche. Du côté français, ces marches étaient, si j'ose dire, l'objet même de la bataille, puisqu'il s'agissait de gagner au plus près le front ennemi, de le surprendre par la brutalité du choc, de l'enfoncer si possible, et de dégager le terrain pour tomber sur le flanc des armées allemandes en train d'accomplir le mouvement tournant.

Les Allemands, de leur côté, ne s'en tenaient pas au grand mouvement par la basse Belgique; ils exécutent, eux aussi, une marche d'approche sur le centre de l'armée française de Givet à Verdun. Tandis que von Hausen gagne Givet à marches forcées et que le duc de Wurtemberg marche sur Neufchâteau, le kronprinz vient mettre le siège devant Longwy pour s'ouvrir la route de Verdun : le choc était inévitable.

Mais, dans ces marches opposées, et qui semblent à peine influencées l'une par l'autre, les Allemands, rien qu'en exécutant leurs propres desseins, ont un avantage : leur mouvement étant dirigé d'une façon générale d'est en ouest, ils entrent, pour ainsi dire, dans l'armée française qui marche à leur rencontre en oblique et en échelons refusés sur une ligne nord-ouest, sud-est. Cette oblique ne nous fût devenue avantageuse que si notre gauche eût été prête la première et eût brisé et pris à revers la droite allemande, c'est-à-dire l'armée von Hausen. Mais le 9ᵉ corps, qui, pour une telle opération, eût dû prendre la tête de ce côté, était à peine sur le terrain quand le mouvement se déclencha. Dans ces conditions, la défensive-offensive allemande se trouvait singulièrement avantagée, sans que l'on puisse dire qu'elle ait été menée supérieurement. En fait, par suite de cette circonstance, les combats se localisèrent partout sans produire une manifestation tactique d'ensemble de part ni d'autre.

Marche d'approche, chocs, retraite, reprise, telles sont, vues du côté français, les caractéristiques principales de la bataille des Ardennes.

Nous allons exposer : 1° les *marches d'approche* dans les journées du 20 et du 21 ; 2° les *chocs* échelonnés et localisés dans la journée du 22 ; 3° la *retraite* dans les journées du 23, du 24 et du 25, en suivant ces diverses phases d'ouest en est sur toute l'étendue du vaste champ de bataille. Nous essaierons de dire les raisons des échecs français, mais aussi les avantages stratégiques incontestables de cette vigoureuse offensive.

Un peu plus tard, après l'exposé des batailles de la Sambre, solidaires de celles des Ardennes, nous aurons à revenir sur les événements qui suivirent celles-ci, c'est-à-dire sur la *reprise* et les beaux combats livrés en coups de boutoir, de Mézières à Verdun, par la 4ᵉ et la 3ᵉ armées, — combats qui préparèrent si heureusement la bataille de la Marne.

MARCHE D'APPROCHE DE LA 4ᵉ ARMÉE DANS LA JOURNÉE DU 21

Le mouvement qui va mettre les troupes françaises en contact avec l'ennemi se développe le 21 au matin. Ce n'est pas encore la bataille, mais on la cherche, ou, tout au moins, on est prêt à l'engager si l'ennemi ne la fuit pas.

Donnons donc un tableau rapide de cette journée du 21.

LES RUINES DU VIEUX CHATEAU DE LA TOUR A VIRTON

Les dispositions pour la 4e armée qui opère en avant et à gauche, sont prises dans l'ordre suivant :

1o A l'extrême-gauche, le détachement de couverture de la 60e *division de réserve* ira tenir les passages de la Semoy à l'ouest et en aval de Bohan;

2o *Le* 9e *corps*, qui, en arrière de cette division, fait fonction d'aile gauche, n'a pas encore entièrement débarqué les brigades qui doivent prendre part de ce côté aux opérations (les derniers bataillons débarquaient le 23 août et le dernier bataillon de la division du Maroc, le 27 août). Cependant, il enverra des détachements avancés qui combineront leur marche avec celle des détachements avancés du 11e corps. Ces éléments combinés doivent se porter sur la ligne générale Auby-Mogimont-Oizy-Houdremont en Belgique, au nord de la Semoy, et protéger, en tous cas, les débouchés des ponts de la Semoy entre Bohan (près de la frontière française) et Membre;

3o Les détachements avancés du 17e *corps* auront à garder les ponts de la Semoy, de Cugnon à Herbeumont, en assurant, par Sainte-Cécile, leur liaison avec les avant-gardes du 12e corps à Florenville;

4o *Le* 12e *corps* occupera, par ses détachements avancés, la région de Chassepierre-Florenville;

5o Les détachements du *corps colonial* garderont Gérouville et Meix-devant-Virton, en liaison à gauche avec le 12e corps et à droite avec le 2e corps;

6o *Le* 2e *corps* pénètrera en Belgique dans la direction de Tintigny-Meix-devant-Virton.

En somme, il s'agit de déboucher au delà de la Semoy par la gauche (9e et 11e corps) et de tâter l'ennemi dans cette direction, tandis qu'à droite on garde les ponts. On prépare, à proprement parler, la bataille de la frontière.

Voyons l'exécution.

1° *Au* 9e *corps* (général Dubois), la marche en avant se déclenche à 6 heures du matin ; on se glisse, avec les plus grandes précautions, dans un pays accidenté en suivant les routes sinueuses qui, sous bois, descendent vers la rivière. En fin de journée, les éléments avancés du 9e corps ont franchi la Semoy sans encombre. Le 90e a un bataillon à Hérissart aux avant-postes, et deux bataillons à Bohan-Membre; le 135e a un bataillon à Chairière, un à Oizy, avec avant-postes à Monceau, et un à Alle, tenant le pont sur la Semoy. L'artillerie est échelonnée entre Sedan et Vrigne-aux-Bois; la cavalerie, dans la région intermédiaire, sondant la forêt des Ardennes.

2° A droite du 9e corps, le 11e *corps* a porté ses avant-gardes sur le front Bertrix-Offagne, c'est-à-dire à 6 kilomètres au nord de la Semoy. La 4e division de cavalerie est à l'ouest, en avant du 9e corps, vers Bièvre et Gedinne.

Nulle part, on n'a pris sérieusement le contact vaec l'ennemi. Le peu que l'on sait de lui ne le montre pas de ce côté. En tenant compte de la position de la 60e division de réserve, la position de l'aile gauche de la 4e armée est comme une main tendue vers Givet. Ce mouvement est esquissé, mais il n'est qu'esquissé.

LE GÉNÉRAL DUBOIS
COMMANDANT LE 9e CORPS

La 4e et la 9e divisions de cavalerie, opérant au nord de Neufchâteau, y avaient constaté la présence d'éléments de deux divisions d'infanterie vers Longlier (5 kilomètres nord-est de Neufchâteau) (21e division du XVIIIe corps et 24e division du XIXe corps). On sait que des forces ennemies se retranchent derrière la Lesse. Dans la région Virton-Arlon-Longwy les avions ne signalent toujours rien.

Ces premières marches à vide dans la nuit brumeuse et sans vue avaient paru tristes au soldat qui comptait sur des coups rapides et les corps à corps en pleine lumière :

« Sur la minuit, le signal du départ fut lancé. Antennes vigilantes, les avant-gardes tâtaient l'ombre, et les colonnes alertes et silencieuses s'échelonnaient ensuite sur les routes parallèles. Une brume dense roulait sur le sol, offusquait l'aurore, devenait d'une blancheur laiteuse. Les yeux discernaient à peine quelques mètres d'espace. Les cils pleuraient, les bouches avalaient l'humidité de l'air. Peu à peu l'espace libre s'élargit; des reflets jaunes dansèrent; des arbres, des toits, des fantômes trouèrent les fumées. Des hourras saluèrent les poteaux des douanes. Accourues des champs et des chaumières des femmes belges criaient : « Vive la France!... » On stoppa, le canon en face de nous frappait des coups longs, sourds, amortis par la distance. Avenante, la petite ville d'Alle-sur-Semoy nous accueillait (1). »

(1) René de Planhol, *Etapes et batailles d'un hussard*, p. 24.

SAINT-HUBERT. — FAÇADE DE L'ÉGLISE

3° La 4ᵉ et la 9ᵉ divisions de cavalerie avaient passé la nuit du 20 au 21 dans les zones Paliseul, Offagne, Fays-les-Veneurs, la 9ᵉ division vers Cugnon et Herbeumont. Elles avaient aperçu quelques uhlans qui se dérobaient et tiré quelques coups de feu.

Tout cela donne confiance non seulement à la troupe, mais aux chefs. « Le général nous communique ses impressions, écrit, le 21, un officier du 17ᵉ corps. La cavalerie allemande se refuse au combat. L'infanterie chemine très adroitement sans être vue à travers les avoines et les blés, mais tire mal. L'artillerie ne produit aucun effet ; l'obus, en éclatant, fait éternuer : un point, c'est tout. »

Il faut tenir compte de cet état d'esprit.

A l'est et au sud des 9ᵉ et 11ᵉ corps, le 17ᵉ *corps* a fait la même manœuvre et la même recherche ; il a porté son avant-garde dans la direction de Saint-Médard près Neufchâteau, laissant ses gros, soit sur la Semoy à Sainte-Cécile (66ᵉ brigade, général Fraysse), soit en arrière à Muno et à Messincourt. Le général Poline se porte en personne à Sainte-Cécile et se rend compte de la situation. La rivière tortueuse est guéable presque partout, mais les berges sont raides et escarpées ; la forêt qui s'étend entre Sainte-Cécile et Herbeumont est dense et ravinée : c'est un obstacle sérieux. Les avant-gardes ont peine à maintenir leurs communications avec les gros. On cherche les clairières dominant la forêt pour mettre l'artillerie en position. On n'en trouve qu'une, près de Sainte-Cécile. Les avant-gardes sont comme perdues, étouffées sous les bois. Si, seulement, on pouvait les porter au delà de la forêt d'Herbeumont, sur la Vierre, en les faisant soutenir par des forces échelonnées dans la forêt, on respirerait. Mais l'heure s'avance. Il pleut ; la nuit tombe. On est bien obligé de rester sur place en attendant les ordres.

LE GÉNÉRAL VON HAUSEN
COMMANDANT LA IIIᵉ ARMÉE ALLEMANDE

« Vers Bel Air, écrit un officier du 17ᵉ corps, je suis croisé par une automobile transportant deux officiers allemands qui me saluent très correctement ; ce sont des officiers aviateurs qui ont été abattus par notre 9ᵉ d'infanterie dans la région de Florenville. L'observateur, le lieutenant en premier Kraut, de la Kriegs Academie, a reçu une balle « dans le jambon » (*sic*).

« Marche longue, impressionnante et sombre à travers les forêts de sapins... Nous arrivons à Herbeumont vers minuit. »

La 65ᵉ brigade, le 1ᵉʳ groupe d'artillerie divisionnaire de la 33ᵉ division, le 9ᵉ chasseurs à cheval moins un escadron, se portent, sous la direction du général de division de Villeméjane, à Herbeumont, et y arrivent à 7 h. 30 du matin ; on rencontre deux escadrons du 25ᵉ dragons, regagnant le régiment à Sainte-Cécile ; les hommes racontent qu'ils ont combattu le 20 à Neufchâteau. Un de leurs officiers rapporte que le 1ᵉʳ bataillon du 87ᵉ (Saint-Quentin, 2ᵉ corps), en soutien de cavalerie, est arrivé à Neufchâteau, ne croyant pas y rencontrer l'ennemi. Un combat très vif s'en est suivi. Il a perdu le commandant, les capitaines et quelques lieutenants.

L'ennemi serait donc là si proche ?... Situation anxieuse !

Cette préoccupation des chefs s'étend au fur et à mesure que l'on se rapproche du centre.

4° *Le 12ᵉ corps* (général Roques) constate la

LA VALLÉE DE LA SEMOY A VRESSE

présence de l'ennemi dès ses premiers pas.

La marche commence à l'aube ; départ de la région des Deux-Villes, direction Florenville. Il faut encore traverser les bois, bois de Banel au sud de la Semoy, forêt d'Herbeumont au delà de Florenville.

Un escadron du 21e chasseurs précède l'avant-garde ; il a, lui-même, lancé en avant un peloton de cinq cavaliers. Le cavalier de tête s'approche du village de Williers-les-Pots quand il voit venir vers lui, à 300 mètres environ, un détachement d'une cinquantaine de uhlans sous la conduite d'un officier. Les cinq chasseurs donnent de l'éperon et chargent le peloton de uhlans. Ceux-ci tournent bride et s'enfuient au triple galop. Les cinq chasseurs les suivent, mais ils sont arrêtés bientôt par une vive fusillade venant d'une crête boisée où l'ennemi était en force. Les chasseurs durent se retirer à leur tour et apportèrent le renseignement : l'ennemi était à Williers-les-Pots et se tenait aux aguets.

Cependant les colonnes françaises s'avancent sur Florenville. Tout à coup, elles sont attaquées — *et elles sont attaquées de flanc* — sur Izel et Jamoigne.

Les Allemands paraissent avoir été parfaitement renseignés sur le dispositif en oblique adopté pour la marche de l'armée.

Le premier contact du 12e corps avec l'ennemi est impressionnant et meurtrier. L'infanterie part à fond, sans préparation d'artillerie. Elle se heurte à des cyclistes avec mitrailleuses qui se dérobent dès qu'on les approche, mais non sans infliger de lourdes pertes. Les mitrailleuses allemandes sont maniées avec un entraînement, un à-propos et une souplesse qui surprennent.

Cependant, les éléments avancés du 12e corps accomplissent leur mission et occupent Florenville.

5° A la droite du 12e corps, les éléments avancés du *corps colonial* ont pour mission de se porter à Gérouville et Meix-devant-Virton. Une partie de ce corps (21e et 23e régiments d'infanterie coloniale forment la 5e brigade Goullet), après une marche de nuit de 30 kilomètres, arrive dès 7 heures du matin, le 21, à Gérouville, premier village qu'elle rencontre en Belgique.

« L'état matériel et moral des régiments de la brigade, écrit un officier du corps colonial, était excellent. Les hommes témoignaient d'une ardeur et d'une confiance extrêmes. Les marches et les exercices exécutés pendant la période de concentration avaient donné aux unités toute la cohésion désirable. Les cadres étaient d'une valeur exceptionnelle. Dans son ensemble, la brigade, qui marchait au feu si allègrement, constituait un élément offensif de premier ordre. Ces qualités offensives étaient encore exaltées par les renseignements qui étaient parvenus sur les premiers engagements de la campagne et d'après lesquels la cavalerie aussi bien que l'infanterie ennemies étaient représentées comme nettement inférieures aux nôtres. »

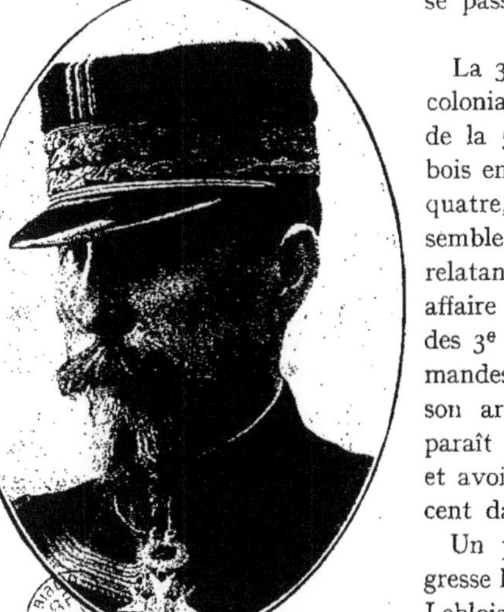

LE GÉNÉRAL ROQUES
COMMANDANT LE 12e CORPS

Au moment où la 5e brigade, complétée par un groupe d'artillerie, un peloton du génie et une demi-section de brancardiers, atteignait Gérouville, une forte patrouille de cavalerie ennemie évacuait le village où le 23e colonial prit son cantonnement d'alerte, le gros de la brigade restant en territoire français sur Margny-ferme d'Orval-Montlibert.

Vers 16 heures, le 21, un détachement, avec, comme principal élément, le 23e colonial, était formé sous les ordres du colonel Nèple et avait l'ordre de marcher sur Jamoigne, pour entrer en liaison avec le 12e corps. Temps affreux, pluie, orage violent. On surprend dans une ferme (la Hailleule) une patrouille ennemie qui se défend bravement et que l'on réduit, non sans peine. Le cantonnement dans les rues de Jamoigne est pénible par la nuit noire, sous une pluie battante, pour des hommes qui ont fait près de 50 kilomètres. On cherche la liaison, à gauche, avec le 12e corps, à droite avec la 3e division coloniale, *et on ne la trouve pas.*

Dans la nuit, on occupe, sans coup férir, les ruines de l'abbaye d'Orval (1) ; mais on apprend, non sans surprise, que l'ennemi est à 2 kilomètres environ, à la ferme de Mohimont, c'est-à-dire sur le flanc du corps qui s'est avancé jusqu'à Jamoigne et qu'il n'a évacué cette ferme que pendant la nuit. On comptait le trouver en face : on le rencontre à droite et presque à l'arrière. Que se passe-t-il ?

La 3e division du corps colonial marchait, à droite de la 5e brigade, dans les bois en deux colonnes par quatre, confiante, à ce qu'il semble, dans les rapports relatant que l'on n'aurait affaire qu'à de la cavalerie des 3e et 8e divisions allemandes qui se repliait. Dans son ardeur, cette division paraît avoir pris la tête et avoir occupé Saint-Vincent dans la journée du 21.

Un peu en arrière, progresse la 2e division (général Leblois).

Le général commandant le corps d'armée colonial (général Lefèvre) a tenu en réserve, à sa disposition, son artillerie de corps, le génie du corps et un régiment de la 3e division.

6o A droite du corps colonial, *le 2e corps* (général Gérard) participe au mouvement d'ensemble de l'armée. Il passe la frontière

(1) Qu'on nous permette de rapporter ici la prophétie d'Orval telle que le général Bon l'a recueillie sur les lieux et telle qu'il l'a publiée dans *La France de demain.*

« Louppy-sur-Loison est un vieux pays que domine un château du XVIe siècle. Je loge chez le curé. Il me raconte la prophétie d'Orval d'après les traditions locales.

« D'après elle, en 1914, les armées françaises devaient essuyer de graves revers entre les deux Notre-Dame. Puis, elles devaient voir, à partir de la deuxième Notre-Dame, la victoire changer de camp. Mais les Français ne détruiraient l'empire allemand qu'avec beaucoup de temps et beaucoup de sang.

entre Thonne-le-Long et Sommethonne par Villers-la-Loue et marche dans la direction de Tintigny. Le général Bon, qui commandait l'artillerie, écrit :

« Le corps n'avait envoyé, jusqu au 21 août, aucune reconnaissance en Belgique. Ce jour-là, à 4 heures du soir, son régiment de cavalerie reçoit l'ordre de partir à 6 heures du soir pour une petite ville de Belgique située à 30 kilomètres de la frontière. Il précède l'avant-garde du corps d'armée qui a reçu le même objectif. Il pleut, la nuit tombe vite. Nuit noire. Le régiment ne peut envoyer aucune patrouille sur ses flancs. Il passe au milieu des forces allemandes, *sans s'en douter*, arrive à 11 heures du soir au point qui lui est assigné. Le bourgmestre affolé vient trouver le colonel et le prévient que toute une division allemande est campée autour du village. L'avant-garde, qui est avisée, s'arrête. Mais le général commandant la brigade de tête du gros a poursuivi sa marche de nuit en utilisant un chemin parallèle à la route principale. Il arrive le 22 à 7 heures du matin à la petite ville (1). »

LES RUINES DE L'ABBAYE D'ORVAL

MARCHE D'APPROCHE DE LA 3e ARMÉE DANS LA JOURNÉE DU 21

La 3e armée a reçu l'ordre d'appuyer la marche en avant de la 4e armée. Le général Ruffey, de son quartier général de Verdun, adresse à ses troupes, le 20 août au soir, l'ordre du jour suivant :

« La première partie de notre tâche est remplie.

« A l'abri de la couverture, les armées de la République ont pu se mobiliser et se concentrer.

« J'ai la plus grande confiance dans votre valeur militaire et votre dévouement au pays.

« A l'heure où vont commencer les opérations actives, je ne vous dis qu'un mot : En avant ! pour la défense de nos droits et de la liberté.

« En avant ! pour le salut de la Patrie et de la République. »

Signé : RUFFEY

La 3e armée doit, comme nous l'avons dit, s'avancer dans la région de Virton. Dans l'ensemble, les objectifs fixés aux colonnes sont atteints sans difficultés. Partout, on est en contact : on sent l'ennemi présent et prêt. Mais on ne connaît pas encore sa force. On signale bien des colonnes allemandes se portant au nord de la Sure dans la direction de Neufchâteau ; mais on n'y voit que des « mouvements sans importance ».

Cependant, on est obligé de chasser les patrouilles ennemies des cantonnements que doivent occuper les éléments d'avant-garde français ; en général, l'ennemi cède : sur certains points, quelques escarmouches.

Passons en revue les corps qui composent la 3e armée dans cette journée du 21.

La 7e division de cavalerie a pour mission d'éclairer la marche de l'armée dans la direction de la frontière luxembourgeoise, sur Arlon-Luxembourg-Esch-sur-Alzette-Bettembourg.

1° *Le 4e corps* (général Boëlle) envisage la possibilité de déboucher sur Etalle pour protéger le 2e corps (4e armée), qui marche à sa gauche,

(1) Général Bon, « Billet d'un mutilé ». (*France de demain*, 22 août 1915.)

contre toute tentative de troupes ennemies venant d'Arlon. S'il le peut, le 4e corps enverra une de ses divisions sur Saint-Léger, entre Virton et Arlon.

Le corps se met en mouvement, le 14e hussards éclairant le front de marche avec ordre de pousser des reconnaissances dans la direction Etalle-Clairefontaine.

Le corps lui-même se forme en deux colonnes : la 8e division se porte sur Virton à l'ouest par Witaryille, Velosnes, en France, puis Torgny, Lamorteau, Dampicourt en suivant la vallée du Ton ; et la 7e division à l'est par Petit-Xivry, Villette, Allondrelle, la Malmaison en France et Ruette près la Basse-Vire et La Tour en Belgique. Le soir, les éléments avancés de la 8e division occupent Virton, d'où ils chassent quelques arrière-gardes ; la 7e division, qui a tiré quelques coups de fusil dans les bois d'Allondrelle, s'installe à La Tour et aux environs. Des avant-postes sont échelonnés d'Ethe à Houdrigny. La journée a été pénible, la marche fatigante. On n'est au repos que tard dans la nuit.

Un artilleur qui fait partie du 4e corps écrit :

« Vendredi 21 août. — Nous nous réveillons dans le brouillard... Nous croisons des trains régimentaires, des ambulances de corps. *L'ennemi est encore loin*... Pourtant, on avait préparé ce pays pour le combat. Une ferme au bord du chemin a été mise en défense. On a crénelé le mur du jardin. Des tranchées éventrent les champs jusqu'à la lisière d'un bois où l'on a pratiqué des abatis. On a fait des levées de terre, établi une barricade avec des charrettes... Le brouillard s'est dissipé. Un paysage admirable s'offre à nous. Nous, nous trouvons sur une crête entre deux vallées. D'un côté, des grands bois dévalent à flots... Une rivière court dans les prés (c'est la Crusne) ; on l'aperçoit à peine : mais on découvre des routes, des villages, une ligne de chemin de fer. Vélosnes sur une rive, sur l'autre Torgny qui étalent sur les champs leurs murs blancs et leurs toits rouges. Rien ici n'annonce la guerre...» (1).

Quelle étrange sécurité !

La cavalerie, lancée en avant, ne partage déjà plus cet optimisme ; elle a fort à faire dans les bois vers l'ouest sur Longwy. Longwy est attaqué. D'autre part, au nord de Virton, à la lisière des bois, nos patrouilles sont engagées partout. Ethe et Saint-Léger sont occupés par l'ennemi.

2° A droite du 4e corps, *le 5e corps* (général Brochin) a reçu pour instruction de marcher entre les routes Virton-Châtillon exclue et Longwy-Aubange exclue. On dirait qu'on ignore l'avancée des Allemands sur Longwy. Pourtant on entend le canon. Bientôt, on prend un contact un peu rude avec les troupes ennemies. Une brigade wurtembergeoise, chargée de donner l'assaut sur Longwy le 21 août, devra y renoncer par suite de la marche en avant du 5e corps.

Nous avons le récit d'un de ces combats d'avant-postes :

« 21 août. — D'un village, Haut-Tournay, nous partons à 8 heures du matin vers Longuyon, nous avançons au delà de Longuyon ; le canon tonne ; c'est Longwy qui se défend, dit-on. Nous marchons tout le jour. A 7 h. 1/2 du soir une lueur rouge : Longwy brûle.

« En même temps nous apprenons que Cosnes-la-Ville, village sur une hauteur, désigné pour cantonner, est occupé... Après tâtonnement on se rend compte qu'il n'y a rien dans le village. Mais des coups de fusil, des balles qui sifflent indiquent que l'ennemi rôde tout autour. Les officiers décident d'occuper le village... Pas plutôt arrivés à la dernière maison de notre cantonnement que *pan pan*, une grêle de balles s'abat sur nous. « Baïonnette au canon ! » Les coups de fusil cessent. Nous sommeillons un peu. A 2 heures nous partons prendre les emplacements de la bataille (1). »

Le 5e corps a marché venant de Longuyon, la 9e division à gauche en direction de Ville-Houdlemont, la 10e division à droite en direction de Longwy. Le général Malleterre, alors colonel commandant le 46e, avant-garde de la 10e division, écrit :

« Nous espérions, par notre marche en avant, délivrer la vieille et héroïque citadelle. J'ai ordre de prendre les avant-postes au nord de Cosnes. Mes compagnies d'avant-garde trouvent les villages occupés par les avant-postes

(1) Paul Lintier, *Ma pièce*, p. 61

(1) Correspondance inédite du lieutenant L. Félix Dufau, du 89e régiment d'infanterie, mort au champ d'honneur le 28 février 1915.

allemands ; elles attaquent résolument, mais la nuit tombe. Je ne veux pas m'engager dans un guépier ; je donne l'ordre de revenir sur Cosnes. Les pentes sont raides, mes sections engagées ont de la peine à sortir des bois. Quelques-unes sont engagées avec les Allemands dans un corps à corps qui va se prolonger toute la nuit. Jusqu'à minuit, les balles sifflent, ponctuées par des cris qui partent des bois. On distingue les « wer da ? » des Allemands... Je suis inquiet sur le sort de deux de mes compagnies... Au jour, nous rentrons dans Cosnes, et j'ai la joie de voir sortir des bois, où elles se sont fourvoyées, mes compagnies à peu près intactes... A peine ai-je rallié le régiment que l'ordre arrive d'attaquer dans la même direction et au delà de la frontière belge. »

Tous ces incidents ont bien le caractère de combats de surprise. Longwy était sous le feu de l'artillerie de siège, on se demandait encore où était l'ennemi et s'il était en force.

3° *Le 6e corps* (général Sarrail), entre la Crusne et l'Othain, participe au mouvement général dans la direction du nord-est. A droite de la route Longwy - Aubange exclue, une division (la 12e) doit s'élever en suivant approximativement la voie ferrée Longwy-Arlon ; l'autre, la 42e, renforcée d'artillerie lourde, masquera, à l'est de Longwy, la position de Differdange où des canons longs ennemis ont été signalés le 20 août, bombardant la forteresse. Or, le 19e bataillon de chasseurs, flanc-garde de cette division, a un violent engagement dans les bois à l'est de Landres ; il ne peut crever le rideau qui était à sa droite et qui cache tout le XVIe corps allemand. La troisième division du corps d'armée (40e division) qui reste disponible au sud et à droite, forme, en quelque sorte, flanc-garde face à Thionville-Metz. Le quartier général est à Spincourt.

LE GÉNÉRAL POLINE
COMMANDANT LE 17e CORPS

La situation du 6e corps est singulière : il entoure, pour ainsi dire, les forces du kronprinz qui assiègent Longwy, et on dirait qu'il les ignore !

La 7e division de cavalerie est jetée en avant dans la direction du Luxembourg ; elle a mission de découvrir l'ennemi sur Tiercelet et Esch-sur-Alzette.

Le gros des divisions de réserve se rapproche du front, en soutien, et se porte vers Spincourt-Domrémy, sur l'Othain.

Résumons cette journée du 21 août, à la fois pour la 4e et la 3e armées.

Journée d'approche : on a marché, et on sait que l'on a marché sur l'ennemi. Mais rien de plus : on n'a pas encore appris exactement ni où il est, ni ce qu'il est.

Toute la nuit du 20 au 21 août et celle du 21 au 22 se passent en mouvements de cavalerie, mouvements d'avant-postes que suivent, d'un peu loin, les gros et les artilleries.

Le temps est exécrable : pluie, brouillard ;

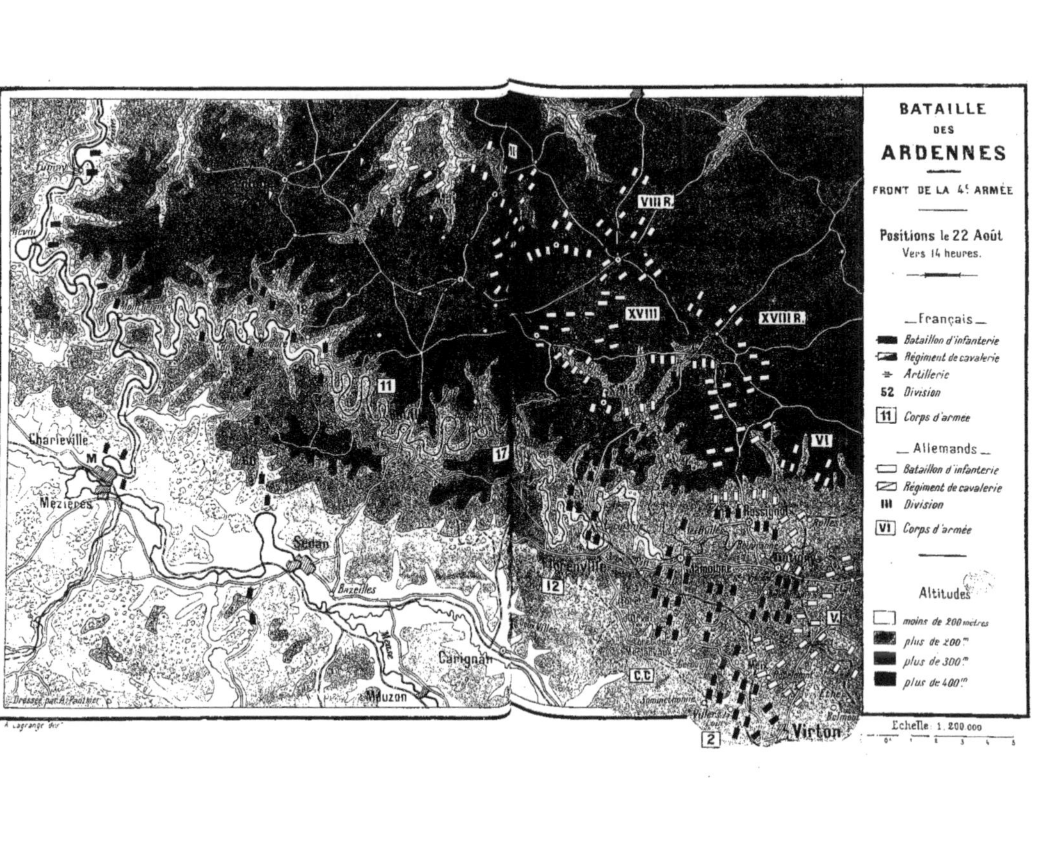
BATAILLE
DES
ARDENNES
FRONT DE LA 4e ARMÉE
Positions le 22 Août
Vers 14 heures.
Français
Bataillon d'infanterie
Régiment de cavalerie
Artillerie
52 Division
11 Corps d'armée
Allemands
Bataillon d'infanterie
Régiment de cavalerie
Division
VI Corps d'armée
Altitudes
moins de 200 mètres
plus de 200m
plus de 300m
plus de 400m
Echelle: 1: 200.000
VIII R.
XVIII
XVIII R.
VI
V.
11
17
12
C.C
2
Charleville
M
Mézières
Sedan
Bazeilles
Carignan
Mouzon
Rossignol
Virton

les bois pleurent et, derrière leurs voiles humides, on les sent pleins de surprises.

Pourtant, l'entrain reste le même. Partout, on a pris le contact avec les patrouilles allemandes, mais, presque partout, elles ont cédé. Décidément, le soldat allemand ne tient pas.

Les chefs qui portent la charge des lourdes responsabilités ne partagent pas tous cet optimisme : ils commencent à mordre leurs moustaches. Certaines liaisons se sont mal faites : pourquoi? On a trouvé l'ennemi là où on ne l'attendait pas : pourquoi? Ces attaques qui tombent sur le flanc de nos corps en marche, ce trou que l'avance trop rapide du corps colonial semble avoir créé dans notre front, tout cela est préoccupant. Où est donc l'ennemi? D'où vient-il? Il est partout ; plus nombreux qu'on ne l'a dit. Et puis, le canon tonne sur Longwy. La place est assiégée : c'est donc que, de ce côté du moins, l'ennemi prend l'offensive et qu'il est en forces.

Des renseignements contradictoires, un pays sans vue, ces bois, ces brouillards, tout porte à l'incertitude. Les coups de fusil n'ont pas cessé la nuit. Demain, la journée sera chaude.

Eh bien ! tant mieux ! La troupe ne demande que le combat. Une vigoureuse offensive dissipera ces fantômes. Avant tout, sortir des bois et *voir clair* : c'est le cri unanime. Que l'ennemi se montre et se laisse saisir enfin ; il saura ce qu'il en coûte.

CHAPITRE X

LA BATAILLE DES FRONTIÈRES
III. — COMBATS DES ARDENNES
3e ET 4e ARMÉES (21 et 22 août 1914)

Combat de Messin-Paliseul. — Combat de la forêt de Luchy et Bertrix. — Combat de Saint-Médard. Combat de Neufchâteau. — Combat de Rossignol-Saint-Vincent. — Combat de Meix-devant-Virton. Combat de Virton. — Combat d'Ethe. — Combat de Longwy. — Combats de la Crusnes et de la Chiers

La journée du 22 allait être chaude, en effet.

Le haut commandement avait, maintenant, acquis la certitude que l'armée allemande (huit corps d'armée au moins et quatre divisions de cavalerie, d'après les renseignements) cherchait à passer entre Givet et Bruxelles avec tendance à prolonger son mouvement plus à l'ouest.

Le projet est définitivement arrêté : d'abord de fixer ces armées, mettre hors de cause celles qui font face à la 4e et à la 3e armées ; ensuite se rabattre avec toutes les forces disponibles sur le flanc gauche du groupe ennemi qui progresse au nord.

En conséquence, les ordres du haut commandement prescrivent, pour le 22, la marche en avant de toute la 4e armée vers le nord, marche échelonnée de la gauche à la droite, l'aile gauche en avant, avec la mission expresse d'attaquer l'ennemi « partout où il serait rencontré ».

A droite, la 3e armée marchera en échelon refusé, prête à faire face à toute offensive venant des directions d'Arlon et de Fontoy.

Si la bataille s'engage, les 4e et 9e divisions de cavalerie doivent se reporter sur la gauche de la 4e armée, tout en envoyant leur découverte dans la direction de Givet (visiblement pour chercher la liaison avec la 5e armée).

Voyons, maintenant, quelle mission est donnée à chacun des corps de la 4e armée, comment ils l'exécutent et quels sont les résultats des chocs qui, comme il était prévu, allaient se produire.

9e ET 11e CORPS. COMBATS DE MAISSIN-PALISEUL

En face du dispositif de la 4e armée, on sait que l'ennemi s'est retranché derrière la Lesse : c'est de ce côté qu'on le cherchera. La cavalerie, 4e et 9e divisions, opérera dans cette direction.

Le 11e corps d'armée qui opère en liaison avec le 9e corps aura un détachement dans la région Bièvre-Graide, son objectif étant Maissin.

Par derrière, les gros du 9e corps s'avanceront, cherchant la liaison avec la cavalerie, en poussant leurs reconnaissances, de part et d'autre de Gedinne, jusqu'à Haut-Fays et Willerzie. On attaquera l'ennemi partout où on le rencontrera. Les gros du 9e corps se rassembleront au nord de la Semoy et marcheront vers le nord en deux colonnes : 1° colonne de droite, 36e brigade, artillerie, génie, pour atteindre Alle-sur-Semoy vers 9 heures ; un bataillon vers Bièvre gardant la liaison avec le 11e corps ; 2° colonne de gauche, 33e brigade, pour être à Membre vers 9 heures, un bataillon sur Houdremont et surveillant les chemins venant de l'ouest et du nord-ouest (on se rappelle que les 34e et 35e brigades du 9e corps sont restées à la disposition de l'armée de Castelnau, en Lorraine).

La division du Maroc continuera à s'organiser au fur et à mesure de ses débarquements.

Le quartier général du 9e corps reste à Stenay. Le général Dumas commande la division qui se porte en avant et a son poste de commandement à Alle.

Marchant ainsi au nord de la Semoy, le 9e corps n'a pas, pour le moment, de mission particulière. Il protège la gauche et surveille tout mouvement que l'ennemi pourrait tenter de ce côté. Il appuie le 11e corps et combine son action pour aider celui-ci dans le mouvement offensif que tente la 4e armée par la gauche. D'ailleurs, il n'est pas au complet, puisque la division marocaine, qui doit remplacer les deux brigades restées en Lorraine, n'est pas encore débarquée.

Notons, qu'à ce moment, les forces allemandes de la IIIe armée (von Hausen) sont éloignées encore et ne semblent pas se préoccuper de ce qui se passe vers Beauraing. Au XIIe corps, un officier saxon du 178e écrit :

« 21 août. — Depuis 5 heures, la 32e division est en position d'attente. Brouillard. Froid de chien. A 10 heures enfin, départ vers Sovet (10 kilomètres nord-est de Dinant) où se rassemble la division (1). »

Au nord-ouest de Rochefort, c'est-à-dire sur la rive nord de la Lesse, s'avance le XIXe corps. Et il n'y a rien entre cette rivière et la région de Beauraing-Gedinne ; c'est un trou que le XIXe corps n'a pas encore comblé.

Le mouvement du 9e corps français commence à 5 heures du matin. Aucun incident n'a signalé la nuit. La cavalerie n'a pas trouvé d'ennemis avant Opont, entre Paliseul et Maissin.

Donc, les mouvements s'exécutent normalement. A 10 heures, la 36e brigade est à Bièvre-Oizy-Monceau-Alle-Chairière. La liaison est maintenue par la cavalerie avec le 11e corps entre Bièvre et Graide. La 33e brigade est à Houdremont-Nafraiture-Cérivaux. A l'ouest, la cavalerie maintient la liaison avec le 7e hussards qui patrouille vers Gédinne. On entend le canon à l'est. Mais aucun engagement sérieux.

Cependant, vers 2 heures de l'après-midi, la 4e division de cavalerie se replie sur Gedinne ; mais elle se maintient dans cette région, tandis que la 9e division de cavalerie se maintient sur Graide. On apprend, seulement très tard dans la soirée, que le 11e corps a eu la plus grande peine à exécuter son offensive sur Paliseul et que des combats très âpres ont été engagés plus à l'est.

Les cavaliers enquêtaient dans les villages. Mais leur récolte était maigre :

« Le paysan ne savait rien. Anxieuses, les paysannes interrogeaient : « Les Prussiens ne viendront pas ici, savez-vous ?... » Un échevin ne s'unissait pas à notre enthousiasme, et sa moue se méfiait de l'avenir. Officier émérite qui avait exploré le Congo, il étudiait, dès longtemps, le problème de la guerre. Selon lui, nous arrivions trop tard et trop faibles : un million et demi d'Allemands s'avancent à étapes régulières et leur masse écrasera vos obstacles. Autant jeter les pierres sous un rouleau (1). »

Le 11e *corps*, comme nous l'avons dit, devait s'avancer dans la région de Maissin : il combine son mouvement avec le 9e corps et ses gros doivent marcher à l'ouest de la route Dohan-Fays-les-Veneurs.

Il s'est porté jusqu'à Maissin, mais, après un engagement très vif, il a été obligé de se replier sur Carlsbourg, au sud-ouest de Paliseul. Graide est en flammes. Cependant, le 135e tient en flèche à Bièvre et, en fin de journée, le 11e corps a repris Paliseul. On s'est battu avec acharnement sous bois contre des positions retranchées et organisées par l'ennemi, lutte difficile comportant des engage-

(1) J. de Dampierre, *Carnets de route allemands.*

(1) *Etapes et batailles d'un hussard*, p. 27.

ments de détail et de multiples incidents dont voici un exemple :

« Le 21 août, au soir, une troupe française de 3.000 hommes environ vint cantonner à Porcheresse, mais de nombreuses forces ennemies arrivaient dans toutes les directions, les sentinelles se rabattaient, donnant l'alarme, et le régiment français semblait irrémédiablement cerné, lorsqu'une ruse d'officiers amena les troupes ennemies parvenues sur les crêtes dominant le village à ouvrir le feu sur le versant opposé qui était également occupé par des troupes allemandes sans liaison. Une véritable bataille s'engagea à laquelle l'artillerie prit part et à la faveur de laquelle le régiment français parvint à se retirer en suivant le cours du ruisseau et à arriver à la voie ferrée Gedinne-Paliseul où il organisa une défense solide.

« Pendant ce temps, la bataille continuait à faire rage vers Porcheresse, et ce n'est qu'au matin que les Allemands s'aperçurent de l'erreur qui leur coûtait de lourdes pertes. Dans leur rage, ils détruisirent le village de fond en comble, puis se mirent à la poursuite des Français qui, bien organisés dans les déblais et remblais de la voie ferrée, les tinrent en échec, faisant une véritable hécatombe d'assaillants, et ne se retirant que lorsque parvint l'ordre de retraite. Ils se replièrent alors par les bois Totienne, bois des Cordes, les deux Hêtres, vers Houdremont, etc.

« Un témoin oculaire raconte qu'un soldat français retranché derrière le mur d'un jardin près de la brasserie Sterpin et ayant un magnifique champ de tir sur les rues aboutissant à l'église de Bièvre aurait à lui seul abattu près de cent ennemis avant d'être lui-même frappé à mort. On pouvait voir à cet endroit plusieurs centaines de douilles vides (1). »

(1) Récit reproduit par le *Courrier des États-Unis*.

LE GÉNÉRAL SARRAIL
COMMANDANT LE 6e CORPS

La ligne du chemin de fer a été occupée vers Bièvre par une division du VIIIe corps allemand. Un de ses régiments, le 160e (15e division du VIIIe corps) a enlevé le village, ainsi que le rapporte le sous-officier allemand Lewith :

« L'ennemi a occupé Bièvre et la lisière du bois en arrière. La 3e compagnie s'est avancée en première ligne. Nous avons enlevé le village, puis pillé et brûlé toutes les maisons (1). »

En effet, Bièvre compta 72 maisons brûlées, 18 personnes tuées et 20 blessées (2).

Même traitement au village de Monceau :

« Le dimanche 22 août 1914, le village de Monceau, occupé par l'armée française, fut bombardé de 4 à 7 heures de relevée par l'artillerie allemande. La population, avertie par les troupes françaises qui venaient de Bièvre où elles avaient subi un échec, avait abandonné Monceau pour se retirer dans les bois et dans les rochers situés entre Petit-Fayt et Vresse, où elle se trouva complètement à l'abri. Une seule maison du village fut incendiée par ce bombardement, mais le lendemain lundi, des soldats allemands, après avoir pillé toutes les maisons, en avoir brisé les portes et les fenêtres, mirent le feu à plusieurs points du village. »

Au sud-est du VIIIe corps allemand entrent en ligne de nombreux éléments du VIIIe corps de réserve qui arrivent à marches forcées.

Le 20 août, en effet, la XVe division de

(1) Cité par Bédier, *Les Crimes allemands*.
(2) *Courrier des États-Unis* du 8 octobre 1916.

réserve (général von Purowski) du VIIIe corps de réserve (général von Egloffstein) n'était encore qu'en marche sur Dahl (grand-duché de Luxembourg). Un sous-officier d'un de ses régiments, le 69e de réserve, écrit :

« Jeudi, 20 août. — Vue superbe sur les ravins profonds et boisés. En avançant, on entend un violent tir d'artillerie, c'est la canonnade d'un avion ennemi. A 2 h. 30, entrée à Dahl. Il faisait très chaud l'après-midi.

« Vendredi, 21 août. — La nuit, alerte. A 5 heures départ par Wiltz jusqu'à Allerborn, puis conversion à gauche et nous passons face à l'ouest la frontière belge à 9 h. 35 du matin. Forte canonnade d'artillerie lourde. A 12 h. 45 tout est prêt pour l'entrée à Noville ; à la gare du premier village belge flotte le drapeau allemand ; des Saxons (n° 104 de la 40e division du XIXe corps) l'occupent. On voit les traces de la guerre. Les habitants sont très craintifs. Nouvelle d'une grande victoire à Sarrebourg (perdu Kiao-Tchéou).

« Samedi, 22 août. — Réveil à 3 heures pour préparer le départ direction ouest, par *Bastogne*. On marche sans interruption jusqu'à 11 h. 30. On voit de nouvelles traces de la guerre, poteaux télégraphiques renversés, arbres abattus, chevaux morts, maisons détruites et brûlées. Magnifique forêt (c'est la forêt de Saint-Hubert, route de Bastogne) ; sur 5 kilomètres environ, les plus beaux arbres à droite, hêtres et sapins, étaient abattus et barraient la route. Des pionniers les ont rangés de côté. A 4 h. 5, de l'artillerie lourde nous dépasse, car l'ennemi est soudain signalé. On entend un feu violent et nous nous préparons, après avoir marché pendant deux heures, à notre premier combat. On fait la cuisine à la cuisine de campagne. Tout à coup, la cuisine est interrompue et la marche reprend par *Saint-Hubert* que nous passons à 5 h. 30. A la sortie ouest, pose. La marche dure jusqu'à 8 heures, puis nous sommes engagés (par conséquent à une dizaine de kilomètres sud-ouest de Saint-Hubert, sur la rive nord de la Lesse, vers *Maissin*). L'artillerie lourde est elle-même engagée et a mis le feu par son tir à deux villages en trois endroits. Un régiment a de lourdes pertes. Le soir, très tard, nous dormons dans un bois. La nuit, feu d'infanterie (1). »

On a publié, en Allemagne, le carnet d'un médecin français appartenant à une formation du génie du 11e corps et relatif au combat de Paliseul-Maissin. Il résulte de ce carnet que le 11e corps, quoique arrivé très fatigué sur le terrain, tint bon jusqu'à 6 heures du soir. « L'après-midi, les Allemands reculent vers Maissin. Nous croyions que c'était la victoire. Mais, tout à coup, on dirait que l'ennemi reprend des forces et frappe un grand coup. Les blessés affluent en très grand nombre, vers 6 heures. Les fantassins reculent, puis l'artillerie et la cavalerie. Que se passe-t-il? Soudain arrive l'ordre d'évacuer le terrain... On eut un moment l'impression d'un grand désordre dans le repli. La compagnie du génie reçoit l'ordre de couvrir la retraite. En toute hâte, au milieu de la nuit, par un brouillard glacial, nous faisons des tranchées et organisons des positions qui seront bientôt abandonnées (1). »

(1) Carnet de route inédit communiqué par J. de Dampierre.

17e CORPS. COMBAT DU BOIS DE LUCHY ET DE BERTRIX

Le 17e *corps* avait reçu, le 21 à 18 heures, l'ordre de se porter, lui aussi, en avant. Il progressera en divisions accolées, celle de gauche, 34e division, vers Jehonville et celle de droite, 33e division, vers Ochamps.

Nous avons dit que les 4e et 9e divisions de cavalerie, opérant au nord de Neufchâteau, après avoir, dans l'après-midi du 20 août, provoqué le déploiement de la majeure partie de deux divisions ennemies (21e du XVIIIe corps et 24e du XIXe corps) aux abords de Longlier (2), s'étaient établies pour la nuit du 20 au 21, dans les zones de Paliseul, Offagne, Fays-les-Veneurs (4e division) et Herbeumont (9e division).

On peut donc croire que le corps d'armée est bien protégé et bien renseigné.

Pour le lendemain, les unités de cavalerie doivent battre les bois de Luchy et patrouiller au sud de Recogne-Libin-Beauraing, c'est-à-dire vers Saint-Hubert. Si l'ennemi est quelque part dans cette direction, on saura bien le découvrir. De l'étude des documents allemands, il résulte que le XVIIIe corps allemand a dû très probablement s'avancer par le nord-ouest et

(1) Kircheisen, *La Lutte des Peuples*, fasc. 20.

(2) Cependant le carnet d'un combattant du 179e (24e division du XIXe corps) mentionne : « 20 août : Aujourd'hui nous avons eu encore une grande marche, par Ferrières et Rochefort jusqu'à Mont-Gauthier (il était la veille à 5 heures du soir à Ambly, venant de Bastogne d'où il était parti à 3 heures du matin). Là nous bivouaquons. Demain, nous marchons au combat ».

BOUILLON ET LA VALLÉE DE LA SEMOY

l'ouest de Neufchâteau, la 25e division sur Ochamps, la 21e division sur Bertrix.

Le 17e corps français, qui marche vers Jehonville-Ochamps, se sent en sécurité. Porté franchement en avant, et, en vérité, singulièrement découvert sur sa droite, le corps d'armée marche, précédé par le 9e régiment de chasseurs à cheval.

A droite, partant d'Herbeumont et se dirigeant vers Ochamps, la 66e brigade d'infanterie commandée par le général Fraysse avec deux groupes d'artillerie divisionnaire de la 33e division. Près d'elle, la 65e brigade, commandée par le colonel Huc, avec un groupe de l'artillerie divisionnaire, débouche, à 4 heures du matin, à la lisière est de la forêt d'Herbeumont, se dirigeant vers Saint-Médard et Orgéo. Ces deux brigades forment la 33e division commandée par le général de Villeméjane ; la 65e brigade doit attendre que le 12e corps ait débouché pour se porter sur Bertrix par Saint-Médard.

Les deux colonnes de gauche sont formées de la 34e division (général Alby) : la 67e brigade (général Dupuis) et la 68e brigade (colonel Bertaux) ; la première marche sur Jehonville, l'autre sur Offagne.

Le général Poline, commandant du corps d'armée, marche au centre, en tête de la 67e brigade.

Le brouillard est épais et favorise les mouvements. Le 17e corps franchit la Semoy. On ne va pas vite. Cependant, vers 14 heures, la 34e division rend compte qu'Offagne est occupé. De Fays-les-Veneurs, le général Poline ordonne l'attaque du village, mais lentement, après une préparation d'artillerie. A 15 heures, le général Alby rend compte qu'Offagne est pris. Ordre de marcher vers Jehonville.

Les choses vont bien de ce côté : le général Poline se porte vers Assenois. La 65e brigade (Huc) vient s'y installer dans les bois pour se porter soit vers Ochamps, soit vers Jehonville, selon les besoins.

En effet, on apprend que la 66e brigade (général Fraysse), qui tient la droite, éprouve de grandes difficultés devant Ochamps. Elle est engagée dans la forêt de Luchy et prise à partie par l'artillerie ennemie, qui tire des retranchements signalés au nord de la Lesse (cotè 510) ; elle ne peut en déboucher. Vers 16 heures, les projectiles de l'artillerie ennemie éclatent à la lisière de la forêt de Luchy, vers le point où le chemin Bertrix-Ochamps entre dans la forêt, et donnent à la troupe arrêtée dans le bois l'impression qu'elle est cernée.

Nous savons, par le récit d'un témoin, ce qui se passe alors dans cette forêt de Luchy, de sinistre mémoire :

« Nous volons au grand trot et même au galop vers le bois. « Serrez ! » dit le général à tous ceux qu'il rencontre. Dans le bois c'est déjà la fournaise. Le 20e d'infanterie, arrêté devant Ochamps, stoppe à la lisière du bois de Luchy. Le général Fraysse, très calme dit à un officier qui tonitrue : « Ce n'est pas le moment de crier. » Toute la brigade, moins un bataillon et les trois groupes d'artillerie divisionnaire, sont dans le bois, entassés sur la route unique. Un groupe d'artillerie qui essaye de se mettre en batterie à la lisière du bois est anéanti par l'artillerie lourde allemande. L'affolement commence. Nous commençons à tourner en rond. A 2 kilomètres au sud d'Ochamps, nous sommes accueillis par une fusillade nourrie. Les chevaux font demi-tour. Comment sortir du guépier ? Les fantassins sont démoralisés et se serrent comme un troupeau autour de leurs chefs, ils ne tirent même plus au commandement. Pendant un court conseil de guerre, nous sommes criblés de schrapnells qui coupent les branches au-dessus de nos têtes, sans d'ailleurs nous causer grand mal. Nous avons la conviction que nous sommes cernés. Enfin, après avoir galopé dans le bois, nous trouvons une sortie par Acremont. Là, nous apprenons que les pantalons rouges (33e division) viennent de passer, en retraite vers la Semoy. Le général ne peut se décider à la retraite. Nous cherchons à nous dégager par Bertrix, mais Bertrix est déjà tombé aux mains des Allemands. Enfin, la retraite sur Les Hayons s'effectue en silence et en ordre. Le commandant Dizot, un fusil dans la main droite, la main gauche blessée passée dans une serviette, ressemble à Ney. Par suite d'une erreur de direction, nous nous engageons sur la route de Bouillon. A Bouillon, nous sommes mal reçus et il faut parlementer pour entrer dans la place. *Væ victis* (1). »

Malheureusement, l'artillerie de la 33e division a été surprise et en partie enlevée dans le même bois.

En vain l'artillerie de corps reçoit l'ordre de tirer à l'est de Jehonville pour protéger

(1) *Journal inédit du commandant G.*

GABRIEL HANOTAUX
de l'Académie Française

HISTOIRE ILLUSTRÉE DE LA GUERRE DE 1914

LIRE dans ce Fascicule : **LA BATAILLE DES ARDENNES**
Paliseul - Bertrix - Neufchâteau - Rossignol

FASCICULE N° 58

L'ÉDITION FRANÇAISE ILLUSTRÉE
(GOUNOUILHOU, ÉDITEUR)
30, Rue de Provence, Paris

PRIX NET : 1 franc
ÉTRANGER, PORT EN PLUS

A NOS LECTEURS

Les *deux premiers volumes* de ***L'Histoire de la Guerre de 1914*** ont donné l'exposé des faits historiques et diplomatiques qui ont précédé et amené la guerre, et qui engagent si lourdement la responsabilité de l'Allemagne.

Avec *le troisième volume*, l'historien est entré dans le vif de son sujet, le grand drame de la guerre.

Le *quatrième volume*, achevé avec le fascicule 52, est consacré au récit de ***La Bataille des frontières.***

L'auteur aborde maintenant les combats du Luxembourg et de la Meuse, pour en venir, dans les prochains fascicules, aux engagements de la Sambre et à cette retraite vigoureuse qui prépare la victoire de la Marne.

Par les renseignements qu'il a recueillis, par les travaux d'enquête et de recherches auxquels il s'est livré, par les conversations qu'il a eues avec les personnages officiels et les hommes politiques de l'Europe entière, l'historien a approché, d'aussi près que peut le faire un contemporain, de la source où peut se découvrir la vérité complète, sincère et impartiale.

C'est vraiment le tableau de la « grande guerre ».

BOUILLON. — LE CHATEAU ET LES BORDS DE LA SEMOY

la retraite de la 66e brigade ; en vain l'ordre est donné à la 65e brigade, qui était en réserve dans les bois d'Assenois, de barrer la route de Libramont (cote 463) et d'organiser la défense de Bertrix. La 66e brigade est dans un tel désordre que le vide produit par sa retraite permet à l'ennemi d'avancer partout.

Il y avait eu surprise complète. Un trou s'était fait sur le flanc droit, la liaison étant perdue avec le 12e corps qui devait s'avancer de ce côté. Le dispositif en échelons avait permis à l'ennemi de surprendre, dans le bois de Luchy, l'artillerie en colonne de route et l'infanterie mal couverte sur son flanc droit (c'est toujours le flanc droit qui prête aux attaques de l'ennemi).

D'autre part, sur la gauche du 17e corps, la 34e division (général Alby) avait été obligée de venir en aide au 11e corps dans son attaque laborieuse sur Maissin. Ces efforts n'étaient pas couronnés de succès, et, dans la soirée, tout le 17e corps se repliait.

Le général Poline sent qu'il ne peut demander à sa troupe de garder la ligne des bois où les communications sont si laborieuses, et il prescrit au corps tout entier de se replier derrière la Semoy. Le repli s'exécute en ordre, sauf pour la 66e brigade dont les liens tactiques sont rompus, et qui, comme nous l'avons vu, s'égare et va, avec ses états-majors, déboucher sur Bouillon. Dans cette journée du 22 août, les pertes avaient été lourdes : 3 colonels, 4 chefs de bataillon, appartenant tous à la 33e division, avaient été tués ; 24 officiers pour le 11e régiment et 25 pour le 20e.

Le 17e corps avait eu affaire, comme nous l'avons dit, au XVIIIe corps allemand ; un récit allemand nous donne quelques indications sur la marche de ce corps et sur son intervention :

« Tout près et dans la ville de Luxembourg, le XVIIIe corps attendait l'ordre de marche. Nous appartenions à la IVe armée (duc de Wurtemberg). Pendant dix jours, paisible vie de manœuvres. Mais, bientôt après avoir franchi la frontière belge à Martelange, nous fûmes engagés dans un combat au village de Longlier près de Neufchâteau *d'une façon tout à fait inattendue*. Vers midi, notre section bivouaquait à Juseret (nord-est de Neufchâteau) quand, tout près de nous, nous entendîmes le bruit du canon. Quelques minutes plus tard, une auto de la division arrivait ; on avait besoin de nous tout de suite. Nos escadrons d'éclaireurs avaient été surpris, le matin, à l'abreuvoir par de la cavalerie française. Le soir, il y avait des centaines de pantalons rouges à terre. Le reste avait cédé le terrain... (Il s'agit, sans doute, de l'engagement où le 87e d'infanterie, appartenant au 2e corps et soutien de la cavalerie, fut si éprouvé, le 20 août, comme il a été dit ci-dessus.)

« Deux jours plus tard *(le 22 août)* nous avions pour objectif *Bertrix*, village belge. Nous nous engageons dans la région boisée des Ardennes. Tout d'un coup, on entend le commandement « Halt! » Le bruit du canon nous arrive, et bientôt les premières balles égarées passent au-dessus de nos têtes. Enfin, la route sort de la forêt. Devant nous, un de nos groupes d'artillerie (Mayence) (il s'agit donc ici de la 1re section du 27e d'artillerie de campagne qui appartient à la 21e division) est pris sous un feu violent. Nous cherchons une position pour le groupe de Francfort (c'est le 63e d'artillerie de campagne, formant, avec le 27e, la 21e brigade d'artillerie) à gauche de la route. Mais, impossible d'avancer à travers les genêts; nos chevaux s'y plongent jusqu'au ventre. Des fossés profonds d'un mètre et demi empêchent le déploiement. Nous cherchons un emplacement à droite. Alors accourt un officier d'un autre groupe: une de nos batteries a complètement anéanti une colonne d'artillerie en marche; mais les munitions lui manquent maintenant. Nous arrivons juste à propos. Notre infanterie se déploie en soutien de l'artillerie et nous engageons la lutte contre les soldats ennemis cachés dans les genêts. Nos shrapnells couvrent la route qu'ils cherchent à gagner pour organiser leur retraite. Nous avançons et nous passons près de la colonne d'artillerie si terriblement anéantie. Je n'oublierai jamais le spectacle qui s'offrit à nos yeux... Le soir approche; derrière nous, une maison en feu nous éclaire. Devant nous un grand bâtiment brûle à Bertrix. Eclairage économique... Tandis que la pluie bat et pénètre le sol d'humidité, nous étendons nos membres fatigués au feu du camp et nous faisons cuire des conserves. C'était notre première bataille que l'on nomme la bataille de Neufchâteau. Il y aurait, à ce sujet, bien des pensées et des réflexions à échanger... »

On sent à ces dernières lignes que le succès est chèrement acheté.

12e CORPS COMBAT DE SAINT-MÉDARD-NÉVRAUMONT

Etant donné la direction générale de la frontière et du cours de la Semoy, le 12e *corps* était au départ en arrière, à droite du 17e corps. Le 12e corps partait de la région Florenville-Deux-Villes. L'examen de la carte suffit pour faire reconnaître la fissure qui, dès le début, existait entre les deux corps et qui allait se manifester par la surprise du bois de Luchy. Le 12e corps a pour objectif Recogne et Libramont par Saint-Médard, Petitvoir, etc. Mais, pour atteindre le premier de ces points, il est obligé de s'engager dans la forêt d'Herbeumont qui, au-dessus de Florenville et du gué de La Cuisine, forme un défilé redoutable.

Le général Roques prend ses précautions. Il se rend compte que le péril, pour chacun des corps, vient surtout de la droite. Il convoque, le 21 au soir, ses deux divisionnaires, général Leblond et général du Garreau, et prend avec eux les mesures suivantes : on procédera par échelons, méthodiquement; on se donnera, pour premier objectif, d'atteindre la lisière nord de la forêt d'Herbeumont. On marchera par colonnes, mais sur un très large front pour éviter les surprises habituelles dans les bois.

Grâce à ces dispositions, le 12e corps traverse le défilé sans pertes.

Au sortir du bois, la bataille s'engage. La 24e division se déploie, ses deux brigades droit au nord dans la direction de Saint-Médard et au delà; puis vient une brigade de la 2e division. Sur le front, se trouvait donc disposée une masse de trois brigades et de deux artilleries divisionnaires.

Le général Roques, qui reste à son poste de commandement en avant de Florenville, a fait garder en réserve une brigade et l'artillerie du corps. La lutte est vive autour de Saint-Médard et de Straimont, à quelques kilomètres au sud-ouest de Neufchâteau. La 24e division (général du Garreau) est composée de la 47e brigade (108e et 105e) et de la 48e brigade (100e et 126e) ; elle occupe Névraumont et, après un dur combat, poursuit l'ennemi à la lisière du bois qu'elle enlève à la baïonnette. Elle franchit alors la route de Neufchâteau à Bertrix jusqu'à hauteur de Rossart. Les pertes sont sévères, notamment au 100e et au 126e. Mais la division couche sur ses positions, face à l'ennemi.

Cependant, au cours de la journée, le général Roques reçoit du général Lefèvre, commandant le corps colonial, une note lui disant qu'attaqué très violemment, il avait besoin de secours. Immédiatement, le général Roques envoie ses réserves qu'il fait déployer face à droite. Cette

CONVOI SANITAIRE A LA LISIÈRE DE LA FORÊT ARDENNAISE

manœuvre assurait, pour le 12e corps lui-même, le succès de la journée ; car l'ennemi ne pouvait attaquer de flanc comme il l'avait fait pour les autres corps d'armée. En somme, si le combat de Saint-Médard ne permettait pas au 12e corps de déboucher, il n'en était pas moins un véritable succès, puisqu'il permettait au général Roques de garder le terrain conquis au nord de la forêt d'Herbeumont.

Les pertes avaient été lourdes ; mais l'ennemi était à la fois refoulé et contenu : le soir du 22 août, le général Roques s'organise sur ses positions.

CORPS COLONIAL SA MARCHE SUR NEUFCHATEAU Nous avons laissé le corps colonial dans la région de la ferme d'Orval-Mohimont-Saint-Vincent. Il avance avec une décision d'autant plus grande que ses propres bulletins de renseignements lui donnent une fausse sécurité : « Le corps colonial, affirme-t-on, le 21, n'a en face de lui que des patrouilles de cavalerie appartenant aux 3e et 8e divisions allemandes qui ont été battues dans les journées des 17 et 18 par notre cavalerie dans la région de Jamoigne et de Tintigny. Notre cavalerie a contourné hier la région de Paliseul d'une part et celle d'Herbeumont d'autre part. L'ennemi semble se retrancher derrière la Lesse, face au sud. »

La Lesse étant plus à l'ouest, le champ paraît libre devant le corps colonial.

D'après les ordres du corps d'armée pour le 22 août, il avait à se porter sur Neufchâteau en deux colonnes, éclairées par le 3e chasseurs d'Afrique : à gauche, la 5e brigade coloniale et les éléments qui lui étaient adjoints partant de ferme d'Orval et suivant l'itinéraire : Les Bulles-Suxy-Montplainchamps,

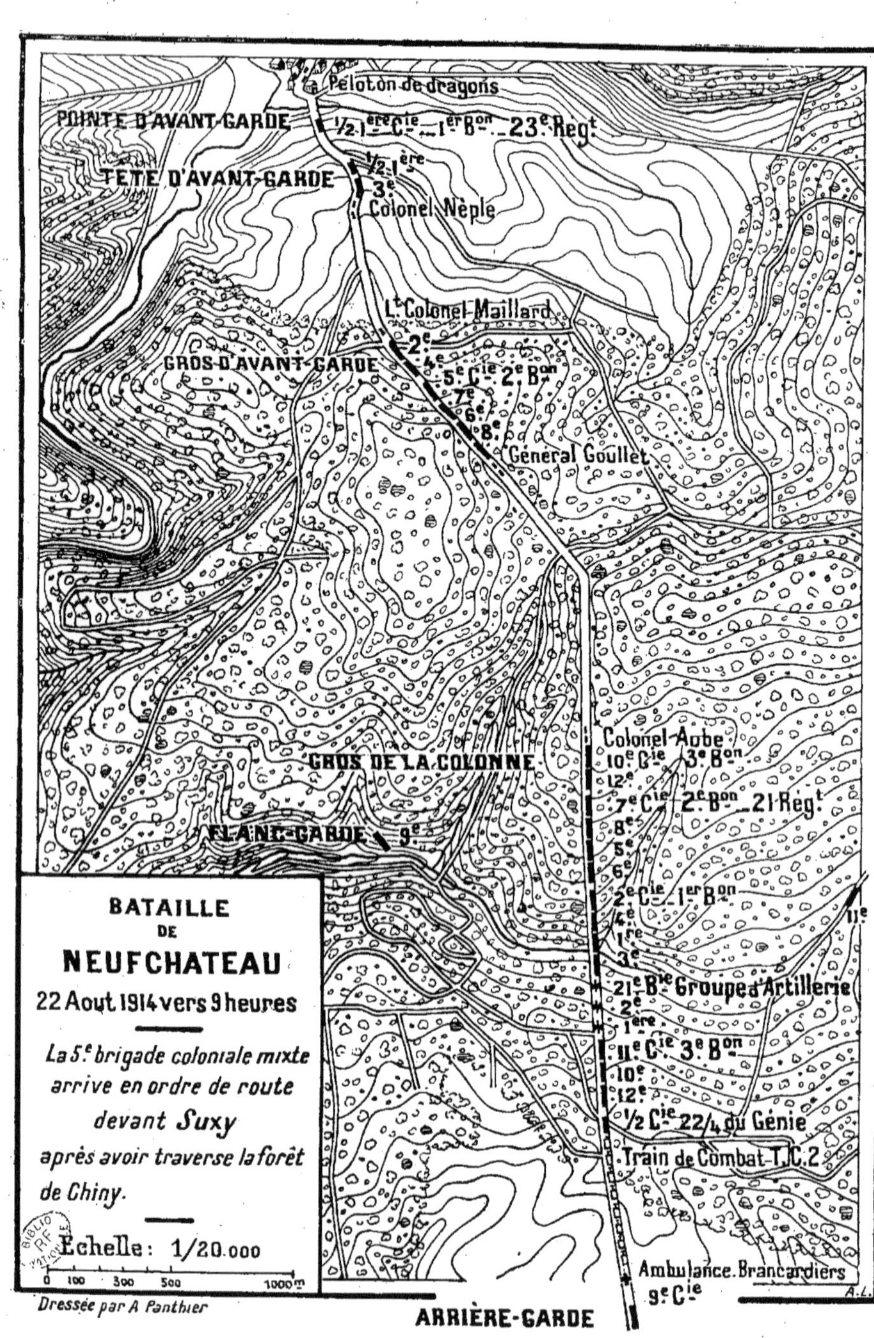
Peloton de dragons
POINTE D'AVANT-GARDE
½ 1ère Cie 1er Bon 23e Regt
TÊTE D'AVANT-GARDE
½ 1ère
3e
Colonel Nèple
Lt Colonel Maillard
GROS D'AVANT-GARDE
2e
4e
5e Cie 2e Bon
7e
6e
8e
Général Goullet
GROS DE LA COLONNE
Colonel Aube
10e Cie 3e Bon
12e
7e Cie 2e Bon 21 Regt
8e
5e
6e
FLANC-GARDE 9e
2e Cie 1er Bon
4e
1re
3e
11e
21e Bie Groupe d'Artillerie
2e
1ère
11e Cie 3e Bon
10e
12e
½ Cie 22/4 du Génie
Train de Combat T.C.2
Ambulance. Brancardiers
9e Cie
ARRIÈRE-GARDE
BATAILLE
DE
NEUFCHATEAU
22 Aout 1914 vers 9 heures
La 5e brigade coloniale mixte
arrive en ordre de route
devant Suxy
après avoir traversé la forêt
de Chiny.
Échelle : 1/20.000
0 100 300 500 1000m
Dressée par A. Panthier
A.L.

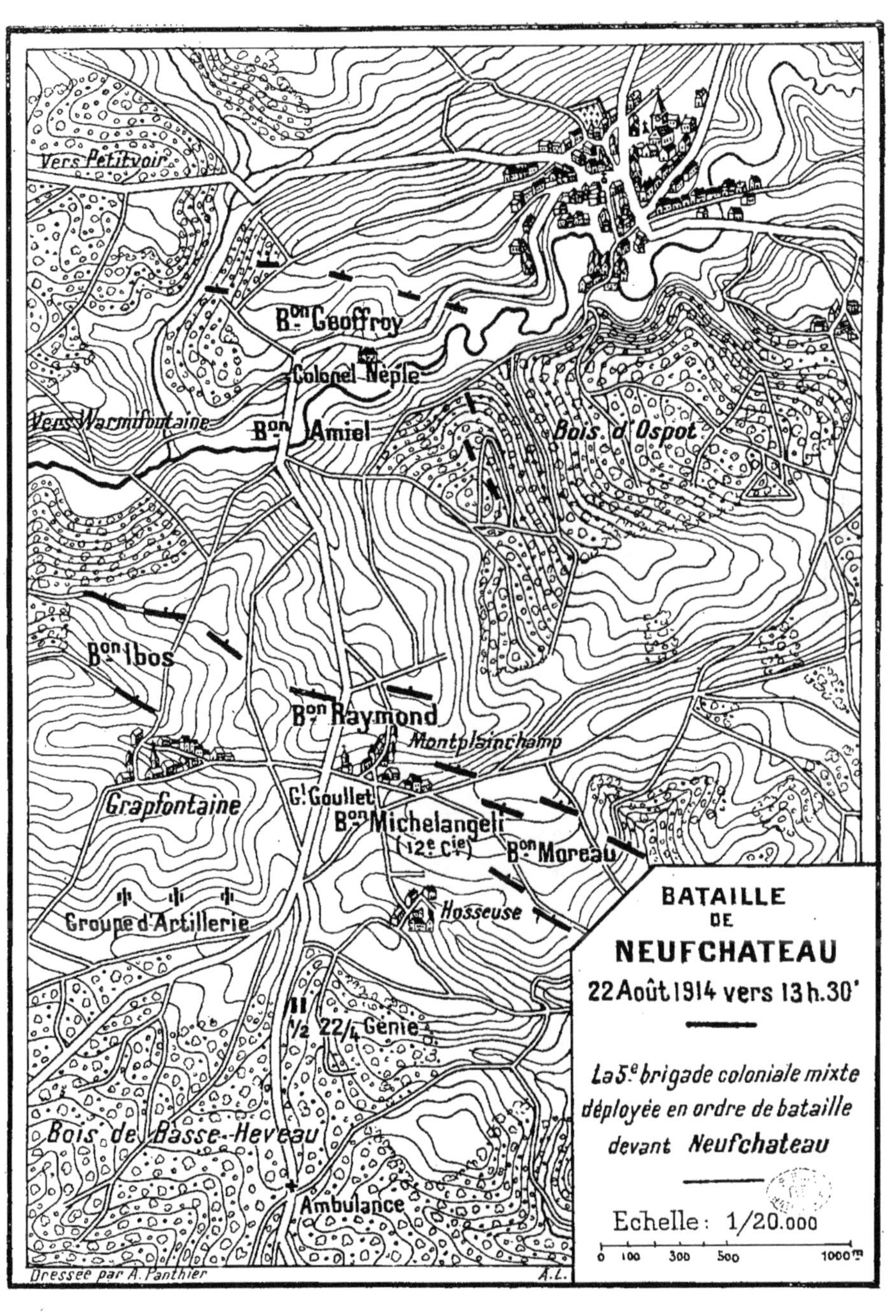
Vers Petitvoir
Bon Geoffroy
Colonel Néple
Vers Warmifontaine
Bon Amiel
Bois d'Ospot
Bon Ibos
Bon Raymond
Montplainchamp
Grapfontaine
Gl Goullet
Bon Michelangeli
(12e Cie)
Bon Moreau
Groupe d'Artillerie
Hosseuse
1/2 22/4 Génie
Bois de Basse-Heveau
Ambulance
BATAILLE
DE
NEUFCHATEAU
22 Août 1914 vers 13 h. 30'
La 5e brigade coloniale mixte
déployée en ordre de bataille
devant Neufchateau
Echelle : 1/20.000
0 100 300 500 1000m
Dressée par A. Panthier
A.L.

suivis de la 2e division coloniale qui devait se porter par Thonne-le-Thil-Herbeuval, ferme d'Orval et Pin.

A droite, la 3e division coloniale, l'artillerie de corps et le génie de corps par Saint-Vincent, Mesnil-Brevannes, Rossignol, Les Fossés. Les gros des avant-gardes devaient franchir la ligne Mesnil-Brevannes-Jamoigne à 6 heures. Le général Lefèvre (quartier général à Baalon) gardait en réserve l'artillerie et le génie de corps et un régiment de la 3e division. Entre ces premiers objectifs et Neufchâteau, s'étend la large forêt de Chiny - Neufchâteau - Rulles.

Les deux colonnes, marchant en quelque sorte de front, devaient maintenir leurs liaisons, suivant les deux routes parallèles, et déboucher sur Neufchâteau à peu près à la même heure. Elles étaient flanquées à gauche par le 12e corps en marche sur Straimont et à droite par le 2e corps en marche de Bellefontaine sur Mellier et l'Église.

GÉNÉRAL BROCHIN
COMMANDANT LE 5e CORPS

COMBAT DE NEUFCHATEAU Suivons d'abord le sort de la 5e brigade dont l'admirable conduite nous offre un type à la fois héroïque et douloureux de ce que furent ces combats de l'Ardenne belge.

Le commandant de la brigade est le général Goullet qui marche avec l'avant-garde. Celle-ci se compose d'un peloton de dragons et deux bataillons du 23e régiment aux ordres du colonel Neple. Le gros suit à 1.500 mètres, aux ordres du colonel Aube, et composé d'un bataillon du 23e colonial, trois bataillons du 21e, un groupe d'artillerie, une compagnie du génie, train de combat, ambulances, brancardiers.

L'avant-garde se met en mouvement, avec, en tête, un peloton de dragons (lieutenant Rater). La colonne est constituée aux Bulles. Départ du gros à 7 h. 20.

Le peloton de dragons composé, pour la plus grande partie, de réservistes montés sur des chevaux de réquisition, est éreinté des randonnées précédentes : on s'aperçoit bientôt qu'il est trop peu nombreux et trop fatigué pour rendre le service qu'on attend de la cavalerie. Dès la lisière du bois de Chiny, non loin du château des Grisettes, il est accueilli par des coups de feu et ne tient pas. D'ailleurs les patrouilles de cavalerie ennemie ne tiennent pas davantage ; elles cèdent devant l'infanterie qui continue à s'avancer : des coups de fusil crépitent, mais sans grand mal.

Ces rencontres confirment les bulletins de renseignements : rien que de la cavalerie.

Donc, l'infanterie avance toujours. Il fait une chaleur terrible ; les hommes peinent ; mais ils marchent. Un avion allemand survole la colonne et la suit.

On cherche en forêt des emplacements pour l'artillerie afin d'aider au débouché de l'infanterie en plaine. Les dragons (27 cavaliers seulement) cherchent la liaison avec l'autre colonne, mais ne trouvent rien. La 5e brigade est donc isolée. L'avant-garde arrive

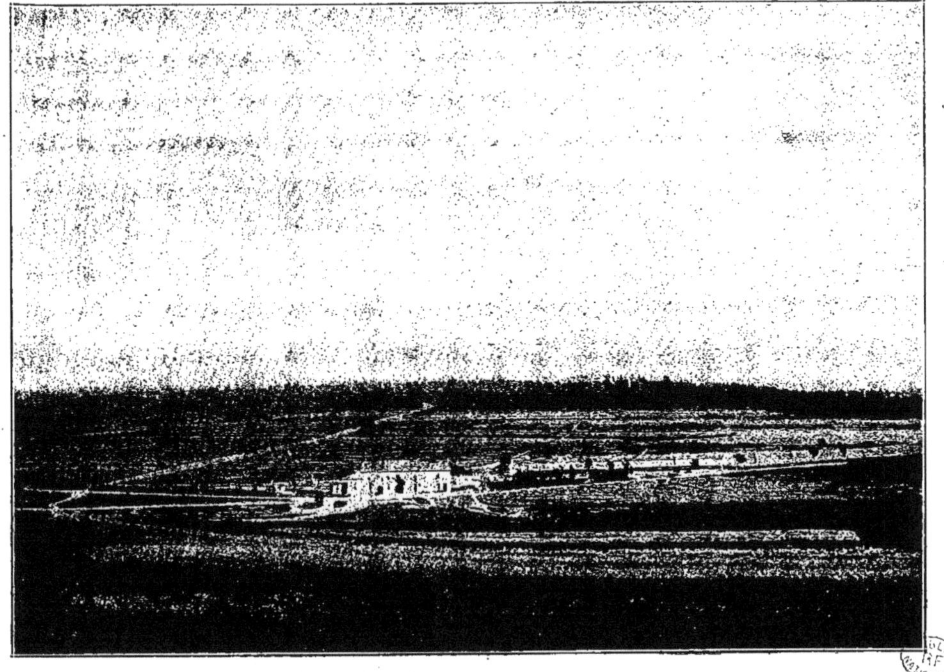

UN CARREFOUR DE ROUTE PRÈS DE NEUFCHATEAU

devant Suxy. Quelques coups de feu. Un escadron ennemi a pris la fuite. On suit la route sous bois, en se gardant par des compagnies en flanc-garde.

Vers 10 h. 45, la tête d'avant-garde débouche du bois à Montplainchamps : c'est un rebord (cote 240) d'où l'on découvre au loin sur la rive droite, par-dessus la ligne boisée de la vallée, les toits d'ardoise de Neufchâteau. Les troupes, après 15 kilomètres d'une marche très dure, touchent au but.

La vue est un véritable panorama : pas un accident de terrain n'échappe. De Montplainchamps, la route descend sinueusement parmi des prairies semées de boqueteaux. Elle arrive ainsi au fond de la vallée du petit ruisseau de Neufchâteau. Un pont franchit le ruisseau; au delà, la route fait une courbe à droite et monte vers Neufchâteau à travers des champs d'avoines à demi moissonnés. Terrain sec et solide partout. Neufchâteau est à la cote 400.

On voit toujours peu d'ennemis. Les habitants qui, du seuil de leurs portes, assistent au défilé de la colonne, déclarent que, depuis huit jours, Neufchâteau a été occupé par une quantité considérable d'Allemands, mais que pendant la nuit précédente et le matin même, des colonnes nombreuses sont parties de Neufchâteau se dirigeant vers l'ouest, du côté de Saint-Médard et de Bertrix.

Le colonel Neple ordonne au lieutenant de dragons de reconnaître Neufchâteau.

A 11 heures, l'avant-garde s'ébranle, les quelques cavaliers en avant. Descente des pentes sud sans encombre. Les cavaliers passent le pont : coups de fusil. Ils se replient et laissent la place à l'infanterie. Une compagnie se déploie et monte la côte le long de la route et à travers champs, se défilant le long des haies et des bois. Coups de fusil plus nourris.

La compagnie est arrêtée. Une seconde compagnie est envoyée en renfort. « L'ennemi qui paraît établi à la lisière ouest et de part et d'autre de Neufchâteau, a laissé approcher à bonne distance les deux compagnies, puis a ouvert un feu violent qui les cloue sur place. »

Les premiers obus allemands frappent l'infanterie française. L'artillerie française a trouvé un emplacement et canonne l'artillerie allemande, mais seulement à partir de 13 h. 45.

Le colonel Neple décide d'aller voir lui-même au delà du ruisseau ce qui se passe. Il met pied à terre et, accompagné de ses officiers, prend la grand'route et passe le pont. Une batterie ennemie s'installe à 7 ou 800 mètres à l'ouest de Neufchâteau et tire sur les bois de sapins qui abritent les deux compagnies françaises. Celles-ci progressent toujours, mais perdent du monde sous le feu des mitrailleuses allemandes. Le capitaine Triol, qui commande une des compagnies, fait mettre baïonnette au canon et fonce sur les mitrailleuses allemandes qui, pour ne pas être prises, cèdent la place.

La compagnie Triol est attaquée à son tour par l'infanterie allemande. Quarante hommes qui restent de la compagnie sont groupés autour du capitaine. La lutte est trop inégale. Le capitaine Triol, blessé au bras, ordonne la retraite et se maintient dans une ferme située à mi-hauteur du coteau.

La compagnie O'Kelly reçoit l'ordre d'attaquer Neufchâteau par la gauche vers la route de Petitvoir. On commence à reconnaître que l'ennemi est installé dans des tranchées garnies de mitrailleuses. Cependant la compagnie O'Kelly arrive au chemin de Petitvoir : mais là elle se heurte aux tranchées ennemies, elle ne peut s'emparer du chemin.

Le colonel Neple engage le bataillon Amiel. Le bataillon descend à son tour vers le ruisseau de Neufchâteau que deux des compagnies traversent à gué. Le chef de bataillon Amiel est blessé d'une balle qui lui traverse la cuisse ; couché sur le sol, il encourage ses hommes à aller de l'avant. On attaque le bois d'Ospot aux approches de Neufchâteau ; l'ennemi cède et évacue le bois. Mais, à la lisière, on se trouve en présence d'une nouvelle ligne ennemie (tout ou partie d'une brigade hessoise qui s'est portée, ce jour-là, de Libramont à Neufchâteau). D'autres forces ennemies débouchent à l'ouest ; les compagnies françaises sont prises entre deux feux. Les officiers sont particulièrement visés et tombent.

Le colonel Neple, qui a pris son poste de commandement dans une maison en bordure de la route au delà du ruisseau, est averti par les officiers qui observent du 1er étage qu'on aperçoit une longue ligne allemande s'étendant au loin et que des fantassins arrivant au pas de course prolongent encore vers l'est.

Le colonel Neple, ayant engagé toutes ses réserves, fait demander du renfort au général Goullet et il rassemble les débris épars de ses compagnies autour de la maison où il décide de tenir. Le groupement attire le feu de l'ennemi qui devient terrible sur la petite maison. Une section de mitrailleuses essaye de se hisser sur une hauteur qui domine Neufchâteau à 200 mètres environ de la ville. Mais le feu des mitrailleuses ennemies empêche le mouvement de s'accomplir. Les officiers tombent : chef de bataillon Amiel, commandant Geoffroy, capitaine Reallon, lieutenant Boigny : la petite maison s'emplit de blessés. « Le feu d'infanterie et de mitrailleuses ennemies a créé autour du poste de commandement du colonel, une véritable zone de mort. »

Les Allemands s'infiltrent par le bois d'Ospot. Ils sont tout près. Le colonel et ses officiers mettent le revolver à la main. Du haut de la crête de Neufchâteau, à 1.200 mètres, l'artillerie tire sur le pont du ruisseau. Il est environ 14 h. 30. Tous les officiers qui ont tenté de sortir pour rallier les troupes ou qui ont été envoyés en liaison sont tués. Les troupes harassées luttent encore en avant du ruisseau.

On insiste auprès du colonel Neple pour qu'il porte plus en arrière son poste de commandement qui, d'un moment à l'autre, peut être cerné : il refuse. Il ne veut pas faire un pas qui

PAYSANS ARDENNAIS QUITTANT LEUR VILLAGE

serait mal interprété par la troupe. « Sans souci du danger, il se déplace au milieu des balles qui sifflent, encourage les hommes, s'occupe des blessés ; il fait distribuer de l'eau aux soldats qui meurent de soif. C'est, pour son beau régiment, le baptême du feu ; il ne lui vient même pas à l'idée que nous ne sortions pas vainqueurs de cette lutte. »

Mais l'ennemi gagne du terrain ; il s'infiltre à travers les avoines, approche du ruisseau. A 15 h. 20, il faut abandonner la maison à demi ruinée. Une cinquantaine de fusils groupés autour du colonel protègent le repli.

Une première fraction se porte vers les bois de sapins, croupe sud de Grapfontaine. Une quinzaine d'hommes, commandés par le lieutenant colonel Maillard, sont restés en place et ont couvert de leurs feux cette retraite si réduite. Le colonel est au milieu de ses hommes.

Mort du colonel Neple. — Un peu au sud du ruisseau qu'il vient de franchir, le colonel Neple reçoit plusieurs blessures qui le couchent sur le sol. Il ne peut plus marcher. Le lieutenant-colonel Maillard quitte la maison avec cinq ou six hommes : c'est tout ce qu'il reste de la vaillante troupe. Marchant sur les pas du colonel, il le trouve étendu. Dès qu'il le peut, il envoie des hommes et un brancard pour le relever. Une demi-heure après, un infirmier revient et rapporte que tous les hommes portant le colonel ont été tués ou blessés et qu'il ne reste auprès de lui que le sergent-major clairon Thorigny et le caporal-sapeur Pujol, exténués. On envoie de nouveaux brancardiers : ils sont atteints successivement. Le brancard passe de main en main, et vers 6 heures, le colonel Neple arrive enfin au poste de secours où le Dr Sorel constate qu'une au moins de ses blessures est mortelle. Une heure plus tard, les

Allemands approchent du poste de secours. L'héroïque officier supplie qu'on ne le laisse pas aux mains de l'ennemi; on trouve dans un champ une voiture abandonnée. « Le colonel Neple y est étendu sur un lit de paille en compagnie du commandant Amiel, du capitaine Lasseron et de deux blessés graves. Et c'est avec ces moyens de fortune, sur cette charrette à laquelle s'accrochent une trentaine de soldats blessés que le colonel Neple peut être évacué. Vingt minutes après l'évacuation du poste de secours, l'ennemi y arrivait. Transporté dans une ambulance belge à Florenville, le colonel Neple était dirigé le lendemain sur l'hôpital de Châlons où il est mort quelques jours après, des suites de ses blessures. »

Un seul des agents de liaison envoyé par le colonel Neple au général Goullet pour le prévenir de la violence du combat livré par l'avant-garde dans le fond de la vallée est arrivé jusqu'au général. Il est midi. Le gros de la brigade a pu se maintenir en liaison vers Straimont avec le 12e corps qui livre un combat violent autour de cette localité. Mais, d'autre part, on ignore tout de la 3e division coloniale qui opère sur la droite. Or, l'ennemi essaye de faire un mouvement d'enveloppement de ce côté. On sent que ses forces sont nettement supérieures. Mais est-ce le moment d'hésiter, au risque de créer un trou dans la ligne de bataille générale ?

Le général Goullet lance l'ordre suivant : « 1° l'avant-garde s'est heurtée à l'ennemi au sud de Neufchâteau et s'est déployée tout entière ; 2° l'intention du général de brigade est d'agir par l'est de façon à dégager l'avant-garde et à préparer l'entrée en action de la 3e division qui marche à notre droite. » En conséquence, les six bataillons qui restent à la disposition du général ont ordre d'attaquer le bois d'Ospot. L'artillerie appuiera l'attaque.

Le nouveau combat s'engage vers 13 h. 30. La gauche, bataillon Ibos (ouest de Neufchâteau) fait pivot dans la vallée, mais ne parvient pas à progresser vers le nord. Mais elle conserve tout le temps sa liaison avec le 12e corps et couche sur ses positions. L'artillerie française accable l'ennemi d'un feu très efficace.

Celui-ci s'étend de plus en plus vers l'est et manœuvre de façon à déborder notre ligne de ce côté. La droite française a pu gagner du terrain. Mais c'est en vain qu'on cherche la liaison avec la 3e division. On saura seulement le lendemain que cette division n'a pu dépasser Rossignol. Du côté où l'on attend une intervention française, ce sont les renforts allemands qui affluent sans cesse.

Le général Goullet n'a plus que trois compagnies en réserve. A 8 heures du soir, il ordonne à la brigade de se replier jusqu'à la lisière nord du bois de Basse-Heveau. Le mouvement s'exécute par échelon avec le plus grand ordre. L'ennemi arrête son offensive et ne prononce aucune attaque. C'est sans subir aucune pression que la brigade rentre à Suxy, le bataillon Ibos la couvrant à la lisière des bois. L'ennemi ne tente rien pour inquiéter le mouvement vers le sud, et, vers 22 heures, le gros de la brigade atteint Suxy; puis, sur l'ordre du général Leblois, commandant la 2e division, elle se replie sur les Bulles, qu'elle atteint à 2 heures du matin.

Après cette journée du 22, alors que la 5e brigade a laissé le terrain libre de Grapfontaine-Montplainchamps à Suxy, l'ennemi ne poursuit pas. Pourtant, il lui restait encore deux heures de jour, au moins. Bien mieux, le bataillon Ibos et quelques éléments du 23e régiment passent la nuit sur le champ de bataille. et, le lendemain, au jour, en colonne de route, rallient le gros de la 5e brigade. L'ennemi n'est pas plus actif que la veille au soir. Le 23 août, les troupes allemandes qui ont combattu à Neufchâteau font une étape de 3 kilomètres. « Nous n'allâmes qu'à Martilly où les Français s'étaient retranchés », dit un carnet de route allemand.

Quelles étaient les forces ennemies engagées à Neufchâteau? De l'étude des documents alle-

EMBARQUEMENT DE DRAGONS

mands qui nous sont parvenus, on peut établir la situation générale de l'ennemi dans cette région.

Le XVIIIe corps a combattu, comme nous l'avons vu, à l'ouest de Neufchâteau. Le VIe corps, nous le verrons, entrera en ligne au sud et il y avait ainsi, entre ces deux unités, selon l'expression d'un carnet, « un trou qu'il faut combler ». Le XVIIIe corps de réserve en avait été chargé. Sa 21e division de réserve (Francfort) se porta en avant en direction de Neufchâteau : la 41e brigade de réserve avait cantonné, dans la nuit du 21 au 22, le 88e à Juseret, le 87e à Lescheret ; la 42e brigade (80e et 81e) venait de Folschette. La division se présenta sur Neufchâteau entre 11 heures et midi. En outre, la 21e brigade d'artillerie de campagne (27e et 63e) prit position avec un bataillon d'artillerie à pied (obusiers lourds) et une brigade de cavalerie.

Pour les Allemands, comme pour nous, cette bataille fut une *bataille de rencontre*, que leur supériorité numérique et leur excellente position favorisèrent. Quand l'offensive de l'avant-garde française eut été brisée, la manœuvre de l'ennemi semble avoir été la suivante : résister sur la partie du champ de bataille qui s'étend à l'ouest de la route de Suxy-Neufchâteau et déborder notre droite à l'est de cette même route. Sa supériorité numérique lui permit de tenter cette manœuvre qui ne put s'accomplir, d'ailleurs, complètement et qui ne put faire reculer la brigade française qu'après que de nouveaux renforts furent arrivés aux Allemands.

Les pertes françaises furent très élevées,

notamment au 23e régiment. Les pertes allemandes le furent plus encore ; les médecins allemands les évaluèrent à 1.300 tués et 3.000 blessés, chiffre supérieur de 25 o/o à celui des pertes françaises. Un témoin dit : « J'ai vu, le 23 août 1914, 11 canons de 77 démolis et inutilisables. » Ici, comme partout, le tir de l'artillerie française fut supérieur ; de l'aveu d'un capitaine allemand, un régiment fut à peu près anéanti en débouchant du bois au nord-est de Neufchâteau en tête de la brigade ; en fin de journée, il lui restait 5 officiers ; un groupe d'artillerie, près de là, avait été détruit. Mais ces résultats ne furent connus qu'ultérieurement.

Voici l'aspect d'un coin de bataille, d'après le carnet de route d'un chef de peloton du 88e régiment d'infanterie de réserve :

SOLDATS ALLEMANDS REVENANT D'UNE RÉQUISITION

« Nous nous avançâmes à marche rapide sans avoir bu le café et sans avoir rien mangé, car la nouvelle était parvenue qu'une division de cavalerie s'était rapprochée à 15 kilomètres de nous à Neufchâteau. *Situation générale* : à notre droite, et par conséquent à l'ouest, le XVIIIe corps ; à notre gauche, au sud, le VIe corps ; devant nous, un trou dans la ligne que nous devions combler... A Longlier, nous vîmes les horreurs de la guerre. La petite ville de Neufchâteau, par contre, était encore complètement indemne... A 11 h. 30, nous entendons les premiers coups de fusil. A midi, une vive fusillade s'engage à l'avant-garde. Aussitôt nous nous mîmes en marche pour nous déployer. Et, déjà, les projectiles tombent comme grêle. Les obus passent au-dessus de nous... Au début, les hommes sont tout à fait lâches, se collant la tête contre le sol. Mais, dès qu'ils voient les premiers morts et blessés, ils deviennent plus courageux. Vers 10 heures du soir, le combat, qui avait été sanglant, était terminé. »

Un capitaine allemand, fait prisonnier le 9 février 1915 a déposé : « Le combat de Neufchâteau fut une bataille de rencontre, très dure pour les Allemands. Ils ne savaient pas, le matin, au départ, qu'ils allaient à la bataille. Ils firent peu de prisonniers, une centaine seulement, sans compter les blessés qu'ils ramassèrent sur le champ de bataille, mais en petit nombre. S'ils n'ont pas poursuivi plus vigoureusement dans la journée du 23, c'est parce que le corps d'armée qui était à leur droite fut sérieusement attaqué et que leur flanc droit eût été découvert. »

Nous aurons à revenir sur les causes générales de l'insuccès de l'offensive française dans cette dure bataille des Ardennes. Nous voulons enregistrer, cependant, l'opinion d'un témoin autorisé sur ce qui concerne spécialement le combat de Neufchâteau :

« L'importance des pertes s'explique par la supériorité numérique de l'ennemi et surtout par sa supériorité en artillerie, et aussi par l'ardeur et la confiance avec lesquelles les troupes se sont portées à l'attaque.

« Le combat de Neufchâteau était, pour la brigade, le premier combat de la campagne ; les bulletins de renseignements communiqués aux troupes les jours précédents leur avaient donné le sentiment très net de leur supériorité.

« Entraînées par des officiers de tout premier ordre, les troupes dont il eût fallu, au contraire, modérer l'ardeur, furent admirables d'entrain, de courage et de vaillance. Mais l'ennemi eut beau jeu contre un adversaire qui avançait sur lui avec un tel mépris du danger, négligeant les mesures de prudence qui auraient sensiblement diminué le chiffre de ses pertes. »

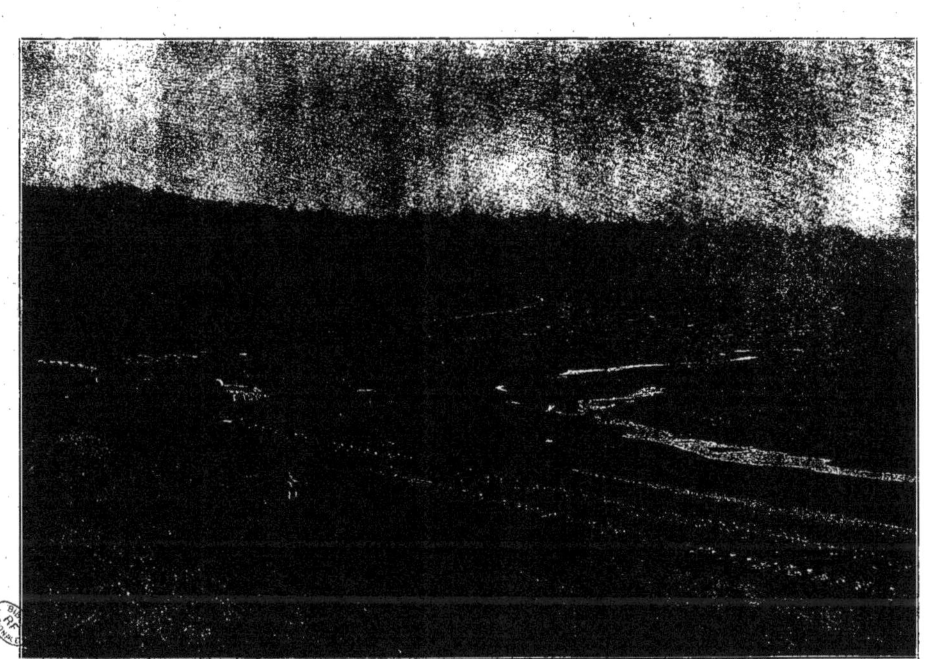

DÉFILÉ DE TROUPES DANS LA VALLÉE DE LA MEUSE

COMBATS DE ROSSIGNOL-SAINT-VINCENT-TINTIGNY

Que devenait, cependant, la 2e colonne du corps colonial, celle que l'on n'avait pas trouvée à proximité de Neufchâteau, et qui était composée par la 3e division (général Raffenel) ?

Ayant débouché le 21, par ses avant-gardes, sur Tintigny-Saint-Vincent, elle avait reçu l'ordre de se porter sur Neufchâteau par Rossignol.

Le 1er régiment colonial formait l'avant-garde ; le 2e régiment colonial, l'appuyant, quittait ses cantonnements de Gérouville et du moulin de la Soye (Belgique), le 22 août à 5 heures du matin.

L'ordre de marche était le suivant : 1er régiment colonial (colonel Guérin) ; 1 batterie de 75 à l'arrière-garde faisant partie de l'artillerie divisionnaire commandée par le général de brigade Montignault ; 2e régiment colonial (colonel Gallois, lieutenant-colonel Gadoffre) ; (le 1er et le 2e colonial formaient la 1re brigade coloniale, commandée par le général Rondony) ; 1 bataillon (commandant Richard) ; 2 bataillons (commandant Werhlé) ; une compagnie du génie ; 3e bataillon (commandant Rey) ; *artillerie divisionnaire* : (8 batteries) ; 1er régiment (colonel Montguers) ; une batterie étant en tête avec l'avant-garde.

La troupe s'enfonce sous les grands bois ; elle a été prévenue de la longueur de l'étape (Neufchâteau, 40 kilomètres) ; chaleur humide; brouillard. Mais le soldat est aguerri ; il a confiance et ne songe qu'à marcher de l'avant, se sentant protégé, à gauche par les troupes de la 5e brigade coloniale, à droite par les autres formations qui marchent vers Tintigny ; en arrière, la 2e division coloniale (général Leblois) viendra en renfort, le cas échéant.

La forêt du Grand-Bois est traversée sans encombre. On débouche dans la plaine de Saint-Vincent. Le village est occupé à 7 heures. Halte. Reprise de la marche à 7 h. 1/4.

Le général Lefèvre, commandant le corps d'armée, accompagné de son chef d'état-major (colonel Puyperoux), marche avec le 2e régiment. Vers 7 h. 1/2 le 1er régiment colonial, qui a passé le pont de Breuvannes sur la Semoy, est accueilli par une vive fusillade au moment où il s'approche de Rossignol. Un arrêt se produit dans le défilé des troupes par suite d'un embarras dans les voitures du génie. Le bruit circule parmi les troupes : « Ça chauffe, en avant ! » On n'en est que plus ardent à marcher sur Rossignol. On franchit le village. L'artillerie se met en batterie à l'est et à l'ouest, face à la lisière de la forêt de Neufchâteau, à 600 mètres environ au nord de Rossignol.

Le 1er régiment colonial en entier et les 1er et 2e bataillons du 2e régiment colonial, commandés par le général Rondony, sont déjà engagés à fond dans la bataille sous bois. Ni à gauche vers Suxy, ni à droite vers Rulles, aucune liaison. Des blessés commencent à refluer ; ils sont dirigés sur le château de Rossignol, organisé en ambulance de la Croix-Rouge belge.

Des hommes qui se replient sont recueillis et reformés par le 2e colonial. Les éléments de celui-ci, qui arrivent au front, occupent un point dit La Carrière, échancrure de terrain située à l'ouest de la route de Neufchâteau, à 250 mètres de la lisière de la forêt et derrière une petite levée de terre. Là, ils font barrage.

Le 3e et le 7e régiments, qui devaient suivre la 1re brigade coloniale, n'arrivent pas. Vers 8 h. 1/2, le général Rondony, qui commandait le gros de l'avant-garde, réclame avec insistance le 3e régiment. Il faut des réserves à tout prix. On recourt, comme renforts, aux deux compagnies d'infanterie qui servent de soutien à l'artillerie : celle-ci défile encore par pièces le long de la route au delà du pont de Breuvannes. Elle n'est pas en batterie et a déjà subi des pertes sérieuses ; les obus ennemis tombent sur Breuvannes et sur le pont. L'artillerie divisionnaire, dans un vigoureux élan, franchit le pont de Breuvannes. Aussitôt après, elle se groupe par pièces accolées sur la chaussée qui mène de Breuvannes à Rossignol. Elle prend sous son feu les forces ennemies qui essaient de déboucher de la lisière du bois de Neufchâteau.

Plusieurs heures, le combat reste indécis. Le général Rondony est tué. Le général Raffenel, commandant la 3e division coloniale, est au milieu de ses troupes. On attend toujours les deux régiments de l'arrière qui n'arrivent pas : les officiers envoyés pour presser leur marche succombent.

LE KRONPRINZ WILHELM

Un peu après 8 h. 1/2, le pont de Breuvannes s'effondre sous le feu de l'artillerie allemande placée sur la crête à l'ouest de la chaussée, cote 448, à la lisière de la forêt de Chiny, et qui, certainement, l'a repéré d'avance.

Dès ce moment, la 1re brigade coloniale et l'artillerie de la 3e division coloniale sont séparées par la Semoy du reste du corps d'armée colonial et livrées à leurs seules forces. La situation est la suivante: les 1er et 2e régiments coloniaux (moins la 9e compagnie du 2e régiment soutien d'artillerie) sont complètement engagés, et il n'y a plus de secours à attendre de l'arrière. Les 11e et 12e compagnies, établies au nord du village, restent les seules troupes de repli capables de recueillir les débris des deux régiments qui ont livré le combat en forêt, et à protéger la retraite des blessés qui ne cessent d'affluer vers Rossignol.

Alors, parmi ces troupes parties le matin avec un tel entrain, un nouveau sentiment se fait jour, et c'est celui qui devait si souvent illuminer les âmes dans cette guerre meurtrière : l'esprit de sacrifice. Un témoin rapporte : « Les chefs qui restent debout ont nettement le sentiment du devoir de sacrifice qui leur incombe; les soldats sentent de même. » Malgré leurs pertes, les 11e et 12e compagnies du 2e régiment qui se défendent dans « La Carrière », empêchent pendant six heures, par un feu continu, l'ennemi de déboucher de la lisière de la forêt de Neufchâteau. Elles sont ravitaillées en munitions sous un feu terrible. Les pertes sont lourdes: le colonel Gallois est tué, le lieutenantcolonel Gadoffre frappé d'une balle à la poitrine.

L'ennemi essaye un mouvement tournant à l'ouest du village: la 12e compagnie le contient. Vers 14 heures, ayant sans doute reçu des renforts, il dessine un autre mouvement offensif de la lisière de la forêt de Neufchâteau sur

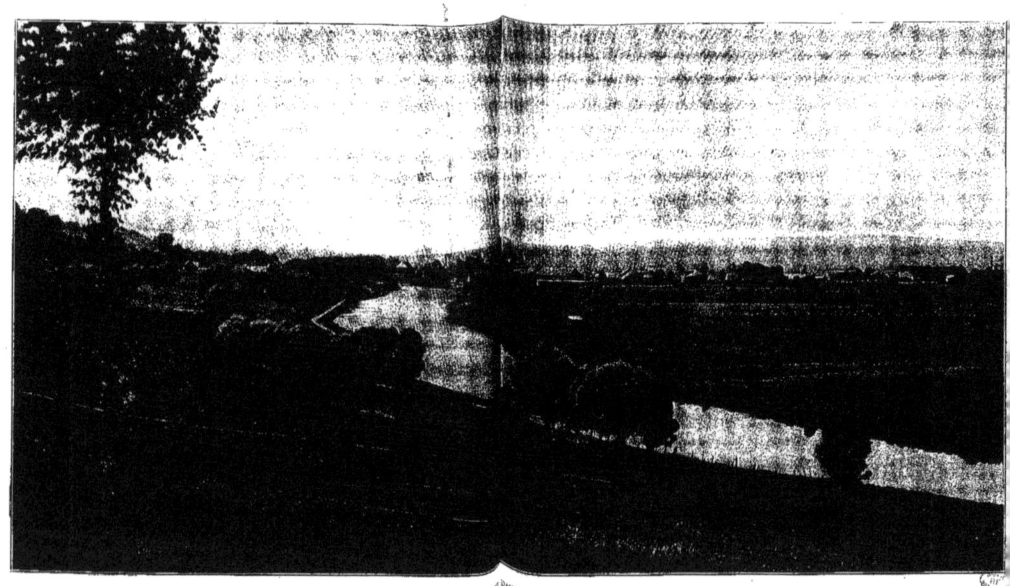

ASPECT DE LA MEUSE DANS LES ARDENNES

Rossignol. A ce moment, la lutte devient terrible. On se bat avec rage. L'artillerie fait des prodiges. Les compagnies du 3e bataillon occupent la lisière nord et ouest du village et tiennent encore l'ennemi en respect. Elles sont contraintes de se replier dans le bois du château de Rossignol, déjà rempli de morts et de blessés.

Alors se dévoile un nouveau mouvement offensif de l'ennemi venant de l'est. Il est accompagné par un feu progressif de l'artillerie ennemie. Le cercle se resserre. Ce qui reste des troupes du 1er régiment se réunit aux compagnies du 3e bataillon du 2e régiment, et essaie de percer vers le sud-est.

LE GÉNÉRAL RONDONY

Le chef de bataillon Rey, qui, près du général Montignault, commandait ces derniers débris, tombe blessé très grièvement. Il aperçoit près de lui le sergent qui portait le drapeau du 1er régiment d'infanterie coloniale; ce sergent était accompagné d'un seul homme; c'était tout ce qui restait de la garde du drapeau. Le sergent cache le drapeau sous un buisson, mais le commandant lui ordonne de le lui apporter. Les balles venant du sud confirmaient que l'encerclement était un fait accompli. Le commandant fait briser le drapeau : la cravate est confiée à un capitaine, le sergent s'enveloppe, sous sa capote, dans les trois couleurs, et le commandant, baignant dans son sang, garde la croix du drapeau (1). Après ce suprême effort, il s'évanouit. Le commandant fut ramassé le soir sur le champ de bataille et conduit à un poste de secours. La croix fut cousue par une infirmière belge dans la doublure de l'épaule de la tunique et elle accompagna partout le commandant fait prisonnier. Elle revint plus tard en France et fut remise au président de la République ; la cravate, confiée au capitaine Paris de la Bollardière, fut également sauvée.

Les généraux Raffenel et Rondony avaient été tués ; une seule citation à l'ordre de l'armée associe laconiquement dans le même honneur les deux frères d'armes qui moururent ensemble : « Raffenel, général de brigade, commandant par intérim la 3e division d'infanterie coloniale, et Rondony, général de brigade, commandant la 3e division d'infanterie coloniale, tombés glorieusement le 22 août 1914. » La plupart des officiers des deux régiments furent tués ou blessés. L'artillerie lutta jusqu'au bout dans les positions suivantes : le 1er groupe sur la crête ouest ; le 2e groupe sur une position plus voisine de Tintigny ; le 3e groupe, placé sur un mouvement de terrain au nord de la Semoy, prit à partie, d'abord, les batteries ennemies de l'ouest, mais, attaqué de dos et de flanc, il fut obligé de cesser le feu de ses pièces. Les servants continuèrent à combattre au mousqueton jusqu'à la nuit.

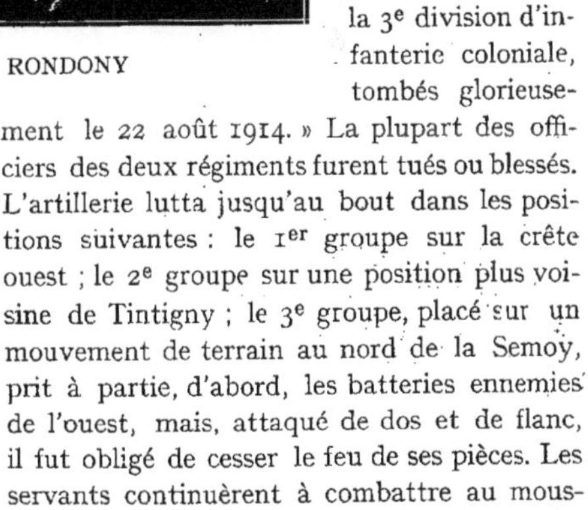

Les pertes de l'ennemi attestèrent la vigueur d'une résistance désespérée. On évalue à

(1) La croix de la Légion d'honneur avait été conférée au 1er colonial à la revue de Longchamps, le 14 juillet 1910.

5.000 le chiffre des Allemands restés sur le champ de bataille. Dès le 23 août, l'autorité militaire interdit aux habitants de pénétrer dans les bois et, pendant quatre jours, on ensevelit les morts en secret dans de grandes fosses.

Le combat de Rossignol fut un des plus sanglants parmi ces terribles engagements des Ardennes.

Un artilleur écrit :

« Je tenais à vous faire savoir la fin glorieuse du 2e régiment de l'arme : engagés ce jour-là, avec les 1er et 2e marsouins, dans un pays boisé et insuffisamment exploré par la cavalerie, lancés beaucoup trop tôt en avant pour compter sur aucun secours, cernés dès les premières heures de la journée par un ennemi très supérieur en nombre, nous n'avons pu que vendre chèrement notre vie et c'est ce que nous avons fait. Des marsouins, quelques-uns ont pu s'échapper; de l'artillerie, personne. A 7 heures du soir, après être restés douze heures sous un feu épouvantable, il ne restait plus qu'un charnier de notre belle artillerie divisionnaire; les canons étaient hors de service après avoir consommé toutes leurs munitions; les chevaux étaient éventrés; la moitié du personnel hors de combat. Les survivants à la nuit furent faits prisonniers. Les hommes ont été d'une bravoure sans égale. Pas un n'a bronché ; alors qu'ils étaient sûrs d'y passer tous, pas un n'a flanché : ils ont servi leurs pièces comme à la manœuvre. Combien y sont restés, je ne saurais vous le dire. »

LE LIEUTENANT ERNEST PSICHARI

Parmi tant de héros, comment ne pas avoir un souvenir particulier pour Ernest Psichari, le petit-fils de Renan, l'écrivain de l'*Appel aux armes* ? Voici quelques témoignages :

« Le soir du 22 août, vers 6 heures, à Saint-Vincent-Rossignol, après être resté douze heures sous un feu épouvantable, Ernest Psichari fut tué net d'une balle à la tempe. Ceux qui l'ont vu plus tard ont été frappés du calme de son visage : autour de ses mains était enroulé son chapelet. A trente ans, ayant tout accompli, Dieu l'appelait à la vie et à la gloire (1)... »

« Le lieutenant Psichari est mort à mes côtés ainsi que son capitaine ; nous avons passé une après-midi côte à côte. C'est lui qui commandait le tir de la pièce où je me trouvais. Le soir, à 5 heures, en voulant sauver la pièce, il a été fauché par les mitrailleuses. Nous en sommes sortis trois sur quatorze. »

Autre témoignage :

« Vers 6 heures, j'aperçus le lieutenant Psichari sous un arbre près de ses pièces, soutenant le capitaine Cherrier, blessé. Il se dirigea avec lui vers l'ambulance et le laissa à la porte pour retourner à sa pièce. A ce moment, les Allemands arrivaient à 30 mètres. Le feu cessait et le lieutenant était assez isolé. Je le vis regarder le demi-cercle que formaient les Allemands autour de lui, se pencher soit sur un canon, soit sur un blessé et tomber mortellement frappé. Il tomba sur le canon et glissa à terre... » (2).

Nous savons peu de chose sur le sort des 7e et 9e régiments coloniaux attendus avec tant d'anxiété sur le champ de bataille de Saint-Vincent-Rossignol. Ils devaient passer la Semoy à Tintigny ; sans doute, ils ne purent franchir le redoutable défilé des bois.

Mais, ces combats qui paraissaient si durs

(1) Henri Massis, « Mort d'Ernest Psichari » dans *Revue Hebdomadaire*, du 1er janvier 1916.

(2) Cité par Maurice Barrès dans *L'Echo de Paris* du 24 décembre 1915

aux troupes françaises ne l'étaient pas moins pour les Allemands. Nous avons le récit du combat de Tintigny dans le carnet de route d'Erich H., sous-officier de réserve du 33e régiment appartenant au VIe corps allemand (11e division), tombé entre nos mains ; après être resté deux jours à Ibingen, le régiment, avec le 10e formant brigade, a gagné Messancy, puis Mellier où il est en réserve dans les bois :

« 22 août. — *La première grande bataille à Tintigny.* — C'est ainsi, je crois, que s'appelait l'endroit. Rien ne peut s'imaginer de plus terrible. Nous avancions, depuis Mellier, au pas accéléré, souvent deux compagnies côte à côte. Nous allions beaucoup trop vite, sans aucun repos (on remarque la précipitation de ces mouvements). Enfin nous arrivâmes à Tintigny. Nous avions dû déjà nous déployer en lignes de tirailleurs, mais nous défilâmes en rang serré à travers la localité où un civil tira sur nous : il fut aussitôt fusillé.

« A peine sortions-nous de cet endroit que nous reçûmes devant, derrière, des coups de feu provenant de mitrailleuses postées dans la ville et de canons en batterie sur les hauteurs. Au pas de course, à travers le feu, nous cherchâmes un abri derrière une hauteur. A 2 heures, la bataille commença. Notre 11e compagnie reçut l'ordre d'attaquer *de flanc* l'ennemi qui se trouvait près d'une épaisse forêt de hêtres (voilà bien le mouvement de flanc qui se dessine partout sur le champ de bataille.) Nous perdîmes la direction ; les hommes furent culbutés ; *c'en était fait de l'ordre.* (Comparer les aveux analogues sur certains points de la ligne française.) L'ennemi s'aperçut qu'il y avait des Prussiens dans le bois et ouvrit un feu d'obus et de mitraille, tel qu'on eût dit de la grêle. De quelque point du bois que l'on voulût sortir, les coups pleuvaient. (Comparer le récit du combat du bois de Luchy.)

« Finalement, nous essayâmes de nous élancer dans un champ d'avoine, mais nous étions trop faibles pour tenir *contre la supériorité du feu ennemi*. Nous nous tînmes ainsi longtemps à droite ; les balles passaient en sifflant, tel le laboureur qui sème. Quand nous vîmes qu'il n'y avait pas d'autre issue et qu'à droite et à gauche les hommes tombaient, nous nous faufilâmes dans les bois. Enfin, nous nous trouvâmes en dehors de cet encerclement et je passai la nuit sur un tas de pierres. Ainsi qu'il résulte de l'examen du carnet pris sur un officier français, nous avons eu une rude lutte à soutenir, nous, un corps d'armée contre trois corps d'armée (!), une division de cavalerie et de nombreuses troupes coloniales. (En fait, il n'y eut d'engagée sur ce point qu'au plus *une division* coloniale **et des éléments du 2e corps.**) Aussi avons-nous eu de grosses pertes. »

C'est seulement le lendemain que le sous-officier allemand, qui n'est pas le premier venu, mais un lettré, écrit sur son carnet : « ...*Mais l'ennemi est repoussé sur toute la ligne.* » Le jour même, il avait certainement l'impression contraire (1).

La 4e brigade coloniale, commandée par intérim par le colonel Boudonnet et composée du 22e régiment (colonel Tétard) et du 24e régiment (colonel Péthouard), se dévoua pour sauver la 3e division et ne put y parvenir. Ces troupes durent battre en retraite et nous les retrouverons aux combats ultérieurs.

A l'arrière des éléments engagés, se trouvait enfin la 2e division coloniale (général Leblois); elle franchit la frontière de Belgique, le 22 août au matin. Mais, étant, en ce moment, réserve d'armée, elle se trouvait en arrière et à une certaine distance du gros. Evidemment, ce retard fut éminemment regrettable quand les Allemands faisaient donner toutes leurs forces. Arrivée à Jamoigne, à l'ouest de Rossignol, au cours de la journée, la 2e division eut à recueillir les débris de la 3e division qui venait d'être écrasée isolément et à arrêter les Allemands qui poursuivaient leur succès. Elle tint jusqu'au lendemain sur la position médiocre que les circonstances lui avaient imposée et réussit même à refouler l'ennemi sur plusieurs points.

2e CORPS. — COMBAT DE MEIX-DEVANT-VIRTON A la droite du corps colonial, opérait le 2e corps (général Gérard) ; c'était le corps de droite de l'armée de Langle de Cary et lui-même se trouvait en liaison, sur sa droite, avec le 4e corps (3e armée).

Le 2e corps manœuvre dans la région de Montmédy-Virton. Il marche vers Sommethonne-Meix-devant-Virton, en liaison, à gauche, avec le corps colonial. Nous avons dit la surprise d'une avant-garde de ce corps cantonnant dans Virton le 21 au milieu de l'armée ennemie et avertie par le bourgmestre qu'elle est entourée. Grâce à l'énergie

(1) Voir *Carnet de route d'un soldat allemand*, publié par Fr. Puaux, Berger-Levrault, p. 26.

CHEF DE PATROUILLE GAGNANT UN OBSERVATOIRE IMPROVISÉ

du général Cordonnier et du colonel d'artillerie qui est avec lui, l'avant-garde se tire de ce mauvais pas.

A 9 heures du matin, le 22 août, le 2e corps d'armée, progressant en colonnes par quatre, est attaqué sur son centre et en tête. « En vain essaie-t-on de dégager le passage en lançant une brigade d'infanterie à l'assaut (région de Meix-devant-Virton). Cette attaque n'a pas été préparée par le feu de notre artillerie, qui ne passe la frontière qu'au petit jour (1), et elle échoue devant les tranchées ennemies et sous les coups des mitrailleuses. Le général de brigade est mortellement blessé. »

Ordre est donné à deux groupes d'artillerie et à un régiment d'infanterie d'aller renforcer les éléments qui sont déjà sur le Hayon (côte 250, ouest de Meix-devant-Virton).

« Vers 7 heures arrive Dusseris, au grand galop de son cheval alezan. Ordre du colonel : « Porter en avant « le groupe de tête et partir en reconnaissance avec les « autres commandants de groupe et les capitaines. » Nous sommes à la lisière de la forêt, du côté de Sommethonne. Le groupe Defrance s'ébranle, traverse les bois et s'arrête à 200 mètres de l'autre lisière... Au débouché du bois, nous trouvons le colonel Aubry. Le 42e a déjà engagé l'action ; c'est lui qui tire, en ce moment, sur notre droite...

« Nous montons à un calvaire à 500 mètres. Le panorama où se déroule l'action s'étend devant nous. A l'horizon, tout au fond, bordée d'arbres, la route de Virton à Etalle, sur laquelle on peut distinguer quelques mouvements de troupes (ce sont les régiments du 4e corps qui engagent le combat de Virton, il est 8 heures et demie, le brouillard s'est dissipé). A droite, le village de Villers-la-Loue, qui est en notre possession. Un peu à gauche, les bois de Virton et d'Ethe que tiennent les Allemands. (Voir ci-dssous : combat de Virton et d'Ethe, 4e corps). Entre les bois et nous, deux villages qui brûlent (sans doute Robelmont et Meix-devant-Virton) (2). »

Les Allemands ont vu les troupes du 2e corps sortir de Villers-la-Loue pour se porter au nord. Ils tirent avec leurs obusiers et leurs 77. La première impression pour le combattant qui entre dans la fournaise, c'est l'invisibilité de l'ennemi. « Nous continuons à ne voir aucun ennemi et cela nous déroute. » En vain l'artillerie du 3e groupe (42e) avait cherché une position. La bataille était engagée depuis longtemps qu'elle n'avait pas tiré un coup de canon. Evidemment, on se sert peu ou mal de l'artillerie.

« Je comprends, la vieille de Sommethonne avait raison : l'ennemi connaît le pays qu'il a étudié minutieusement. Des troupes débouchant de la forêt, comme nous le faisons, ne peuvent pas placer leurs batteries autrement que dans la bande de terrain comprise entre le chemin et les bois. Les Allemands ont déjà la hausse du chemin creux ; ils cherchent celle de la lisière du bois. Ça ne traîne pas. En trois salves elle est trouvée et le tir d'efficacité commence. Les obus pleuvent sur nos batteries. »

Mais les batteries françaises finissent par trouver un objectif et elles répondent vigoureusement. Les Allemands tirent beaucoup, mais mal ; les « gros noirs » font du bruit, une énorme fumée et surprennent ; quant aux obus de 77, on s'en préoccupe à peine.

A 11 heures, le 2e corps d'armée a trois régiments de sa division de tête à Tintigny et à Bellefontaine. Le 4e régiment de sa division et une brigade de l'autre division sont engagés sur le front Meix-devant-Virton-Houdrigny. Mais, vers la même heure, le commandant du 5e corps d'armée fait connaître que sa gauche n'a pu déboucher de Signeulx et qu'il est obligé de l'étayer.

Vers midi, la bataille semble s'arrêter. Le 2e corps prépare une contre-attaque, c'est le 51e qui en est chargé.

Dans la nuit du 21 au 22, le 51e régiment (3e division) a quitté Montmédy et traversé la frontière. Entré en Belgique, il est à 1 kilomètre de Villers-la-Loue, quand il est pris sous un feu violent d'artillerie lourde. Les soldats font connaissance avec les gros obus qu'ils appellent déjà les « marmites ». Successivement, huit compagnies sont engagées pour aider le mouvement des autres régiments de la division au nord de Villers-la-Loue. Le village est bombardé : obus, shrapnells. Malgré le feu terrible des mitrailleuses et de l'artillerie lourde allemande, le 51e réussit à occuper

(1) R. Deville, *Virton-la Marne*, p. 28.
(2) Robert Deville, *Virton-la Marne*, p. 31.

PARC D'ARTILLERIE EN FORÊT

Meix-devant-Virton qu'il garde jusqu'au lendemain matin.

Il est 5 heures.

« ...Ce fut une vision inoubliable que celle du champ de bataille en ce moment. Dans le lointain, tous les villages brûlent, les canons envoient leurs dernières salves et les obus éclatent comme des fusées de feu d'artifice. Un convoi de blessés se profile sur la crête. Cependant, je demeure avec l'impression que nous ne courons aucun danger de ce côté-là... Je viens de voir un officier du 42e (c'était le régiment d'artillerie qui, depuis le matin, était coupé de nous avec sa division). Ils se sont battus comme des lions ; peu de pertes. Ils sont en communication avec nous par la gauche (1). »

A partir de ce moment, le 2e corps combine son action avec celle du 4e corps (3e armée) qui, depuis le matin, se bat devant Virton. Les deux corps font leur liaison sur les pentes de Robelmont-Houdrigny. Virton qui, pris sous le feu de l'ennemi, avait été en partie abandonné par la 8e division du 4e corps, est réoccupé vers 5 heures du soir. Les troupes allemandes qui avaient passé entre Ethe et Virton sont refoulées en deçà de Belmont. Virton reste entre nos mains.

(1) Général Bon, *Billet d'un mutilé*.

Tout le monde, au 2e corps, a la même impression, la journée a été rude, mais ne marque nullement un échec : « Nous restons sur nos positions », dit un officier d'état-major. « En somme, dans notre secteur, la journée, sans être bonne, n'a pas été aussi mauvaise que nous le craignions. Notre infanterie a légèrement progressé, mais n'a pu entamer la ligne principale des tranchées allemandes ; car il y avait bien des tranchées et sérieusement organisées (1).

La philosophie ou plutôt la leçon de la

(1) Deville, p. 43.

journée me paraît très finement dégagée par le jeune et intelligent officier, auteur de *Virton-la Marne* :

« ...Le soir même de la bataille, nous échangeons le résultat de nos observations. D'abord, nous n'avons pas d'artillerie lourde pour répondre aux 105 et 150 des Allemands. Leurs avions ont déployé une grande activité pendant toute cette journée, signalant des objectifs aux artilleurs en laissant tomber des fusées. Par contre, pas un appareil français, du moins dans notre secteur, ne s'est montré. Nous n'avons pas vu d'infanterie ennemie. Cela nous apprendra à cacher la nôtre et à faire des tranchées. Une chose nous fait plaisir : c'est la quantité énorme de projectiles dépensés par les Allemands et l'inefficacité relative de leur tir... Nous devons profiter des enseignements de ce premier jour de bataille (1). »

Le général Bon confirme ces impressions :

« Si les corps d'armée voisins s'en sont tirés comme nous, c'est un vrai succès que d'être sortis sains et saufs de ce guêpier.

« Sauf des engagements d'avant-garde pénibles, les pertes avaient été légères ; l'artillerie était absolument intacte, les servants pleins de confiance en leur canon. Les officiers étaient confirmés dans leur méthode de tir et de combat. N'ayant eu presque ni tués ni blessés, tous se croyaient invulnérables. Les troupes d'infanterie avaient gardé le moral le plus solide. Les compagnies avaient toutes un effectif moyen de plus de 200 hommes » (2).

Cependant, du fait que le 2e corps avait été arrêté à la hauteur de Virton, un décrochement sensible s'était produit de ce point à Rossignol dans le front de l'armée, et le corps colonial avait ainsi été pris de flanc.

Considérons l'ensemble du rôle de la 4e armée dans cette première journée d'engagement. Malgré les incidents émouvants dont le plus grave fut l'épreuve terrible infligée à la 3e division coloniale à Rossignol-Saint-Vincent, la 4e armée n'avait pas subi une défaite : certains corps avaient tenu, certains avaient reculé. L'armée avait supporté bravement le choc terrible au-devant duquel elle s'était portée. Son front n'avait pas fléchi : il s'étendait, le 22 au soir, de Paliseul à la Vierre et à Virton. Tout ce que l'on peut dire, c'est que, dans une grande offensive, rester sur place ne suffit pas : il faut avancer.

La lutte avait été meurtrière, mais des deux côtés. L'ennemi avait subi de si fortes pertes qu'il ne songea même pas à entamer la poursuite et que le repli, commandé pour d'autres raisons que nous indiquerons bientôt, s'exécuta sans difficultés.

LA 3e ARMÉE PENDANT LA JOURNÉE DU 22 Nous avons indiqué la tâche complexe qui, d'après les ordres supérieurs, incombait à la 3e armée pour cette journée du 22 août. Tandis qu'en progressant en échelons refusés elle devait appuyer l'offensive de la 4e armée marchant droit au nord, elle avait à attaquer elle-même sur Virton, à dégager Longwy et à protéger le flanc des forces françaises contre les attaques des troupes allemandes sortant des camps retranchés de Thionville et de Metz ; il faut ajouter que, plus au sud, sa cavalerie et ses divisions de réserve avaient à défendre les Hauts-de-Meuse et Verdun.

Le général Ruffey a son poste de commandement à Murville (sud-ouest d'Audun-le-Roman).

Pour les tâches multiples qui leur incombaient, chacun des corps de la 3e armée avait reçu des instructions générales et des instructions particulières, qui, en tenant compte de la résistance des réalités, furent exécutées ainsi qu'il suit :

1° 4e *corps*. — Le 4e corps (général Boëlle) tenait la gauche de la 3e armée en liaison et en échelon légèrement refusé à l'égard du 2e corps appartenant à la 4e armée.

Les dispositions prises par le 4e corps en particulier, d'après les instructions générales venues de l'armée, avaient pour but de faire face à deux éventualités : 1° possibilité de déboucher sur Etalle avec une ou deux divisions, de façon à tomber dans le flanc des colonnes ennemies qui, d'Arlon, menaceraient le flanc droit de la 4e armée ; 2° possibilité

(1) Page 45.

(2) Voir, pour la marche des engagements du 2e corps, « Billet d'un mutilé », dans *France de demain*, août 1915

GABRIEL HANOTAUX
de l'Académie Française

HISTOIRE ILLUSTRÉE
DE LA
GUERRE DE 1914

LIRE dans ce Fascicule : *Les Glorieux Exploits du Corps Colonial*

FASCICULE N° 60

L'ÉDITION FRANÇAISE ILLUSTRÉE
(GOUNOUILHOU, ÉDITEUR)
30, Rue de Provence, Paris

PRIX NET : 1 franc
ÉTRANGER, PORT EN PLUS

A NOS LECTEURS

LES *deux premiers volumes* de ***L'Histoire de la Guerre de 1914*** ont donné l'exposé des faits historiques et diplomatiques qui ont précédé et amené la guerre, et qui engagent si lourdement la responsabilité de l'Allemagne.

Avec *le troisième volume,* l'historien est entré dans le vif de son sujet, le grand drame de la guerre.

Le *quatrième volume,* achevé avec le fascicule 52, est consacré au récit de ***La Bataille des frontières.***

L'auteur aborde maintenant les combats du Luxembourg et de la Meuse, pour en venir, dans les prochains fascicules, aux engagements de la Sambre et à cette retraite vigoureuse qui prépare la victoire de la Marne.

Par les renseignements qu'il a recueillis, par les travaux d'enquête et de recherches auxquels il s'est livré, par les conversations qu'il a eues avec les personnages officiels et les hommes politiques de l'Europe entière, l'historien a approché, d'aussi près que peut le faire un contemporain, de la source où peut se découvrir la vérité complète, sincère et impartiale.

C'est vraiment le tableau de la « grande guerre ».

GOUMIERS MAROCAINS

9 h. 15, le 135e, qui défendait Bièvre, demandait du renfort, le commandant de Lavalette et le colonel de Bazelaire blessés, la moitié des officiers et un tiers des effectifs hors de combat. A bout de forces, le 135e se replie par Petit-Fays sur la Semoy vers Vresse : mais tout le reste du corps tient bon. Le 77e refoulait l'ennemi dans un combat très opiniâtre entre Houdremont et Bièvre. A l'extrême-gauche, le 90e tenait en échec une colonne ennemie débouchant de Gedinne. Le général Dumas (17e division) télégraphie : « Nous avons jusqu'ici tenu en respect sans difficultés toutes les tentatives de l'ennemi contre Houdremont. J'évalue à deux batteries l'artillerie ennemie qui a eu à lutter contre mes neuf batteries. Ces deux batteries ont été à peu près réduites au silence. »

Il est 10 heures. A ce moment, le général de Langle a encore le sentiment qu'il peut reprendre l'offensive ou, du moins, contre-attaquer avec des chances de succès. Il ordonne à tous ses corps à la fois la marche en avant. Nous verrons que cet ordre ne put être suivi d'exécution dans la plupart d'entre eux. Mais, sur la gauche, le général Dumas reprend Houdremont un instant évacué. L'ennemi, contenu par notre artillerie, ne progresse que lentement et n'a poussé que de faibles fractions au sud de la ligne Houdremont-Bièvre.

L'après-midi s'avance. Le commandant du 9e corps, convaincu de la possibilité de se maintenir au bord de la Semoy, voulant à tout prix y conserver les têtes de pont susceptibles de faciliter ultérieurement la reprise de l'offensive de l'armée, presse le mouvement de la division du Maroc que la rencontre avec les divisions de cavalerie en retraite a retardé vers Aiglemont. Jusqu'à 16 heures, le combat continue à notre avantage, lorsque des troupes ennemies, venant de notre droite, débouchent dans le flanc du 77e à Petit-Fays.

On attend toujours la division du Maroc ;

elle arrive en hâte. Enfin voilà ses avant-gardes ! Elles sont à Pussemange, à Sugny. Mais le gros est épuisé d'une marche terrible. Qu'il puisse bivouaquer quelques heures et il entrera en ligne le lendemain 24, à la première heure. Le 23, à 8 heures du soir, le général Dubois rendait compte, en ces termes, de sa situation : « J'ai donné l'ordre de tenir coûte que coûte les ponts d'Alle, de Vresse, de Membre, de Bohan (le corps a donc gardé la ligne de la Semoy). J'ai, d'autre part, fait appel au général commandant la division du Maroc (général Humbert). Je lui ai prescrit, quelle que soit la fatigue de ses troupes, de pousser ce soir ce qu'il pourrait sur Pussemange et Sugny. J'espère y avoir cinq ou six bataillons dans la nuit. Outre ces bataillons, je disposerai de six bataillons de la 33e brigade qui, bien que fatigués par quatorze heures de combat, sont encore susceptibles d'un effort et de quelques éléments de la 36e brigade, ces derniers n'étant plus aptes à être employés que comme réserves. L'état moral est bon. »

LE GÉNÉRAL HUMBERT
COMMANDANT LA DIVISION DU MAROC

Des combats de nuit très violents s'engagent pour la possession de la Semoy. La 17e division refoule l'ennemi à Orchimont : mais il a passé la rivière sur certains points, et le général Dumas, se sentant en péril avec la rivière à dos, prend ses dispositions pour se replier sur la Semoy juste au moment où, vers minuit, on reçoit l'ordre du commandant de l'armée prescrivant la retraite générale sur la Meuse.

Cette journée du 23 août au 9e corps est ainsi vue par un soldat appartenant à la 17e division :

« Il y avait, pour le matin du dimanche 23 août, un ordre d'offensive. A 4 heures, nos troupes quittèrent leur campement avec précaution, elles se glissèrent dans le brouillard du plateau. Le bourg de Gedinne, vers où convergeaient plusieurs voies, marquait notre premier objectif... Tout à coup, la fusillade crépita... Assaillie dans Gedinne par l'infanterie allemande, notre cavalerie se replie... Une averse fine et drue tombait. Le front de la division à l'ouest et à l'est débordait les deux villages de Bièvre et Louette-Saint-Pierre... Le soleil tarit la pluie. Les Allemands attaquaient fortement, non par leurs soldats qui ne se montraient point, mais par une grêle d'obus. A gauche, la lutte demeurait indécise ; mais notre aile droite dépêchait de mauvaises nouvelles. Accablé depuis quatre heures et décimé, un régiment (le 135e) lâchait du terrain, et l'ennemi cherchait à nous encercler. Dans le même instant parvenait de l'armée l'ordre de retraite.

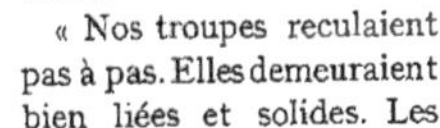

« Nos troupes reculaient pas à pas. Elles demeuraient bien liées et solides. Les Allemands d'ailleurs n'attestaient nulle énergie, ne nous poussaient pas, ne nous suivaient toujours que de leur mitraille... Harassés, nos soldats, les armes près des mains, s'endormaient sur le sol. Ah ! certes la journée ne s'accomplit pas au gré de leurs présages. N'imaginaient-ils pas, la veille, des fanfares furieuses, des ivresses sanglantes, des Boches qui s'éparpillent et qui détalent... Et voilà ; c'est la retraite. Pourquoi ? Pourquoi recule-t-on ?..... Devant cette guerre dépouillée de ses oripeaux, terne et sale, nos soldats frémissaient de déception et de colère... »

Surprise, déception, colère, tel était, en effet, l'état d'âme du soldat.

MONTMÉDY. — LA PLACE DE L'HOTEL-DE-VILLE

LE 11e CORPS DANS LA JOURNÉE DU 23 Nous avons vu que, pour le 23 au matin, le 11e corps avait reçu l'ordre de se porter sur Merny-Paliseul-Offagne, en s'appuyant sur le 9e corps pour déboucher au nord de Paliseul. Dès l'aube, Paliseul était occupé. Mais le corps a de la peine à déboucher au nord du village. Le refoulement des deux divisions de cavalerie produit un effet analogue à celui que nous avons signalé au 9e corps : il détermine un repli qui s'accentue vers 9 heures du matin.

La 60e division de réserve (général Joppé), s'étant portée à droite et abandonnant sa liaison avec le 9e corps, venait peser sur la gauche du 11e corps. Celui-ci, qui a abandonné la ligne de Paliseul et s'est replié sur Sensenruth et Noirfontaine, direction de Bouillon, reçoit vers 10 heures l'ordre de l'armée de reprendre l'offensive sur Bellevaux et Mogimont.

Mais le corps est dans l'impossibilité d'exécuter cet ordre : vers 13 heures, il n'a plus que quelques éléments à Sensenruth et à Noirfontaine, et ses gros se sont reportés au sud de la Semoy. La 60e division de réserve l'accompagne dans son mouvement, mais plus lentement : à 14 h. 30, elle a évacué Oizy-Baillamont ; elle tient encore Vivy, Gros-Fays ; son artillerie est à la cote 422 (sud-est de Cornimont).

Le 11e corps a fait subir de fortes pertes à l'ennemi, ainsi qu'en témoigne un carnet de route allemand ; l'auteur est un sous-officier du 69e de réserve (15e division du VIIIe corps de réserve) :

Dimanche 23 août (au nord de Paliseul). — A 5 h. 30, nous sommes déjà engagés. Nous nous déployons, sans avoir rien mangé depuis vingt-quatre heures. Horreurs d'un combat ! Un village flambe à notre gauche. En face de nous étaient les régiments d'infanterie 116e et 62e (22e division du 11e corps français), ainsi que de l'artillerie. Les morts couvrent au loin la plaine ; nous prenons six canons et beaucoup de munitions. Nous sommes restés de 7 h. 30 à midi et demi sur la ligne de feu, puis l'ennemi se retire et nous faisons la soupe... Le soir, on voit brûler beaucoup de villages. Toute la nuit, nous n'avons pas de repos ; le plus long arrêt est d'une heure, puis on reprend la marche en avant. Notre convoi d'approvisionnement est pris par les Belges, de même les voitures de munitions. Le régiment no 30 de réserve a de lourdes pertes aux avant-postes. Là-dessus, nous sommes commandés comme soutien d'artillerie et l'accompagnons toute la nuit. Régi-

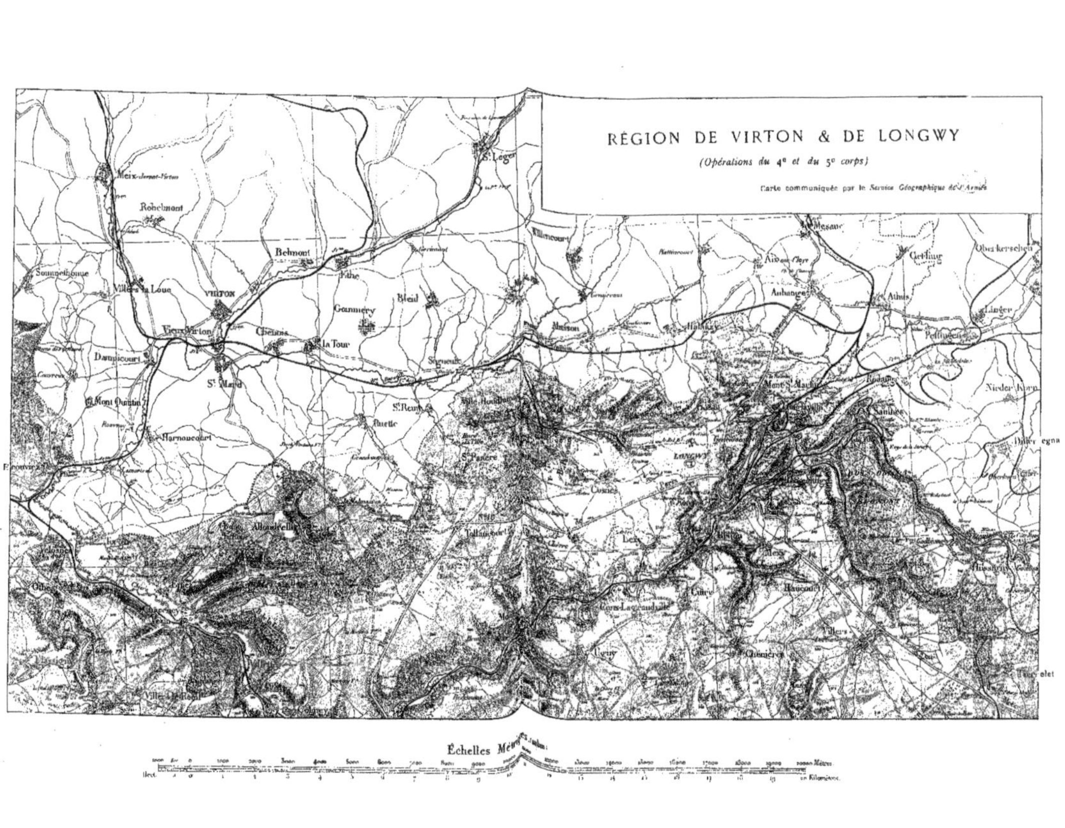
RÉGION DE VIRTON & DE LONGWY
(Opérations du 4e et du 5e corps)
Carte communiquée par le Service Géographique de l'Armée
VIRTON
Vieux Virton
St. Mard
Meix-devant-Virton
Robelmont
Belmont
Ethe
Gennery
Bleid
Chenois
La Tour
Dampicourt
Mont Quintin
Harnoncourt
St. Léger
Musson
Halanzy
Aubange
Athus
Mesancy
Gerling
Oberkerschen
Linger
Pettingen
Rodange
Niederkorn
Saulnes
LONGWY
Cosnes
Tellancourt
Allondrelle
Villers-la-Loue
Sommethonne
Ville-Houdlémont
St. Pancré
St. Remy
Ruette
Sagnon
Ugny
Villers
Hussigny
Cons-Lagrandville
Chenières
Échelles Métriques
Kilomètres
Mètres

MONTMÉDY-HAUT. — PONT-LEVIS

ments d'infanterie française : 225e et 325e (9e corps et 60e division de réserve) ; nous avons fait cent vingt prisonniers, pris deux mitrailleuses et enlevé une colonne de munitions. Les régiments (allemands) 118e et 117e (qui forment la 50e brigade de Mayence : 25e division du XVIIIe corps) *ont des pertes particulièrement lourdes.*

Le recul du 11e corps au sud de la Semoy, vers Rochehaut, Poupehan, Corbion, Bouillon et même Francheval, découvre, comme nous l'avons vu, le flanc du 9e corps, alors que celui-ci se disposait à tenir sur les hauteurs sud de la Semoy. A 23 heures, le général Dumas télégraphiait encore de Cérivaux : « Je suis prêt à reprendre du champ vers le nord et l'offensive, si mes camarades, *à ma droite* et à ma gauche, dégageant mes ailes contre l'enveloppement qui s'exécute, marchent au moins à ma hauteur. » Mais « l'encadrement » qu'il réclamait était déjà chose impossible : le 11e corps, entraînant la 60e division, avait passé la frontière.

Tel était l'effet, à peu près inévitable, de cette disposition en échelons qui avait si gravement compliqué la tâche de la 4e et de la 3e armée et qui, dans la retraite, devenait plus grave encore, chaque corps étant pris de flanc, *toujours à droite*, si son voisin venait à perdre du terrain.

Le 11e corps infligeait cette loi au 9e, mais il la subissait lui-même en raison de la position fâcheuse où la journée du 22 avait placé le 17e corps.

LE 17e CORPS DANS LA JOURNÉE DU 23 La situation du 17e corps était, comme nous l'avons indiqué, une cause de trouble et de dislocation pour le front de la 4e armée. A la suite de la surprise du bois de Luchy, la 66e brigade, toute désemparée, s'était portée dans le plus grand désordre vers Bouillon, troublant tout le terrain d'évolution du 17e corps et du 11e corps d'armée.

Dans la soirée du 22, le général Poline, selon les ordres de l'armée, avait envoyé sa division de gauche, la 34e division, à l'appui du 11e corps,

CHARLEVILLE. — LA PLACE DUCALE

essayant de déboucher de Maissin sur Paliseul. Mais l'attaque sur Maissin n'ayant pas réussi, ces troupes avaient reflué. Dans la nuit du 22 au 23, le général Poline, craignant de laisser des troupes impressionnées sous le coup d'une attaque de nuit dans un pays boisé où les liaisons et les communications étaient très difficiles même de jour, avait décidé de reporter ses troupes derrière un obstacle où elles pussent se réorganiser. Il prescrivait donc, vers 19 heures, à tout le corps de se replier derrière la Semoy, la 33ᵉ division sur Herbeumont, la 34ᵉ sur Cugnon et Dohan. Ces dispositions prises, le général commandant le corps envoie son chef d'état-major, le colonel Grégoire, pour rendre compte au général commandant l'armée à Stenay.

A son retour du quartier général de l'armée, le colonel Grégoire apporte l'ordre de s'établir derrière la Chiers, quartier général à Amblimont. C'est un recul marqué ; la frontière est abandonnée. Le mouvement de retraite de Bouillon sur Douzy est commencé à 4 heures. Les troupes en retraite sont mêlées : le 87ᵉ du 2ᵉ corps se repliant de Neufchâteau se rencontre avec les formations du 17ᵉ corps. A Amblimont, on se remet au travail : il faut réorganiser les unités, dont quelques-unes, notamment de la 66ᵉ brigade, ont beaucoup souffert. Il faut reconstituer les cadres qui ont été décimés au 11ᵉ et au 20ᵉ d'infanterie ; refaire une artillerie à la 33ᵉ division. Le général de Langle vient à Amblimont dans la matinée du 24 et prescrit au commandant du corps de réorganiser ses troupes entre Meuse et Chiers, sur le front : Vaux, Euilly, Mairy, Remilly. Ce front est réparti entre les deux divisions : 33ᵉ à droite, de Vaux à Euilly, 34ᵉ à gauche.

C'est tout ce que l'on peut demander au 17ᵉ corps.

LE 12ᵉ CORPS DANS LA JOURNÉE DU 23 L'ordre général de l'armée prescrivant la retraite générale, et daté du 24 août 0 h. 45 (c'est-à-dire 23 août minuit 3/4), s'exprimait en ces termes : « A la suite de l'attaque dont le 12e corps a été l'objet dans l'après-midi du 23, dans la clairière de Florenville, l'armée est obligée de céder du terrain. »

En effet, le 12e corps avait été victime à son tour de cette loi de répercussion de corps à corps qui fut la cause principale de nos échecs dans cette région. Par suite de la disposition en échelons, chacun regarde son voisin et a une tendance presque invincible à s'aligner sur lui. Telle est la supériorité de la manœuvre : jetant les forces vers un objectif de convergence et non simplement droit devant elles, elle subordonne la décision des événements à la volonté de l'esprit qui l'a conçue.

Nous avons montré le 12e corps (général Roques) très solide et même victorieux à Saint-Médard-Straimont, dans la journée du 22. Mais aussi, dans cette même journée du 22, il est attaqué de flanc, à droite, et presque au sud par des troupes allemandes venant d'Izel et de Jamoigne. Il les a tenues en respect en combinant ses efforts avec ceux du corps colonial. Mais ce corps n'ayant pu progresser le 22, le 12e corps se trouve en présence d'une situation plus critique encore dans la journée du 23. En effet, l'ordre général de retraite étant donné, le général Roques, venant de Saint-Médard, a pour perspective de repasser les bois et la clairière de Florenville avec un ennemi renforcé sur son flanc.

Ce fut une des heures les plus pénibles de la grande bataille : le 12e corps était en flèche par rapport à sa gauche (17e corps) et à sa droite (corps colonial). S'il n'était pas soutenu alors qu'il était attaqué par sa base dans des bois épais, qui facilitaient la manœuvre ennemie, il était perdu. Mais, dans un sentiment très haut de la gravité des circonstances, le 12e corps et le corps colonial combinèrent admirablement leurs efforts. Le corps colonial, faisant face à Izel-Jamoigne, tint la clairière de Florenville pendant que le 12e corps défilait en combattant à travers bois, *dix heures durant*. Ce fut une journée terrible, pleine d'émotion et d'angoisse. L'union entre les deux corps d'armée fut le salut.

La 24e division, qui avait franchi la veille la route de Neufchâteau à Bertrix à hauteur de Rossart, avait reçu l'ordre de se replier sur la lisière nord de la forêt d'Herbeumont. Au point du jour, elle fut criblée d'obus : — ordre de retraite sur Florenville-Chassepierre, puis, à la nuit tombante, bivouac sur Matton-Deuxvilles-Mogues.

Le 12e corps avait ainsi débouché du traquenard de Florenville. Il avait ordre de se retirer sur la Chiers. Selon des instructions précises, où la main du haut commandement se fait sentir, le 12e corps s'installe sur la rive nord de la Chiers et aide ainsi à soutenir la retraite du 17e corps et du corps colonial. Le 12e corps occupe la zone Carignan-observatoire de Saint-Walfroy (entre Margut et Bièvres). A sa gauche, quelques éléments du 17e corps devaient défendre Carignan; à droite et sur la rive sud, quelques éléments du corps colonial étaient postés sur le massif de Saint-Walfroy.

Il faut remarquer, d'ailleurs, qu'après la retraite de Florenville, il n'y avait pas eu de poursuite de la part de l'ennemi. Entre les deux adversaires le terrain était vide. Pas même une patrouille de cavalerie allemande. Tout au contraire, les patrouilles de cavalerie française purent retourner à Florenville jusqu'au 23 au soir. On apprit, par la suite, que les forces allemandes n'avaient occupé Saint-Médard que le 23 après-midi. L'ennemi agissait surtout par son artillerie.

Un combattant allemand du 88e de réserve (21e division du XVIIIe corps de réserve) écrit :

« 23 août : De Warmifontaine, nous n'allâmes qu'à Martilly, où les Français s'étaient retranchés. Encore que les Français eussent été battus, ils tirèrent sur nous toute la nuit. »

LA MEUSE A MÉZIÈRES

LE CORPS COLONIAL DANS LA JOURNÉE DU 23 Nous avons dit le sort de la 3e division du corps colonial dans la journée du 22 août. Cernée à Rossignol et en grande partie détruite, ce qui restait de ses éléments dissociés n'avait pu que se porter en grand désordre vers le sud-ouest pour repasser la Semoy vers Jamoigne, le pont de Breuvannes étant coupé; heureusement, ils avaient rencontré là la 2e division (général Leblois) qui, gardée en réserve d'armée, s'était, dans l'après-midi du 22, portée jusqu'à la rivière, et avancée sur Jamoigne : celle-ci recueillit les débris de la 3e division et fit tête aux Allemands qui poursuivaient leur succès.

La 2e division s'organisa solidement entre Izel et Jamoigne ; elle réussit à arrêter l'offensive allemande et même à la refouler sur plusieurs points.

Le 23, elle était attaquée de nouveau par des forces supérieures en nombre qui tentaient de prendre de flanc le 12e corps pour couper sa retraite sur Florenville. Or, l'ordre de l'armée avait prescrit au corps colonial de tenir à tout prix la position organisée à l'Est de Jamoigne et de faire effort sur Saint-Vincent-Bellefontaine pour rétablir la liaison avec le 2e corps. Nous venons de dire comment l'heureuse combinaison des forces du 12e corps et du corps colonial déjoua les projets de l'ennemi. Le 12e corps put se dégager, passer les bois, traverser la rivière, tandis que le général Leblois tenait vigoureusement sur Izel-Jamoigne. Vers 2 heures, cependant, cette division, n'étant plus couverte ni à sa droite ni à sa gauche et se trouvant près d'être tournée, se retirait sur une position meilleure, choisie par son chef à 3 kilomètres en arrière (cote 370) dans la forêt de Merlanvaux. Sur cette position, la division arrêta jusqu'au soir les attaques allemandes appuyées par le feu redoublé de la grosse artillerie. Elle aurait pu

COLONNE D'INFANTERIE ALLEMANDE EN MARCHE

sans doute continuer à tenir, en infligeant des pertes sévères à l'ennemi, si elle n'avait, le 23 à 7 heures du soir, reçu l'ordre de battre en retraite.

Une seule route s'ouvrait, sous le feu de l'artillerie allemande, vers le village bombardé de Pin (un peu au sud d'Izel) qu'il fallait traverser. La division se replia face à l'ennemi qu'elle contint, en se portant vers la Chiers, ayant reçu l'ordre d'occuper la forte position de Saint-Walfroy.

Le 24 août au matin, le corps colonial occupait le front Thonne-le-Thil, lisière nord des bois de Soureill et de Signy, Saint-Walfroy.

Chez l'ennemi, au VIe corps, dont les éléments ont combattu à Tintigny, tout ne va pas pour le mieux. Un combattant du 38e (11e division) écrit :

23 août. — Les marches, par suite de la mauvaise alimentation, mettent à une rude épreuve la force, l'endurance et la discipline de nos soldats. L'estomac vide, cette marche du matin fut terrible.

24 août. — Aujourd'hui, nous avons pénétré en France (par la forêt de Merlanvaux). Violente canonnade pour purger la contrée d'ennemis. Chaque nuit, nous avons une brillante illumination ; plusieurs villages flambent et les vaches beuglent plaintivement dans le silence de la nuit.

25 août. — Nous passons par le village d'Herbeuval... Le bataillon se déploie en plusieurs échelons de tirailleurs, mais un cavalier nous apporte l'ordre de la division de nous replier. Le gros des bagages a repris le contact et nous aurons, tout au moins, du pain.

Mais le VIe corps a remporté, le 22, le succès chèrement acheté de Rossignol, et il a signalé, le 23 août, à son voisin de droite, le XVIIIe de réserve, que 3.000 hommes et 32 canons avaient été pris.

LE 2e CORPS DANS LA JOURNÉE DU 23 Nous avons dit la situation, en somme satisfaisante, du 2e corps, le 22 août au soir, devant Virton et Meix-devant-Virton. Selon l'ordre de l'armée reçu la nuit, le 2e corps devait se maintenir sur le front Houdrigny-Meix-devant-Virton, lisière des bois sud-ouest de Bellefontaine, en liaison à droite avec le 4e corps (3e armée). Dans la matinée du 23, la canonnade allemande sur le front de ce corps avait cessé. Cependant les mortiers allemands bombardaient Mont-Quintin, c'est-à-dire la jonction entre le 2e corps et le 4e corps (armée Ruffey). Le 2e corps, se trouvant en flèche entre le corps colonial en pleine retraite et le 4e corps de l'armée Ruffey, avait dû lui aussi se replier.

Le général Gérard, de son poste de commandement d'Avioth, avait prescrit, le 23, à 7 heures du soir, l'occupation pendant la nuit de la ferme d'Orval et de Villers-devant-Orval par la 7e brigade, avec deux groupes d'artillerie de corps. Le 120e devait repartir à Breux, le 9e et le 8e bataillon de chasseurs à Avioth. La 3e division, avec deux groupes d'artillerie de corps, devait se dérober de Meix-devant-

REVIN. — PONT SUR LA MEUSE

Virton et occuper le front défensif Villers-la-Loue, le Haut-Bois, ferme du Hayon, cote 315, en assurant sa liaison à Mont-Quintin avec le 4e corps (3e armée). Le lieutenant-colonel commandant le génie du corps d'armée, recevait les ordres pour commencer, dès le 24 matin, les travaux sur les positions du secteur nord de Montmédy.

Le 24 août au matin, le 2e corps d'armée occupait le front Grand-Verneuil, ferme Saint-Valery-Thonne-la-Long-Avioth.

Voici un des aspects de cette retraite :

« En rentrant à Montmédy, le 24 août au soir, je m'asseois au café de la Gare : c'est bien vrai, nous battons en retraite. On évacue la gare, je vois partir deux trains emportant le matériel et le personnel. La veille, nous avions déjà entendu l'explosion du tunnel de Longwy; ce soir, c'est le bruit du canon de la place qui parvient à nos oreilles.

« Il y a quatre jours, lors de mon passage à Montmédy, alors que nous marchions en avant, j'avais dîné gaiement avec le commandant de l'artillerie. Que vont devenir les défenseurs de ce pauvre îlot rocheux, lorsqu'ils seront submergés par le flot de l'armée envahissante ? La place n'est pas un abri ; les pièces sont toutes vues de l'extérieur... Pourtant la fortune avait été relativement favorable à notre corps d'armée. Nous avions échappé au guet-apens qui attendait notre armée dans la forêt du Luxembourg belge... Le lendemain, je passai une heure au pied de la statue de Chanzy à voir défiler, dans la nuit noire, les canons et les voitures qui montaient la rampe glissante. Le souvenir de celui qui, en 1870, n'avait jamais désespéré de la fortune de la France, planait sur nous, excitant nos énergies et réveillant nos espoirs (1). »

Il y aura lieu de revenir sur le sort de la place de Montmédy.

En résumé, à la fin de la journée du 23, la 4e armée tenait la ligne Vresse-Bouillon-Messincourt-Saint-Walfroy-Villers-la-Loue, et le général de Langle de Cary prescrivait de se maintenir solidement le lendemain.

(1) Général Bon, *Billets d'un mutilé.*

LA 4e ARMÉE DE LANGLE ET L'ARMÉE VON HAUSEN DANS LES JOURNÉES DU 24 ET DU 25 AOUT

Les journées du 24 et du 25 août sont, pour la 4e armée, les journées d'une retraite franchement dessinée. Le quartier général de l'armée s'était installé à Le Chesne.

Dès le matin du 24 août (0 h. 45), l'ordre général de l'armée pour la journée constate, qu'à la suite de l'attaque dont le 12e corps a été l'objet dans l'après-midi du 23, l'armée est obligée de céder du terrain.

Le corps de cavalerie se maintiendra dans ses cantonnements. Le 9e corps, se conformant au mouvement de la 60e division de réserve, se repliera dans la zone Mézières-Cons-la-Grandville-Gernelle-Lumes, prêt à passer sur la rive gauche de la Meuse.

A sa gauche, la 52e division viendra tenir les passages de la Meuse de Mézières à Revin. La 60e division de réserve, qui marche de concert avec le 11e corps, se repliera sur la Meuse entre Donchery et Nouvion.

Le 11e corps établira avant le jour une brigade et de l'artillerie sur les hauteurs de Francheval, en se couvrant à l'est par des détachements dans la forêt des Ardennes, et se repliera sur la rive gauche de la Meuse entre Remilly et Frénois.

Le 17e corps résistera sur la Chiers de Douzy à Carignan.

Le 12e corps résistera sur la droite de la Chiers, son centre à Charbaux, couvrant les ponts de Blagny, Linay, La Ferté.

Le corps colonial s'établira sur la position Saint-Walfroy-Thonne-le-Thil.

Le 2e corps prendra position avant le jour à hauteur d'Avioth et de Thonne-le-Long, sa droite en liaison avec le 4e corps et contre-attaquera, si c'est nécessaire, pour dégager le corps colonial. (Nous avons donné plus haut la situation de ces deux corps le 24 au matin.)

On prescrit d'établir partout des ponts de bateaux sur la Meuse. Ainsi, on abandonne la Semoy, on repasse la frontière, et les corps se trouvent à cheval sur la Chiers et la Meuse, en profitant des hauteurs pour défendre les passages, mais avec la résolution arrêtée en ligne générale de se porter derrière la Meuse.

Seul, le 9e corps était encore engagé au nord de la Semoy ; il vient de recevoir le renfort de la division du Maroc qui, sous les ordres du général Humbert, est en rassemblement largement articulé sur le front Aiglemont-Cons-la-Grandville-Gernelle. Grâce à cet appui, la 17e division, que son entrain de la veille avait, selon les ordres d'offensive, porté tout à fait en flèche, peut repasser sans perte et sans accident la partie la plus large et la plus difficile de la forêt des Ardennes. La retraite du 9e corps s'opère dans le plus grand ordre, le mouvement échappant, semble-t-il, à l'ennemi, qui a subi un double et sensible échec dans le cours de la nuit.

A midi, les Allemands se sont approchés de la Semoy.

Le matin, le 69e régiment de réserve allemand (15e division du VIIIe corps de réserve) avait attaqué Sensenruth. Un combattant de cette unité écrit :

Lundi 24 août. — Fourbus du combat et de la marche, nous retournons prendre position ; l'ennemi est rejeté dans un grand bois ; on tire sans succès sur un avion ennemi. A la sortie du bois (entre Bellevaux et Ucimont), la division reçoit un feu violent sur son front et son flanc droit ; là-dessus, l'artillerie et les mitrailleuses se portent en avant et repoussent les tirailleurs de deux régiments. Nous nous déployons le long d'un bâtiment en flammes vers Sensenruth. Le village de Sensenruth est pris d'assaut et pillé. Cigarettes, crème, miel, mouchoirs, bas. Les hommes pillent et dévastent les maisons une à une. Chez le maître d'école, on vide la cave : vin rouge, champagne ; puis nous allons faire la soupe. La Semoy est une rivière qui traverse Bouillon. C'est là que nous cantonnons ; le vin coule à flots. A 9 h. 30, alerte. La division se porte en avant à marche forcée, puis rentre à 11 heures. Le pays est superbe, les habitants très craintifs.

Cependant, la 17e division française exécutait son mouvement de repli par une chaleur accablante et arrivait vers midi à Aiglemont pour la grand'halte. Elle en repartait dans la soirée pour Mézières-Charleville-Warcq, et y prenait ses cantonnements.

L'ÉGLISE DE FUMAY

« Ce jour-là, pour la première fois, raconte un témoin, nous assistons à l'exode lamentable des populations belges qui fuient devant l'incendie et les fusillades de l'envahisseur. Les routes s'encombrent de lourds véhicules, surchargés du mobilier et des objets que ces malheureux tentent de soustraire au pillage et à la destruction ; elles sont couvertes de femmes, d'enfants, de vieillards, en proie à l'épouvante, traînant avec eux des malades et du bétail. Le nombre en est tel que la circulation en est fortement ralentie. Ce triste spectacle eût été de nature à influer sur le moral des troupes s'il n'eût pas été aussi solide. »

Un peu avant la nuit, les troupes de la division du Maroc se replient à leur tour, sans avoir été inquiétées, et vont cantonner à Mohon-Villers-devant-Mézières-Lumes. L'ennemi à qui les combats des deux jours précédents ont montré la qualité des adversaires qu'il a devant lui, ne met aucune hâte à s'engager dans les défilés forestiers ; sa cavalerie a si peu de mordant qu'elle perd le contact et ne dépasse pas la Semoy.

A la 52e division de réserve (général Coquet), on avait passé la nuit en alerte. Des villages belges au loin étaient en flammes, Hérissart, Orchimont. Au petit jour, l'ordre parvint de l'armée de reprendre les emplacements primitifs sur la rive gauche de la Meuse. Les bataillons de Willerzie sont revenus à bonne allure et en bonne disposition. A 10 heures du matin, le 24, tous les éléments ont repassé la Meuse et le pont de bateaux de Monthermé est replié.

« 9 heures, par cette belle journée du 24 août. La compagnie, enfoncée dans ses tranchées, attend l'attaque... Vers les Vieux-Moulins d'Hargnies, c'est un mouvement incessant de cavaliers qui, à grande distance, semblent chercher à reconnaître notre position ; des masses noires en marche, encore très éloignées, évoluent dans la plaine... Malheur! il nous faut reculer sans combattre! Toute l'armée bat en retraite, évacuant la Belgique... Sur la route de Monthermé à Château-Regnault, le bataillon (58e bataillon de chasseurs) descend tristement des hauts plateaux schisteux vers la vallée de la Meuse... La troupe est morne. Pêle-mêle entassés, se pressant, se heurtant, des hommes, des vieillards, des femmes et des enfants suivent la route, dans une masse confuse. A grand'peine, à coups de crosse, la troupe garde un ordre relatif, constamment menacée d'être emportée dans le torrent des fuyards. On vient de traverser la clairière de Sècheval ; l'ombre s'allonge ; le soleil descend à l'horizon... Une bonne nouvelle, nous partons cette nuit en autobus. On a réclamé d'urgence des troupes à Fumay pour défendre les passages de la Meuse ; les 7e et 9e compagnies du bataillon s'y rendront. Une panique inexplicable a emporté cette nuit dans une commune déroute toutes les troupes qui défendaient les rives de la Meuse, de Fumay à Givet ; seules, une dizaine de sections ont tenu bon ; le commandant Cody, chargé de la défense du secteur, demande en toute hâte des renforts. Malheureusement, on n'a rien sous la main et l'on ne peut envoyer que nos deux compagnies de chasseurs avec une batterie et un escadron de dragons (1). »

A 10 heures et demie du soir, ordre est donné à la 52e division de faire sauter tous les ponts de la voie ferrée entre Mézières et Fumay.

Pour la journée du 25 août, les ordres généraux de l'armée vont prescrire la conduite du 9e corps qui, par suite de la présence de forces ennemies considérables aux abords du coude de la Meuse, prend, avec la 52e division de réserve, un rôle très important.

Mais voici, d'abord, les ordres généraux donnés aux différents corps de la 4e armée pour cette journée du 25 (24 août à 8 heures du soir).

Ordre général : la 4e armée reportera ses forces sur la rive gauche de la Meuse, en aval de Mézières, et sur la rive droite, entre Mouzon et Stenay. Organiser fortement les positions sur tout le front.

Ordres particuliers : tout à fait à l'extrême-gauche, la 4e division de cavalerie est rendue à la 5e armée qui, à la suite des événements que nous allons raconter bientôt, a son quartier général à Aubenton. La 9e division de cavalerie, qui reste à la 4e armée, a pour mission d'assurer la liaison avec la 4e division de cavalerie (c'est-à-dire la 5e armée) dans la région de Givet.

On tâche de parer à la fissure que l'armée von Hausen essaye d'agrandir entre la 4e et la 5e armée. La 52e division de réserve, que nous avons vu arrêtée le 23 sur les Hauts-Buttés,

(1) Henri Libermann, *loc. cit.*

BOUCLE DE LA MEUSE A MONTHERMÉ

s'emploiera à empêcher ce trou de se produire : elle défendra les passages de la Meuse de Mézières inclus à Revin inclus.

Le 9e corps repassera sur la rive gauche de la Meuse dès le soir du 24. Il est chargé d'interdire à l'ennemi les passages de la Meuse de Mézières exclus à Nouvion exclus. Il se tiendra prêt à diriger la division du Maroc sur Rimogne pour concourir, avec la 9e division de cavalerie, à assurer la liaison avec la 5e armée.

C'est toujours la même idée directrice, et elle est capitale en effet : ne pas laisser un vide se produire entre les deux armées. Nous verrons quelle influence cette pensée si sage eut, d'autre part, sur les décisions de la 5e armée et sur la suite des événements.

Le 11e corps continuera à se replier, de part et d'autre de Sedan, derrière la Meuse, de Nouvion à Remilly, et en défendra les passages. La 60e division de réserve l'accompagnera et l'aidera dans cette tâche.

Le 17e corps tiendra, au nord de Mouzon, la région Amblimont, signal 345, en liaison avec la droite du 12e corps ; il est, en outre, chargé d'interdire à l'ennemi les passages entre Remilly inclus et Villers-devant-Mouzon inclus ; il pourra se servir du pont de Mouzon.

Le 12e corps se repliera avant le jour sur la rive gauche de la Chiers, sa droite en liaison avec le corps colonial dans la région de Malandry, sa gauche dans la région d'Euilly, en liaison avec le 17e corps. *Si c'est nécessaire, il contre-attaquera pour soutenir le 17e corps au nord de Mouzon* (c'est-à-dire dans la direction de Carignan). Ce corps, en vue de cette manœuvre de soutien dont on sent toute l'importance, aura à sa disposition l'artillerie lourde d'armée jusque-là à Yoncq et la fera passer sur la rive droite de la Meuse si la situation le permet.

Le corps colonial, maintenant le plus longtemps possible l'occupation de Saint-Walfroy par une arrière-garde, repliera ses gros avant le jour dans la zone Lamouilly-Olisy-Martincourt et tiendra les ponts d'Inor et de Martin-

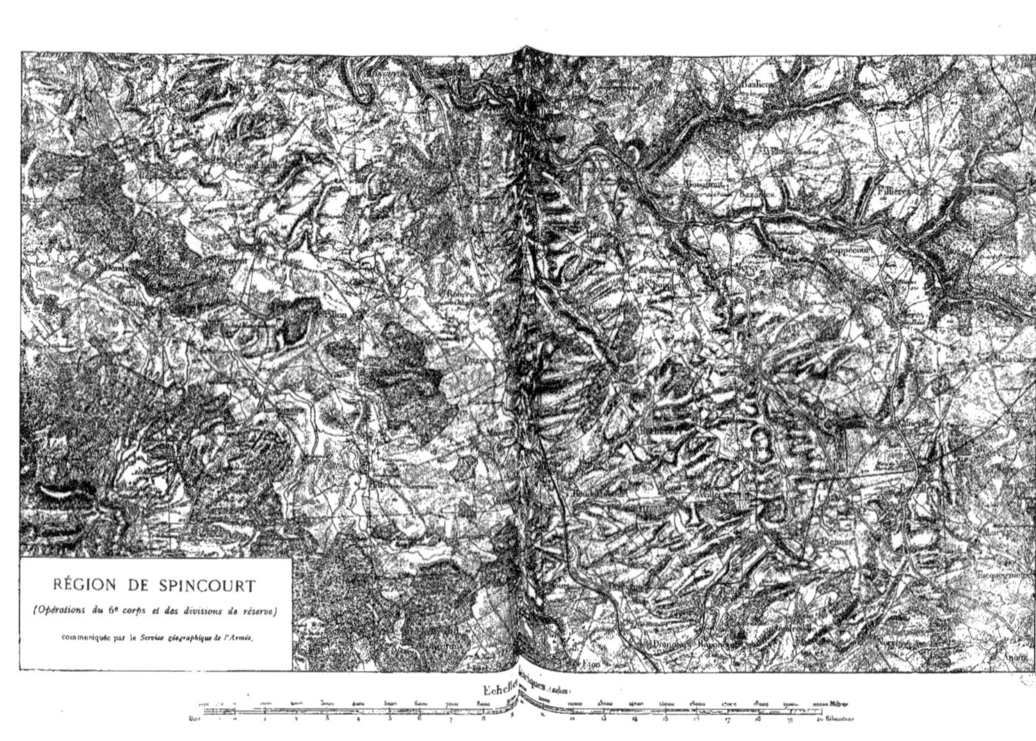
RÉGION DE SPINCOURT
(Opérations du 6e corps et des divisions de réserve)
communiquée par le Service géographique de l'Armée.

court. Il assurera sa liaison à gauche avec le 12e corps, à droite avec le 2e.

Le 2e corps (qui, comme on le sait, a très bien supporté les journées des 22-23-24 août) laissera une arrière-garde au sud-ouest de Thonne-le-Thil, en liaison avec l'arrière-garde du corps colonial et avec la place de Montmédy. Il repliera, avant le jour, son gros sur la Chiers entre Lamouilly inclus et Vigneul-sous-Montmédy inclus. Il constituera un détachement pour tenir la Loison sur Hanlès-Juvigny et Juvigny, dans le but d'assurer la liaison avec le 4e corps (3e armée) et de couvrir la direction de Baalon. Il contre-attaquera, par sa gauche, si c'est nécessaire, pour soutenir le corps colonial. Il fera tenir le pont de Sassey.

Résumons l'esprit de ces instructions : il fait honneur au chef qui les donne. Puisqu'il faut battre en retraite, la retraite se produit méthodiquement en s'accrochant aux moindres accidents de terrain, rivières ou hauteurs ; les corps qui ont gardé leur solidité (9e corps, 12e corps, 2e corps), s'offriront, en quelque sorte, aux coups de l'ennemi pour permettre à l'ensemble de l'armée de se reconstituer sur tout le front de la ligne de défense choisie par le commandement, c'est-à-dire le cours de la Meuse.

LE GÉNÉRAL VON HAUSEN

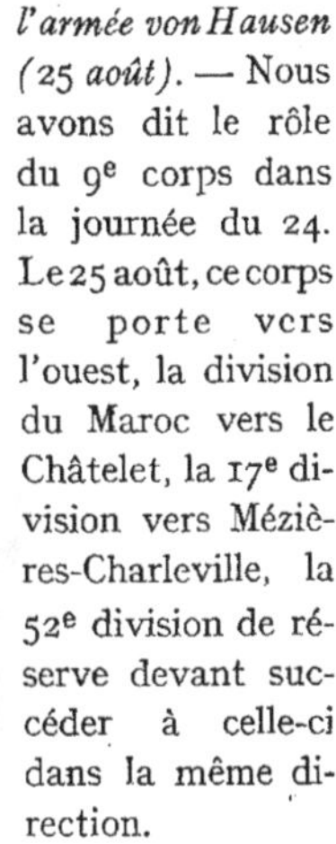

L'ennemi, d'ailleurs, très éprouvé, ne peut songer à s'engager dans une véritable poursuite, car il trouve partout à qui parler.

Voyons maintenant l'exécution.

9e *corps et* 52e *division de réserve, en face de l'armée von Hausen (25 août).* — Nous avons dit le rôle du 9e corps dans la journée du 24. Le 25 août, ce corps se porte vers l'ouest, la division du Maroc vers le Châtelet, la 17e division vers Mézières-Charleville, la 52e division de réserve devant succéder à celle-ci dans la même direction.

La grosse affaire de la journée, c'est la destruction des ponts ; il y avait à détruire un tunnel et dix ponts dont plusieurs n'avaient pas été minés d'avance. Sous la direction du colonel du génie Durieu, ce rude travail est accompli dans la journée. On ne garde que les passerelles indispensables à la surveillance de la rive droite de la Meuse.

A 19 heures, les troupes étaient installées dans les cantonnements qui leur étaient assignés, sous la protection d'avant-postes établis aux lisières sud du bois d'Harcy et de Renwez, face aux débouchés possibles d'un ennemi qui descendrait de Rocroi et de Revin par la rive gauche de la Meuse et la

VUE DE CHATEAU-REGNAULT

bordure occidentale de la forêt des Ardennes.

Mais, en réalité, l'ennemi est, de ce côté, encore éloigné du 9e corps : il pousse l'aile droite de la 5e armée française sur Mariembourg et l'aile gauche de la 4e armée (52e division de réserve) sur Revin : c'est au nord de ce dernier point qu'il est le moins éloigné du 9e corps.

Essayons, en effet, de situer à ce moment (25 août) l'armée allemande de von Hausen, qui, depuis le 21 août, a joué, comme nous le verrons bientôt, un rôle si menaçant pour la 5e armée établie sur la Sambre.

Le 21 août, à 10 heures du matin, la 32e division du XIIe corps (1) était rassemblée à Sovet (10 kil. nord-est de Dinant) ; elle combat dans cette région le 22 (Thynes) et le 23 (Lisogne et Bouvignes), passe la Meuse le 23 et s'établit près de Sommière (nord-ouest de Dinant). Le 24 août, le XIIe corps paraît ainsi rassemblé : 32e division vers Morville, 23e division vers Falaen. La journée du 25 est une journée de marche : la 32e division part de Morville, à midi, et par Rosée et Merlemont, se glisse entre Philippeville et Givet et gagne Dourbes le 26 à 5 heures du matin.

(1) Journal d'un officier saxon du 178e.

Nous savons, d'après des documents allemands, que la 24e division de réserve (XIIe corps de réserve) procéda à l'investissement de Givet, ne participa pas, par conséquent, au mouvement en avant de l'armée, et n'arriva, d'ailleurs, à la bataille de la Marne que le 9 septembre, le quatrième jour de l'offensive.

Quant à la situation du XIXe corps, la 24e division (1) devait se trouver le 21 août vers Mont-Gauthier ; elle en part le 22 avant l'aube pour Bourseigne-Neuve où elle arrive le 23 à 3 heures et demie du matin par « une marche gigantesque » de vingt-cinq heures. Le lendemain 24, le 179e occupait Fumay, ainsi qu'il résulte de l'étude d'un autre carnet.

(1) Journal d'un combattant du 179e.

L'autre division du XIXe corps, la 40e, est près de là : un journal de campagne signale le 134e, qui fait partie de cette division, à Hargnies, le 24 août.

Par le rapprochement de ces divers renseignements, on peut établir, par conséquent, que le 24 août, la IIIe armée allemande du général von Hausen occupe un front nettement nord-sud, XIIe corps à l'ouest de Dinant, XIIe de réserve aux abords de Givet, XIXe corps aux abords de Fumay et que le 25 août au soir, elle atteint un front nord-ouest, sud-est allant de Philippeville à Fumay et Willerzie, XIIe corps à droite, poussant devant lui les éléments du 1er corps français et de la 51e division de réserve (5e armée), XIXe corps à gauche, refoulant la 52e division de réserve (4e armée), XIIe corps de réserve en arrière, une de ses divisions investissant Givet. C'est à ce moment que le 9e corps (17e division et division du Maroc) s'établissait entre Rimogne et Charleville, tenant les lisières de la forêt.

Le 9e corps qui, sans le savoir, s'était trouvé à proximité de l'armée von Hausen, avait solidement tenu la gauche de la 4e armée, et, ainsi, il avait rendu à l'ensemble de la défense dans cette région un service inappréciable et dont nous aurons bientôt à signaler les heureux effets.

Il faut d'ailleurs remarquer que cette action fut grandement facilitée par la faiblesse de la manœuvre du général von Hausen qui s'immobilisa, par son aile gauche (XIXe corps), sur la Meuse du 23 au 25 août; nous aurons l'occasion de revenir sur cette armée, dont le rôle eût pu être bien autre chose qu'une menace.

La 52e division de réserve, en retraite vers Renwez, a, cependant, grâce à l'action hardie d'un bataillon de chasseurs, contribué à rétablir la situation dans cette région.

« Vers 4 heures (le 25 *août*) — c'est un lieu sinistre et hostile, le « Trou du Diable » — la canonnade éclate du côté de Fumay. Nous cherchons à gagner, sans être vus, la hauteur des « Cinq-Cents-Bonniers » (entre Haybes et Fépin). Quelques chasseurs apparaissent : la veille, en arrivant à Fumay, le colonel a envoyé une section de mitrailleuses et une section de la 7e compagnie, garder le pont d'Haybes, incomplètement sauté ; ils ont passé là une nuit d'angoisse, d'épouvante, d'horreur. Les Allemands, maîtres du village sur l'autre rive, ont commis sous leurs yeux les pires atrocités. Toute la nuit, l'incendie, le massacre ont fait rage.

« Du haut des Cinq-Cents-Bonniers, le regard s'étend au loin ; au pied même de la côte, une route serpente, et sur cette route, un bataillon allemand, en colonne par cinq, chemine tranquillement. A 200 mètres, le pont d'Haybes dont une seule arche a sauté. Du village, des flammes s'élèvent, sinistres ; dans les rues, des paysans courent, poursuivis par des soldats ; quelques coups de feu.

« D'Haybes à Fumay, sur la rive droite, large plaine encaissée; deux routes longent le fleuve, distantes d'environ 200 à 400 mètres. Sur ces deux routes, c'est un grouillement sans fin de troupes : de longues colonnes d'infanterie, précédées d'officiers à cheval, des trains d'artillerie, des convois, des cavaliers, près d'une division, en marche vers Fumay *(il s'agit là, ainsi que nous venons de l'indiquer, de la 24e division du XIXe corps allemand)*. Protégé par le bataillon de la rive gauche, tout ce monde avance avec une tranquillité parfaite ; sans cesse des compagnies sortent du cantonnement pour se joindre aux colonnes.

« — En tirailleurs !

« L'ordre se répète à voix basse : silencieusement, les hommes prennent place sur la ligne, à leur poste de combat.

« — A répétition, sur l'infanterie d'abord, chacun son objectif.

« Les chefs de section donnent la hausse, désignent la fraction à viser. — Commencez le feu ! — Sur toute la côte de Meuse, la fusillade crépite, vive, ardente, impétueuse. Là-bas, chez les Allemands, une brusque stupeur. Les compagnies tourbillonnent, s'enfuient ; les attelages se cabrent, s'abattent. Dans la plaine gisent des centaines de cadavres...

« Il est 8 h. 45. Les cartouches commencent à manquer. Brusquement, à gauche, la fusillade éclate. L'ennemi nous a tournés. En arrière, à la baïonnette. Les Prussiens plient. Maintenant, nous avons passé.

« Voici trois éclaireurs de pointe : ils appartiennent à l'avant-garde du 1er corps revenant de Belgique et évitant Fumay par la route Le Mesnil-Oignies (1). »

En effet, tandis que le XIXe corps allemand paraît bien s'être immobilisé autour de Fumay sur la rive est de la Meuse, les 24 et 25 août, et que le XIIe de réserve au centre a sa marche ralentie par la présence de Givet qu'il masque par sa 24e division, le XIIe corps actif sur la rive ouest pousse le 1er corps, mais il est en arrière, et le 1er corps défile ainsi, par la Franche-Forêt, parallèlement au XIXe corps allemand, qui eût pu agir concentriquement

(1) Henri Libermann, *loc. cit.*, p. 37 à 50.

VUE D'AIGLEMONT

avec le XIIe corps et tenter de cerner les troupes françaises. Nous reviendrons, dans l'étude de la retraite de la 5e armée, sur ces faits très importants, qui prouvent le manque d'initiative stratégique de certains chefs allemands.

11e *et* 17e *corps.* — Le 11e corps, dont le sort est lié, comme nous l'avons dit, à celui du 9e corps et de la 60e division de réserve, exécute, dans les journées du 24 et du 25 août, les instructions qui lui sont prescrites. Le 25 au soir, on le trouve s'organisant sur la rive gauche de la Meuse entre Remilly et Frénois, tandis que la 60e division occupe Donchery-Nouvion.

Du côté de l'ennemi, le VIIIe corps de réserve s'avance sur Sedan. Voici ce qui se passe au 69e régiment (15e division) :

Mardi 25 août. — 6 h. 30, départ direction de Sedan 17 kilom. 500. A 7 h. 45, nous passons la frontière française. Drapeau allemand hissé. A La Chapelle, pause, Givonne, Floing. A 7 h. 45 du soir, poste avancé sur les hauteurs de Sedan. Terrible feu d'artillerie. La 3e batterie du 15e d'artillerie est *particulièrement éprouvée.*

Le 17e corps s'est abrité derrière la Meuse dès le 23. Il s'organise défensivement dans la zone qui lui est assignée. Deux ponts de bateaux sont jetés sur la Meuse, l'un à Villers-lès-Mouzon, en amont du village, et l'autre en aval du même village. Les ponts de Carignan, Brévilly, Douzy, Rémilly, sont chargés et prêts à être détruits.

Sur le front du corps il ne se produit aucun incident. Cependant l'état-major suit, de loin, avec la jumelle, un engagement très violent du 12e corps au mont des Tilleuls. Dans l'après-midi, vers 14 heures, le 12e corps demande du soutien. Un groupe du 57e d'artillerie se rend spontanément à l'appel et se met en batterie au nord de Carignan ; un bataillon d'infanterie du 207e reçoit l'ordre de l'accompagner en soutien sur Osnes.

Dans la soirée arrive l'ordre de l'armée de faire sauter les ponts et routes sur Chiers et Meuse dès que les troupes seront écoulées.

12e *corps.* — *Combat du Mont des Tilleuls (24 août).* — Voici ce qui s'était passé au 12e corps :

Après la belle retraite de Florenville, le général Roques s'était, selon les ordres, installé sur le plateau compris entre Carignan à gauche, l'ermitage de Saint-Walfroy à droite, étant entendu que le 17e corps devait défendre Carignan. A l'abri derrière la Chiers, le 12e corps comptait prendre le temps de se reconstituer. Dès le 24 au matin, on fit, sur ce front, des tranchées de tireur à genoux et même debout ; l'artillerie chercha des crêtes pour se défiler : on n'avait pas encore l'expérience des tirs de barrage. Une fois ces précautions prises, la zone de sécurité en avant du front s'étendait jusqu'aux bois (forêt d'Orval, forêt de Merlanvaux, forêt de Robelmont). L'ennemi, par contre, avait l'avantage de pouvoir se glisser jusqu'à portée du canon à l'abri des bois. Le général de Langle de Cary vint avec son état-major, dans la matinée du 24, inspecter cette ligne de défense et se déclara satisfait.

La matinée du 24 fut assez tranquille. Mais, à partir d'une heure, l'ennemi s'approche et signale sa présence par une forte canonnade. Peu à peu, les Allemands s'*infiltrent*, se formant dans les angles morts d'où ils débouchent ensuite vivement.

Au corps d'armée le moral était bon. La journée précédente avait donné confiance ; personne ne comprenait pourquoi on avait battu en retraite : on n'avait pas encore reçu un coup de canon lourd, en raison de la rapidité de la première offensive et de la sage progression de la retraite sous lès bois.

Tant que l'infanterie allemande tente seule d'aborder les positions choisies par le 12e corps, elle est arrêtée facilement. Mais son effort principal se porte bientôt sur la gauche française : le combat devient opiniâtre sur le Mont-des-Tilleuls (cote 290, un peu à l'est de Carignan). Le tir de l'artillerie lourde allemande s'en prend à notre propre artillerie ; il est réglé par des reconnaissances d'avions qui surprennent et inquiètent le soldat.

Nos régiments, placés en arc de cercle sur la hauteur, assistaient impuissants à cette canonnade qui visait surtout notre gauche vers Carignan, l'ennemi s'abstenant de paraître à droite et au centre, terrain facile à battre par notre propre artillerie. L'infanterie allemande, ayant l'accès ouvert par cette préparation intense, avait choisi son cheminement pour se porter sur Carignan.

Quatre fois le Mont-des-Tilleuls fut pris et repris. A chaque reprise, notre infanterie, fonçant sur l'ennemi, le refoulait. L'impression optimiste se dégage encore d'un télégramme adressé par le capitaine d'état-major Hurstel au commandant Gèze, de l'artillerie du 17e corps : « Au nom du commandant du 12e corps, vous supplie instamment d'appuyer par votre artillerie le mouvement de notre 17e brigade qui se maintient vers Matton et y amène ses réserves. L'ennemi plie devant la droite du 12e corps (Deux-Villes). Un feu d'enfilade produit par l'artillerie du 17e corps produirait *à coup sûr* la déroute de l'ennemi. Carignan est libre et bien gardé. »

A quoi le commandant H. Gèze (du 57e d'artillerie), avec un juste sentiment du devoir militaire, réplique : « Je réponds à l'appel et vais à Carignan. Prévenir Clandy pour qu'il ne me tire pas dessus. »

Un témoin qui suivait le combat du haut d'une éminence, près d'Amblimont, écrit : « L'après-midi, nous assistons avec la jumelle à l'engagement du 12e corps sur le Mont-des-Tilleuls et dans la région de Matton. Quatre fois nous vîmes les fantassins gravir le Mont-des-Tilleuls et en descendre quatre fois ; infanterie vraiment admirable, car elle est montée quatre fois à l'assaut de la hauteur. »

Cependant les troupes du 17e corps qui défendaient Carignan fléchissent. C'est alors que le général Roques, se portant sur le lieu du combat, prend les renforts des régiments de

SOLDATS FRANÇAIS EN OBSERVATION DANS UN ARBRE

droite de son corps pour garnir sa gauche vers le point menacé. Mais, par une fausse interprétation de cet ordre, les hommes du 100e qui sont en chaîne, voyant leurs renforts partir et, bien qu'ils soient eux-mêmes victorieux, suivent le mouvement, ce qui amène l'effondrement de la ligne du 12e corps. Le général Roques, averti, se rend sur les lieux, en auto. Il se porte au-devant du régiment et, l'arrête d'un signe. S'adressant aux hommes, il s'écrie : « Votre général commandant le corps d'armée va vous conduire ! » Le régiment se retourne sur les pas du général et reprend la position qu'il défend héroïquement.

L'ennemi fait un formidable effort sur Carignan. Vers 4 h. 1/2, une brigade allemande sort du bois, débouchant à environ 1.500 mètres de la petite ville. Notre artillerie tonne ; des lignes entières sont fauchées par le 75. Six bataillons débouchent l'un après l'autre et sont anéantis : le sixième hésite; c'est à peine si quelques fantassins allemands arrivent aux premières maisons de Carignan. Les Allemands s'arrêtent et les avant-gardes se replient sur leurs positions de gros.

Mais, après un tel effort, l'infanterie française, elle aussi, est épuisée ; la cavalerie ne peut donner : les chevaux sont fourbus ; le soir tombe ; le désordre gagne d'abord quelques éléments, et tout le monde se précipite pour passer le pont de Carignan. Entre les deux armées qui se sont séparées, la nuit et le silence restent maîtres du champ de bataille. Les brancardiers et les ambulances le parcourent à la recherche des blessés que l'on évacue en sécurité.

L'ennemi ne passa la rivière que le lendemain 25 dans la matinée, tandis que le 12e corps, selon les ordres donnés, se repliait sur la Meuse.

Après le violent effort de la journée du 24, le 12e corps, un moment ébranlé, est rapidement reconstitué. Il arrive sur la Meuse le 25 au soir. Le 17e corps, en échelon par rapport au 12e corps, lui avait donné une journée de répit.

Corps colonial et 2e corps. — Au corps colonial, rien ne se passe d'important dans la journée du 24 : c'est la retraite. Le corps va cantonner sur les hauteurs de Saint-Walfroy. Il y est canonné pendant toute la journée du 25, sans toutefois essuyer une attaque d'infanterie.

Même situation au 2e corps : mais celui-ci est beaucoup plus solide. Il accomplit la retraite par ordre, face à l'ennemi qui n'attaque pas. Les recherches sont multipliées par la cavalerie et par les avions pour découvrir l'ennemi qui s'avance à l'abri des bois ; elles sont infructueuses. La marche en retraite s'accomplit de Thonne-la-Long dans la direction de Stenay. Le 25 août matin, avant de se replier sur la Meuse, le 2e corps se préparait, suivant ses instructions, à contre-attaquer l'ennemi (la 3e division devrait contre-attaquer vers le nord-ouest d'Avioth), lorsqu'il reçut l'ordre de se replier définitivement sur le fleuve, sa position étant trop isolée. Il traversa la Meuse en amont de Stenay.

Résumons les opérations de retraite de la 4e armée dans ces deux journées du 24 et du 25 août. Le 23 au soir, le général de Langle de Cary tient la ligne Vresse-Bouillon-Messincourt-Saint-Walfroy-Villers-la-Loue. Il pense qu'il peut encore tenir solidement sur cette ligne le lendemain.

Mais les échecs subis par le 17e corps et par le corps colonial, le fléchissement de la 3e armée sur sa droite, la retraite de la 5e armée du côté de Charleroi rendent sa position très difficile. La 4e armée, fût-elle en force pour le faire (alors que l'armée von Hausen vient apporter un puissant appoint à l'armée du duc de Würtemberg et se prépare à exécuter un mouvement débordant sur son aile gauche), la 4e armée fût-elle en état de résister, l'ensemble de la situation ne le lui permettrait plus.

Le 24, elle se reporte plus en arrière, et, après une attaque très heureuse exécutée en fin de journée par le 12e corps, elle est établie

GABRIEL HANOTAUX
de l'Académie Française

HISTOIRE ILLUSTRÉE DE LA GUERRE DE 1914

LIRE dans ce Fascicule : *L'ARMÉE DE LORRAINE*
Portée stratégique de ses opérations dans la journée du 25 août 1914.

FASCICULE N° 61

L'ÉDITION FRANÇAISE ILLUSTRÉE
(GOUNOUILHOU, ÉDITEUR)
30, Rue de Provence, Paris

PRIX NET : 1 franc
ÉTRANGER, PORT EN PLUS

A NOS LECTEURS

Les *deux premiers volumes* de ***L'Histoire de la Guerre de 1914*** ont donné l'exposé des faits historiques et diplomatiques qui ont précédé et amené la guerre, et qui engagent si lourdement la responsabilité de l'Allemagne.

Avec *le troisième volume,* l'historien est entré dans le vif de son sujet, le grand drame de la guerre.

Le *quatrième volume,* achevé avec le fascicule 52, est consacré au récit de ***La Bataille des frontières.***

L'auteur aborde maintenant les combats du Luxembourg et de la Meuse, pour en venir, dans les prochains fascicules, aux engagements de la Sambre et à cette retraite vigoureuse qui prépare la victoire de la Marne.

Par les renseignements qu'il a recueillis, par les travaux d'enquête et de recherches auxquels il s'est livré, par les conversations qu'il a eues avec les personnages officiels et les hommes politiques de l'Europe entière, l'historien a approché, d'aussi près que peut le faire un contemporain, de la source où peut se découvrir la vérité complète, sincère et impartiale.

C'est vraiment le tableau de la « grande guerre ».

VUE DE BRAUX

le 24 au soir derrière la Chiers, en aval de Montmédy, et derrière la Meuse, depuis son confluent avec la Chiers jusqu'à Mézières.

Dans la journée du 25, conformément aux ordres du commandement en chef, la 4e armée a continué à se replier derrière la Meuse, de Mézières à Stenay. Dans la nuit du 25 au 26, elle se trouvait tout entière sur la rive gauche après avoir détruit les ponts. Observons, toutefois, et ceci n'est pas sans intérêt pour la suite des événements, que la destruction du pont de Sedan ne peut avoir lieu en temps voulu.

LA 3e ARMÉE DU 23 AU 25 AOUT La 3e armée avait pris ses positions, dans la nuit du 22 au 23, sur la ligne en avant de la Chiers, déterminée approximativement par les points suivants : Houdrigny, Virton, Vezin, Villers-le-Rond, Longuyon, Arrancy, Spincourt.

L'armée avait souffert, mais les corps allemands qui lui étaient opposés avaient souffert aussi. Du rude contact pris avec l'ennemi, quelques renseignements précis se dégageaient. Les forces allemandes qui combattaient contre la 3e armée étaient signalées comme se composant : du Ve corps d'armée et d'une partie du XIIIe qui, se dirigeant d'Arlon vers Neufchâteau, avaient fait face au sud, un peu à l'improviste, pour s'opposer à notre mouvement dans la région Virton-Longuyon ; d'éléments du VIe corps d'armée de réserve (attaquant Longwy) engagés vers Xivry, Circourt ; du XVIe corps d'armée ayant débouché de Thionville sur Spincourt ; de la 33e division de réserve renforcée d'éléments de landwehr (une brigade au moins) sortie de Metz pour attaquer notre droite en liaison avec la 6e division de cavalerie.

En fait, la 3e armée avait eu sur les bras toute l'armée du kronprinz (outre les forces sorties de Thionville et Metz) ; elle avait tenu tête, par conséquent, à un ennemi beaucoup plus nombreux qu'elle ne le pensait elle-même.

Le général Ruffey ne se croyait nullement dans la nécessité d'abandonner la partie ; et, dans la nuit du 22 au 23, il donnait l'ordre de reprendre l'offensive, en tenant compte, cependant, de la situation assez fâcheuse où se trouvait le 6e corps. Il prévoit un mouvement par les deux ailes, qui permettra au 5e corps de ménager ses forces pendant que la droite et la gauche opéreront la manœuvre de la tenaille contre l'ennemi. Celui-ci, en effet, n'ayant pas profité de la journée du 22 ni de la nuit du 22 au 23 pour entamer la poursuite, avait donné des signes de faiblesse et d'hésitation que plusieurs renseignements confirmaient : les paysans assuraient qu'il se retirait dans les bois.

LE KRONPRINZ ET LE GÉNÉRAL VON MUDRA

Les corps de la 3e armée avaient donc reçu les ordres suivants :

Le 4e corps, fortement appuyé sur Montquintin et Lamorteau, devra reprendre l'offensive par sa gauche en se tenant en étroit contact avec le 2e corps.

Le 5e corps, s'organisant au nord de la Chiers et se reliant vers Longuyon à la gauche du 6e corps, se maintiendra, fût-ce même sur la rive gauche de la Chiers, pour servir de point d'appui à la reprise du mouvement sur les deux ailes.

Le 6e corps, établi sur la Crusnes, sa droite vers Mercy-le-Bas, se préparera à reprendre l'offensive par sa droite en liaison avec la 7e division de cavalerie.

Cette division de cavalerie, inutilisée dans la journée du 22, se portera dans le flanc des colonnes qui attaquent le 6e corps vers Ollières-Domprix ; et les deux divisions de réserve (54e et 67e) opéreront de façon à libérer la droite du 6e corps. Programme bien conçu, mais dont les circonstances empêchèrent la réalisation.

Nous verrons, en étudiant les événements qui se produisent sur tout le front de la 3e armée, les raisons de cette incomplète réalisation.

Le Grand Quartier Général qui, naturellement, avait une vue plus complète des ensembles, eut d'abord l'impression que la contre-offensive combinée par le général Ruffey n'avait pas de chances de réussir ; car, alors que, du 20 au 24, il avait laissé les chefs des deux armées agir selon leur propre inspiration, le 24 à 8 h. 35, il adressait à la 3e armée un télégramme ordonnant un repli sur des positions organisées en arrière de la ligne encore occupée. Tenant compte de la situation faite à la 4e armée et à la droite de la 3e armée, on préférait ramener celle-ci vers les positions organisées sur le front général Montmédy-Damvillers-Azanne. A gauche, la 4e armée tiendra, entre Meuse et Chiers, les hauteurs de la rive droite de la Meuse, entre Mouzon et Stenay. A droite, l'armée de Lorraine (armée Maunoury constituée le 19-20 août ; il en sera question plus loin) devait occuper les Hauts-de-Meuse, au nord et au sud de Verdun.

Cet ordre n'était impératif, bien entendu,

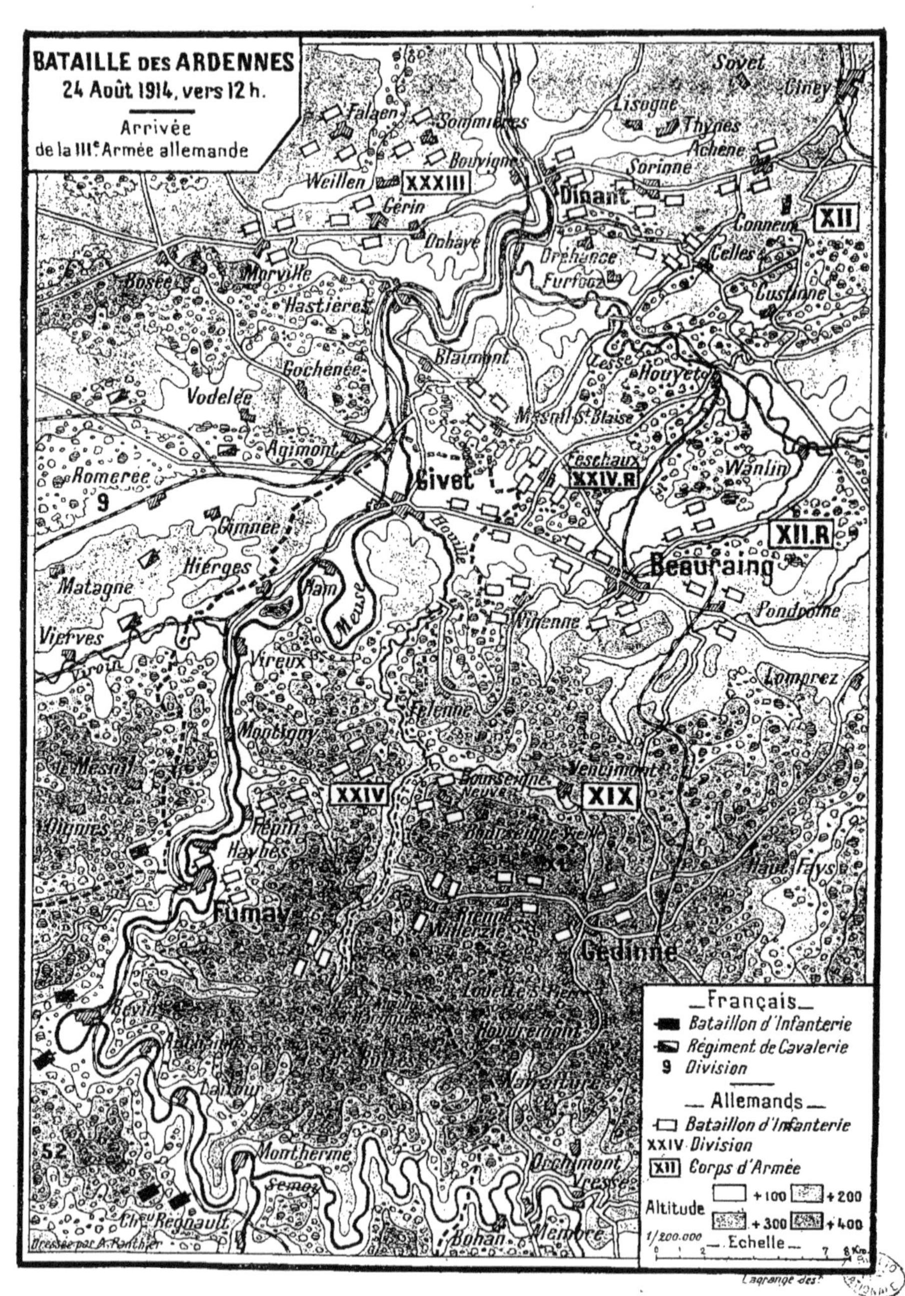
BATAILLE DES ARDENNES
24 Août 1914, vers 12 h.
Arrivée
de la IIIe Armée allemande
Sovet
Ciney
Falaen
Sommières
Lisogne
Thynes
Achêne
Bouvignes
Sorinne
Weillen
XXXIII
Dinant
XII
Gérin
Onhaye
Conneux
Celles
Morville
Furfooz
Hastière
Custinne
Blaimont
Gochenée
Houyet
Vodelée
Mesnil-St-Blaise
Agimont
Feschaux
XXIV.R
Wanlin
Romerée
9
Givet
XII.R
Gimnée
Houille
Hierges
Beauraing
Matagne
Ham
Meuse
Pondrôme
Vierves
Winenne
Vireux
Felenne
Montigny
Vencimont
XXIV
XIX
Pepin
Haybes
Fumay
Willerzie
Gedinne
Revin
Monthermé
Semoy
Vresse
Bohan
Membre
52
Dressée par A. Ranthier
Français
Bataillon d'Infanterie
Régiment de Cavalerie
9 Division
Allemands
Bataillon d'Infanterie
XXIV Division
XII Corps d'Armée
Altitude
+100
+200
+300
+400
1/200.000
Echelle
Lagrange des.

que dans la mesure où il s'adaptait aux circonstances. Le général Ruffey, qui était sur les lieux, avait le sentiment que la 3e armée pouvait, en résistant encore sur les positions qu'elle occupait, faire du mal à l'ennemi. Il pensait, non sans raison, comme il sera expliqué tout à l'heure, qu'une manœuvre par la droite avait des chances sérieuses de succès. Ces divers points de vue produisirent dans les ordres, au cours de la journée du 24, un certain flottement, puis un revirement qui se manifesta par une reprise d'offensive dès le 24 au soir et par le beau succès d'Etain dans la journée du 25.

Cependant, ce succès ne fut pas assez décisif pour qu'on renonçât à la conception générale d'une retraite sur la Meuse ; et elle fut accomplie par la 3e armée dans la fin de la journée du 25.

C'est l'ensemble de ces événements que nous allons exposer en suivant le sort de chacun des corps composant la 3e armée, c'est-à-dire le 4e corps, le 5e corps, le 6e corps, et, en plus, les divisions de réserve de l'armée de Lorraine, dans les journées des 23, 24 et 25.

Nous donnons donc l'exposé des événements en procédant d'ouest en est.

Le 4e corps stationnait, le 22 au soir, dans les conditions suivantes :

Quartier général à Lamorteau.

La 8e division : zone Harnoncourt-Dampicourt-Saint-Mard-Lamorteau-Rouvroy.

Toute la 7e division est au bivouac avec ses groupes d'artillerie, partie à Villers-le-Rond, partie à Charency. Les ordres sont donnés pour que les troupes soient sur pied et prêtes à attaquer dès 2 heures du matin.

Qu'ont fait les ennemis en face du 4e corps ? Des renseignements parvenus, il résulte que les Allemands n'ont occupé, pendant la nuit ou la matinée, ni Virton, ni Saint-Mard.

Nous avons des renseignements précis sur ce qui se passait à Ethe. Après que les troupes françaises se furent retirées, ne laissant que les blessés, les ambulances et des soldats isolés, une patrouille allemande avait parcouru le village vers 9 heures du soir, puis s'était retirée.

En plus de cette patrouille et de quelques incursions d'avant-gardes, le village resta vide de forces ennemies jusqu'à 7 heures du matin. C'est l'heure à laquelle trois patrouilles appartenant au 47e d'infanteie allemande parcoururent le village rapidement. Un médecin-major resté près des blessés, et qui assista aux horribles scènes qui ensanglantèrent Ethe, constate cette situation ; on peut dire même qu'Ethe abrita, pendant une bonne partie de la nuit, certains éléments français :

« ...A ce moment, il était à peu près 2 heures du matin, mes infirmiers et moi tombions de fatigue. Nous nous étendîmes près des blessés dans la grange et nous nous reposâmes un moment. Le lendemain 23, vers 5 heures, je me réveillai et allai voir comment nos blessés avaient passé ces quelques heures. Au moment où j'ouvrais la porte, je vis arriver deux ou trois soldats français avec un sergent et un sous-lieutenant du 103e. Me reconnaissant, ils appelèrent leurs camarades et, en un instant, j'eus autour de moi une centaine d'hommes avec leur fusil, sac et tout leur équipement. Ils m'interrogèrent anxieusement, très étonnés de ne plus voir personne. Je leur expliquai, sur la carte, le chemin à suivre, et ils partirent eux aussi...

« Puis, je traversai le village pour me diriger vers la voie du chemin de fer, autour de laquelle j'étais sûr de trouver de nombreux blessés. C'est en traversant la grande rue, *un peu avant 7 heures*, que je rencontrai les premiers Allemands : une patrouille d'infanterie, les hommes à trois pas les uns des autres, le fusil sous le bras, prêts à tirer... Je continuai à visiter le champ de bataille. Autour de la gare, je trouvai beaucoup de morts et de blessés et j'y étais encore lorsque, *vers 10 heures*, apparut sur la route d'Arlon un premier régiment d'infanterie allemande (1). »

Le 4e corps aurait donc eu, du moins dans la région d'Ethe, Latour, Ruette, le temps nécessaire pour reconstituer certains éléments éprouvés et pour être en mesure de reprendre la lutte sur ses nouvelles positions.

Malheureusement, un décrochement très appréciable s'était fait dans le front même du 4e corps. Si la 8e division, appuyée sur le 2e corps, se consolidait sur les fortes positions de Montquintin-Lamorteau à quelques kilomètres en arrière de Virton, la 7e division avait

(1) Récit inédit du médecin auxiliaire D. de Lageneste du 2e bataillon du 103e régiment.

VUE GÉNÉRALE D'ARLON

reculé jusqu'à Marville. De Marville, elle maintenait sa liaison avec la 9e division du 5e corps, en avant de Villers-le-Rond, c'est-à-dire sensiblement en arrière de la Chiers. Ce mouvement en éventail prenant Montquintin comme pivot, altérait singulièrement le front général de l'armée, puisqu'il substituait une ligne nord-sud à la ligne oblique qui était celle du début.

D'autre part, le général Ruffey apprenait, dès 4 heures du matin, qu'il ne pouvait pas compter sur la solidité du 5e corps. Vers 9 heures, il était obligé d'autoriser ce corps à se replier sur la rive gauche de la Chiers en maintenant au plus quelques arrière-gardes sur la rive droite pour défendre les ponts.

Vers 10 heures, le 4e corps apprend que ce mouvement est en train de s'accomplir. Un carnet de route le constate : « Je viens du Grand-Failly où le général commandant la 9e division me donne les renseignements suivants : la 9e division tient toujours les crêtes dominant la Chiers. La 10e division plie à sa droite ; le général commandant la 9e division va essayer une contre-attaque pour aider la 10e vers la ferme de Haute-Vall. »

Devant le 4e corps (8e division), on signale les troupes ennemiés comme se massant et se dissimulant, au cours de la matinée, dans le bois de Robelmont, c'est-à-dire à la jonction du 2e corps (4e armée) et du 4e corps. Vers midi, Robelmont est occupé ; deux batteries ennemies sont établies sur la crête 305 (est de Robelmont).

De ce côté, c'est-à-dire sur la gauche du corps et en face de la 8e division, l'ennemi se montrait donc extrêmement prudent ; il restait méthodiquement à l'abri des bois.

« C'est drôle, dit Hutin, on n'entend presque pas le canon aujourd'hui. Ils n'ont pas l'air d'avoir profité de leur victoire d'hier pour avancer... A travers champs, nous gagnons Lamorteau, un gros bourg de la Chiers, où nous formons le parc près de la rivière, en attendant des ordres... Au soir, nous retournons à Torgny pour cantonner. Le commandant fait déharnacher les chevaux. C'est donc que rien ne nous menace (1) »

D'autre part, les troupes françaises, averties par la journée précédente, prenaient leurs précautions :

« 23 *août*. Il a été décidé que l'artillerie ne passera pas de l'autre côté des bois. Seuls les détachements d'infanterie occuperont les lisières pour prévenir toute attaque. Les enseignements de la veille sont mis à profit ; le génie et les fantassins creusent de nombreuses tranchées en arrière, au cas où nous devrions nous replier... Le moral est bon... Vers 15 heures arrivent trois avions français. Il est un peu tard ; mais il ne faut pas négliger cette occasion. Je vais trouver un des aviateurs. Malheureusement, leurs appareils sont trop faibles et ne peuvent pas emporter un observateur... Nous bivouaquons sur les bords de la route, près de Villers-la-Loue (2). »

Comme on le voit, la situation reste bonne à la jonction du 2ᵉ corps (4ᵉ armée) et du 4ᵉ corps (3ᵉ armée).

Mais la droite du 4ᵉ corps (7ᵉ division) était dans une situation plus difficile.

La 7ᵉ division (général de Trentinian), après avoir évacué Ethe, à la suite du combat d'avant-garde du 22, était venue cantonner entre Allondrelles et Villers-le-Rond ; le recul était un peu marqué et indiquait que la division ne s'était pas rendu exactement compte du mal qu'elle avait fait à l'ennemi. Mais il faut reconnaître que la situation du 5ᵉ corps, à droite de la 7ᵉ division, exposait celle-ci à cette éternelle attaque sur le flanc droit résultant de la disposition en échelons : c'est ce qui arriva.

Dans la matinée du 23 août, un bataillon qui tient la croupe 234 à l'est de Charency est attaqué sur sa droite que vient de découvrir subitement le 5ᵉ corps. Toute la division se replie alors sur Villers-le-Rond.

Ce recul est un fait accompli vers 13 heures. Le général de Trentinian demande ce qu'il doit faire. En réponse à cette question, adressée au commandant du corps d'armée, le général de Trentinian reçoit vers 15 heures l'ordre de contre-attaquer dans la direction de Longwy. Cet ordre arrive tard ; les deux bataillons, envoyés de Marville sur la route de Longwy, sont obligés de s'arrêter à 3 ou 4 kilomètres. A la tombée de la nuit, le général commandant la 7ᵉ division décide de battre en retraite immédiatement derrière l'Othain pour occuper la forte position de Marville.

Cependant la 8ᵉ division a pu garder ses positions de Montquintin-Lamorteau, appuyée qu'elle est, sur sa gauche, par le 2ᵉ corps qui a réoccupé le plateau de Villers-la-Loue-ferme du Hayon, et est prêt à contre-attaquer. D'autre part, la 8ᵉ division est en liaison avec la 7ᵉ par Charency ; de telle sorte que le 23 au soir, par suite du recul du 5ᵉ corps et de la 7ᵉ division, le corps présente un front se développant exactement nord-sud : Montquintin - Harnoncourt - Lamorteau - Charency - Villers - le - Rond - Marville - Saint - Jean-Petit - Failly.

Mais vers le milieu de la journée, le 2ᵉ corps est obligé de se replier sur la ligne Somme-Thonne-Couvreux-Avioth parce que le corps colonial (comme nous l'avons vu) a dû lui-même reculer :

« Vers midi, mauvaise nouvelle. Nous recevons l'ordre de nous replier sur les bois de Thonne-la-Long. En face de nous, toujours rien. Pas un coup de canon ; quelques rares coups de fusil isolés ; mais, à gauche (corps colonial) et à droite (4ᵉ corps) la canonnade ne se ralentit pas... Nous passons à Couvreux, où le drapeau belge flotte encore en haut du clocher, et nous gagnons les bois qui dominent Thonne-la-Long. Toujours rien devant nous ; c'est extraordinaire. En avant du bois, le commandant de Montlebert s'est établi de façon à pouvoir battre la plaine qui s'étend sous ses pieds. Alors, pourquoi battons-nous en retraite ?... Le soir, cantonnement au Petit-Verneuil. Pendant le dîner, on nous apporte des cartes de Belgique : bon augure ! » (1).

Ainsi, nulle impression de découragement au 2ᵉ corps. Il en est de même à la 8ᵉ division du 4ᵉ corps qui se tient en liaison :

« Nos regards reviennent sans cesse en arrière à ces collines qui dominent Torgny à l'est, et d'où, à chaque moment, nous nous attendons à voir déboucher les têtes de colonnes ennemies. Je guette un crépitement de mitrailleuse ou un sifflement d'obus... Des batteries roulent à travers champs. Que signifie cette reculade en hâte ?

(1) *Ma pièce*, p. 92.

(2) Robert Deville, *Virton-La Marne*, p. 48.

(1) *Virton-La Marne*, p. 50, 51 (24 août).

INFANTERIE FRANÇAISE DANS UN VILLAGE ARDENNAIS

De la journée on n'a entendu le canon que très loin vers le nord. On ne l'entend même plus. Alors ?... » (1).

Dans le cours de la journée du 24, l'ennemi est signalé comme s'avançant, mais progressant lentement sur les deux routes Ethe-Ruette-Tellancourt-Latour-la Malmaison.

C'est de là que vient le danger ; toujours à droite. En effet, de ce côté, le 5e corps s'est replié définitivement sur l'Othain ; et le 4e corps se trouve menacé de ce côté. Il est vrai que la 7e division contre-attaque de nouveau vers Petit-Xivry pour essayer de dégager le 5e corps; mais elle est bien fatiguée et son élan s'arrête vite.

Cependant, la 8e division garde sa forte position de Montquintin. La journée se passe en travaux et en repérages pour défendre la position Montquintin-Marville. Le 4e corps, pour plus de sûreté, transporte son quartier général à Villecloye près Montmédy et il se tient en étroite liaison avec la place.

(1) Lintier, *Ma pièce*, p. 94 (24 août soir).

COMBAT DE MARVILLE

La journée du 25 fut, pour le 4e corps, une des plus décevantes de cette rude campagne. On répondait à la pensée du général d'armée en reprenant l'offensive qu'il avait décidée d'abord pour le 23. On avait toute raison de croire que, sur les fortes positions choisies par le commandement, et organisées dans la journée du 24, en présence d'un ennemi affaibli et un peu hésitant, le front se maintiendrait et que, si la retraite ordonnée devait s'accomplir, elle se ferait méthodiquement; des offensives vigoureuses, même partielles, donneraient à réfléchir à l'ennemi. C'est sur cet espoir, résultant de la solidité de la gauche du corps toujours appuyé sur Montquintin et toujours en liaison avec le 2e corps, que la journée se levait pour le général Boëlle, commandant du 4e corps.

La 16e brigade (115e, 117e) et trois groupes d'artillerie tiennent le centre de résistance de

Montquintin avec le colonel Dervaux ; la 15e brigade (124e, 130e, colonel Froppo), tient Velosnes et la rive gauche de l'Othain. La 14e brigade (7e division) occupe les hauteurs de Marville ; la 13e brigade *(idem)* tient Marville et la rivière jusqu'au Petit-Failly. En avant, le détachement Blin, qui a contre-attaqué la veille, et la batterie Jourdan du 26e, couvrent Villers-le-Rond. La position de Marville, organisée par le génie, paraissait excellente, d'autant plus que les maisons de la ville s'étagent depuis les bords de la rivière jusqu'au sommet d'une colline qui offrait sur ses deux flancs de bons emplacements pour l'artillerie.

Le détachement Blin a ordre de se porter en avant lorsqu'il se trouve en présence de l'ennemi qui attaque de son côté vers 5 h. 1/2 du matin. Les Allemands ont eu le temps de se réorganiser à leur tour et de « boucher leurs trous » dans la journée du 24. Ils ont manœuvré vivement dès qu'ils ont vu se confirmer un succès auquel ils croyaient à peine le 22 au soir. Leurs troupes sont dans un état de fureur et d'exaltation dont témoigneront, dans ces journées des 23, 24 et 25, les horreurs d'Ethe, Gomery, Ruette, etc.

Essayant d'ouvrir, sur la gauche de ce corps, la fissure qui le séparera du 2e corps, profitant du recul précipité du 5e corps qui ne peut même plus tenir derrière l'Othain et qui se porte sur le Loison, ils opposent à la manœuvre de la tenaille une manœuvre analogue, mais plus restreinte, qui tend à envelopper le 4e corps par les deux ailes. Donc, attaque sur Montquintin à notre gauche, attaque sur Grand-Failly à notre droite et coup de massue sur le centre de la résistance française, à Marville : ainsi s'engage le combat de Marville par deux offensives qui vont au-devant l'une de l'autre.

Le commandant du 4e corps, qui a son poste de commandement à Iré-le-Sec, est obligé de reconnaître que sa gauche, qui n'a pas bougé du Montquintin depuis le 22, est dans une position un peu risquée, alors que sa droite, très affaiblie, est découverte par le recul du 5e corps. Le 2e corps est entre Saint-Donnat et Saint-Valery, prêt à contre-attaquer sur ce front (1) ; mais la 7e division est sérieusement menacée. Il prend donc la résolution de resserrer son front de façon à soutenir son aile droite ; et il donne l'ordre à la 8e division de quitter Montquintin en n'y laissant que de fortes arrière-gardes. Au centre, le colonel Blin a affaire à un ennemi supérieur vers Petit-Xivry ; il a ordre de se replier sur Marville à l'abri de l'Othain ; le combat se concentre donc de Montmédy à Marville. A 8 h. 30, l'infanterie ennemie, s'emparant d'un gué sur l'Othain, au nord de Marville, cherche à déborder Marville par le nord. L'artillerie lourde allemande couvre Marville de projectiles. Vers 9 heures, le général de Trentinian apprend que les Allemands ont enlevé Grand-Failly au 5e corps d'armée. Il se décide alors à faire évacuer Marville et la cote 277.

Paul Lintier nous a laissé un récit très vivant du combat de Marville :

« Mardi, 25 août. — Les hommes dorment encore : il m'a semblé entendre un frôlement connu. Instinctivement je me retourne pour voir qui fait ce bruit. « Terre ! » crie quelqu'un. Les hommes s'abattent où ils sont. En plein ciel, au-dessus du parc, un shrapnell éclate. Dans l'air très calme, son nuage de fumée compacte flotte, immobile, parmi les brumes grises. — C'est l'aéro d'hier qui nous vaut ça, déclare Hutin. — C'est un coup de réglage. — Allons, bridez, attelez Vite !... Un obus siffle encore. On tend le dos sans s'interrompre. Des obus explosifs tombent à présent sur Marville, et d'autres, hurlant au-dessus de nous, vont s'abattre sur les crêtes voisines que l'ennemi croit garnies d'artillerie française. Les conducteurs, penchés sur l'encolure des chevaux, fouaillent leurs attelages et la colonne part au trot. Sur les côtes qui dominent à l'ouest de Marville la vallée de l'Othain et les hauteurs qui s'étendent de l'autre côté de la rivière et d'où débouche l'ennemi (venant de Petit-Xivry et Grand-Failly), nous prenons position. Une trombe de plomb, d'acier, de feu, s'abat sur Marville... Alors s'élève, brève dans l'orage, la voix du 75... Encore un aéro !... On rage !... Quelle sujétion ! Il nous survole... Tout de suite l'artillerie lourde ennemie ouvre le feu sur les côtes que nous occupons et sur un bois voisin. Il est temps de changer de position.

« Au loin, vers le sud-est, on voit défiler une grande

(1) Sur la retraite du 2e corps par Montmédy-Stenay, v. *Virton-La Marne*, p. 54.

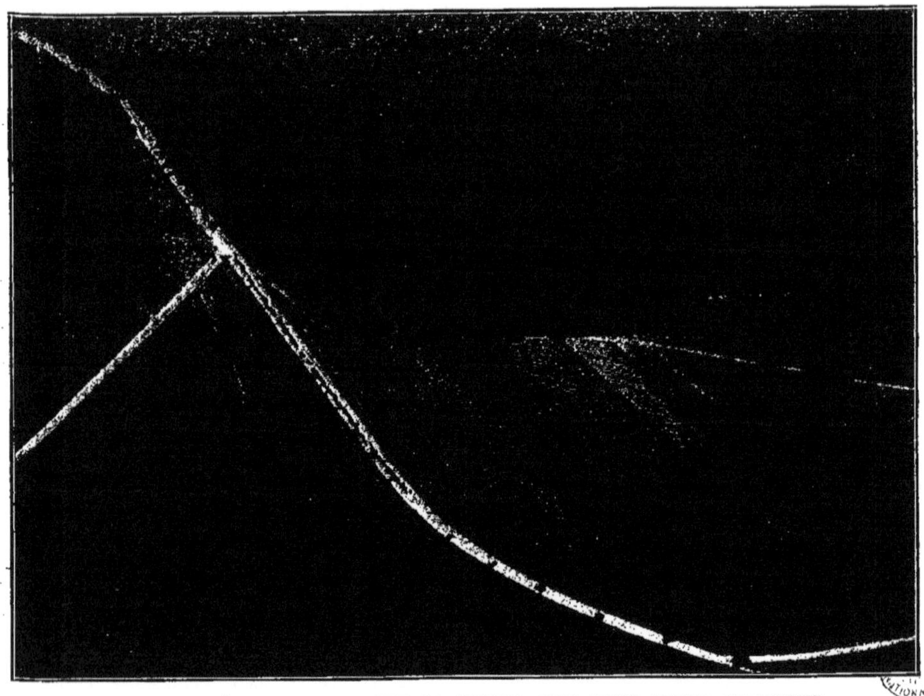

UNE DIVISION FRANÇAISE SUR LA ROUTE, VUE D'UN AVION ALLEMAND

masse d'hommes, convoi, colonne. Sont-ce des troupes françaises ? Est-ce l'ennemi (en fait, c'est le 5e corps qui, de Grand-Failly, se hâte vers Mangiennes, Damvillers). Une estafette apporte un ordre au commandant : ordre de se retirer. Le corps d'armée bat en retraite. Nous quittons la position... (1). »

Malheureusement, l'ordre de retraite s'exécute mal ; les gros projectiles allemands tombent dans le ravin sud de Marville et mettent le désordre dans les attelages.

Que fait, cependant, la 8e division ? Elle a reçu l'ordre de résister à outrance et de ne se replier qu'en cas de nécessité absolue sur Montmédy-Villecloye, Flassigny. Mais, par une répercussion malheureuse de ce qui se passe sur le reste du front, cette division, à son tour, ne tient pas. Et avant même d'avoir été attaquée elle commence sa retraite sans attendre les ordres, vers 11 heures. Elle est heureusement recueillie par le 2e corps, formant barrage à la hauteur de Bois-Robert.

Il est vrai qu'à midi le général Boëlle, commandant le corps d'armée, reçoit l'instruction de se replier sur les Hauts-de-Meuse. Le recul se serait produit de toutes façons : il n'en reste pas moins que les espoirs très raisonnables conçus le matin et qui s'appuyaient sur la force de résistance du 4e corps s'étaient évanouis en quelques heures. La retraite sur la Meuse était voulue par le haut commandement, mais elle s'imposait aussi en raison des incidents tactiques.

Le reste de l'après-midi du 25 ne fut marqué que par les incidents d'une retraite extrêmement laborieuse. Ce qui reste du régiment de cavalerie (14e hussards) la soutient et l'artillerie, placée sur une hauteur dominant le Loison, arrête l'ennemi qui ne lance, d'ailleurs, que quelques escadrons.

(1) *Ma pièce*, p. 109.

« Vers le sommet des collines, il y a une grande clairière dans les bois... De là, on découvre toute la plaine de Woëvre que nous venons de traverser, Remoiville et le plateau de Marville où nous étions en batterie le matin. C'est là, dans un champ d'avoine à demi fauchée, que nous allons attendre l'ennemi. Nous devons protéger la retraite du 4e corps qui se poursuit toujours en bas sur la route où passe à présent l'interminable série des autobus parisiens... Par un sentier à pic, à travers bois, il faut encore mener les chevaux à l'abreuvoir jusqu'au village au pied des collines. Là, l'unique rue est toujours encombrée de troupes. Par la fenêtre ouverte de la mairie, j'aperçois le général Boëlle. Son visage est grave, sans sévérité. Je cherche dans son regard une inquiétude que je ne trouve pas (1) »

La scène se passe à Brandeville. Le général ne perd nullement son sang-froid en présence du résultat de cette journée sur laquelle il comptait. Il rend compte que le 5e corps, ayant battu en retraite sans l'en aviser, il a perdu Marville après une belle défense de la 7e division. Mais cette division, forcée à la retraite, a franchi heureusement le défilé de la Loison, dont le passage a été protégé par une artillerie prenant sous ses feux la cavalerie ennemie. Les troupes se sont fixées sur le front Bréhéville-Brandeville.

La 8e division au nord, ayant été coupée de la 7e par Bois-Chabot, est recueillie par les troupes du 2e corps faisant barrage à hauteur Bois-Robert-Hain-lès-Juvigny, renforcées de quatre groupes d'artillerie. En somme, le corps a pu, sans être coupé, franchir le défilé.

La retraite s'étant accomplie par Brandeville-Remoiville, on laisse des arrière-gardes sur la rive sud de la Loison. Les troupes sont épuisées par quatre jours de marches et de combats ; ayant perdu le plus grand nombre de leurs officiers, elles sont dans l'impossibilité de reprendre la lutte si on ne leur accorde pas un peu de repos. La retraite se poursuit dans cet état de somnolence résignée que peint si bien Lintier : « Nous songeons à peine au lendemain, trop las pour penser et pour prévoir » ; et, dans la soirée, le 4e corps est replié sur la Meuse dans la situation suivante :

Quartier général, Dun-sur-Meuse.

7e division, Brieulles-sur-Meuse.

8e division, Cléry-le-Grand, Cléry-le-Petit, Lion-devant-Dun ;

L'artillerie à Sassey-sur-Meuse et Mont-de-Sassey.

Le corps fait sa liaison avec le 5e corps par Bréhéville.

LE 5e CORPS. COMBAT DE LA HAUTE-VALL

Nous avons indiqué les tentatives faites par le 5e et le 6e corps pour dégager Longwy. Dès le 22, le 5e corps (général Brochin) doit renoncer à cette entreprise. La 9e division à gauche et en liaison avec le 4e corps a échoué dans son offensive sur Signeulx-Bleid, et la 10e division à droite a échoué en essayant de déboucher entre Gorcy et Cosnes.

La retraite, extrêmement confuse, a lieu dans l'après-midi du 22 et la nuit du 22 au 23. L'artillerie lourde allemande produit sur ce corps un effet moral extraordinaire. Le corps bivouaque, le soir, devant Longuyon. Quoiqu'il n'ait pas été sérieusement éprouvé, il fait savoir, le 23, dès 4 heures du matin, qu'il va se retirer au sud de la Chiers. Mais, il paraît décidé à résister sur ces nouvelles positions.

La 9e division reste à gauche en liaison avec le 4e corps. Elle combat le 23 au nord de Longuyon, appuyée à droite par le 6e corps. La 10e division repasse sur la rive gauche de la Chiers et organise la position au sud : ferme de Haute-Vall (46e régiment) et Saint-Laurent-sur-Othain (89e), ferme de la Basse-Vall et bois environnants (76e). Le 31e, qui a subi des pertes importantes dans la journée du 23, est en réserve. Le 46e tient par ses avant-postes le village de Noërs, à l'entrée de Longuyon.

Le combat s'engage à la pointe du jour par une violente canonnade des batteries allemandes. Il s'agit d'assurer le débouché de Longuyon au corps qui se replie. Voici comment s'est engagé le combat de la Haute-Vall. A 5 h. 1/2, le colonel Malleterre qui a pris le commandement de la 19e brigade et a reçu les instructions d'attaque, donne l'ordre de se porter sur

(1) *Ma pièce*, p. 115.

CAVALIERS ALLEMANDS AVANT L'ATTAQUE

Longuyon. Il y a en ligne tout le 46e, sur un front de 1.500 mètres soutenu par un bataillon du 89e et un bataillon du 31e. L'artillerie de la 10e division, très bien défilée, tire avec efficacité; vers 8 heures il y a arrêt. Le 46e a atteint la crête qui domine Longuyon. Le bombardement réciproque est des plus violents: vers 10 heures un fléchissement se produit au 67e du 6e corps, qui entraîne un bataillon du 46e.

Pendant ce temps le 76e avait attaqué sans succès à l'est de Longuyon et n'avait pu dépasser la fatale crête. A midi le recul de la 1re division est général. Cependant un bataillon du 46e et la 1re division du génie restent sur la position de la ferme de la Haute-Vall. Les Allemands ne poursuivent que par le canon.

Dans l'après-midi le 6e corps reprend l'attaque avec vivacité. Vers 4 heures les chasseurs à pied occupaient encore la ferme de la Haute-Vall. Mais le 5e corps n'avait pu se rallier pour concourir à l'action du 6e corps.

Un témoin écrit : « Le résultat est le même que la veille. La méthode allemande nous bat. Cependant, les pertes que les Allemands éprouvent sont supérieures aux nôtres. A 5 heures du soir, ils entrent à Longuyon, en colonnes, croyant les Français en déroute. Subitement, les 75 les surprennent, et, dans cet entonnoir de Longuyon, leur infligent de lourdes pertes... Mais le résultat est le même : l'artillerie lourde oblige les 75 à reculer (1). »

(1) *Lettres inédites* du lieutenant L.-F. Dufau. Les pertes allemandes sont confirmées par un combattant wurtembourgeois (XIIIe corps) qui écrit, le 23 : « Nous nous rencontrâmes sur les hauteurs de Longuyon avec le corps d'armée voisin ; Longuyon, où nous descendîmes tranquillement, est un entonnoir. Nous avons eu beaucoup de pertes. Tous les régiments étaient dans le bois : nous ne savions que faire, nous étions coupés de l'état-major. »

Le 5e corps continue le lendemain 25 son mouvement de repli. La nouvelle ligne est, maintenant : Petit-Failly-Grand-Failly-Saint-Laurent-sur-l'Othain, bois des Marles, en liaison avec le 6e corps à Mangiennes. Dans l'après-midi, la 9e division demande au 4e corps de l'aider à maintenir sa position sur Grand-Failly. Malgré une contre-attaque du colonel Blin sur Petit-Xivry, la 9e division ne peut garder Grand-Failly et, à 15 heures, elle fait savoir qu'elle est obligée de se replier derrière l'Othain.

La 10e division a livré, le 24, un brillant combat autour de la ferme de Haute-Wall. Le combat est décrit par le général Malleterre :

« J'ai cru un instant que nous rejetterions l'ennemi dans Longuyon. Ma ligne tenait ferme et gagnait même du terrain ; des troupes voisines à droite (6e corps vers Longuyon) ont été refoulées, il a fallu céder. Mais j'ai l'impression, partagée par mes officiers, que ce sont les shrapnells allemands qui ont fini par avoir raison du moral de nos hommes, non point tant par les pertes qu'ils leur ont fait subir que par l'énervement d'une pluie incessante et serrée de projectiles. Depuis l'aube jusqu'à midi, le ciel était saturé des petits nuages gris des explosions, les balles et les éclats tombèrent comme la grêle sans interruption sur tout le champ de bataille. Après les gros obus de la journée du 22, l'artillerie de campagne allemande nous a montré qu'elle avait des munitions à profusion, qu'elle tirait sans compter pour ouvrir le chemin à son infanterie. C'est un procédé auquel il faudra s'habituer et notre artillerie saura y répondre (1). »

Au même moment, le 89e engage un combat de résistance sur la crête d'Hauteville-Saint-Laurent. Nous en avons un récit animé de la main du sous-lieutenant Dufau :

« Nous reprenons position dans les tranchées. A 4 heures, nous recevons shrapnells sur shrapnells; l'artillerie donne, l'infanterie tâche de passer ; nous prenons la ferme ; il s'agit de s'emparer de la crête qui doit nous redonner Longuyon. Elle est en face la ferme qui, elle-même, est sur une crête. La 7e est en avant; mais au moment de passer la ferme, elle reçoit l'ordre de s'arrêter et servira de soutien aux autres... Je me colle au 31e, qui monte à l'assaut. Tous les Français avancent ; c'est splendide. Nous arrivons à mi-côte... Mais l'artillerie n'a pas tapé le bois. Les mitrailleuses allemandes s'y installent. Nous sommes fauchés par derrière ; impossible de le faire savoir. Nous montons quand même. Les balles pleuvent, pleuvent ; les hommes tombent comme des mouches... Avec 25 hommes sur 80 j'arrive sur la crête. A 30 mètres nous sommes sous le feu des premières tranchées. Un culot de shrapnell coupe mon fusil en deux. Les mitrailleuses hachent les hommes, nous sommes environ 15. Nous avons beau voir les Allemands se sauver des tranchées. Les mitrailleuses nous arrêtent absolument. L'attaque a échoué. Un capitaine blessé m'appelle, me dit : « Venez ». Je le relève et pas à pas, debout, nous fichant absolument des balles, car nous ne pensons qu'à l'échec, nous sommes revenus en arrière sans être touchés.

Après ce brillant engagement où, une fois de plus l'entrain du soldat français est arrêté par la supériorité de l'armement allemand, la retraite commence :

« Les Allemands poursuivent, mais pas vite ; ils sont méthodiques et méfiants. De 2 heures à 6 heures, nous nous reposons sur place, puis nous sortons prendre les avant-postes. Les hommes sont exténués, non démoralisés. Au petit jour (le 25), les Allemands attaquent. Les obus pleuvent et ma section, sur le bord d'une route, est parfaitement repérée; car un aéro signale notre emplacement.

Dans la soirée du 25, la 10e division est concentrée à Damvillers, la 9e entre Damvillers et Dun-sur-Meuse.

6e CORPS.
COMBATS SUR L'OTHAIN

Nous avons indiqué ci-dessus les alternatives par lesquelles avaient passé les réflexions du général Ruffey dans la journée du 23. Retraite délibérée ou contre-offensive, une fois ses troupes remises de la chaude affaire du 22. Le Grand Quartier Général avait d'abord ordonné la retraite, mais, à la suite de nouveaux renseignements, un revirement s'était produit. La contre-offensive avait été décidée : elle ne donne pas à gauche et au centre les résultats attendus, mais à droite elle est suivie d'un succès qui aura sur la suite des événements les plus grandes conséquences.

Il convient de rappeler ici que, dès le 19-20, au moment où l'offensive française allait se déclencher, il avait été formé, sur la droite de la 3e armée, une nouvelle armée, dite armée de Lorraine.

Elle se constituait avec son quartier général à Verdun, sous les ordres du général Maunoury, ayant comme commandants de corps d'armée, les généraux Pol Durand et de Lamaze (1). Cette armée comprenait le groupement du général Pol Durand (54e. 55e 56e divisions de réserve, plus la 65e, la 72e et la 75e, soit 6 divisions de réserve).

Le 23 août, le groupe du général Pol Durand, se conformant au repli de la 3e armée, a son front marqué par les points d'appui de Spincourt-Gouraincourt-Eton. Dans la nouvelle phase qui se présente, trois divisions ont pour mission d'appuyer la 3e armée, tandis que les autres sont consacrées à une mission de couverture sur les Hauts-de-Meuse.

Ces indications sont nécessaires pour la parfaite intelligence des opérations à la droite de la 3e armée dans les journées du 23, du 24 et du 25.

Comme nous l'avons vu, les ordres donnés par le général Sarrail, dans la nuit du 22 au 23, avaient été de s'accrocher à la forte position d'Arrancy. Cette position fut aussitôt organisée et confiée au général Roques, commandant la 23e brigade, avec le 106e d'infanterie, le 25e bataillon de chasseurs et la partie du 25e d'artillerie qui avait opéré au sud de la Chiers.

(1) Page 47.

(1) Le général de Lamaze n'arriva à Verdun que dans la nuit du 24 au 25.

HUSSARDS FRANÇAIS

A gauche du groupement Roques, le reste de la 12e division avait bordé la Crusnes jusqu'à Longuyon ; à droite, il appartenait à la 42e division de défendre le ravin des Eurantes jusque sur Saint-Pierrevilliers.

En arrière de la position d'Arrancy, à l'est de la ferme de Constantine, un puissant groupement d'artillerie sous les ordres du général Herr, composé de l'artillerie du corps (46e régiment) et de l'artillerie lourde (4e régiment) appuierait la défense d'Arrancy.

Le général Sarrail fixe son quartier général à Mangiennes.

Les Allemands, comme nous l'avons dit, ne poussèrent pas en avant, sur le front du 6e corps, dans la matinée du 23. A peine commencèrent-ils à prendre à partie la défense d'Arrancy et l'artillerie établie sur le plateau de Constantine ; mais cette artillerie, qui avait, d'ailleurs, pris l'initiative, lui répondait vigoureusement. Sauf cette canonnade réciproque, la journée du 23 fut consacrée, de part et d'autre, à la réorganisation des troupes.

Il n'en fut pas de même de la journée du 24, qui fut des plus rudes et qui prépara la journée du 25.

Nous avons dit que le 22 au soir, la 40e division, aile droite du corps d'armée, était restée dans une position très difficile dans la région de Fillières et d'Audun-le-Roman et que l'ennemi, par des forces débouchant de Metz, avait menacé nos communications dans la direction de Landres, de Spincourt et même de Rouvrois-sur-Othain.

D'autre part, le 5e corps s'était, dès le 24, replié sur la ligne de l'Othain ; de telle sorte que la position du 6e corps, avec Arrancy pour point d'appui très solide, ne s'en trouvait pas moins singulièrement découverte.

Le 24 août au matin, Arrancy qui avait subi, la veille, une forte préparation d'artillerie et qui avait repoussé jusqu'au soir les premiers assauts de l'ennemi, succombe. Le 6e corps en est réduit à faire front au nord et au nord-est pour défendre les massifs boisés qui sont au sud de Longuyon (le Haut-Bois, Bois de Rochou).

Mais, en même temps, il est obligé de faire front face au sud pour interdire à l'ennemi l'accès de la haute vallée de l'Othain. Cette mission est confiée à la 42e division, qui vient d'aider la 40e division à se dégager et qui s'est renforcée ainsi d'une brigade de cette division. Le champ d'opérations de ces formations, constituant l'aile droite, opère dans la région Bois de Rochou-Ollières. Le groupe des divisions de réserve les prolongeait vers le sud-est, la 54e division de réserve se reliant à la 42e division.

Le 24, vers 14 heures, le 6e corps avait sa gauche à environ 2 kilomètres à l'est de Saint-Laurent-sur-l'Othain, où il rejoignait le 5e corps, et son front, partant de là, décrivait un arc de cercle au nord et à l'est de Sorbey, à travers les bois de Belchêne, le Haut-Bois, à l'est de la ferme de Constantine. Cet arc de cercle retombait au sud en face de Rouvrois-sur-Othain, dont l'ennemi, dans sa tentative d'enveloppement vers Spincourt, venait de s'emparer : le front français s'était donc reporté, à partir de Rouvrois, sur la rive gauche de l'Othain.

La situation eût paru inquiétante si le magnifique moral des troupes n'avait permis une résistance suffisante pour donner à l'armée Maunoury le temps d'entrer en ligne. Quoique le soldat soit épuisé par quatre jours de combat et une chaleur accablante, il fournit à la voix de ses chefs des contre-attaques magnifiques.

A l'aile droite, la 42e division et les forces qui la secondent se jettent à diverses reprises sur l'ennemi et l'empêchent de poursuivre son succès.

A gauche, au cours de cette même après-midi du 24 (vers 16 heures), une brillante contre-attaque du commandant Renouard avec le 29e bataillon de chasseurs, bien préparée par l'artillerie, avait rejeté l'ennemi, qui devenait trop pressant sur la droite du 5e corps, et brisé l'effort de sa poursuite menaçante de ce côté.

Le 24 au soir, le 6e corps était au contact sur toute la ligne de l'Othain dont l'ennemi avait conquis les passages. Malgré leur fatigue extrême, les troupes ne demandaient qu'à reprendre l'offensive le lendemain 25.

Quoiqu'il eût reculé, le 6e corps avait tenu assez vigoureusement et avait fait assez de mal à l'ennemi pour permettre la manœuvre qui allait le dégager et consolider la droite de la 3e armée dans la journée du 25.

ARMÉE DE LORRAINE. BRILLANT COMBAT D'ÉTAIN (25 AOUT) C'est ici qu'il faut nous retourner vers l'armée de Lorraine.

L'heure était venue d'employer dans la bataille les forces réservées pour la défense des places de Toul et de Verdun, avec objectif éventuel l'attaque de Metz.

Dans la matinée du 24, un renseignement du plus haut intérêt était parvenu au commandement.

Une reconnaissance du 3e hussards (cavalerie divisionnaire de la 56e division) conduite par le maréchal des logis Ronchon, avait arrêté une automobile ennemie vers 6 heures du matin, sur la route de Dompierre à Puxe, à la traversée du bois ; les deux officiers qui l'occupaient et le conducteur avaient pu se sauver dans les bois ; mais la reconnaissance s'était emparée des papiers et cartes contenus dans la voiture. Or, parmi ces papiers, se trouvait un ordre de mouvement pour la 33e division de réserve allemande, ordre daté de Conflans, 5 h. 40. Aux termes de cet ordre, tandis que le XVIe corps attaquerait la ligne Nouillompont - Spincourt - Gouraincourt, la 33e division de réserve attaquerait le flanc de l'ennemi; dans ce but, elle déboucherait de Conflans et Friouville à 6 heures et se porterait en deux colonnes sur le front Lixières-Béchamp. Du contexte, il résultait que l'état-major allemand ignorait l'existence ou, du moins, la position des divisions de réserve françaises.

PONT DE CHEMIN DE FER A BAZEILLES

Le général Maunoury, aussitôt informé, se mit en relations avec le Grand Quartier Général et, autorisé à agir selon les circonstances, il prit, dans la matinée du 24, les dispositions nécessaires pour intervenir tout en prenant les mesures que la prudence indiquait. Le général Maunoury est un esprit parfaitement pondéré et qui sait à fond le métier. Le 24 au soir, les cinq divisions sont mises en ligne et elles atteignent la ligne générale Nouillompont-Etain-Olley-Jeandelize. Un carnet allemand (1) signale un dur combat soutenu par la 53e brigade de landwehr, le 24 août, vers Eton, dans le but « de dégager le XVIe corps fortement pressé », mais en réalité avec l'entente de tourner Spincourt. Cette brigade ayant subi des pertes sensibles, recula jusqu'à Mairy, au sud d'Audun-le-Roman, et ne refit route vers Montigny-sur-Chiers que le 29.

Le général Maunoury donne l'ordre de poursuivre l'offensive le lendemain 25, dès la première heure. La 56e division a pour mission de couvrir le flanc droit de ce groupe de divisions de réserve par Saint-Jean-de-Buzy-Mouaville.

Dans la matinée du 25, les 72e, 75e, 56e divisions de réserve franchissent l'Orne de vive force et prennent pied sur les hauteurs de la rive gauche en refoulant l'ennemi devant elles. C'est le succès. Il est surtout marqué sur le front de la 56e division (général de Dartein), c'est-à-dire à droite. Celui-ci avait, dans la journée du 24, massé ses troupes dispersées sur un front de 20 kilomètres. Dès le 25 au matin, la 115e brigade, franchissant l'Orne à Jeandelize sans coup férir, s'empare sans difficulté des hauteurs 223, 214 et passe sans incident, sous la protection de son artillerie, à Saint-Jean-de-Buzy. La 75e division débouche au nord de Buzy et hésite devant un feu violent de l'ennemi. Mais la 112e brigade l'appuie à temps en occupant les cotes 211, 213. L'infanterie allemande débouche d'Aucourt et des bois

(1) *Revue Bleue* du 3 février 1915.

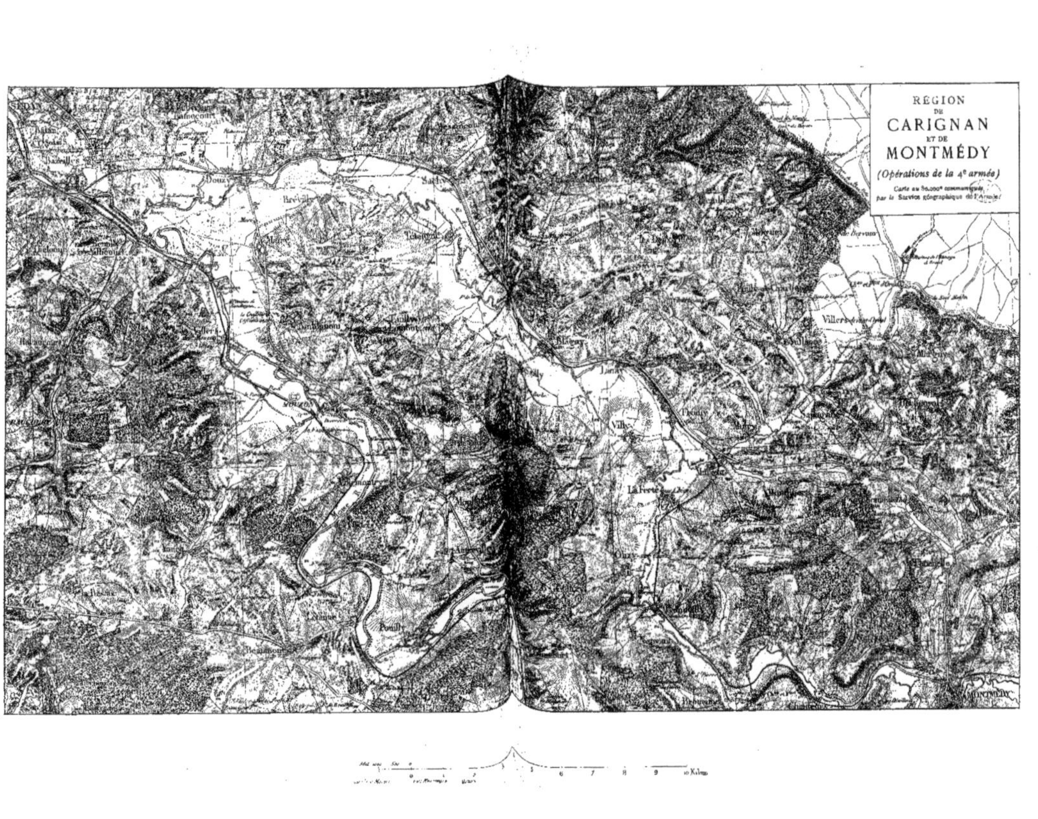
RÉGION
DE
CARIGNAN
ET DE
MONTMÉDY
(Opérations de la 4e armée)
Carte au 80.000e communiquée
par le Service géographique de l'Armée
Villers
La Ferté
Pouilly
MONTMÉDY
6 7 8 9 10 Kilom

communaux ; mais elle est arrêtée par le tir précis des 75 de la 56e division. Trois fois elle revient à la charge, trois fois elle est repoussée et la 112e brigade progresse à son tour jusqu'en face d'Aucourt ; la 111e brigade (général Cornille) la seconde vers le bois d'Olley.

Par un mouvement en échelon sagement combiné, les têtes de colonne de la 55e division débouchent sur Brainville, tandis que la 56e division progresse plus à l'ouest (1).

La colonne de gauche enlève Hautecourt, Lixières, Rouvres, la colonne de droite enlève la ferme de Nouvron, Thuméreville, Mouaville et Béchamp. Ces villages, Rouvres notamment, au fur et à mesure qu'on les occupe offrent un terrible spectacle ; ils sont détruits, incendiés systématiquement, les habitants, hommes, femmes, enfants, massacrés.

En fin de journée, le succès est complet : lourdes pertes constatées chez l'ennemi, 400 ou 500 prisonniers, abandon de matréiel de toutes sortes, mitrailleuses, munitions. La 33e division allemande et les forces qui se portaient sur Spincourt avaient été surprises en pleine avancée. La division tout entière se dispersa ; certains régiments ne se reformèrent que vers Saint-Privat. Les carnets allemands signalent tous ce recul :

« Nous nous retirâmes le plus rapidement possible, sous le feu de l'artillerie ennemie. Nous avons marché pendant trois heures et nous arrivâmes baignés de sueur, dans un village ; puis nous reculâmes encore pour aller nous reposer un peu de ces fatigues excessives. »

Un autre témoin allemand raconte :

« Le 15 août à l'aube, les canons ennemis nous saluèrent. L'ordre d'attaque fut donné, il y avait là les régiments de landwehr 100 et 102 de Saxe, 83 et 32 de Thuringe, les régiments nos 4, 6, 7, de Bavière et 130 de Prusse. Il fallait traverser de grands champs d'avoine sous le feu des shrapnells qui était épouvantable. A 2 heures de l'après-midi nous arriva l'ordre de retraite. Tout fut dispersé. Nous arrivâmes 60 hommes, à minuit, sur la terre allemande. »

Toutes les troupes de la Woëvre battirent en retraite l'armée allemande, le XVIe corps recula jusque sur Bonvillers (sud d'Audun-le-Roman). Un vent de panique avait soufflé sur l'ennemi.

Ces avantages considérables avaient été obtenus sans pertes trop élevées (plusieurs centaines de tués, de blessés et de disparus) grâce à l'excellente direction du combat, grâce à la valeur des troupes, à la supériorité du 75 sur le 77, enfin à la liaison soigneusement établie entre l'artillerie et l'infanterie. Les précautions prises avec un soin minutieux par le commandement, cette sage lenteur qui avait consacré une journée entière à la préparation du combat avaient été aussi un des éléments du succès.

Rendons-nous bien compte de la portée stratégique de cette belle journée.

Au moment où l'armée du kronprinz croit achever le mouvement d'enveloppement par l'aile gauche qu'elle tente depuis trois jours, et qui doit isoler la 3e armée de Verdun en la coupant par Etain-Spincourt, quand elle croit n'avoir plus qu'à s'avancer par Damvillers pour isoler la place par Montfaucon, les forces gardées en réserve sur les Hauts-de-Meuse la laissent s'engager, se préparent en silence, profitent d'un renseignement qui révèle son mouvement et tombent sur son flanc gauche, allongé imprudemment. La marche des Allemands est arrêtée et leur force ébranlée, à une heure particulièrement critique, quand le succès de la « Bataille des Ardennes » donne l'élan à toutes les forces allemandes accomplissant leur poussée dans cette région.

L'armée du kronprinz est fixée sur place. Elle ne reprendra haleine qu'après quelques jours, quand la première phase de la « Bataille des Frontières » est accomplie et que les armées françaises s'étant ressaisies seront en mesure d'affronter de nouveau, dans les batailles de seconde ligne, des adversaires qui ont laissé échapper la victoire. Nous laisserons à un auteur allemand le soin d'apprécier l'importance du rôle joué par le 6e corps et l'armée Maunoury dans ces journées du 22 au 25 : « La forteresse de Verdun

(1) Sur la marche forcée accomplie par la 55e division (général Leguay) pour se porter sur le champ de bataille, voir Victor Boudon, *Avec Charles Péguy. De la Lorraine à la Marne*, p. 53 et suiv.

LE GÉNÉRAL SARRAIL COMMANDANT LE 6e CORPS

(en y comprenant bien entendu, son rayon d'action) a joué un rôle très important dans cette partie de la guerre. Non seulement elle a arrêté la marche en avant des Allemands et facilité la résistance de la 2e armée française à Nancy, mais encore elle a contribué au succès français sur la Marne. Bien que les armées allemandes aient entouré Verdun à l'est, au nord et même à l'ouest, la forteresse n'a jamais été encerclée (1).

Malheureusement, le succès remporté au combat d'Étain ne put être exploité comme on eût pu le désirer sur les lieux. Des considérations plus générales imposaient au haut commandement français d'autres mesures urgentes.

La chute du jour avait arrêté le combat le 25 au soir. Or, dans la nuit, l'armée de Lorraine recevait du Grand Quartier Général l'ordre de se replier, à son tour, sur les côtes de Meuse pour couvrir au sud les abords de la forteresse de Verdun. En conséquence, après avoir stationné, dans la nuit du 25 au 26, sur la rive sud de l'Orne, elle se portait, le 26, par échelons successifs, sur les Hauts-de-Meuse que les 54e, 65e et 75e divisions étaient chargées de défendre entre Verdun et Toul. La 72e division était remise à la disposition du gouverneur de Verdun ainsi que les 165e et 166e régiments. Mais la véritable pensée du haut commandement se dévoilait par les ordres donnés soudain au général Maunoury ainsi qu'aux 55e et 56e divisions de réserve.

Ces deux divisions étaient dirigées, le 26, vers des points d'embarquement pour être transportées ailleurs.

Dans cette même journée du 26, le général Maunoury répartissait, entre ses deux commandants de corps, le général Pol Durand et le général de Lamaze, la défense des Hauts-de-Meuse au sud de Verdun. Le général de Lamaze avec les 65e et 75e divisions de réserve tiendrait le secteur nord de la ligne Dieue-sur-Meuse, Somedieue, Mont-sous-les-Côtes, en liaison avec Verdun; le général Pol Durand avec les 54e et 67e divisions de réserve tiendrait le secteur sud, de la ligne Lacroix-sur-Meuse, Lamorville et Creue, à la ligne Commercy, Broussey-en-Woëvre, en liaison par la forêt de la Reine avec Toul.

Le quartier général de cette armée était fixé à Saint-Mihiel.

Quant au général Maunoury lui-même, il était appelé, le 27, au commandement d'une armée en formation sur la Somme — la 6e armée, et il partait avec son état-major pour Montdidier.

La conception de la « manœuvre de la Marne » était déjà née dans l'esprit du général en chef, et pour la préparer, il sacrifiait même les suites du premier succès obtenu par l'armée de Lorraine.

Celle-ci était, en effet, supprimée. Les 55e et 56e divisions de réserve étaient embarquées pour la Somme ; elles devaient y former un groupe prenant le nom de 5e groupe de divisions de réserve et qui devait entrer dans la composition de la 6e armée. Le général de Lamaze, nommé au commandement de ce groupe, quittait, à son tour, Lacroix-sur-Meuse, le 28 au matin, pour aller à Montdidier se mettre sous les ordres du général Maunoury.

Quant au général Pol Durand, il restait sur les lieux et prenait le commandement des 54e, 67e, 65e, 75e divisions de réserve.

Revenons, maintenant, à la 3e armée que l'intervention des divisions de réserve avait si heureusement soutenue. Le 6e corps, autant par ce qu'il avait accompli que par ce qui se passait sur sa gauche, n'avait nullement l'impression d'être dans la nécessité de céder le terrain. L'ordre général de la retraite surprenait tout le monde : « Personne au 6e corps, dit un témoin, ne comprenait le motif qui pouvait amener une telle résolution ; car nous avions repoussé avec succès toutes les attaques des deux corps d'armée ennemis

(1) V. Kircheisen, *La Lutte des peuples*, fasc. 20 et suiv.

LE CLOCHER D'UN VILLAGE DÉTRUIT PAR LES ALLEMANDS

qui nous étaient opposés. La preuve de notre supériorité est établie par l'incapacité des Allemands de faire autre chose que de nous suivre mollement pendant les jours suivants. »

Mais, puisque des raisons supérieures imposaient la retraite, il fallait s'exécuter.

Le 6e corps se servit habilement de l'intervention de l'armée de Lorraine pour se dégager dans la journée du 25. Abandonnant la ligne de l'Othain, il passa d'une seule traite et presque sans coup férir dans la vallée de la Theinte en amont de Damvillers.

Le 25 août au soir, le 6e corps bivouaquait sur la Theinte : le quartier général était à Flabas ; la 12e division à Damvillers ; la 40e division à Wavrille-Gibercy ; la 42e division à Chaumont-devant-Damvillers et Ville-devant-Chaumont. Le 26 août seulement, eut lieu le passage de la Meuse ; le corps prenait ses cantonnements entre le fleuve et le massif boisé de la forêt de Hesse et des bois de Malancourt et de Montfaucon, en relation avec Verdun. Quartier général à Froméréville. Tous les ponts de la Meuse en aval de Charny étaient détruits.

La 54e division de réserve se replie au sud de la voie ferrée Verdun-Dombasle en Argonne et la 7e division de cavalerie, commandée par le général d'Urbal qui avait succédé au général Gillain, était à Dombasle.

Le 25 août, le général Hache, commandant la 40e division, dont nous avons dit le beau rôle à Fillières, était appelé au commandement du 3e corps d'armée et était remplacé par le général Leconte, commandant une brigade de la 42e division.

En somme, la 3e armée, après de rudes combats, interrompait les opérations sur un succès combiné avec l'armée de Lorraine opérant sur sa droite. L'ennemi poussait mollement parce que sa gauche avait été enfoncée le 25 et que la révélation qu'il avait eue de la présence des divisions de réserve lui avait paru cuisante. D'ailleurs, d'une façon générale, le commandement du kronprinz manquait de vigueur et d'allant. La Woëvre et les approches de Verdun étaient dégagées et ce résultat avait, sur l'ensemble de la manœuvre, une importance décisive. Malgré le prélèvement d'une partie des forces de la 3e armée (bientôt la 42e division allait encore quitter le 6e corps), le repli derrière la Meuse et sous la protection de la place de Verdun se faisait dans des conditions telles que l'ennemi n'était nullement en situation de prendre le dessus ; les corps de la 3e armée, bientôt reconstitués, allaient de nouveau lui tenir tête.

Ainsi se confirmait du côté de Verdun, la solidité du pivot des armées de l'Est qui, déjà fixé autour de Nancy, devait permettre aux autres armées de prendre, sur le front occidental, le recul nécessaire pour parer au danger dont la manœuvre de von Kluck à ce même moment menaçait Paris et la gauche des armées françaises.

CARACTÉRISTIQUES TACTIQUES ET STRATÉGIQUES DE LA BATAILLE DES ARDENNES

Essayons de nous rendre compte maintenant des résultats stratégiques et tactiques de la bataille des Ardennes dans son ensemble, et des leçons qui, de ces rencontres, se dégagèrent pour le commandement français.

Les armées françaises qui se sont portées dans le Luxembourg belge ont été obligées de renoncer à leur offensive ; elles ont dû reculer et abandonner la défense de la frontière. Par contre, les armées allemandes qui opéraient dans le grand-duché de Luxembourg et le Luxembourg belge ont supporté le choc, puis elles se sont portées en avant, elles ont refoulé les armées françaises, les ont rejetées derrière la Meuse, et ce n'est, pour celles-ci, que la première étape d'une retraite qui va se généraliser sur tout le front.

De part et d'autre, les sacrifices ont été grands. Mais les armées allemandes sortent de ces journées avec le sentiment de la victoire et de la foi confirmée dans leur supériorité et surtout dans la supériorité du commandement. Les armées françaises ont l'impression de la défaite.

Pour les corps qui ont le plus souffert, la question ne se pose pas ; leur perte est sans compensation ; sur eux, dans ces journées douloureuses, un vent de découragement a soufflé. Combien de braves frappés à mort, combien de blessés ramassés sur le champ de bataille et emportés soit dans les hôpitaux de l'intérieur, soit comme prisonniers dans les camps allemands, se sont dit en tombant que leur sacrifice avait été vain et que les choses recommençaient « comme en 1870 ! »

Inutile de citer les nombreux témoignages déjà publiés qui révèlent cet état d'âme. Le langage des combattants est âpre et violent, parce que les sentiments ont été sincères et l'émotion profondément douloureuse. L'exagération d'un désespoir trop prompt doit apprendre surtout à ne pas désespérer si vite.

Un des chefs, et non des moins énergiques, dépeint, dans ces termes, l'état de fatigue des troupes ; on sentira dans son langage la chute soudaine du rêve à la réalité. Le document est daté du 25 : « Après les combats qu'elles viennent de soutenir, les troupes sont épuisées par quatre jours de lutte. Ce qui diminue momentanément la valeur de ces troupes dont le moral serait excellent si elles pouvaient se reprendre en se reposant et en dormant, c'est le manque d'officiers. La plupart des régiments comptent à peine une vingtaine d'officiers. Je crois de mon devoir de vous dire ce que j'estime être la vérité... J'ajoute que dans les diverses rencontres avec l'ennemi chacun a fait tout son devoir. »

Les communiqués essaient naturellement d'atténuer cette impression :

« *Communiqué du 24 août, 23 heures.* — A l'est de la Meuse, nos troupes se sont portées en avant à travers un pays des plus difficiles. Vigoureusement attaquées au débouché des bois, elles ont dû se replier, après un un combat très vif au sud de la Semoy... Du fait des ordres donnés, la lutte va changer d'aspect pendant plusieurs jours; l'armée française restera pour un temps sur la défensive; au moment venu, choisi par le commandant en chef, elle reprendra une vigoureuse offensive. Nos pertes sont importantes; il serait prématuré de les chiffrer; il ne le serait pas moins de chiffrer celles de l'armée allemande qui a souffert au point de devoir s'arrêter dans ses mouvements de contre-attaque pour s'établir sur de nouvelles positions. »

Et le communiqué du 25:

« Sur le front est de la Meuse, par ordre du général en chef, nos troupes ont regagné leurs emplacements de départ en maîtrisant les débouchés de la grande forêt d'Ardenne. Plus à droite, nous avons pris une vigoureuse offensive en faisant reculer l'ennemi. Mais le général Joffre a arrêté la poursuite pour rétablir les lignes qu'il avait assignées avant-hier sur le front de bataille. Dans cette offensive, nos troupes ont montré un admirable entrain. Le 6e corps a notamment fait subir à l'ennemi dans la région de Virton, des pertes considérables. »

PONT BOMBARDÉ SUR LA MEUSE

Causes de la défaite tactique. — Au point de vue matériel comme au point de vue moral, la « Bataille des Ardennes » fut une défaite française. En recherchant les causes de cette défaite et en nous élevant successivement du point de vue tactique au point de vue stratégique, nous verrons si elle fut sans contrepartie et sans compensation.

Des causes de la défaite, les unes sont générales, les autres locales, les unes matérielles, les autres morales; il en est que l'on ne peut séparer de l'ensemble des conditions qui présidèrent à la préparation de la guerre, il en est qui tiennent au commandement; il en est qui viennent des dispositions du soldat jeté si soudainement dans la mêlée.

Sur les défectuosités de la préparation générale, il n'y a pas lieu d'insister ici: elles ne s'appliquent pas, en particulier, à la bataille des Ardennes. L'*Exposé de six mois de guerre* — document semi-officiel — les indique en ces termes dans la partie qui se rapporte spécialement à ces rencontres :

« Le 21 août, l'offensive commença au centre avec dix corps d'armée. Le 22, elle ne réussit pas, et ce revers sembla sérieux. Ses raisons sont complexes. Il y eut des fautes individuelles et collectives dans cette affaire : des imprudences commises sous le feu de l'ennemi, des divisions mal engagées, des déploiements téméraires et des retraites précipitées, un gaspillage prématuré d'hommes et finalement insuffisance de certaines de nos troupes et de leurs chefs en ce qui concerne l'emploi de l'artillerie et de l'infanterie. En conséquence de ces erreurs, l'ennemi, profitant de la difficulté du terrain, put tirer le maximum de profits et d'avantages que lui donnait la supériorité de ses cadres subalternes ».

En ce qui concerne spécialement le manque de liaison entre les armes, il suffit de rappeler la circulaire du général Joffre datée du 24 août et publiée dans les journaux du temps :

« Il résulte des renseignements recueillis dans les combats livrés jusqu'à ce jour que les attaques ne sont pas exécutées par une combinaison intime de l'infanterie et de l'artillerie. Chaque fois que l'on veut conquérir un point d'appui, il faut préparer l'attaque par l'artillerie.

« Toutes les fois que l'on a voulu lancer l'infanterie à l'attaque avant que l'artillerie ait fait sentir son action, l'infanterie est tombée sous le feu des mitrailleuses et elle a subi des pertes que l'on aurait pu éviter. »

Ces observations sont précisées et commentées, en quelque sorte, par la nouvelle instruction sur la liaison des armes rédigée le 4 décembre 1915 et dont voici le passage le plus important :

« Il faut en cas d'action offensive avoir soigneusement prévu l'emploi de tous les moyens qu'il est possible de mettre en œuvre, pour maintenir la liaison de l'infanterie avec les batteries qui l'appuient : observateurs d'artillerie accompagnant les chefs de l'infanterie, en liaison avec les batteries, par fil téléphonique, signaux optiques, fanions, signaux conventionnels par fusées, feux de Bengale, pots Ruggieri, etc., parfaitement connus des intéressés. »

La circulaire du 24 août était un écho des observations faites d'un bout à l'autre du front par les techniciens les plus autorisés.

Le général Ruffey, dont l'autorité est hors de pair, observait, en effet, que depuis le commencement de la campagne, les consommations de munitions d'artillerie avaient été en général trop faibles. « L'artillerie tire peu, disait-il, parce qu'elle ne voit rien. Or ce serait une grave erreur de croire que cette absence d'objectifs visibles doive être une cause d'abstention de la part de l'artillerie. En réalité, pour procéder à une offensive sur un point choisi, la préparation de l'attaque de l'infanterie doit être faite en battant systématiquement la position attaquée sur une longueur et une profondeur déterminées en raison de l'importance de l'attaque et de l'organisation du point attaqué. Ce tir doit être commencé dès que l'infanterie prend sa formation de combat et continué jusqu'au moment où l'abordage va se produire. De même, dès qu'un indice quelconque révèle la présence de l'artillerie ennemie en arrière d'une crête ou sur un point caché, un tir en profondeur doit se produire de manière à dominer cette artillerie, dût ce tir être exécuté à de très grandes distances. Exécuté par zones avec nos puissants explosifs, il atteindra souvent le résultat cherché. »

La note faisait observer aussi que notre infanterie ayant beaucoup souffert du feu des mitrailleuses ennemies, il fallait, par tous les moyens, tâcher de déterminer les emplacements de celles-ci et les détruire par le canon. Souvent cachées dans des caponnières, elles peuvent être prises à partie même par des pièces isolées.

En vue des rencontres qui allaient se produire sur la Meuse, des instructions spéciales prescrivaient des méthodes nouvelles pour l'artillerie : au cas où l'armée serait amenée à se replier sur la rive gauche de la Meuse, on recommandait, *dès le* 25, le plus large emploi de l'artillerie pour disputer à l'ennemi le passage de la rivière. On signalait l'importance nouvelle qu'allait prendre l'artillerie lourde : les canons de 120 long devront être employés à battre à grande distance les points où l'ennemi pourrait tenter de jeter des ponts. Les canons courts seront placés de façon à battre l'ennemi pendant le passage. Le canon de 75 sera plus particulièrement employé au flanquement du front et pour battre les abords immédiats de la rivière. Les emplacements de batterie devront être reconnus avec le plus grand soin et des épaulements solides construits partout où ce sera nécessaire.

L'ensemble de ces observations suffit pour établir de graves défectuosités dans la liaison des armes et notamment dans l'emploi de l'artillerie au début de la campagne; mais elles montrent aussi la souplesse du génie français et sa faculté d'adaptation aux nécessités nouvelles. En moins de quatre jours, la vraie doctrine se dégage. Les Allemands ont, certes, une préparation plus complète, mais cette avance sera vite regagnée.

Le général Bon, qui commandait l'artillerie d'un des corps, donnait à l'exposé de ces combats cette conclusion : « Sauf des engagements d'avant-garde pénibles, les pertes avaient été légères; l'artillerie était abso-

GABRIEL HANOTAUX

de l'Académie Française

HISTOIRE ILLUSTRÉE DE LA GUERRE DE 1914

LIRE dans ce Fascicule : **LE SIÈGE de LONGWY et de MONTMÉDY**

FASCICULE N° 62

L'ÉDITION FRANÇAISE ILLUSTRÉE
(GOUNOUILHOU, ÉDITEUR)
30, Rue de Provence, Paris

PRIX NET : 1 franc
ÉTRANGER, PORT EN PLUS

A NOS LECTEURS

Les *deux premiers volumes* de ***L'Histoire de la Guerre de 1914*** ont donné l'exposé des faits historiques et diplomatiques qui ont précédé et amené la guerre, et qui engagent si lourdement la responsabilité de l'Allemagne.

Avec *le troisième volume,* l'historien est entré dans le vif de son sujet, le grand drame de la guerre.

Le *quatrième volume,* achevé avec le fascicule 52, est consacré au récit de ***La Bataille des frontières.***

L'auteur aborde maintenant les combats du Luxembourg et de la Meuse, pour en venir, dans les prochains fascicules, aux engagements de la Sambre et à cette retraite vigoureuse qui prépare la victoire de la Marne.

Par les renseignements qu'il a recueillis, par les travaux d'enquête et de recherches auxquels il s'est livré, par les conversations qu'il a eues avec les personnages officiels et les hommes politiques de l'Europe entière, l'historien a approché, d'aussi près que peut le faire un contemporain, de la source où peut se découvrir la vérité complète, sincère et impartiale.

C'est vraiment le tableau de la « grande guerre ».

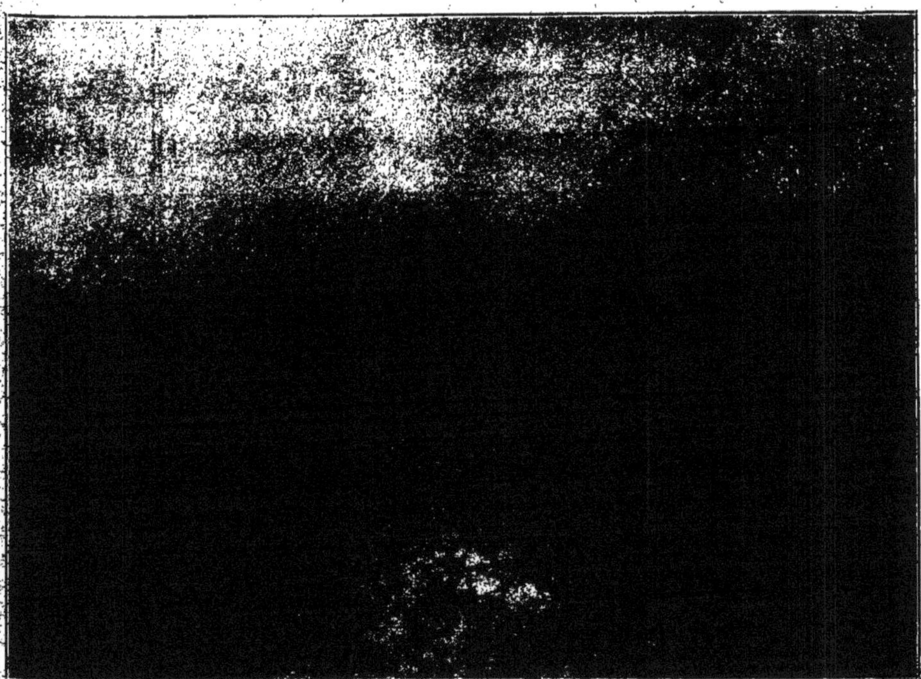

HUTTE D'UN CAPITAINE D'UNE BATTERIE AVANCÉE DANS LE BOIS MALANCOURT

lument intacte, les servants pleins de confiance en leur canon. Les officiers étaient confirmés dans leur méthode de tir et de combat. N'ayant eu presque ni tués ni blessés, tous se croyaient invulnérables. Les troupes d'infanterie avaient gardé le moral le plus solide. » Une constatation à peu près générale dans les deux armées, c'est que l'artillerie ennemie prodigue les munitions sans faire un mal proportionné : « Une chose nous fait plaisir, écrit un jeune officier d'artillerie, c'est la quantité énorme de projectiles dépensés par les Allemands et l'inefficacité relative de leur tir... Nous devons profiter des enseignements de ce premier jour de bataille. »

L'armée française avait eu, de ce chef, une double surprise, celle du rôle joué par l'artillerie lourde et celle du nombre et de l'emploi des mitrailleuses.

Pour ce qui concerne l'effet de l'artillerie lourde, on peut s'en tenir à l'appréciation d'un homme de guerre aussi intelligent et expérimenté qu'est le général Malleterre :

« J'ai l'impression, partagée par mes officiers, que ce sont les shrapnells allemands qui ont fini par avoir raison du moral des hommes, non point tant par les pertes qu'ils ont fait subir que par l'énervement d'une pluie incessante et serrée de projectiles. Depuis l'aube jusqu'à midi, le ciel étant saturé des petits nuages gris des explosions, les balles et les éclats tombent comme la grêle sans interruption sur tout le champ de bataille. Après les gros obus de la journée du 22, l'artillerie de campagne allemande nous a montré qu'elle avait des munitions à profusion, qu'elle tirait sans compter pour ouvrir le chemin à son infanterie. C'est un procédé auquel il faudra s'habituer et notre artillerie saura y répondre (1). »

L'impression des artilleurs eux-mêmes était plus satisfaisante encore : c'était celle d'une sorte de sécurité. Un spécialiste, le général Bon, prend à son compte l'assertion d'un journal russe :

« On entend souvent dire que l'artillerie ennemie cause des ravages énormes dans nos rangs. Ce n'est pas exact.

(1) Général Malleterre, *loc. cit,*

Les plus grosses pertes sont causées non par le feu de l'artillerie mais par le feu de la mousqueterie et par celui des mitrailleuses. Les marmites ont une action morale extraordinairement puissante; elles écrasent les forces psychiques du soldat, mais causent, en somme, peu de pertes en tués et blessés. L'effet destructif n'est nullement comparable à celui de notre 75. »

Et le général cite un fait qui, s'appliquant à la journée du 27, ne vise pas moins toute la série des combats engagés sur cette frontière :

« C'est ainsi que, le 27 août 1914, pour défendre le passage de la Meuse, toutes nos batteries avaient été dans l'obligation de s'établir sur le versant exposé aux vues de la rive où l'ennemi était installé... Les capitaines s'installèrent avec la conviction qu'ils étaient appelés à se sacrifier. Je mets en fait que, si les Allemands avaient eu des canons et des artilleurs comme les nôtres, nous n'aurions pas pu rester une heure en batterie sans être écrasés. Sur les quinze batteries qui étaient ainsi exposées, une seule fut obligée de cesser le feu. Les autres ne subirent que des pertes insignifiantes. En revanche, les effets du 75 sur les colonnes ennemies étaient au moins aussi meurtriers que ceux des fusils et des mitrailleuses (1)... »

Nous n'insisterons pas sur la valeur démontrée du 75 français. On peut dire que, dès les premiers engagements, il se subordonne entièrement le 77 allemand. Nous n'avons appris que longtemps après, les effets du canon français dans ces combats de l'Ardenne, à Neufchâteau, à Rossignol, à Virton, à Fillières. Le général Bon avait raison, plus peut-être qu'il ne le croyait lui-même, lorsqu'il terminait ses observations par cette phrase : « Je suis convaincu que notre artillerie, pendant la première période de la campagne, a mis hors de combat au moins autant d'Allemands que la mousqueterie. »

L'habile usage que les Allemands ont fait de la mitrailleuse et l'impression produite sur nos troupes sont parfaitement décrits dans un compte rendu inédit de la marche du 12e corps : « La première prise de contact fut impressionnante et meurtrière. L'infanterie partit à fond. Elle se heurta à des cyclistes avec mitrailleuses, qui reculent dès qu'on approche, mais non sans nous avoir infligé des pertes, et ce jeu recommence. Peu à peu la troupe perd son entrain et hésite à renouveler ces assauts sanglants. Le capitaine T... avait une section de mitrailleuses très bien exercée et dont il était très fier. On gravit une colline. Arrivés à la côte, détachements français et allemands s'aperçoivent. La section de mitrailleuses françaises fut détruite avant d'avoir tiré un seul coup. » La préparation allemande, renseignée par le rôle des mitrailleuses dans la guerre russo-japonaise, avait été poussée à fond et jusqu'à la minutie. La hardiesse, la témérité françaises s'exposaient aux coups de ces redoutables engins sans que les précautions nécessaires fussent prises. La mitrailleuse fut, par excellence, l'arme d'arrêt contre la *furia francese*.

Tous les témoignages sont d'accord pour signaler, au moins au début, la pénurie des avions français. L'Allemagne, au contraire, entrait en campagne avec 1.500 avions ; nous allons revenir sur la question des « renseignements » : mais, en ce qui concerne la « découverte » immédiate, le service de l'aviation, remarquablement organisé du côté allemand, le fut à peine, au début, du côté français.

Le lieutenant d'artillerie Robert Deville, l'auteur de *Virton-La Marne*, ne fait que confirmer, par son témoignage, le sentiment de l'armée entière. L'incident se passe à Houdrigny-Virton : « Les avions allemands ont déployé une grande activité pendant toute cette journée, signalant les objectifs aux artilleurs en laissant tomber des fusées. Par contre, pas un appareil français, du moins dans notre secteur, ne s'est montré... »

Quelles que soient les raisons que l'on apporte pour expliquer cette infériorité momentanée d'une arme que l'on avait cru essentiellement française, l'armée eut cette impression. Partout, c'est le même cri : « Encore les avions boches! » Et on cherche dans le ciel les avions français qui n'apparaissent pas. Pour le réglage des tirs d'artillerie, le résultat est désastreux. A peine une formation française est-elle en position qu'un avion la survole ; il donne un signal et les obus arrivent : le travail

(1) Général Bon, « Billets d'un mutilé », réunis dans son volume *Causeries et souvenirs*.

AVIATEUR ALLEMAND S'APPRÊTANT A PRENDRE SON VOL

contraire se fait rarement. Ici encore, la préparation allemande avait pris une avance qu'il a fallu du temps pour regagner.

De l'ordre tactique et de la nature du pays. — Le sort de la « bataille des Ardennes » fut particulièrement influencé par la nature du terrain : elle fut éminemment une bataille de sous-bois. Routes peu nombreuses et mal percées, issues difficiles, défilés redoutables, vues insuffisantes, peu de découverte, et, par-dessus tout, liaisons extrêmement laborieuses.

L'art militaire connaît la manœuvre en plaines, la manœuvre en pays accidenté, même la manœuvre en montagnes; il s'est peu occupé de la manœuvre sous bois. Peut-être un génie créateur eût-il su appliquer, à ces conditions exceptionnelles, une méthode spéciale et des combinaisons imprévues. Il faut bien reconnaître que cette sorte d'ingéniosité, — sans parler des intuitions du génie, — ne paraît pas s'être révélée, ni dans un camp ni dans l'autre, au cours de la « bataille des Ardennes ». Les deux forces marchèrent l'une contre l'autre et s'étreignirent dans des combats de rencontre qui furent surtout de terribles corps à corps.

Cependant, même pour ces duels de choc, les armées françaises furent, dès le début, en mauvaise posture. Il suffit de jeter un coup d'œil sur la carte et sur la distribution des forces françaises à l'égard des forces allemandes, la veille des engagements, pour remarquer que le tracé de la frontière impose aux premières une disposition en oblique nord-ouest-sud-est. Les corps s'échelonnent selon cette ligne oblique et ils forment, en quelque sorte, un escalier dont le degré supérieur est vers Givet, tandis que le degré le plus bas est vers Étain. Mais c'est un escalier renversé.

Il résulte de cette disposition que, ayant reçu, tous également, l'ordre de se porter « droit au nord », les corps d'armée montent comme s'ils grimpaient une échelle à l'envers, formant non

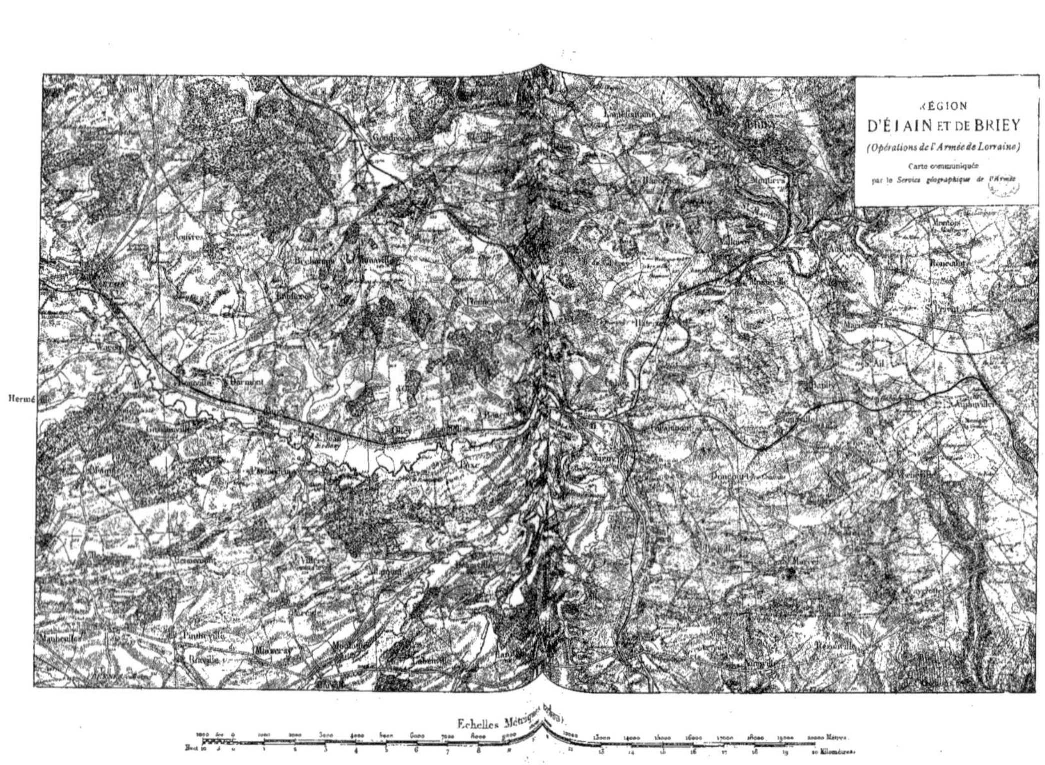
RÉGION
D'ÉTAIN ET DE BRIEY
(Opérations de l'Armée de Lorraine)
Carte communiquée
par le Service géographique de l'Armée
Briey
Herméville
Échelles Métriques
Mètres
Kilomètres

une ligne de front face à l'ennemi, mais une disposition en zigzag qui lui présente le flanc. Au moindre retard d'un de ces corps, un décrochement peut se produire entre lui et l'échelon voisin. Alors la liaison est compromise. En revanche, au moment où les combats s'engagent, l'ennemi s'avance, comme nous l'avons vu, d'est en ouest, avec une légère inclinaison au sud. Il se trouve ainsi porté, pour ainsi dire naturellement, à *entrer* dans le flanc échelonné que lui présentent les forces françaises.

En fait, les attaques allemandes se produisent presque toujours à l'improviste et *toujours* sur notre flanc droit. Ce fut là, sans doute, la plus grave cause de nos échecs. Les corps lancés en avant et parfois décrochés par leur mouvement même, étaient pris par la racine, ils étaient coupés des corps voisins, coupés de leurs communications, et l'élan même des troupes était préjudiciable au succès général. Ainsi il en arriva au 17e corps, qui se plaignit de ne pas être protégé à droite; ainsi à la brigade Goullet qui, à Neufchâteau, attendit la 3e division coloniale; ainsi au 12e corps qui fut attaqué par Izel-Jamoigne, tandis que son avant-garde se repliait de Rossart; ainsi au 6e corps, dont l'élan fut brisé par l'attaque subite se produisant sur Spincourt.

La même cause produisit partout les mêmes effets.

On peut admettre, encore une fois, qu'une manœuvre plus complexe, profitant de l'abri des bois, — qui, au contraire, nous desservit, — eût cherché, sur la vaste ligne d'attaque, le point faible de l'ennemi. Ce point faible eût pu être déterminé assez facilement : en raison de la marche de ces colonnes que les avions signalaient, il était évident que l'armée von Hausen n'avait pas encore occupé tout entière la place qui lui était assignée le 22, quand les premiers engagements se produisirent. A cette date, entre l'armée du duc de Wurtemberg et la Meuse, il y avait un trou. Peut-être eût-on pu profiter de cette circonstance pour lancer une attaque vigoureuse de ce côté, tandis que le reste de l'armée eût exploré soigneusement le terrain et se fût tenue sur une demi-défensive. Nous verrons tout à l'heure que l'initiative française obtint, de ce côté, des résultats stratégiques importants; peut-être le succès tactique eût-il été le même, si, pour l'offensive des deux armées, une « manœuvre » eût été substituée à cette marche en avant « droit au nord », un peu simpliste en son principe, et d'une exécution infiniment complexe et difficile en raison de l'obstacle des bois.

Du côté allemand, l'initiative tactique paraît moins résolue et moins calculée encore. L'heure de la grande manœuvre stratégique conforme aux idées de Schlieffen n'est pas sonnée : on n'en est qu'aux préliminaires.

Il est vrai qu'à la date du 19 un ordre général a mis en mouvement toutes les armées opérant en territoire belge. Celles du centre (pour ne citer que celles-ci) se sont ébranlées; mais, sauf le mouvement qui les porte sur la Meuse pour accompagner celui de von Klück, leur objectif immédiat est de plus courte portée. Tandis que le kronprinz déblaie sa route dans la direction de Verdun, le duc de Wurtemberg s'étend vers la Meuse, tout en protégeant le front, et von Hausen s'efforce d'arriver à temps pour boucher le trou entre le duc de Wurtemberg et l'armée de Bülow; et il n'arrive pas.

La bataille qui s'engage ainsi présente, sur toute l'étendue de l'immense front, quelque chose de disloqué et de fragmentaire, chaque incident tactique a son importance; mais une conception tactique générale paraît absente : du moins, elle est difficile à découvrir.

L'armée allemande a eu le temps de reconnaître et d'organiser le terrain. L'armée française se jette à corps perdu sur un obstacle qu'elle ignore (1) et ne parvient pas à le franchir : tel est le trait caractéristique de ces engagements où la nature (bois, brouillard, chaleur, etc.) a joué un si grand rôle, et où la part

(1) Pourtant, un bulletin de renseignements daté du 10 août disait : « Le IVe corps allemand organise la haute Ourthe. » Les habitants d'Offagne rapportaient que les Allemands travaillaient, depuis le 9 août, à l'organisation défensive d'Ochamps.

de l'invention et de la combinaison tactiques paraît singulièrement réduite.

De l'offensive, de la sûreté et des renseignements. — En revanche, la dépense en vertus militaires fut large jusqu'à la prodigalité. Du côté français, l'élan des troupes, leur entrain, leur mépris de la mort, leur volonté de ne pas céder furent poussés jusqu'au plus dangereux excès. Il n'est pas douteux que l'esprit d'offensive mal réglé et mal contenu, chez les officiers comme chez les soldats, fut une cause de nos revers.

Comme nous l'avons indiqué ci-dessus, à tous les rangs de l'armée et même les chefs les plus expérimentés, tout le monde aborda la lutte dans une disposition optimiste extrême. Nous avons de nombreux témoignages précis à ce sujet : un général de cavalerie disait, au moment où s'engageait la bataille : « La cavalerie allemande se refuse au combat ; l'infanterie chemine très adroitement sans être vue à travers les avoines et les blés, mais tire mal. L'artillerie ne produit aucun effet ; l'obus en éclatant fait éternuer : un point c'est tout ! »

L'appréciation suivante est formulée dans un rapport relatif au brillant combat de Neufchâteau : « Ce combat était, pour la brigade, le premier de la campagne ; les bulletins de renseignements, communiqués aux troupes les jours précédents, leur avaient donné le sentiment très net de leur supériorité. Entraînées par des officiers de tout premier ordre, les troupes *dont il eût fallu au contraire modérer l'ardeur*, furent admirables d'entrain, de courage et de vaillance. Mais l'ennemi eut beau jeu contre un adversaire qui avançait sur lui avec le mépris du danger, négligeant les mesures de prudence qui auraient sensiblement diminué le chiffre des pertes. »

LE GÉNÉRAL MAUNOURY
COMMANDANT L'ARMÉE DE LORRAINE

Les pertes, en officiers surtout, furent terribles. Le mépris et la méconnaissance du danger réduisirent les effectifs dans de grandes proportions.

Mépris du danger d'autant plus grave qu'il conseille les entreprises téméraires et néglige les précautions indispensables. Il est exact de dire que, dans les premiers jours de la campagne, le fantassin français ne voulait connaître d'autre arme que la baïonnette. On déclenchait des charges folles à 1.500 mètres de l'ennemi sans préparation d'artillerie.

On avait demandé beaucoup à la cavalerie : elle fit beaucoup. On lui avait attribué un rôle auquel ses forces ne pouvaient pas suffire par les chaleurs accablantes qui éreintaient les hommes et les chevaux. On lui donnait la double mission d'éclairer au loin et de combattre; c'était beaucoup. Les hommes, encore, peuvent supporter des fatigues extrêmes, mais les bêtes ont besoin de manger, de dormir, de se reposer aux heures coutumières.

Un général de cavalerie a signalé le manque de convois automobiles accompagnant la cavalerie, l'insuffisance des agents du contre-espionnage dans un pays que les ennemis avaient d'avance préparé; et surtout, la liaison incomplète avec les infanteries de soutien qui eussent dû être transportées en automobile comme le faisaient les Allemands.

La circulaire du général en chef du 24 août donne aussitôt des ordres pour qu'il soit remédié à ces défectuosités. La cavalerie allemande (qui fut, d'ailleurs, loin d'être parfaite et qui s'épuisa au moins autant que la nôtre) avait pour rôle de couvrir et de découvrir; elle faisait le voile devant nos troupes, les attirait et les conduisait sur des positions organisées. Le cavalier ennemi se faisait prendre ou tuer plutôt que de laisser percer le mystère que les troupes d'avant-postes couvraient de leur rideau mouvant.

Quand on connaîtra mieux le rôle de notre cavalerie, on appréciera les efforts hardis et ingénieux qu'elle fit pour soulever ce rideau: elle y parvint rarement. Ajoutons, pour bien établir à quel point la collecte des renseignements était difficile, qu'en fait, les grandes armées allemandes qui devaient être engagées dans la « bataille des Ardennes » ne quittèrent leurs abris et notamment les camps retranchés de Metz, Thionville, et leurs cantonnements du grand-duché du Luxembourg qu'à partir du 19. Avant cette date, le terrain boisé des Ardennes paraissait vide et, sauf les troupes de couverture et les patrouilles de cavalerie, il était vide, en effet.

Cette observation explique aussi l'insuffisance des renseignements par avions. Peu nombreux, les avions français voyaient peu parce qu'il y avait peu à voir. A partir du 19, c'est-à-dire dès que les armées allemandes se mettent en mouvement, les renseignements soit par cavalerie, soit par avions, se multiplient, se précisent. Ils signalent ces longues colonnes en marche, ils découvrent ces lignes organisées, ils observent ces bivouacs nouveaux qui se massent à proximité des forces françaises. Mais c'est déjà bien tard. L'opinion que les ennemis *bluffent*, qu'on est en présence d'un simple rideau de cavalerie et de « mouvements sans importance », cette opinion s'est répandue. L'ennemi s'étant soigneusement caché aux vues verticales, ayant marché de nuit, s'étant glissé sous les bois, quand il débouche et surtout quand on le rencontre soigneusement installé, avec une artillerie ayant repéré le terrain autour de positions déterminées, quand on le trouve si nombreux et qu'il « grouille » de partout, on s'étonne. C'est la « surprise!... » Admirables troupes que celles qui n'hésitèrent pas à foncer sur ces lisières mystérieuses, sur ces lignes meurtrières et qui, la baïonnette au canon, arrachèrent à l'ennemi un secret si terriblement gardé!

Caractère et portée stratégiques de la « bataille des Ardennes ». — Nous avons exposé en débutant le plan allemand et le plan français.

Le commandement allemand a conçu le projet colossal d'envelopper et d'écraser l'armée française; il prétendait en finir avec elle par étreinte en quelques semaines au plus.

Moins ambitieux, le commandement français, ayant renoncé à son projet d'attaque par Strasbourg et Mayence, a maintenant le dessein de foncer sur le flanc des armées allemandes en marche et, s'il peut rompre leur centre, de les pousser, d'une part sur la mer, d'autre part sur Trèves, de façon à s'ouvrir, de ce côté, les routes d'Allemagne par la Moselle.

Dans quelles mesures l'exécution de ces deux projets opposés a-t-elle été secondée ou entravée par la « bataille des Ardennes »?

L'armée française s'est portée sur les armées allemandes en marche, et, comme elle en avait le dessein, elle les a surprises. Surprise de son

SUR LA ROUTE DE GIVET

côté par le nombre de ses adversaires et leur puissante organisation, elle ne les a pas moins *reconnus* et fortement *accrochés*. Certainement, le commandement français ne savait pas exactement à quelles armées importantes il avait affaire. Par la longueur des objectifs qu'il assignait aux siennes, il semble bien qu'il croyait n'avoir qu'à crever un rideau plus ou moins épais et à tomber ensuite sur les armées du grand mouvement tournant, c'est-à-dire de von Klück et de von Bülow. Or, il se trouva en présence des trois armées du kronprinz, du duc de Wurtemberg et de von Hausen.

Son offensive stratégique avec le projet de briser le centre de la grande armée d'évolution ne réussit pas. Au contraire, les forces françaises durent reculer et laisser à découvert la frontière, ce qui permit à l'ennemi de porter la guerre sur notre territoire. A ce point de vue, l'objectif immédiat ne fut pas atteint.

Reportons-nous vers le côté allemand.

Le grand état-major allemand lançait ses armées en ordre massif à travers la Belgique, de façon à arriver, selon les conseils de Schlieffen, « à la fois par tous les réseaux routiers » au point de concentration où devait se livrer la bataille générale. Ce qui importait par-dessus tout, c'était que ce mouvement ne fût interrompu nulle part et que les armées prissent, en quelque sorte, le pas de parade pour accomplir coude à coude la magnifique évolution.

Or, voici ce qui se produit. La résistance de Liége et de l'armée belge laisse à notre 5e armée le temps d'arriver sur la Sambre avec tous les éléments dont on peut la renforcer. Von Klück et von Bülow se trouvent donc avoir à combattre cette puissante formation jetée à l'improviste hors de nos frontières et ils la rencontreront plus au nord qu'ils ne le pensaient peut-être. Cependant, ce mouvement de l'armée Lanrezac crée un vide sur le front français entre Givet et Namur, c'est à-dire entre notre 4e armée et notre 5e armée. L'état-major allemand conçoit le projet subsidiaire de profiter de ce vide pour obtenir un premier succès.

De même que l'armée Langle de Cary était en réserve pour appuyer le mouvement des armées de choc vers le nord, une armée allemande était en réserve pour appuyer le mouvement des armées de choc vers le sud : c'était l'armée von Hausen. Dès que le commandement allemand s'est rendu compte de la situation, il lance l'armée von Hausen sur le vide existant entre Dinant et Mézières, en vue de crever notre front entre la 4e et la 5e armée.

Alors commence ce mouvement précipité de l'armée saxonne, qui a pour but de s'enfoncer comme un coin dans cette trouée qui menace directement Paris. J'ai comparé l'armée allemande à un fer de lance : le fer de lance est poussé, de toute sa masse, vers Rocroy, visant la France au cœur. Tandis que von Klück fait l'aile marchante, l'armée von Hausen, entraînant à sa suite l'armée du duc de Wurtemberg et même l'armée du kronprinz, préparera, par son intervention imprévue, la victoire que von Klück n'aura qu'à achever.

Les Allemands aiment les exemples historiques; leur invention a toujours quelque chose de pédantesque. On peut se demander si cette manœuvre, quoique à plus grande envergure, n'est pas inspirée par une leçon que leurs théoriciens vantent avec emphase, la manœuvre de Frédéric II à Leuthen, quand il fait glisser une de ses ailes derrière un rideau de troupes contenant l'ennemi et la fait déboucher à droite quand on la croyait encore à gauche.

Von Hausen reçoit donc cette mission. Il se hâte, il accourt. Il est le 21 entre Sovet et Mont-Gauthier; le 22, sa gauche (XIXe corps) marche pendant vingt-cinq heures; et, le 23, tandis que son corps de droite (XIIe corps) passe la Meuse à Dinant, son corps de gauche (XIXe) arrive à bout de souffle et s'immobilise du 23 au 25, autour de Fumay.

La 5e armée française, après la bataille dite de Charleroi, est en retraite, ayant sa droite à la Meuse, et elle est exposée aux coups d'un ennemi débouchant de la rivière. Que l'armée von Hausen écrase le 1er corps qui longe la Meuse du nord au sud, notre cinquième armée est coupée sur ses derrières. Von Hausen dispose de trois corps d'armée et de la cavalerie de la Garde; il est maître des ponts que la division Bouttegourd et la 52e division de réserve gardent péniblement. Il n'a qu'à passer : or, il ne passe pas; sa menace reste à l'état de menace. Elle suffit pour avertir le général Lanrezac qui précipite sa retraite; mais elle ne se transforme pas en une action décisive. Pourquoi ?

Il faut tenir compte de la résistance des troupes françaises échelonnées le long de la Meuse. La 52e division de réserve (général Coquet) avait à peine franchi la Meuse lorsque les premières colonnes de von Hausen débouchèrent le 23 et le 24. Elle put tenir tête à l'abri de la rivière. Il y eut quelques beaux faits d'armes, notamment celui des « Cinq cents Bonnier » que raconte H. Libermann (1). Les têtes de colonne allemandes furent bousculées par un bataillon de chasseurs qui accompagnait la division. Cela donna peut-être à réfléchir aux Allemands. Libermann rapporte que, le 25, il rencontra, au Mesnil, le général Pétain (1er corps, 5e armée), la veille encore colonel, et que celui-ci lui dit : « Vous m'avez tiré une rude épine du pied; car je n'envisageais pas sans inquiétude une action sur mon flanc avant d'atteindre Rocroy. » Pétain est un homme qui sait le prix des mots. S'il le dit, il faut l'en croire.

On doit tenir compte aussi de l'état d'épuisement où, d'après tous les carnets de route, se trouvent les régiments de von Hausen. Son armée arrive, mais elle arrive sur ses boulets. L'une des plus graves fautes de l'état-major allemand, surtout au début, fut de ne pas compter avec les moyens physiques des hommes : la nature a ses droits. Il résulte des carnets allemands que l'armée von Hausen n'eut pas la force de se jeter sur l'ennemi au

(1) H. Libermann, *Ce qu'a vu un officier de chasseurs à pied*. Plon, in-12, p. 38.

INFANTERIE ALLEMANDE DÉPLOYÉE EN TIRAILLEURS

moment où deux ou trois divisions lui étaient offertes comme une proie. Que pesait la 52e division de réserve en face d'une armée de 120.000 hommes ?

Von Hausen ne fit rien ; il ne sut pas se baisser pour ramasser le succès. A partir de ce jour, il fut en retard. Par la suite, von Hausen fut disgracié, et il fut disgracié en raison de cette faute grave. Les écrivains allemands l'ont accablé de leurs critiques sanglantes : « Ce n'est que le 23 août, disent-ils, que la Meuse fut franchie. Si l'état-major de la IIIe armée (armée saxonne von Hausen) avait pris de meilleures dispositions, le passage de la Meuse aurait pu être effectué bien plus vite. Ce retard a, *sans doute*, contribué aux insuccès de l'armée allemande dans *les premiers jours de septembre* et les forces allemandes marchant sur Paris ont *dû être groupées différemment.* » Nous relevons donc là une des origines avérées et avouées de la défaite allemande sur la Marne.

Mais les raisons qui viennent d'être données ne suffiraient pas pour expliquer l'échec de la manœuvre allemande : la cause principale fut le désordre jeté dans le fameux mouvement en éventail, dont la marche de l'armée von Hausen n'était qu'une partie. En fait, l'offensive française qui, d'après les ordres écrits, avait pour objet « de tomber dans le flanc des armées allemandes en marche », tomba réellement dans le flanc des armées allemandes. Ce n'était pas les armées de von Bülow et de von Klück, c'étaient celles du kronprinz, du duc de Wurtemberg et de von Hausen. Peut-être n'étaient-ce pas celles-ci que l'on envoyait surprendre ; mais tout de même, elles furent surprises. Comme elles s'étaient mises en mouvement pour se porter d'est en ouest, ainsi qu'il a été dit ci-dessus, elles furent attaquées en pleine marche, et contraintes de faire face au sud soudainement ; leur mouvement n'ayant pas eu le loisir de se développer, elle ne purent arriver sur la Meuse à temps.

Von Hausen ne sut pas élargir la fissure qui existait entre notre 5e et notre 4e armée. La liaison fut maintenue entre elles. Elles reculèrent ; mais elles reculèrent d'un seul front.

La manœuvre pseudo-frédéricienne ayant échoué, la grande manœuvre de Schlieffen fut, en même temps, compromise. En effet, la « surprise » des Allemands était éventée; la mèche était partie trop tôt : cette immense armée de 550 à 600.000 hommes, que l'on gardait soigneusement dans les bois pour frapper le coup décisif, était dénichée. On avait appliqué à la lettre le précepte de Napoléon : « On reconnaît une armée avec une armée. »

L'opération fut sanglante; l'armée française paya cher sa témérité. Elle se trouva en présence de ces formations colossales amassées par la longue préméditation de l'Allemagne et qui faisaient dire à Maximilien Harden, précisément le 4 août 1914 : « Tout est prévu; tout est prêt. »

Tout était prévu, en effet, sauf l'audace d'une offensive qui viendrait, jusqu'au fond de la forêt des Ardennes, prendre à parti des troupes qui défilaient en toute sécurité à l'abri des bois. Les écrivains allemands, comme les carnets de route allemands, reconnaissent qu'il y eut, partout, « combats de rencontre », et que les armées allemandes furent soudainement arrêtées sur des positions différentes de celles où elles se croyaient appelées à combattre.

Rien ne dut être plus amer pour le haut commandement allemand que cette offensive hardie qui, non seulement, découvrait ses troupes, mais les ébranlait avant l'heure.

Certes, les soldats allemands résistèrent vigoureusement et ils obtinrent le succès tactique. Mais le succès stratégique se déroba. Il se déroba devant von Hausen; il se déroba devant le duc de Wurtemberg qui, fortement éprouvé, ne put que s'avancer péniblement pour livrer, les 27 et 28 août, une nouvelle bataille sur la Meuse (1); il se déroba devant le kronprinz qui, fortement secoué à Fillières et surtout à Étain, ne put déboucher à l'heure dite. Accroché dès lors par la 3e armée, il devait arriver trop tard et trop las pour réussir sa première tentative sur Verdun.

La grande retraite stratégique prescrite, avec tant de lucidité, par le général Joffre ne fut possible que parce que nos armées du centre avaient gardé le point d'appui et le *pivot* que leur assuraient les places de l'Est. La bataille de la Trouée de Charmes avait arrêté net le mouvement des armées allemandes pour tourner ces places par l'Est.

La bataille des Ardennes, qui fut une défaite tactique, *reconnut* les armées allemandes du centre et leur fit payer si chèrement leur victoire qu'elles perdirent l'élan nécessaire pour assener le coup préparé par l'état-major allemand.

La bataille de la Sambre, avec la retraite qui la suivit, parut, un instant, tout compromettre; mais la belle manœuvre de l'Ourcq inaugura la victoire de la Marne.

La bataille de la Marne n'est pas un fait qui tienne du prodige. Elle totalisa les efforts antérieurs. Toute l'énergie française, — haletante et désespérée — mais confiante quand même, s'était exercée et entraînée dans ces grands événements militaires qui, après l'avoir mise à l'épreuve, furent, pour elle, la rude école de la victoire.

LE SIÈGE DE LONGWY ET DE MONTMÉDY Le lecteur n'a pas oublié que la bataille des Ardennes englobait, en quelque sorte, le siège de Longwy : la place était investie depuis le 3 août; mais elle n'était réellement assiégée que depuis le 21, en raison de l'avancée de l'armée du kronprinz. Le bombardement avec les grosses pièces avait commencé le 22. Les documents allemands donnent à l'armée du kronprinz, pour premier objectif, la prise de Longwy.

La place n'ayant pas de coupoles blindées et toute la défense consistant, outre la vieille muraille de Vauban, en quelques ouvrages en béton et quelques levées de terre, était hors

(1) « Une nouvelle bataille » le lendemain d'une bataille, c'est ce que Schlieffen voulait éviter, à tout prix, par son système. Il s'élève contre ces guerres traînantes où « c'est toujours à recommencer ». Il dit des généraux prussiens en 1866 : « Ils n'envisagèrent jamais une bataille d'anéantissement... Ils attaquaient de front une position... le vaincu quittait le champ de bataille... le vainqueur le laissait décamper et ne s'inquiétait que du nouveau combat à livrer le lendemain... Moltke, au contraire, ne cherchait qu'à former autour de l'adversaire le cercle destiné à le briser... »

Les généraux de 1914 paraissent avoir été les élèves assez médiocres de Moltke et de Schlieffen.

LIEUTENANT AVIATEUR FRANÇAIS S'APPRÊTANT A PARTIR

d'état de résister aux moyens d'attaque modernes. Après le 22, la retraite des armées françaises permettait aux troupes allemandes de pousser le siège avec plus de succès. La 52e brigade d'infanterie et une autre brigade (toutes deux du XIIIe corps), ainsi que l'artillerie de campagne et l'artillerie de siège nécessaire, restèrent en arrière des forces de l'armée du kronprinz pour l'investissement complet. L'état-major était à Halanzy.

Les gros mortiers allemands, mis en place du côté de Differdange, procédèrent au bombardement en règle. Leurs projectiles produisirent des ravages analogues à ceux qui avaient déjà été observés à Liége. Un document allemand rapporte :

« Les canons de la place furent détruits l'un après l'autre; avec une précision terrible, les coups tombaient sur la forteresse; les glacis furent bouleversés, les murailles éventrées s'effondrèrent; les projectiles crevaient jusqu'à la troisième casemate; les corridors et sorties furent obstrués, les tuyaux d'aération éclatèrent. Cependant, le lieutenant-colonel Darche, commandant de la forteresse, tenait, au milieu de cet enfer, avec une bravoure superbe. Des 3.700 hommes que comptait la garnison de la forteresse (1), 100 étaient tués et 400 blessés et le drapeau tricolore flottait encore fièrement sur les remparts. Les Allemands, se glissant à la faveur de la nuit, se rapprochèrent de la forteresse et, vers le 26, ils se disposaient à donner l'assaut. C'est à peine si quelques canons restaient intacts. » (Un autre document dit que trente-six canons étaient détruits par l'artillerie allemande et qu'un seul restait utilisable.)

Dans ces conditions la résistance devenait impossible. Le lieutenant-colonel Darche envoya un parlementaire. Le protocole de reddition fut rédigé le 26 août dans les deux langues, française et allemande. La garnison était prisonnière, mais, en raison de sa vaillante défense, elle recevait les honneurs de la guerre. Le kronprinz rendit son épée au colonel Darche, qui fut mené en captivité avec ses hommes.

Il avait fallu vingt-quatre jours à l'armée

(1) Le communiqué français déclare que la garnison ne comprenait qu'un bataillon.

BALLONS CAPTIFS FRANÇAIS AU MOMENT DU DÉPART

allemande pour s'emparer d'une bicoque. Selon certaines informations, les Allemands auraient perdu devant Longwy 7.000 hommes et 12 camions automobiles.

Les communiqués et les journaux ennemis célébrèrent à grand bruit la prise de la ville. Pendant longtemps, le kronprinz fut appelé, dans les journaux, « le vainqueur de Longwy », — fiche de consolation pour avoir manqué Verdun. Le communiqué français du 27 août ramène les choses à leurs véritables proportions : « *Longwy*. Cette vieille forteresse, dont la garnison ne comportait qu'un bataillon et bombardé depuis le 3 août, a capitulé aujourd'hui après avoir tenu vingt-quatre jours. Le lieutenant-colonel Darche, gouverneur de Longwy, est nommé officier de la Légion d'honneur pour sa conduite héroïque dans la défense de la place. »

La vieille place forte de Montmédy, moins importante encore, ne fut pas défendue. La garnison se replia, le 28 août à la tombée de la nuit, et put rejoindre les lignes françaises, non sans avoir à livrer de rudes combats dans les défilés de Brandeville-Murvaux, contre deux régiments de dragons qui furent lancés à sa poursuite et qui éprouvèrent de fortes pertes.

VIOLATION DU DROIT DES GENS DANS LE LUXEMBOURG BELGE ET EN VOEVRE

Le tableau des événements qui s'accomplirent dans le Luxembourg belge et en Voëvre au cours de la bataille des Ardennes ne serait pas complet si nous ne rappelions succinctement les faits atroces dont se rendirent coupables les armées allemandes.

Il est malheureusement impossible de relater tous ces faits. Leur répétition dans chaque village, dans chaque bourg, donne l'impression d'une fastidieuse horreur. Rien que dans la province du Luxembourg, 3.000 maisons furent brûlées systématiquement et le *Livre rouge* belge constate avec raison que ces destructions ne résultent pas d'opérations de guerre, mais d'incendies mis exprès par un dessein confirmé de détruire et, surtout, de terrifier les populations.

Un témoin allemand en a décrit le spectacle :

« Au nord, sur la route belge de Luxembourg à Virton, les villages de Musson, Baranzy et Signeulx, au sud ceux

EFFETS DES GRENADES A LONGWY

APRÈS LE BOMBARDEMENT DE LONGWY, VUE DE LA FORTERESSE

de Longuyon, Fresnois, Chenières, Laix, Ville-au-Montois, Fillières, Audun-le Roman, entre autres, ont été la proie des flammes. Jusqu'au 27 août où la pluie se mit à tomber abondamment, on voyait les maisons brûler et des tas de fumier en feu sur le bord des chemins; beaucoup de cadavres à demi carbonisés dans les rues des villages; il ne restait que quelques vieilles femmes et des enfants et les animaux domestiques erraient isolément, sans maîtres, dans les champs. »

Le nombre des civils fusillés pour l'ensemble de la province dépasse un millier. A Tintigny il y eut 157 fusillés, à Rossignol 106, à Ethe 300 environ, 530 personnes ont disparu.

« Dans la plupart des localités, dit le rapport officiel, les troupes n'ont même pas allégué qu'elles avaient été assaillies par la population civile. Il semble certain que celle-ci ne s'est livrée nulle part à aucun acte d'hostilité. Dans plusieurs endroits, des soldats allemands avaient été abattus par des patrouilles ou des sentinelles françaises et il semble malheureusement démontré que les troupes allemandes ont systématiquement ravagé et brûlé les villages sur le territoire desquels certains soldats avaient été ainsi abattus, même lorsqu'elles savaient que ces morts étaient dues à des soldats réguliers de l'armée ennemie. Dans beaucoup des localités, la destruction des villages et des habitations ne peut s'expliquer, même par un prétexte. Les habitants expliquent les crimes dont ils ont été les victimes soit par l'ivrognerie des soldats, soit par le plaisir sadique d'infliger des souffrances, soit par la colère due à la résistance de la Belgique, soit par des ordres de destruction systématique émanant des autorités supérieures (1). »

Libermann raconte que, d'une rive à l'autre de la Meuse, les soldats français voyaient à Haybes les troupes allemandes tirer sur les civils et les tuer sous leurs yeux (2).

Nous verrons ces mêmes faits plus déplorables encore se reproduire bientôt à Dinant. Mais, il est impossible de ne pas rappeler ici les terribles événements d'Ethe-Gomery, avérés par des témoignages si nombreux et si concordants qu'ils ne peuvent laisser prise à aucune contestation.

(1) « Livre rouge belge », *Violation du droit des Gens*, I, p. 109.

(2) Henri Libermann, *Ce qu'a vu un officier de chasseurs*, p. 39.

APRÈS L'ENTRÉE DES ALLEMANDS A LONGWY

Au moment où les troupes françaises engageaient le combat à Ethe, le Dr Sédillot, aide-major de 1re classe, avait installé un poste de secours au château de Gomery, dans le voisinage de ce bourg. Au fur et à mesure que les blessés arrivaient, ils étaient reçus et soignés dans les salles du château. La nuit du 22 au 23, Ethe ne fut pas occupé par les troupes allemandes ; elles arrivèrent le 23 dans la matinée. Les soldats paraissaient très surexcités ; ils criaient : « Guerre à mort », « Balle dans la tête » ! Les blessés reçurent l'ordre de rentrer dans les salles. Soudain, un sous-officier allemand et quelques hommes firent irruption. Un officier interprète, consul de France, M. Deschars, se trouvait parmi les blessés. Le sous-officier menaçant ceux-ci de son revolver, le Dr Sédillot s'avança : le revolver fut aussitôt déchargé sur lui ; le docteur fut atteint de deux balles, l'une à la cuisse droite, l'autre au bras gauche et tomba. Aussitôt après, le sous-officier brûlait la cervelle au lieutenant blessé Deschars ; le médecin auxiliaire Vayssière fut tué et des aides blessés. Peut-être pour cacher leurs forfaits, les soldats allemands mirent le feu à la maison, puis à une grange voisine où se trouvaient d'autres blessés. Il faut citer ici le rapport officiel : « ...Dans la grange, 60 ou 80 blessés en train de brûler poussaient des cris affreux. Aux deux portes de la grange, des sentinelles tiraient sur ceux qui essayaient de se sauver. De la chambre dans laquelle il était étendu, le Dr Sédillot, par des fenêtres basses, voyait tomber ces malheureux. Il entendait des bruits de courses éperdues, des cris d'effroi et des appels désespérés, tandis que les Allemands criaient avec fureur : *Noch einer* ! *Noch einer* ! » (Encore un ! Encore un !...)

Cependant, les blessés essayaient de se sauver de la maison en flammes. Tous ceux qui ne purent le faire furent brûlés. Le Dr Sédillot sauta par une fenêtre en se cassant le péroné. Caché dans un champ de choux, il assista aux scènes, qu'avec plusieurs autres témoins il a racontées. De là, il se réfugia dans la cave. Les blessés qui s'étaient sauvés avaient été bientôt rejoints ; on les conduisit auprès du mur du cimetière pour les fusiller. Le 24, en sortant de la cave, le Dr Sédillot trouva dans le jardin une quantité de cadavres : c'étaient ceux des blessés fusillés ; il y en eut que le docteur reconnut au pansement qu'il leur avait fait. Il fut alors arrêté. Bientôt quatre Français blessés, le Dr Charrette et trois soldats qui étaient accusés d'avoir tiré furent amenés auprès de lui. Tous jurèrent que cette accusation était fausse, et l'un des soldats montra ses deux bras cassés. Un capitaine n'en ordonna pas moins l'exécution des quatre prisonniers. Elle eut lieu sur la route, à 30 mètres du Dr Sédillot. Avant d'être fusillé, le Dr de Charette pria l'officier qui venait de le condamner à mort de faire parvenir à sa famille son portefeuille qu'il lui remit. L'officier allemand déclara, par la suite, que s'il avait connu la qualité de M. de Charette (il n'avait qu'à ouvrir le portefeuille), la mort eût été épargnée à celui-ci, mais qu'il l'avait apprise *trop tard*.

Selon les souvenirs d'un témoin, les massacres d'Ethe-Gomery auraient été commis par les hommes du 47e régiment d'infanterie. Le Dr Sédillot croit, cependant, sans pouvoir l'affirmer, que les soldats allemands qui ont assassiné ses camarades et les blessés appartenaient au 6e régiment, tandis que ceux qui l'ont fait prisonnier et ont fusillé M. de Charette faisaient partie du 47e. Ce qui est certain, en tout cas, c'est que 100 ou 120 blessés ont péri sous les balles ou dans les flammes (1).

(1) Nous avons vu, ci-dessus, que la population civile d'Ethe compte, en outre 300 tués et 530 disparus. Outre le rapport du Dr Sédillot, de toute autorité, voir les rapports et les dépositions du caporal Lefort, du Dr Joyeux, du médecin-major de 1re classe Trassagnac, du médecin-major de 2e classe Chon, du soldat Lorsignol, dans le volume officiel : *Rapports et procès-verbaux de la Commission d'enquête* III-IV, p. 167 et suivantes. En plus les rapports et dépositions des brancardiers Bellanger, Bourgis et Defforges, p. 73, et suivantes.

CHAPITRE XII

LA BATAILLE DES FRONTIÈRES

V. — LE GRAND MOUVEMENT TOURNANT EN BELGIQUE OCCIDENTALE ET SUR LA SAMBRE

Doctrine du mouvement tournant d'après les écrivains allemands. — La marche sur Valenciennes. Situation des deux armées lors des combats de la Sambre.

Pour le succès rapide des opérations contre la France, le haut commandement allemand attribuait une importance capitale au fameux mouvement tournant que ses armées devaient accomplir par la Belgique septentrionale.

Nous avons rappelé précédemment que l'idée de ce mouvement, visant à la fois Paris et l'armée française, fut recueillie dans l'héritage du vieux Moltke ; deux ans avant la guerre, Bernhardi, dans un ouvrage retentissant, le divulguait comme la formule classique de la stratégie allemande, en cas de guerre contre la France :

« Quand on néglige toutes les conditions politiques, on peut se représenter une guerre offensive de l'Allemagne contre la France, telle que l'aile nord de l'armée allemande avancerait avec des armées échelonnées à travers la Hollande et la Belgique, l'extrême aile droite marchant le long de la mer, tandis que, dans le sud, les armées allemandes esquiveraient le choc de l'adversaire et se déroberaient par l'Alsace et la Lorraine vers le nord pour laisser à l'adversaire la route libre sur l'Allemagne du Sud. La marche par échelons de l'aile marchante allemande contraindrait l'aile gauche de l'armée adverse à un grand changement de front et la mettrait par cela seul dans une situation désavantageuse ; et, au sud, les Français seraient obligés de faire aussi une conversion à gauche qui les placerait dans une situation désavantageuse par rapport à leur base... Un succès des Allemands au nord les amènerait immédiatement à Paris et troublerait les organes vitaux de l'armée française... »

Le plan était donc parfaitement expliqué avec ses conséquences. Aussi, la plupart des écrivains militaires, s'appuyant sur ce passage de Bernhardi et sur les déclarations trop bruyantes, pour être tout à fait sincères, du chancelier Bethmann-Hollweg, se rallièrent à l'opinion que la manœuvre du mouvement tournant par la Belgique était la pensée maîtresse de l'état-major allemand.

Pourtant, il suffit d'un examen même superficiel pour observer une différence capitale entre le plan de Bernhardi et celui qui fut exécuté. L'écrivain militaire suppose que les forces allemandes du sud (nous dirions de l'est) « esquiveraient le choc de l'adversaire et se déroberaient en Alsace-Lorraine vers le nord pour laisser la route libre aux armées françaises vers l'Allemagne du Sud ». Il escompte donc une faute de l'état-major français abandonnant le sol de la France pour s'enfoncer en Allemagne, et il suppose que cette faute sera provoquée, en quelque sorte, par le parti pris des armées allemandes de se dérober pour attirer l'ennemi sur leurs pas.

Or, rien de tel ne s'est passé. Les armées allemandes se sont engagées *partout à la fois*, dans l'est, dans le centre et dans le nord. On est amené ainsi à ne considérer le mouvement d'aile droite que comme une partie d'une manœuvre stratégique à plus large envergure. Et, cherchant à rapprocher les faits des doctrines, nous nous sommes reportés vers les conceptions du chef d'état-major von Schlieffen, conception dont Bernhardi s'était déclaré l'adversaire.

Suivant ces doctrines exposées notamment dans l'article *Cannæ* de Schlieffen et dans la brochure *Krieg der Gegenwart*, le haut commandement allemand, poussé par la nécessité « d'en finir vite » avec la France afin de se retourner contre la Russie, aurait conçu le dessein d'anéantir d'un seul coup l'armée française, non par un unique mouvement tournant, mais par enveloppement des deux ailes, c'est-à-dire par la manœuvre de la « tenaille » avec étreinte et écrasement.

Ayant à déployer les immenses effectifs résultant des nouvelles lois militaires et portés délibérément par lui sur le front occidental, il n'avait pas hésité à violer la neutralité belge pour s'assurer les vastes espaces.

Mais les territoires belge et luxembourgeois ne lui suffisaient pas.

A l'est, les puissantes armées du prince de Bavière et de von Heeringen, formant une des branches de la tenaille et débouchant de Metz et de Strasbourg, devaient marcher sur Lunéville et la Trouée de Charmes. Au centre, les trois armées du kronprinz, du duc de Wurtemberg et de von Hausen formant l'articulation de la tenaille, devaient s'avancer sous les ombrages de l'Ardenne belge et du Luxembourg, avec mission de prendre ou de masquer Verdun et Toul et de marcher droit au sud. La branche droite de la tenaille, formée par les armées von Klück et von Bülow, se reliant à l'ensemble du système par l'armée von Hausen, avait pour rôle, en coupant l'armée française de Paris et du reste de la France, de la pousser sur les autres armées allemandes qui, toutes ensemble, l'encercleraient pour la détruire.

Par une connaissance merveilleuse du réseau routier et ferré, les initiateurs de cette puissante marche concentrique l'avaient réglée comme par un mécanisme d'horloge. C'était, avec les proportions des guerres modernes, l'application du principe dégagé par Moltke, à savoir « la concentration des armées sur le champ de bataille », — manœuvre qu'il considérait comme « la plus parfaite qu'un chef d'armée pût réaliser » (1).

Et, en effet, on vit les armées allemandes de l'est, négligeant Nancy, se porter sur la Trouée de Charmes ; les armées du centre débouchant des Ardennes et longeant l'Argonne, masquer Verdun et donner à leur cavalerie l'ordre de pousser ses raids jusqu'à Dijon ; enfin, les armées de l'ouest, négligeant Paris comme celles de l'est avaient négligé Nancy, se précipiter sur la Marne et sur la Seine, tout cela du 20 août au 5 septembre, c'est-à-dire en quinze jours.

Ces faits étant patents, je ne vois pas comment il est possible de réduire le plan allemand à la simple conception d'un mouvement d'aile droite. La rapidité même de la manœuvre, telle qu'elle s'exécute de la Belgique aux Vosges, prouve qu'elle obéissait à une volonté réfléchie, déclenchant simultanément tous les rouages du puissant mécanisme.

D'ailleurs, nous avons maintenant l'aveu des Allemands eux-mêmes. L'historien Heinecke, dans son article « Le Rythme de la guerre mondiale », paru en décembre 1916, s'exprime en ces termes :

« Nous avons commencé la guerre comme une guerre *d'écrasement*, au sens militaire du mot. Préparées par les expériences des guerres de Napoléon et de Moltke et par les enseignements de Clausewitz, nous avons tout fondé sur *un brusque rassemblement de nos forces*, elles devaient fondre *toutes ensemble* sur l'adversaire, se précipiter en avant dans un brusque *mouvement concentrique*, aller

(1) Cfr. capitaine Daille, *Essai sur la doctrine stratégique allemande, d'après « la Bataille de Cannes », par le feld-maréchal von Schlieffen*, p. 86.

TUNNEL SOUTERRAIN DANS LES ARDENNES

chercher et anéantir ***en rase campagne*** le gros des forces ennemies. Le premier but était d'écraser tout de suite la France et de la contraindre à traiter. Si cela réussissait, nous pouvions nous retourner immédiatement et, avec les meilleures chances de succès, poursuivre le même plan militaire contre la Russie.

« ... Commencé d'une façon brillante, ce programme échoua aux portes de Paris, dans la bataille de la Marne (l'historien allemand, insuffisamment renseigné par les communiqués officiels qui n'avouèrent jamais les défaites de l'Est, ignore ou feint d'ignorer la bataille de la Trouée de Charmes et les combats en retraite qui préparèrent la bataille de la Marne), bataille qui ne fut point une victoire tactique mais bien un grand succès stratégique pour les Français. Peut-être n'eût-il pas *échoué*, si nous avions poursuivi rigoureusement *notre plan primitif*, si nous avions énergiquement rassemblé le gros de nos forces et sacrifié la Prusse-Orientale. »

Un autre historien presque officieux de la guerre, Stegemann, critique militaire du *Bund*, de Berne, étudiant les conditions dans lesquelles s'est préparée la bataille de la Marne, n'hésite pas à faire remonter tout le plan allemand d'offensive contre la France aux idées de Schlieffen et à l'article *Cannæ*. La critique est des plus instructives :

« Prenant pour exemple la bataille de Cannes, le maréchal de Schlieffen a brillamment étudié et fixé le type ***d'une bataille de destruction procédant par double enveloppement***. En réalité, dans l'histoire, la plupart des batailles de destruction furent décidées par un enveloppement ou un mouvement tournant. A vrai dire, la manœuvre enveloppante est beaucoup plus périlleuse dans l'offensive que dans la défensive. Il semble que l'armée assaillie, prise dans une manœuvre enveloppante, n'ait plus qu'un moyen de salut, c'est de se retirer précipitamment avant que l'enveloppement ne soit accompli. S'il n'est enveloppé que d'un côté, les deux tiers de son armée peuvent être sauvés... Il n'y a de bataille de Cannes que dans les conditions suivantes : l'assaillant subit la loi de la plupart des batailles offensives, « il marche à tâtons dans l'inconnu », comme dit Clausewitz ; mais, à un moment donné, il se voit engagé dans un combat de front où son centre, au moins aussi étendu que celui de l'adversaire, présente encore une force suffisante, et il n'entame la manœuvre de flanc sur les deux ailes que quand l'ennemi attaque de toutes ses forces sur le centre »..., etc. (1)

Voici donc, deux fois répété, l'aveu du *plan primitif* et de l'*échec*. Quant au motif allégué par Heinecke (2) pour expliquer l'échec, c'est toujours le même, à savoir la nécessité où se trouve l'état-major d'envoyer en Prusse-Orientale des troupes prélevées sur les armées opérant en France : or, cette excuse est de nulle valeur, puisque les effectifs qui eurent à quitter le front occidental pour le front oriental en août - septembre 1914 ne représentent pas plus d'un corps d'armée.

La vérité est que les Allemands furent battus par leur plan même : il était de proportions telles qu'il en devenait absurde. Tout l'édifice politique et militaire, construit sur la prétendue découverte stratégique de Schlieffen, s'écroula parce que la découverte elle-même n'était qu'une hypothèse livresque, sans base et sans raison, disproportionnée et démesurée.

LE GÉNÉRAL VON MARWITZ
COMMANDANT LE CORPS DE CAVALERIE ALLEMANDE
OPÉRANT AU NORD DE LA MEUSE

L'empereur Guillaume, par vanité, s'y était laissé prendre; il se crut un génie militaire parce qu'il avait entrevu, dans son rêve orgueilleux, cette victoire énorme et prompte. En une séance solennelle, il avait expliqué à son état-major les idées de Schlieffen, les développant, les vantant, les consacrant par son adhésion souveraine ; pour les avoir préférées et adoptées, il s'était cru un sur-Napoléon. Aussi, la responsabilité entière de la guerre et de son résultat pèsera de plus en plus sur l'homme qui s'est trompé si lourdement. Et c'est pourquoi il importe de la dégager et de la mettre hors de conteste par l'étude des faits eux-mêmes (1).

EXÉCUTION DU MOUVEMENT TOURNANT

Voyons donc comment le grand mouvement tournant s'ajuste aux faits antérieurement exposés.

Nous avons comparé déjà le progrès des armées allemandes en Belgique au brusque développement d'un éventail dont la

(1) Stegemann, *Considérations sur la bataille de la Marne*.

(2) *Gazette de Francfort* du 31 décembre 1916.

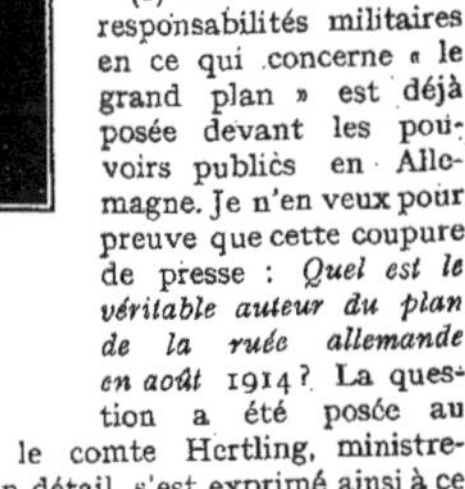
(1) La recherche des responsabilités militaires en ce qui concerne « le grand plan » est déjà posée devant les pouvoirs publics en Allemagne. Je n'en veux pour preuve que cette coupure de presse : *Quel est le véritable auteur du plan de la ruée allemande en août 1914?* La question a été posée au Landtag de Bavière, et le comte Hertling, ministre-président, sans donner aucun détail, s'est exprimé ainsi à ce sujet : « C'est au grand état-major et, tout particulièrement, au général von Moltke que revient l'honneur d'un plan aussi grandiose. »(Cet honneur lui a valu d'être écarté du commandement dès la première phase de la guerre.) Le ministre bavarois a ajouté qu'une autorité supérieure (c'est évidemment l'Empereur) pouvait avoir inspiré ce plan et *l'avoir imposé*, sans préciser davantage.

Certains journaux influents, surtout pangermanistes, notamment la *Frankfurter Zeitung* et la *Tæglische Rundschau* ont posé la même question sans donner de réponse plus précise que celle du comte Hertling. On peut conclure que le kaiser a eu la principale initiative d'une ruée irrésistible, de la ruée sur la France, et que von Moltke et son état-major en ont seulement préparé l'exécution.

L'EMPEREUR GUILLAUME A SON QUARTIER GÉNÉRAL

poignée serait vers le grand-duché de Luxembourg et les feuilles posées sur tout le territoire belge jusqu'à la mer.

Les armées du mouvement tournant, c'est-à-dire l'armée von Hausen, l'armée von Bülow et l'armée von Klück, se sont mises effectivement en marche vers le 18 août, et trois jours après, le 21, par suite de la retraite belge, elles se sont avancées au-devant des forces françaises, et les premières rencontres sont devenues inévitables.

Pour bien comprendre l'opération stratégique et s'expliquer sa physionomie tactique, il ne faut pas perdre de vue que cette marche en avant des gros, qui sont comme le bras puissant de l'Allemagne, balayant la Belgique et la France du Nord, est précédée d'un immense déploiement de cavalerie et de forces de couverture qui font comme l'effet d'une main tâtant d'abord tout le territoire belge. Ainsi, on a l'impression, sur le moment et sur les lieux, d'une campagne déjà commencée quand, en réalité, elle ne fait que précéder et préparer la vraie campagne.

Les troupes de couverture signalent leur présence partout, tantôt par des raids rapides, des apparitions et disparitions de cavaliers, combats d'avant-gardes et de patrouilles, livrés parfois même en forces ; car ces troupes, outre les cavaliers combattant au besoin à pied, se composent de cyclistes, d'automobiles armées, d'auto-canons ou auto-mitrailleuses, sans parler de l'artillerie attachée aux formations de cavalerie et des régiments d'infanterie de soutien transportés par les moyens les plus rapides. Ce sont ces troupes mobiles qui ont étendu, dès le 21, comme un réseau d'occupation et de terreur sur toute la Belgique.

Le corps de cavalerie qui opère au nord de la Meuse est commandé par le général von Marwitz ; il accompagne et précède les armées de von Bülow et de von Klück ; le 18 août, la 2e division de cavalerie s'avance entre la Grande-Nèthe et le Démer, la 4e division de cavalerie marche sur Wavre et la 9e division sur Gembloux.

Le 22 août, le jour même où le combat s'engage sur la Sambre entre l'armée Bülow et l'armée Lanrezac, des patrouilles de cavalerie allemande sont signalées de Gand à Audenarde, de Pacy-sur-Tournai à Saint-Guilhem et sur le front Mons-Charleroi. On voit le chemin parcouru par von Marwitz depuis la retraite de l'armée belge ordonnée le 18 à 7 heures et demie du soir et commencée le 19 à l'aube pour gagner la rive gauche de la Dyle.

Le corps de cavalerie qui agit au sud de la Meuse est composé de la 5e division de cavalerie et de la cavalerie de la Garde ; il précède l'armée von Hausen. Nous l'avons vu, fortement soutenu par des éléments d'infanterie, agir à Dinant dès le 15. Nous allons le retrouver autour de Namur, à Huy, à Hastières, à Haybes, c'est-à-dire sur toute la partie de la Meuse comprise entre Monthermé et Namur.

Luigi Barzini, qui était sur les lieux, a parfaitement décrit l'immense randonnée dispersée, sous ce titre qui fait image : *la Galopade des uhlans*. Tandis que les trains civils circulent encore, tandis que la vie normale se poursuit, que les boutiques sont ouvertes, que les bourgeois vaquent à leurs occupations et que les ouvriers travaillent dans les champs et dans les usines, les Allemands que l'on croit encore loin sont arrivés :

« ... Nous sommes déjà entre les mains des Prussiens, dit un Belge. Ils ont passé ce soir à 6 heures et ont poursuivi leur route. Ils étaient environ six cents cavaliers et cyclistes. Ils doivent camper non loin d'ici. Ils étaient arrivés à l'improviste et s'étaient rendus aussitôt à une station de chemin de fer de l'autre côté de la ville. Ils avaient fait sauter les aiguilles à la dynamite et avaient coupé les fils téléphoniques et télégraphiques... Cet essaim immense de cavaliers que l'armée allemande envoie devant elle par patrouilles, par pelotons, par escadrons, ne parcourt que les chemins battus : tous les chemins, tous les sentiers. C'est une erreur de croire qu'ils cherchent à passer inaperçus et tentent de s'insinuer sans être vus. Ils veulent être vus. Chaque groupe avance jusqu'à ce qu'il soit accueilli à coups de fusil. Il marche et marche suivant un itinéraire déterminé jusqu'à ce qu'il se heurte à l'ennemi. Son devoir est d'aller au devant de la mort. Tout le front adverse est reconnu de la sorte... L'intensité du feu qui l'accueille dit l'intensité de la

GABRIEL HANOTAUX

de l'Académie Française

HISTOIRE ILLUSTRÉE
DE LA
GUERRE DE 1914

LIRE dans ce Fascicule } **VON KLUCK ET LA MARCHE SUR PARIS**

FASCICULE N° 63

L'ÉDITION FRANÇAISE ILLUSTRÉE
(GOUNOUILHOU, ÉDITEUR)
30, Rue de Provence, Paris

PRIX NET : 1 franc
ÉTRANGER, PORT EN PLUS

A NOS LECTEURS

LES *deux premiers volumes* de ***L'Histoire de la Guerre de 1914*** ont donné l'exposé des faits historiques et diplomatiques qui ont précédé et amené la guerre, et qui engagent si lourdement la responsabilité de l'Allemagne.

Avec *le troisième volume*, l'historien est entré dans le vif de son sujet, le grand drame de la guerre.

Le *quatrième volume*, achevé avec le fascicule 52, est consacré au récit de ***La Bataille des frontières.***

L'auteur aborde maintenant les combats du Luxembourg et de la Meuse, pour en venir, dans les prochains fascicules, aux engagements de la Sambre et à cette retraite vigoureuse qui prépare la victoire de la Marne.

Par les renseignements qu'il a recueillis, par les travaux d'enquête et de recherches auxquels il s'est livré, par les conversations qu'il a eues avec les personnages officiels et les hommes politiques de l'Europe entière, l'historien a approché, d'aussi près que peut le faire un contemporain, de la source où peut se découvrir la vérité complète, sincère et impartiale.

C'est vraiment le tableau de la « grande guerre ».

POPULATIONS CIVILES FUYANT LE LONG DES ROUTES

défense. Les éclaireurs éprouvent la force de l'ennemi aux dépens de leur peau; ils ont le devoir d'être une cible vivante. Le uhlan sait qu'il est sans défense et qu'on tirera inévitablement sur lui. Il va au-devant des coups de fusil, il les cherche, il les provoque. Il va avec le calme et la discipline allemande. Mais il devient féroce... »

Inutile d'insister sur l'effet moral produit par une telle tactique. L'apparition du « uhlan » plonge le pays dans une terrible anxiété : faut-il garder la foi dans la lutte ou baisser la tête devant le fait accompli ?

Rien ne rend mieux cette impression que ce qui se passe à Tournai, sur la frontière française, le 22 août, quand les gros de l'armée allemande sont encore entre Bruxelles et Charleroi, exactement sur la ligne Forest-Tubize-Genappe-Tamines qu'occupent alors les IIe, IVe, IXe, Xe et VIIe corps.

« Les uhlans étaient arrivés à Tournai dans la matinée. Pendant deux heures, la ville avait été allemande. N'ayant pas de troupes, le bourgmestre s'était rendu avec le drapeau blanc à la rencontre de l'ennemi, en faisant acte de soumission. Neuf uhlans et un officier étaient descendus à l'hôtel de ville, peut-être en signe de prise de possession, et étaient repartis.

« Deux heures après le bourgmestre s'est trouvé dans un grand embarras. Les Français arrivaient : un bataillon de territoriaux avec quelques guides à cheval.

« Le magistrat a recommandé chaudement aux troupes de « bien se faire voir » pour que l'on ne crût pas que c'étaient des citadins qui tiraient. Entre temps, d'autres uhlans avaient, par groupes, contourné la ville et poussaient leurs reconnaissances jusqu'à la frontière française. »

On comprend l'anxiété des populations et de leurs magistrats. C'est l'invasion : donc, on est battu. Peu d'hommes sont capables de réaliser cette vue que l'occupation du terrain n'est pas la victoire. Les populations se lèvent. Elles fuient. Elles encombrent les routes de leur panique lamentable, entravent la marche des armées et agissent sur le moral des soldats. Pas un récit de cette première partie de la campagne qui ne consacre des pages douloureuses à ces tristes exodes, les bras levés au ciel, qui portent devant eux la contagion de la défaite et du désespoir.

Au point de vue strictement militaire, les troupes allemandes de couverture et de découverte, constituées comme nous l'avons dit, et précédant les gros, prennent le moule des armées ennemies par une série de combats qui ne sont pas sans efficacité. La tactique consiste en ceci : provoquer les éléments avancés des troupes ennemies et les attirer sur des positions organisées où elles se heurtent, perdent du monde et se découragent.

Pendant cette première partie de la campagne, la cavalerie allemande opérant en Belgique fut conduite selon des méthodes nouvelles et incontestablement efficaces. La cavalerie française qui lui était opposée, et dont nous allons rappeler le rôle, obéissait à des règles toutes différentes. Un peu plus tard, et notamment dans la période des rencontres, la cavalerie von Marwitz perdit la plus grande partie de ses avantages. Bonne pour la découverte, elle ne tint pas ses promesses dans les combats. Elle s'épuisa comme s'était épuisée la cavalerie française et, en somme, malgré les vantardises de ses chefs, ne « rendit pas ». Le plein de son activité s'est fait sentir surtout dans l'invasion rapide de la Belgique.

CAVALIERS FRANÇAIS
FAISANT FONCTIONNER UNE MITRAILLEUSE

Que faisait cependant la cavalerie française?

Dès le début de la guerre, le corps de cavalerie du général Sordet (1re, 3e et 5e divisions de cavalerie) avait été lancé sur la frontière franco-belge, puis en Belgique comme corps indépendant. Une brigade d'infanterie (général Mangin), composée de deux régiments, le 45e et le 148e, lui est donnée en soutien ; mais, en fait, le 45e seul l'accompagne. (Nous avons retrouvé des éléments de ce régiment à Neufchâteau au cours de la bataille des Ardennes.) Quant au 148e, il reste à la garde de Givet.

Le corps de cavalerie, commençant sa grande randonnée, est entré en Belgique le 6 août ; il se porte, en formations massives, au sud de la Meuse et dans la direction de l'Ourthe, qu'il trouve fortement organisée. Il revient sur la Lesse, opère sur Maissin (11 août) et Paliseul, en pleines Ardennes, puis sur Offagne. Il cherche un débouché sur Huy qui est déjà aux mains de l'ennemi : il se rabat alors sur Namur ; pendant cette course longue et épuisante, le corps de cavalerie est en contact et presque en mélange avec les divisions de cavalerie de couverture de l'armée von Hausen ; nombreux combats de patrouilles ou d'embuscades ; cependant, le corps ne participe pas au combat de Dinant (15 août).

Ne voulant pas se laisser bloquer à Namur, le corps passe la Meuse à Hastière, seul pont qui reste entre les armées allemandes au nord et la 4e armée au sud, et il se trouve ainsi sur la rive gauche dans le rayon de la 5e armée.

Jusque-là, le corps de cavalerie n'a fait que parcourir une vaste région à peu près vide d'ennemis, la région des Ardennes. Elle se remplira, en quelque sorte, derrière lui. Ses méthodes sont différentes de celles de la cavalerie Mar-

POPULATIONS BELGES FUYANT DEVANT L'ENNEMI

EXODE DES POPULATIONS CIVILES SUR LES ROUTES DE BELGIQUE

witz. Selon les règlements antérieurs, la doctrine était que l'arme fût aussi rassemblée que possible en vue du combat de cavalerie que l'on supposait imminent. Bientôt, une autre tendance s'affirmera, à savoir de conserver la troupe en état de remplir ses missions diverses en la mettant constamment à l'abri des embuscades et surprises par le feu qui constituent la manière nouvelle de l'ennemi (1).

Une fois sur la rive gauche de la Meuse (dimanche 16 août), le corps Sordet est mis à la disposition du général Lanrezac, commandant la 5e armée. Le voici donc en face du corps de couverture des deux armées Bülow et Klück.

Son rôle est de se porter à la rencontre des colonnes ennemies au nord de la Sambre. D'ailleurs, l'ennemi s'approche et les contacts vont se produire brutalement.

Le corps cantonne à Fleurus le 18. On apprend qu'entre Perwez et Ramillies l'ennemi a établi un foyer de reconnaissance infestant le pays (4e et 9e divisions de cavalerie allemande). Aussitôt, on combine une opération dans cette direction avec la division d'infanterie belge Dufour qui doit se porter sur Longueville. Mais le corps de cavalerie, en abordant la position de Ramillies, s'aperçoit qu'elle est très fortement organisée : il est impossible de l'attaquer sans infanterie. Et, au même moment, la division belge reçoit l'ordre de se replier sur Wavre. Le combat n'a donc pas de suite. Pertes peu importantes; mais on sait, maintenant, que l'ennemi est là. Voici le moule qui s'établit entre les deux armées à la veille des rencontres de la Sambre.

Le 19 août, contact violent pris avec des forces d'infanterie venant de l'est à Thorambais, Rozières (entre Perwez et Jodoigne). On maintient des arrière-gardes à Gembloux. Ces arrière-gardes sont attaquées par l'infanterie ennemie à Lonzée, dans la direction de Namur. Donc, de partout, l'ennemi débouche.

Le corps de cavalerie, fatigué, pressé par les forces qui s'accumulent, est obligé de se rapprocher de Charleroi d'abord, puis de tourner la ville par l'ouest. Il se porte par Gosselies sur Fontaine-l'Evêque (20 août). Charleroi est déjà débordé.

Et ce n'est pas tout : toujours sous la même pression, la cavalerie française est obligée de gagner plus au sud. Le général Sordet établit son quartier général à Merbes-le-Château (entre Maubeuge et Charleroi). *Vers Anderlues*, la 3e division de cavalerie est attaquée, *le 21 août*, par l'infanterie allemande : on lui envoie la brigade Hollender (du 3e corps) pour la soutenir et le combat est rude.

Le corps de cavalerie a, d'ailleurs, reçu l'ordre de se porter à la gauche de la 5e armée pour protéger le débarquement de l'armée anglaise. Il descend même encore plus au sud. Marche de nuit vers Bersillies-l'Abbaye, sur la frontière française. En un mot, le corps de cavalerie qui, le 20, faisait office de couverture devant l'armée de Lanrezac, prend son rang au sud de la Sambre. Ainsi, dès le 21, les troupes allemandes en force ont été en mesure de menacer Charleroi à l'ouest et presque au sud.

Le rôle du corps de cavalerie, en ce qui concerne la Belgique, est terminé. Nous le laissons à Bersillies-l'Abbaye où il bivouaque dans la nuit du samedi 22 au dimanche 23 août.

Repoussant notre cavalerie, en avant de Charleroi et à l'ouest de Charleroi, la cavalerie Marwitz s'était infiltrée pour permettre aux gros de s'avancer derrière elle.

Luigi Barzini, qui parcourt alors tout le secteur de Charleroi au nord de la Sambre, décrit le contact entre les deux forces ennemies. Il a quitté Manage à 6 heures du matin le 21 par un train ouvrier se rendant à Charleroi ; donc, les trains fonctionnaient encore. Pas d'Allemands à Manage ; mais ils y arriveront à 10 heures. De Manage, le train s'arrête à Luttre. Or, c'est là que l'on rencontre les premiers soldats français : un escadron de hussards campait dans le village. Les Allemands, venant de Nivelles, ne devaient pas être à plus de 6 ou 7 kilomètres. En effet, Luttre fut occupée par les Allemands *avant midi*. Le train continue ; il va jusqu'à Charleroi. On pourrait dire

(1) J'emprunte ces deux définitions si claires à la brochure du capitaine de Sézille : *Conseils pratiques aux cadres de cavalerie*, janvier 1915.

TOURNAI. — LA GRANDE PLACE, LA CATHÉDRALE ET LE BEFFROI

qu'il est suivi à une vitesse égale à la sienne par les forces allemandes.

Nous sommes le 21 après-midi. Charleroi était occupé par des troupes françaises :

« Entre les maisons et la place de la gare passe un canal navigable dérivé de la Sambre qui traverse la ville plus au nord; sur le canal, deux ponts tournants qui donnent accès à la ville étaient barrés par des chaînes. Au bord du canal, des soldats construisaient en hâte une barricade faite de pierres prises à un chantier. La ville avait l'air de s'intéresser intensément à ces préparatifs. Aux fenêtres apparaissaient des visages curieux et le long des trottoirs encombrés de tables de café, des passants s'attardaient à regarder. Rien de plus étrange que ce contraste entre la tranquillité de la ville et ces fébriles apprêts de bataille. Le silence se prolongeait. Il y avait des moments d'alarme; les sous-officiers prenaient leur revolver en criant des ordres; c'était alors une fuite précipitée des passants; puis l'on revenait à une attente calme. Les trottoirs se vidaient et se repeuplaient tour à tour. Voilà ce qui se passait. Des patrouilles de uhlans venant de la route de Gosselies entraient à Charleroi et, au passage des ponts, étaient arrêtées, comme on arrêtait à Rome les chevaux à la course des Barberi. *La bataille de Charleroi a commencé par cette chasse à l'affût.* A la gare se trouvait la dernière embuscade. »

Si l'on se rend bien compte des faits d'après cet exposé qui est l'image même de la réalité, et que tous les documents confirment, les armées s'accrochent l'une à l'autre, plutôt au cours de leur marche que par suite de dispositions prises pour une bataille générale.

Pour en finir de ce côté aussi avec les rôles de troupes de couverture précédant les gros, rappelons que dans la journée du 21, l'avance allemande avait occupé Gosselies, Luttre, Manage, Braine-le-Comte, Ath. Vers l'ouest, elle s'est étendue très rapidement dans la direction de l'Escaut que des patrouilles atteindront de Gand jusqu'à Tournai dans la journée du 22.

LES ARMÉES ALLEMANDES. MARCHE DES GROS Abordons, maintenant, l'œuvre des armées elles-mêmes et voyons où étaient les gros.

D'abord, au sud de la Meuse, en liaison avec l'armée du duc de Wurtemberg, nous avons montré l'armée von Hausen (IIIe armée), composée du XIXe corps actif, du XIIe de réserve, du XIIe corps actif et du XIe corps en arrière, ayant pour objectif le secteur de la Meuse entre Haybes et Namur.

Cette armée paraît avoir été tenue d'abord en réserve comme, de notre côté, l'armée Langle de Cary. Plusieurs de ses corps sont gardés en deuxième ligne dans la région d'Asselborn, au camp des Trois Vierges. Il semble que ses gros ne sont mis en mouvement que quand l'état-major allemand a connaissance du mouvement de la 5e armée se portant sur la Sambre. Le haut commandement allemand la pousse dans l'intention évidente de profiter du décrochement qui s'est produit de Monthermé à Namur entre notre 4e et notre 5e armée. Nous savons, par exemple, qu'un régiment du XIXe corps a accompli une marche qui dure du 22 à 2 h. 30 du matin jusqu'au lendemain à 3 h. 30 du matin. Les troupes, comme nous l'avons vu, arrivent trop tard et trop épuisées pour agir à temps dans l'encoignure de la Semoy et de la Meuse ; mais nous allons voir leur action se faire sentir au cours des rencontres de la Sambre.

De cette armée, le XIIe corps (1er saxon, général d'Elsa) a sa 32e division à Marche le 18 ; de là, il se porte sur Achène aux approches de Dinant ; le 19, il se rassemble au nord dans la direction de Namur avec, pour objectif, les ponts de la Meuse occupés par les avant-postes français ; le 21 à midi, la 32e division recevra l'ordre de prendre l'offensive. Ainsi, le corps doit simultanément menacer notre 5e armée de flanc et prendre part aux événements qui se passent autour de Namur.

Le XIIe corps de réserve (général von Kirchbach), suit son corps actif. Il se trouvera, le 23 août, en face de Dinant.

Le XIXe corps (2e saxon, général von Laffert), marche parallèlement, mais au sud. Il n'est parti des Trois-Vierges que le 18 et nous l'avons reconnu longeant l'armée du duc de Wurtemberg et débouchant sur Willerzie et Bourseigne-Neuve le 23. La division de droite de ce corps a traversé la forêt de Saint-Hubert, et passant à Jemelle et à Rochefort, elle s'est portée sur le pont d'Hastière au sud de Dinant. La division de gauche s'est portée plus au sud et attaquera le pont d'Haybes le 24. Ce XIXe corps opère donc exactement à l'angle du décrochement entre la 4e et la 5e armée.

Quant au XIe corps (général von Pluskow), il paraît être resté en réserve entre Dinant et Huy : c'est ce corps qui sera désigné bientôt pour regagner le front oriental, au moment de l'invasion russe en Prusse-Orientale.

Par sa droite, l'armée von Hausen soutient le VIIe corps de réserve qui assiège Namur ; car ce siège fait, en quelque sorte, partie de la bataille de Charleroi. Le VIIe corps de réserve allemand (général von Zwehl), est en position à partir du 19 août au soir, entre la région d'Eghezée, au nord, et Faulx, au sud.

Pour suivre le demi-cercle que font les autres forces allemandes se rabattant sur les forces françaises, nous franchissons la Meuse, et ici nous rencontrons les gros de la IIe armée (armée de von Bülow).

Quoi qu'il en soit, à la veille des engagements, les gros de la IIe armée sont situés ainsi qu'il suit : à gauche de l'armée, c'est-à-dire au nord de la Sambre et en face de Namur, et en liaison avec le VIIe corps de réserve, la Garde prussienne (général baron de Plattenberg), qui a décrit exactement un demi-cercle, vient d'Andenne par Eghezée en contournant par le nord la place forte de Namur, et prend la direction de Jemappe ;

Plus à l'ouest, le Xe corps de réserve (général von Hülsen) a fourni, comme les autres corps, de rudes étapes, et, le 20 août, on lui fait connaître « que ses marches forcées ont empêché la jonction des Belges et des Français » ; il se porte en direction de Tamines ;

Plus à l'ouest, au nord de la Sambre et en face de Charleroi, le Xe corps (général von Emmich), parti de Tirlemont le 18 au soir après l'engagement contre l'armée belge ; ce corps est vers Ottignies le 20 et arrive dans la zone Jumet-Fleurus le 22

Enfin, le VIIe corps (général von Einem) qui, après Liége, s'est dirigé sur Wavre par Nivelles, et descend vers la Sambre ; son 2e uhlans bivouaque près d'Anderlues le 22 août ; des éléments de la 13e division se mettront en marche sur Binche, tandis que la 14e division, suivant le corps de cavalerie Sordet, parvient, le 22, vers Fontaine-l'Évêque et Monceau-sur-Sambre.

LA MARCHE DE L'ARMÉE VON KLUCK

On sait toute l'importance attachée par l'état-major à l'armée von Klück : c'est la pointe extrême d'une branche de la tenaille de ce côté ; elle est la contre-partie de l'armée du prince de Bavière à l'est. En se rapprochant, ces deux forces enserreront comme une griffe puissante toutes les armées françaises et, en même temps, elles s'enfonceront dans la chair pantelante de la France d'où elles ne pourront plus être arrachées ; Paris sera la première proie.

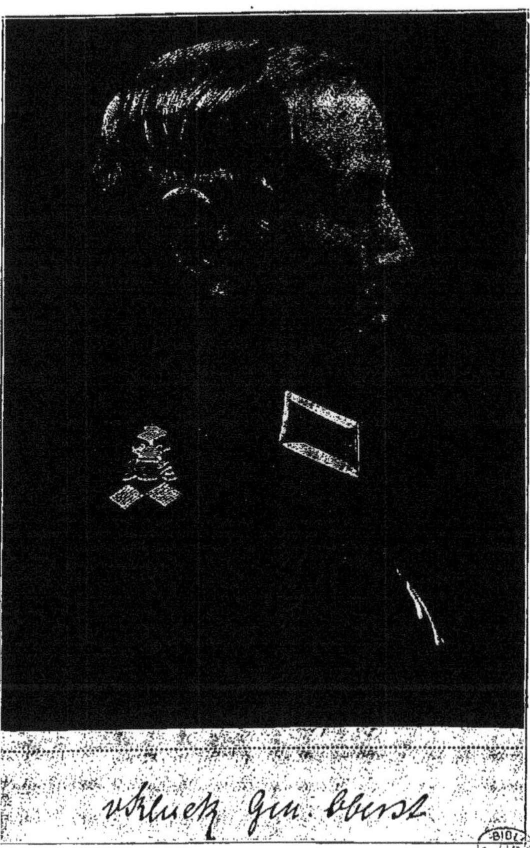

LE GÉNÉRAL VON KLUCK

Nous avons donné, à ce sujet, l'aveu de Heinecke ; voici, maintenant, les explications d'autres écrivains militaires allemands qui, prenant parti dans les querelles déjà soulevées en Allemagne, essaient de pallier les fautes en présentant sous un jour favorable les vues de l'état-major :

« Entre Thionville et Aix-la-Chapelle, on pensait faire passer la masse principale des forces disponibles et attaquer la France par la Belgique et le Luxembourg tout en s'efforçant d'étendre toujours l'aile droite jusqu'à la mer. Par cette conversion géniale de la droite on espérait, par une grande courbe passant par Bruxelles-Valenciennes-Compiègne-Meaux, à l'est de Paris, rejeter l'armée française au delà de la Meuse, de l'Aisne, de la Marne, peut-être même au delà de la Seine pour la déborder *au sud de Fontainebleau* (1) et pour envelopper ainsi toute la ligne de bataille française. D'autres parties de l'armée, particulièrement des corps de réserve et de landwehr, devaient *pousser en avant entre Dunkerque et Calais jusqu'à la côte* pour éviter de nouveaux débarquements anglais. D'après les calculs humains, ce plan aurait pu être accompli à la fin de septembre et, de ce fait, un grand nombre de corps d'armée rendus libres pouvaient être envoyés contre la Russie... (2). »

(1) Passages soulignés par nous.

(2) *Les Batailles de la Marne.* Publication allemande retirée, semble-t-il, du commerce, et écrite probablement sous l'influence de Moltke.

Remarquons immédiatement que ce plan suppose une extension immédiate des opérations *jusqu'à la mer*. Il s'agit de tourner, non seulement l'armée française, mais l'armée anglaise, et de couper celle-ci de ses communications : en un mot, à ne considérer que le côté ouest, la manœuvre ne sera complète que si elle déborde, dès le début, *toutes les forces* dont dispose le général Joffre.

Cette remarque est très importante, car elle va nous permettre d'expliquer l'extension extrême et singulièrement rapide donnée à la marche de l'armée von Klück et, d'autre part, la parade immédiate de Joffre s'étendant plus encore à l'ouest par la création d'une 6e armée, à la gauche de l'armée anglaise : c'est l'armée d'Amade, qui deviendra par la suite l'armée Maunoury, l'armée de la bataille de l'Ourcq.

DRAGONS FRANÇAIS

Ainsi commence, dès le début, « la course à l'enveloppement ». Chacun des deux adversaires s'efforce de tourner l'autre. En somme, la bataille de la Marne est en germe dans les dispositions initiales des deux adversaires.

L'armée von Klück est derrière la Gette jusqu'au 19 et elle est partie seulement le 19 à l'aube pour sa grande randonnée. Nous aurons à nous demander pourquoi cette longue attente.

Précédés, comme nous l'avons dit, de la cavalerie von Marwitz, ses gros progressent avec une rapidité extrême sur la Belgique et couvrent, au sud de la Demer, une large bande de terrain qui s'aligne en son milieu par Tirlemont, Louvain, Bruxelles, Sottegham, Audenarde, Courtrai.

Cette marche d'est en ouest, en droite ligne, vise à envelopper Tournai, Lille, Valenciennes, conformément aux indications données ci-dessus par le document officieux allemand. Il n'est nullement question, pour le moment, de se porter sur Charleroi et Mons ; l'objectif est beaucoup plus au nord et à l'ouest. Il est vrai que la gauche de l'armée von Klück, dans sa marche droit vers le nord de la France, se trouve à proximité de la Sambre par Nivelles et Soignies. Mais c'est une circonstance de la marche : ce n'en est pas le but.

D'ailleurs, voici la disposition des corps à la date du 21 soir.

Nous avons dit l'occupation du nord de la Belgique et l'entrée dans Bruxelles, le 20. Les troupes allemandes ne s'arrêtent pas ; elles ne font que passer comme un torrent sur la capitale.

La droite de la Ire armée faisant flèche est formée par le IIe corps ; elle est commandée par un des meilleurs chefs allemands, le général von Linsingen. Sa 4e division passe à Vilvorde, au nord de Bruxelles, le 22 août, au moment où la ligne des gros de l'armée von Bülow est déjà sur la Sambre par sa gauche et à Nivelles par sa droite ; le 23 la 4e division du IIe corps contournera Bruxelles et se portera à Ninove par Dilbeck, par une marche de 38 kilomètres.

Plus à l'est, marche le IVe corps (général Sixt von Arnim), qui défile dans Bruxelles le 20 et ne quitte que tardivement les alentours de cette ville pour se porter en marche forcée vers l'ouest de Mons par Enghien (40 kilomètres), à la nouvelle des engagements déjà commencés.

Derrière le IVe corps marche le IVe corps de réserve qui est vers Ath le 24 août.

Vient ensuite, à l'est du IVe corps, le IIIe corps (général von Lochow), puis, à l'est encore, le IXe corps (général von Quast) qui se porte en direction générale de Maubeuge par l'est de Mons et se tient en liaison avec le VIIe corps de l'armée von Bülow.

De cet exposé de la situation des corps allemands, il est permis de conclure : L'armée von Klück est amenée soudainement à raccourcir son mouvement et à se porter vers le sud, par l'intervention de l'armée Lanrezac et surtout de l'armée anglaise. Et d'ailleurs, nous avons de cela des preuves formelles : le carnet de route du capitaine Kietzmann (1) nous apprend en effet que le IIe corps ayant contourné Bruxelles marchait vers Sotteghem et Courtrai par Ninove, lorsqu'il apprend, le 23, que le IIIe corps de réserve (ce corps fut chargé bientôt, avec le IXe de réserve, de masquer Anvers), les IVe et IXe corps d'active sont engagés dans un violent combat contre les Anglais, et le corps descend vers Valenciennes par Grammont. Des éléments de ce corps desecndent par Tulong et Ligne sur Willaupuis où ils bivouaquent le 24, abattant ce jour-là une marche de 47 kilomètres.

LE GÉNÉRAL LANREZAC
COMMANDANT LA 5e ARMÉE

« 24 août. Départ à 5 heures. En chemin à 5 h. 45, on nous annonce que le IIIe corps de réserve, les IVe et IXe corps d'active sont engagés dans un violent combat avec les Belges et les Anglais. Nous marchons à marches forcées à leur aide par Grammont. Nous bivouaquâmes à Willaupuis où nous sommes arrivés en passant par Tulong et Ligne. Là nous avons rencontré le IVe corps de réserve. Nous avons abattu ce jour 47 kilomètres. »

La même observation s'applique au IVe corps. Celui-ci avait été gardé deux jours aux environs de Bruxelles dans le doute où on était de la situation de l'armée anglaise, et c'est seulement le 23, après que Lanrezac a attaqué, qu'on le lance sur l'armée anglaise.

Ainsi, le 22 août, les gros de l'armée von Bülow sont entre Nivelles et la Sambre, face au sud-ouest et en contact avec l'armée française, tandis que les gros de l'armée von Klück sont encore en retour d'équerre, face à l'ouest, la droite vers Vilvorde, la gauche vers Haut-Ittre. Le 23 août, tandis que la lutte continue entre l'armée Lanrezac, l'armée von Bülow et le XIIe corps de l'armée von Hausen, von Klück poursuit son mouvement d'aile droite vers l'Escaut et la Lys, mais, inquiet du vide qu'a trouvé devant elle la cavalerie von Marwitz et apprenant bientôt que l'armée anglaise marche de Landrecies sur Mons et que l'armée von

(1) Carnet de route de l'officier Kietzmann, communiqué par M. J. de Dampierre.

Bülow est fortement engagée sur la Sambre, il fait exécuter un changement complet de direction *face au sud* et lance ses colonnes en marches forcées.

Les armées allemandes, ici comme dans la région des Ardennes, sont prises de flanc par l'offensive française du 22 et par l'arrivée des troupes anglaises le 23 ; malgré la hâte extraordinaire de leur marche vers l'ouest, elles n'ont pas eu le temps d'accomplir tout le mouvement qui leur était prescrit et d'atteindre la mer : elles n'ont pas débordé les troupes qui leur sont opposées ; elles seront débordées à leur tour. D'enveloppantes, elles vont devenir « enveloppées ».

OCCUPATION DE LA SAMBRE PAR LES ARMÉES ALLIÉES

Voyons donc où en sont les armées françaises et comment se produit le choc qui jette le trouble dans le grand mouvement tournant.

Nous avons exposé, ci-dessus, la « marche en crabe » qui, à partir du 15 août, transporte la 5e armée du terrain des Ardennes sur le terrain de la Sambre ; cette expression est d'autant plus justifiée que le crabe tourne, en quelque sorte, sur l'une de ses pattes ; je veux dire que le 1er corps qui, à droite de l'armée, occupe la Meuse, reste sur place et fait pivot : c'est en prenant comme point d'appui cette force stable et en progressant vers l'ouest que l'armée Lanrezac vient se caser au sud de la Sambre, dans l'angle que cette rivière fait avec la Meuse, angle qui a pour sommet Namur.

Il faut essayer d'expliquer la pensée qui préside à cette extension de nos forces vers le nord-ouest ; ainsi il sera possible de déterminer les conditions dans lesquelles s'engageront, du côté français et anglais, les combats de Charleroi-Mons.

L'armée allemande s'étend soudainement comme un ressort au travers de la Belgique, dans la direction d'Audenarde. L'armée franco-anglaise, combinant son mouvement avec celui des armées de l'Ardenne, marche sur l'armée allemande pour la prendre en flagrant délit de marche ; il est vrai que ce premier choc n'est pas heureux et que l'armée franco-anglaise abandonne aussitôt le contact. Cependant, l'effet cherché est produit : le grand mouvement allemand est suspendu.

Rarement, les marches ont eu des résultats plus importants, étant donné que les effets du choc sont relativement secondaires. « Charleroi » est un combat court dont les conséquences stratégiques sont immenses. Tant il importe que le commandement ait une parfaite maîtrise de lui-même et que, sans se laisser arrêter par les incidents particuliers, il poursuive le développement de sa manœuvre comme celui d'une équation.

En dehors des questions militaires proprement dites, nous sommes ici en présence d'un problème psychologique des plus délicats : des chefs d'une valeur incontestable se sont trouvés parfois d'avis différents ; il serait d'un intérêt passionnant de scruter les raisons intimes de leurs conseils et le succès de leur action. Dans le camp français, comme dans le camp anglais, — comme bientôt dans le camp allemand, — des divergences de sentiments et de vues apparurent. Ces problèmes psychologiques, l'heure n'est pas venue de les aborder ; leurs principales données se dégageront, d'ailleurs, de l'examen de la carte et de la suite des faits. L'opération intellectuelle qui préside aux combats de la Sambre et à la retraite ultérieure est assez émouvante en soi pour que le simple exposé des événements satisfasse les plus ardentes curiosités.

LE GÉNÉRAL LANREZAC COMMANDANT LA 5e ARMÉE

La 5e armée est sous le commandement du général Lanrezac : c'est un des chefs réputés de l'armée française. Grand, vigoureux, la tête puissante, le visage pâle coupé par une moustache tombante à la chinoise, l'œil droit et limpide, le verbe haut, toute sa personne est un mélange frappant d'intelligence, de force et d'impétuosité. Il y a, dans cette nature vraiment militaire, quelque chose de prompt et

RÉQUISITION DE CHEVAUX EN BELGIQUE

d'impulsif qui annonce les décisions rapides et comme inspirées. Le feu du sang méridional et colonial brûle en lui. Mais la réflexion, l'expérience, l'autorité, résultant d'une carrière où l'étude et l'enseignement ont tenu une grande place, tempéreront ce qu'il peut y avoir d'un peu nerveux dans ces détentes soudaines.

Rarement un homme aborda mieux préparé la tâche difficile qui lui était confiée.

Né le 31 juillet 1852, à Pointe-à-Pitre (Guadeloupe), Ch.-Louis-Marie Lanrezac entrait le 20 septembre 1869 à l'Ecole de Saint-Cyr. Il prend part comme sous-lieutenant d'un régiment d'infanterie à la guerre de 1870. Capitaine en 1876, professeur à Saint-Cyr en 1880, il est breveté d'état-major en 1881. Chef de bataillon le 10 juillet 1892, il est professeur à l'École supérieure de guerre et dès lors, son nom se répand dans l'armée. Pas un de ses élèves n'a oublié cet enseignement large, puissant, tumultueux, qui tombe comme une trombe sur l'auditoire dompté. Il devient un des piliers de l'Ecole de guerre, sous-directeur des études comme lieutenant-colonel en décembre 1901, directeur des études comme colonel en 1902. Il prend ensuite le commandement du 119e régiment d'infanterie ; il est général de brigade en 1906 et connaît, à Vannes, ces braves Bretons qu'il retrouvera à la 5e armée. Général de division le 23 mars 1911, il commande la 20e division d'infanterie à Saint-Servan ; puis le 11e corps d'armée à Nantes en 1912, et il devient membre du Conseil supérieur de la guerre, le 10 avril 1914.

Cette vie militaire n'est pas seulement une carrière, c'est, si j'ose dire, une doctrine. Le général Lanrezac est un professeur et aussi un écrivain. L'article « Stratégie », qu'il publie en 1905 dans le *Dictionnaire militaire*, expose le résumé de son enseignement et la leçon de ses études sur la bataille d'Iéna et sur les campagnes de Napoléon. C'est une sorte de répertoire d'idées stratégiques et certainement plus d'un des élèves du maître y a puisé. Nous avons dit déjà que le général Lanrezac s'était mis en travers du courant qui portait la jeune armée vers l'offensive en bourrade. Il écrit :

« Le résultat des premières affaires a, sur le moral des deux armées, une influence considérable et l'on doit, par suite, éviter jusqu'aux affaires douteuses dont l'ennemi pourrait se targuer pour chanter victoire et qui, habilement exploitées, lui vaudraient des avantages moraux appréciables. Un commandant de corps subordonné (armée ou corps d'armée) qui, au début d'une campagne, engage une affaire sérieuse sans être certain de la mener à bien promptement, avec ses seules forces, outre qu'il s'expose à un échec susceptible d'influencer fâcheusement le moral des troupes, risque d'entraîner les opérations dans une voie autre que celle arrêtée par le commandant en chef. La devise : *attaquer l'ennemi partout où on le rencontre*, si chère aux Allemands en 1870, est des plus dangereuses. Si chaque commandant de corps subordonné a le droit de bourrer, tête baissée, sur le premier adversaire à sa portée, le commandant en chef est impuissant à exercer la moindre action directrice. »

Cet aperçu remarquable inspirera certainement le général Lanrezac, comme chef, lors des combats de la Sambre. Il a pris aussi, d'avance, son parti des savantes retraites :

« Beaucoup d'officiers, dit-il, condamnent l'emploi systématique (c'est-à-dire *l'emploi prévu* et non *pas subi*) des marches forcées et des manœuvres en retraite : assurément les marches forcées occasionnent de grandes fatigues; mais qu'importe, si les bénéfices qu'elles procurent sont en proportion des déchets d'effectifs qu'elles entraînent. Quant aux manœuvres en retraite, elles constituent le seul procédé, le seul expédient, si l'on veut, qui permette à un corps engagé dans une situation difficile d'en sortir sans trop de risque. »

On peut dire que ces deux phrases contiennent le schéma quasi-prophétique de la conduite de la 5e armée dans les premières semaines de la campagne de 1914.

En recevant le commandement d'une armée, Lanrezac, habitué aux succès de l'enseignement, se sentait soutenu en lui-même par une belle confiance dans sa préparation antérieure et dans la doctrine puisée aux meilleures sources : cependant, certaines idées qui s'étaient répandues dans l'armée ne cadraient pas toujours avec les siennes. Qu'importaient, d'ailleurs, les systèmes. Les doctrines sont absolues et excessives ; mais la réalité est la maîtresse des maîtres.

ROLE DE LA 5e ARMÉE AU DÉBUT DES OPÉRATIONS Primitivement, la 5e armée devait opérer dans les Ardennes, à la gauche de la 3e armée, l'armée Langle de Cary restant en réserve. C'était le moment où l'on ne savait rien encore des projets allemands et où le commandement français portait ses vues sur l'Alsace et le Rhin.

Peu à peu, le plan allemand se découvre et le projet français se modifie. Le général Lanrezac, placé à l'extrême-gauche, sent le danger d'un mouvement tournant par la Basse-Belgique. Il le signale avec insistance. Mais le commandement entend garder sa conception générale d'une poussée contre le centre ennemi.

Cependant, on commence à se retourner vers la fameuse « variante » au plan de concentration, avec cette nuance que Lanrezac tend à devancer les événements vers le nord, tandis que le Grand Quartier Général, jugeant les ensembles et avisé de ce qui se passe à l'Est, travaille à maintenir l'union et l'équilibre sur tout le front occidental.

Suivons l'évolution des idées au fur et à mesure que les événements se déroulent : après avoir conçu le projet d'une guerre d'offensive le long du Rhin par l'Alsace et la Lorraine, on en vient à la conception d'une bataille centrale dans le Luxembourg belge pour déboucher au nord des bois, dans la région de la Semoy. Et, maintenant, sans renoncer à l'action offensive sur le centre, on décide d'opposer à la tenaille allemande de l'ouest une force qui l'arrête et contienne le grand mouvement tournant.

C'est entre le 12 et le 14 que l'idée d'une offensive de la 5e armée combinée avec celle de la 4e armée se précise. Lanrezac tire sur la bride pour se porter du côté de Maubeuge en laissant la Meuse à la garde des divisions de réserve : mais on le retient encore ; évidemment, on craint qu'une fissure ne se produise précisément sur la Meuse entre les deux armées qui doivent combiner leur mouvement vers le nord.

Le 15, les renseignements qui signalent la présence des armées allemandes en masses profondes au nord de Liége ne laissent plus de doute : leur manœuvre débordera sur la Belgique.

LE GÉNÉRAL VON EMMICH

CONSTITUTION DE L'ARMÉE DE LA SAMBRE

Le déplacement de la 5e armée est déjà décidé ; mais cette armée ne suffit plus : on constitue, le 16, une armée en quelque sorte nouvelle, composée de l'armée belge, de l'armée anglaise et de la 5e armée encore renforcée, et cette armée nouvelle aura pour mission d'agir dans la région en arrière de Namur. On pense que l'armée belge pourra tomber sur les derrières de l'ennemi, tandis que l'armée anglaise se portera au nord de la Sambre et que l'armée française s'appuiera sur la place de Namur. On compte que l'armée anglaise sera sur le terrain le 21.

Le mouvement s'accomplit : le 18, le général Lanrezac maintient le 1er corps sur la Meuse pour servir de pivot ; il met à sa disposition la brigade Mangin (8e brigade du 2e corps chargée antérieurement de soutenir le corps de cavalerie Sordet). Le 18e corps, qui vient de l'est, sera transporté sur Maubeuge, où il entrera, aussitôt que possible, en liaison avec l'armée anglaise. Le 10e et le 3e corps se disposeront au nord de Stave et pourront ainsi, le cas échéant, franchir la Sambre entre Namur et Charleroi. La 52e division garde les passages de la Meuse à Mézières.

Le Grand Quartier Général veille toujours avec le plus grand soin à la liaison de la 4e et de la 5e armées sur la Meuse et il fait assurer, par la 4e armée, les passages de la Meuse de Mézières à Revin.

On en est là au 18, c'est-à-dire à la veille du jour où l'armée allemande va se mettre en mouvement. Le haut commandement français s'est tenu prêt à tout événement ; il a contenu, en quelque sorte, l'ardeur de Lanrezac qui demande énergiquement les moyens de se porter vers le nord-ouest. Celui-ci a même envisagé l'hypothèse où il y aurait lieu de franchir la Sambre. Les mouvements de troupes se poursuivent dans la journée du 19, toujours au sud de la Sambre. L'armée anglaise n'est pas en place ; l'armée belge s'est repliée sur Anvers.

Le 20, les corps de la 5e armée se sont calés au sud de la Sambre : le 10e corps sur Fosse pour s'opposer au débouché des colonnes ennemies, le 3e corps à Villers-Poterie, Loverval, le 18e corps continuant son débarquement à Thuin, Gozée.

CAVALIERS BELGES DANS LE FAUBOURG DE CHARLEROI

Cependant, on apprend la marche foudroyante des Allemands à travers la Belgique, l'occupation de Bruxelles, le rapide progrès de von Klück au sud de la Demer, la poussée vers Ninove et Sotteghem ; on apprend aussi que Namur est attaquée et que d'autres corps, non moins puissants, non moins redoutables, descendent vers cet angle de la Sambre et de la Meuse où l'armée Lanrezac s'est ramassée ; on apprend qu'au sud de Namur et Huy une autre armée accourt à marches forcées pour attaquer vers Dinant et Givet. Ces mouvements soudains et formidables justifient toutes les hypothèses, toutes les appréhensions. Il faut faire face partout à la fois : car il y a des Allemands partout. Ajoutons que les corps de cavalerie allemands couvrent la Belgique, et, puissants comme des armées, ravagent le pays, sèment la terreur, cachent les mouvements des gros, donnant, par leur présence simultanée en tous lieux, l'impression d'une manœuvre à la fois obscure et irrésistible.

C'est alors que le commandement français prend ses résolutions et rassemble en lui-même les raisons qu'il a d'agir et de déterminer les points de son action.

CE QUE L'ÉTAT-MAJOR APPREND DES MOUVEMENTS DE L'ENNEMI

Mais, d'abord, quelle idée se fait-il de la force et de la situation de l'ennemi ? Nous avons déjà donné, à propos de la bataille des Ardennes, un premier exposé de cet état des renseignements : il se précise.

Jusqu'au 17 août, on ne connaissait guère, de ce qui se passait en Belgique, que les événements de Liége et de Dinant et leurs suites immédiates. Mais les 17 et 18, outre l'action des corps de cavalerie, on apprend l'existence, au sud de la Meuse, d'une armée vraisemblablement composée des VIIe, IXe, X^e^ corps, plus la Garde en première ligne et de trois corps de réserve en deuxième ligne ; cette armée avait été reconnue, le 17, entre Huy et Liége, mais sur la rive droite de la Meuse. On savait qu'elle constituait la IIe armée et qu'elle était aux ordres de von Bülow ; on apprenait, le 18, qu'elle passait de la rive droite sur la rive gauche par trois ponts construits entre Huy et Ombret-Rausa et un quatrième à Seraing.

D'autre part, les renseignements signalaient une autre armée, la Ire armée, composée des troupes groupées d'abord autour de Liége. Mais, de cette armée, on ignorait la constitution et la force.

Enfin, voilà que les troupes de couverture allemandes opérant dans le Luxembourg et la province de Namur semblent se transformer en une nouvelle armée de trois ou quatre corps (armée von Hausen), se développant au sud de la Meuse et dont ferait partie le IVe corps, marchant en deux colonnes, de Ciney et de Beauraing vers l'ouest. (Il s'agissait probablement du XIIe corps et non du IVe corps qui, à cette date, quitte le Luxembourg belge pour passer sur la rive gauche de la Meuse et faire partie de l'armée von Klück.) Ce groupement se composerait des IVe, IIIe et VIe corps. Mais, de ce côté, on ne connaît encore d'une façon certaine que la présence des corps de cavalerie de l'armée von Hausen, composés de la 5e division de cavalerie (5 régiments) et de la Garde (8 régiments).

Pour le reste, l'ensemble du mouvement allemand est voilé et on en est réduit à constater que, derrière le rideau formé par la cavalerie, s'exécutent des mouvements sur lesquels on n'a aucun renseignement précis. Rappelons que, dans le camp allemand, les ordres de marche sont seulement du 18 au soir.

Le 20, les choses se précisent : le mouvement, dans son ensemble sinon dans son détail, apparaît : une armée von Bülow, composée de quatre corps, y compris la Garde, a franchi la Meuse et se dirige vers la région Jeneffe, Jehay, Bodegnée, Vinalmont ; une autre armée allemande, comprenant au moins quatre corps marche de Liége sur Bruxelles.

Mais, bien entendu, on ne se doute pas encore de la rapidité avec laquelle cette armée, l'armée von Klück, va contourner Bruxelles et se porter par Ninove dans la direction d'Audenarde.

(Branger)

INFANTERIE BELGE SE RENDANT AU FRONT

FRONT DE L'ARMÉE ALLIÉE LE 20 AU SOIR

Quant à l'armée franco-anglaise qui s'oppose à ces forces allemandes voici quelle est sa composition définitive et ses emplacements, le 20 août au soir.

La 5e armée a son quartier général à Signy l'Abbaye.

Le 1er corps (général Franchet d'Espérey quartier général Anthée), auquel est rattachée la 8e brigade d'infanterie (général Mangin, 45e et 148e), garde sur la Meuse les ponts, même détruits, au nord de Revin. Avec la même mission, la 51e division de réserve (général Bouttegourd), se trouve plus au sud, dans la région de Rocroy, d'où elle s'élèvera, le 21, dans la zone Olloy-Matagne-la-Petite-Treigne (au sud de Givet). Cette division, rattachée au 1er corps, est, à son tour, en liaison avec la 52e division de réserve (général Coquet) qui appartient à la 4e armée et garde les ponts de Givet à Monthermé. Ainsi, la ligne de la Meuse, dans la partie qui fait une sorte de décrochement entre les deux armées, est garnie de troupes, mais un peu faiblement, sauf vers Namur, où l'excellent corps du général Franchet d'Espérey représente une force solide placée au bon endroit.

Au milieu des effectifs de la 5e armée, la place de Namur doit, en quelque sorte, faire partie du front et participer au combat. Namur, avec ses neuf forts, est un des points importants pour la protection de la région Meuse et Sambre. Dans l'appel aux puissances (4 août), la Belgique avait pris l'engagement de défendre ses places fortes : la 4e division belge (général Michel) avait été affectée à cette place. En plus, la 8e brigade, qui, primitivement, occupait Huy, avait été ramenée sous la protection

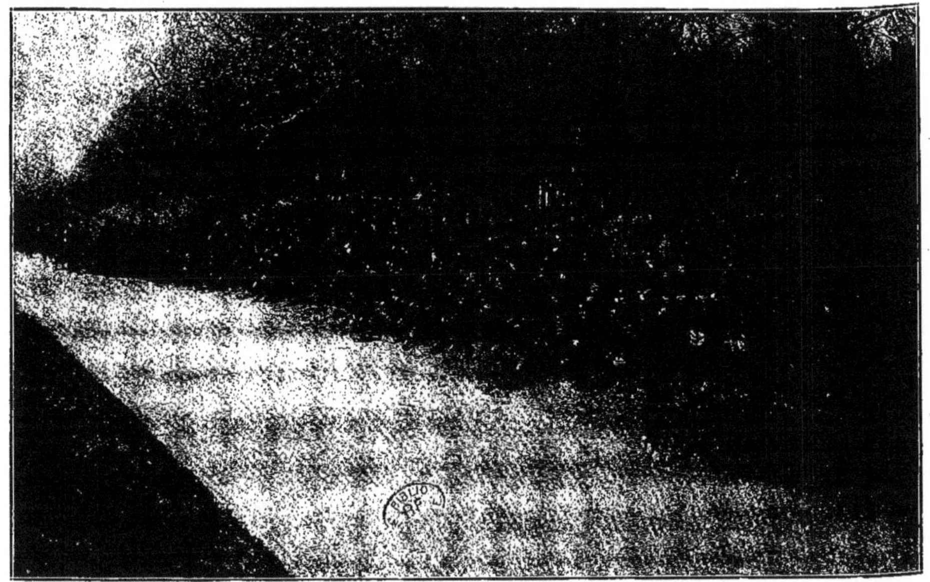

FANTASSINS ANGLAIS AU BORD D'UNE ROUTE

des forts quand les troupes allemandes s'étaient répandues dans le terrain entre Huy et Dinant (18 et 19 août). La garnison formait ainsi un total de 22 à 25.000 hommes, y compris les artilleurs, les services du génie, etc., etc. On pouvait compter que, dans ces conditions, Namur tiendrait au moins aussi longtemps que Liége. Nous verrons qu'au moment de la bataille, le 22, vers 10 heures du matin, la garnison fut encore renforcée par trois bataillons français (deux du 45e et un du 148e), sous les ordres du vigoureux général Mangin.

Poursuivant l'exposé des dispositions de la 5e armée, nous trouvons, exactement dans l'angle de la Meuse et de la Sambre, au sud de cette rivière et en arrière de Namur, le 10e corps (général Defforges) avec son quartier général à Florennes. Une avant-garde est à Fosse avec mission de s'opposer au débouché des colonnes ennemies sur la rive droite de la Sambre par l'ouest de Namur. Les gros sont répartis ainsi qu'il suit : la 19e division d'infanterie (général Bonnier) dans la zone Saint-Gérard, Denée, Mettet, de façon à être en mesure de se porter au besoin, sur la Meuse au nord de Dinant ; la 20e division (général Boë), à la même distance de la Sambre (environ 10 kilomètres), dans la zone Devant-les-Bois-Fromiée-Laneffe-Morialmé-Oret ; en plus, était adjointe au corps une division de troupes d'Algérie qui, à peine débarquée, avait été dirigée sur la 5e armée, la 37e division (général Comby) ; elle occupe, plus au sud encore, la zone Florennes-Fraire-Daussois-Philippeville.

Toujours sur la gauche, le 3e corps (général Sauret), dont le quartier général est à Walcourt et les cantonnements au sud de Charleroi, est un peu en flèche et prêt à se porter en avant vers le nord-est. Il a ses têtes à Villers-Poterie et Loverval, avec ordre, pour le 21, de tenir la rive droite de la Sambre et de garder les passages entre Tamines et Marchienne-au-Pont. C'est donc une très vaste zone de surveillance et dont nous exposerons bientôt les difficultés tenant à la nature des lieux. Comme la situation de ce 3e corps va prendre une impor-

LE MARÉCHAL ANGLAIS SIR JOHN FRENCH, DANS SON BUREAU DE L'ÉTAT-MAJOR

tance très grande, il convient de la déterminer très exactement. Le corps a reçu le renfort d'une autre division de troupes algériennes, la 38e division, excellentes troupes commandées par un excellent chef, le général Muteau. Cette division est au centre et occupe la région entre Somzée, Gourdinne, Berzée.

Elle a, à sa droite, la 5e division qui garde es débouchés vers le Châtelet, c'est-à-dire les ponts de la Sambre, de Pont-de-Loup au Châtelet ; et même un bataillon du 74e est poussé sur Aiseau pour parer, le cas échéant, à une tentative de l'ennemi par Rozelies.

La 38e division trouve, à sa gauche, la 6e division, toujours du 3e corps, qui s'étend vers Charleroi avec la tête de ses gros sur la ligne Villers-Poterie-Joncret-Jamioulx.

En attendant l'arrivée du 18e corps à sa gauche, le 3e corps est disposé de façon à pouvoir déboucher ultérieurement sur la rive gauche, dans la direction générale de Fleurus ou dans celle de Gosselies.

Le 18e corps (général de Mas-Latrie) est en train de débarquer (quartier général à Solre-le-Château) ; au fur et à mesure que ses divisions arrivent, elles se portent vers la Sambre ; sa tête doit être, le 21, sur la ligne Thuin-Gozée, en liaison avec le 3e corps par Ham-sur-Heure et son quartier général à Beaumont.

A gauche, le terrain est vide de troupes pour le moment : mais le 4e groupe de divisions de réserve, sous les ordres du général Valabrègue, a reçu l'ordre de combler ce vide. Jusqu'au 19, ces divisions (53e et 69e, généraux Perruchon et Néraud) (1) ont eu pour mission d'organiser, dans la région de Vervins, *une position défensive destinée à assurer la gauche des armées françaises et à couvrir la zone de débarquement de l'armée anglaise.* Elles ont rempli cette tâche avec un grand esprit de méthode et en même temps ont mis en état de défense le fort d'Hirson. Le 17 août, l'armée anglaise commence à débarquer, le maréchal French prend le contact avec le général Valabrègue et celui-ci reçoit l'ordre de porter ses divisions dans la direction de Maubeuge, de manière à venir se loger, pour le 22, à gauche du 18e corps, dans la zone Avesnes-Limont-Fontaine-Ferrières-la-Petite-Berelles-Solre-le-Château.

Nous avons dit que le corps de cavalerie qui avait opéré antérieurement sur la rive gauche de la Sambre était, le 20, en train de se replier vers l'ouest : à cette date, il occupait, derrière le canal de Charleroi à Bruxelles, Gosselies, Fontaine l'Evêque, avec mission de protéger les débarquements de l'armée anglaise.

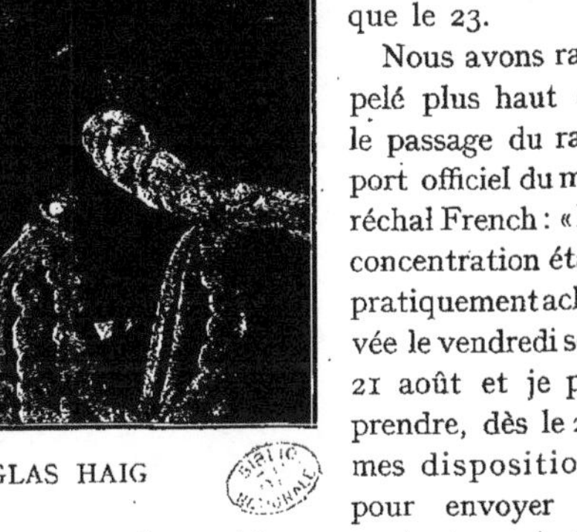

LE GÉNÉRAL DOUGLAS HAIG

EMPLACEMENTS DE L'ARMÉE BRITANNIQUE Pour donner, dès maintenant, l'idée de la manœuvre générale, telle qu'elle sera décidée, le 21, par le Grand Quartier Général, il faut continuer, vers l'ouest, la revue des troupes dont peut disposer le commandement français ; car, de cet ensemble dépend, dès cette date, le succès ou l'échec du grand mouvement tournant de l'armée von Klück. Tandis que celle-ci progresse et tend sa marche vers Audenarde et Dunkerque, le commandement français lui oppose imperturbablement toutes les troupes qu'il peut jeter sur le terrain.

A la gauche de la 5e armée, c'est, comme nous venons de le dire, les divisions de réserve, puis la cavalerie du général Sordet ; et, maintenant, c'est l'armée britannique. Celle-ci, malheureusement, arrive en retard sur le terrain. On comptait sur elle le 20, au plus tard le 21 : elle n'arrivera que le 23.

Nous avons rappelé plus haut (1) le passage du rapport officiel du maréchal French : « La concentration était pratiquement achevée le vendredi soir 21 août et je pus prendre, dès le 22, mes dispositions pour envoyer les troupes sur les positions que je trouvais les plus favorables », et nous avons rapproché ce passage de celui de l'*Exposé de six mois de guerre* : « La bataille du Nord est remise parce qu'il fallait attendre l'armée britannique. »

Or, les positions que le maréchal French se prépare à occuper sont au nord de la Sambre.

En amont de Charleroi, la Sambre prend une oblique sud-ouest très prononcée jusqu'à sa source en terre française, près du Nouvion.

(1) La 51e division faisait primitivement partie de ce groupe, mais elle a reçu l'ordre de se porter sur la Meuse, comme nous l'avons indiqué ci-dessus.

(1) T. IV, p. 15.

Il est de toute évidence que si le haut commandement. avait eu pour intention de tenir l'armée anglaise sur la défensive, il ne l'eût pas portée au delà de la Sambre et qu'il l'eût maintenue sur le cours de la rivière entre Charleroi et Maubeuge, appuyant sa gauche sur cette place forte. Mais, disposée ainsi derrière la rivière, en échelon refusé, elle eût laissé la trouée de l'Escaut ouverte à l'armée von Klück se dirigeant, comme nous l'avons vu, *sur Valenciennes*, et c'est précisément sur ce vide que comptait l'armée von Klück. Maintenue sur la Sambre, l'armée anglaise eût été tournée et eût laissé toute facilité à l'exécution du grand plan allemand.

Mais, comme l'armée britannique (malgré son léger retard) quittait le rayon de Maubeuge et se portait au delà de la Sambre, vers Mons, *avec l'ordre de marcher sur Soignies et Nivelles*, c'est que les vues du général Joffre étaient arrêtées et qu'il avait conçu le projet, précisément pour ne pas être tourné, de prévenir l'armée allemande par une rapide offensive et, selon les termes mêmes de l'exposé officiel, qu'il avait entrepris, au contraire, de la tourner lui-même.

On comprend le prix qui s'attache à la rapide marche en avant de l'armée anglaise.

LE GÉNÉRAL D'AMADE

Le jeudi 20 août, le quartier général du 1er corps anglais est encore à Wassigny (Aisne). A 10 heures du matin, a lieu une conférence à laquelle assistent les généraux Douglas Haig, Lomax, Munro, Gough, général Rice et général Horne. On constate que le corps est maintenant rassemblé à l'exception de quelques éléments. Les indications très sages du général commandant le corps visent, dès lors, la marche en pays ennemi : *éviter l'excessive ténuité de la ligne d'attaque ; éviter les opérations à découvert ; éviter les gardes avancées ; se méfier des attaques des mitrailleuses ennemies ; avoir des réserves ; éviter les bois ; tenir bon sur certains points tactiques en avançant.*

Ces prescriptions nous permettent d'apprécier les saines méthodes anglaises, venant en grande partie de l'expérience du Transvaal, et nous mettent en mesure de suivre le caractère des engagements que l'on sent imminents.

Le 21 août, l'armée anglaise s'est mise en mouvement pour passer la frontière française : le 1er corps (général Douglas Haig) à droite, 1re division vers Saint-Aubin-Saint-Hilaire, 2e division par Maroilles-Landrecies ; le 2e corps à gauche (général Smith Dorrien qui succède le 23 à sir Grierson), se dirige sur Mons par Bavai ; la division de cavalerie en avant marche sur Maubeuge. On apprend que des troupes allemandes ont avancé vers Soignies et de là se portent vers Mons et Tournai, en même temps que d'autres troupes allemandes, longeant la Sambre, arrivent par le sud sur ces mêmes villes. C'est le choc inévitable.

Le 22 août, le 1er corps anglais aura son quartier général à Maubeuge et cherchera sa liaison avec le 18e corps français par Paissant, Thuin ; la 5e brigade de cavalerie se portera sur Binche. Des éléments de cavalerie pénètrent jusqu'à Soignies. Le 2e corps s'échelonne à gauche, de Maubeuge à l'Escaut, en vue d'occuper la ligne Mons-Condé et d'essayer de tourner l'ennemi par la vallée de l'Escaut.

On est encore loin de supposer que l'ennemi est en forces de ce côté : tout au plus des raids de cavalerie sont-ils signalés jusqu'à Tournai.

ARMÉE D'AMADE Cependant, le haut commandement français a pris, dès lors, une précaution de plus. Si l'armée anglaise ne peut tourner l'armée allemande et si, par impossible, elle était menacée d'être tournée elle-même, des forces nouvelles sont déjà en position pour protéger, sur son extrême-gauche, l'immense front qui s'est déployé en Belgique.

Dès le 16 *août*, le général d'Amade qui, antérieurement, commandait la région de Lyon, a reçu l'ordre de se rendre à Arras pour prendre le commandement supérieur d'un groupe de divisions territoriales. Le 19 août, ce groupe est constitué ainsi qu'il suit : la 81e division d'infanterie territoriale (général Marcot), entre Hazebrouck et Saint-Omer ; la 82e division d'infanterie territoriale (général Vigny), autour d'Arras ; 84e division d'infanterie territoriale (général de Ferron), à Douai et environs. Les forces de chacune de ces divisions se composent de 4 régiments d'infanterie à 3 bataillons, 2 groupes d'artillerie, 2 escadrons de cavalerie, 1 compagnie du génie ; total approximatif : 250 officiers, 14.000 hommes, 2.100 chevaux. C'est donc une armée de 40 à 45.000 hommes qui veille de ce côté. Bientôt renforcée encore et appuyée, au besoin, sur les puissantes garnisons qui occupent Maubeuge et Lille, elle empêchera certainement un ennemi qui, vu les distances, ne peut arriver en forces jusque-là, de déborder et d'aller jusqu'à Dunkerque, jusqu'à la mer.

Le premier objectif donné aux groupes de divisions territoriales est, en effet, de mettre nos communications ferrées et fluviales à l'abri des incursions possibles des détachements de cavalerie ennemis et *de constituer un barrage de Dunkerque à Maubeuge.*

Mais, bientôt, sur les nouvelles qui se précisent de la marche de l'armée von Klück en Belgique, l'armée d'Amade est portée en avant vers l'est, pour tendre la main à l'armée britannique.

Le 20 au soir, la 81e division est entre la Lys et la mer, la 82e division entre la Scarpe et la Lys, la 84e division sur Arleux, Etrun [et Valenciennes, avec des avancées sur Condé, Tournai et Lille.

Le général d'Amade donne les ordres pour achever la défense de Lille, commencée par le général Percin, et nomme le général Herment gouverneur de la place et du camp retranché. Le 22 au matin, une nouvelle division, la 88e, est mise à la disposition du groupe. Par suite de l'arrivée de l'armée anglaise, la 84e gagne Valenciennes. Les précautions sont donc prises de ce côté. Entre Maubeuge et Lille, on pourrait presque dire entre Maubeuge et la mer, une chaîne est tendue (40.000 hommes à Maubeuge, 40.000 hommes à Lille, 60.000 hommes de l'armée d'Amade), et il ne peut être question, pour l'ennemi, de la briser sans un effort de ses gros.

Mais il faut, à tout prix, l'empêcher de les amener jusque-là. Et c'est pour parer à ce danger, le plus grand de tous, puisque ce serait le succès du mouvement tournant, que les ordres sont donnés à *l'ensemble des armées alliées opérant en Belgique* dans la journée du 21.

GABRIEL HANOTAUX

de l'Académie Française

HISTOIRE ILLUSTRÉE DE LA GUERRE DE 1914

LIRE dans ce Fascicule

MONS & CHARLEROI

FASCICULE N° 64

L'ÉDITION FRANÇAISE ILLUSTRÉE

(GOUNOUILHOU, Éditeur)

30, Rue de Provence, Paris

PRIX NET : 1 franc

ÉTRANGER, PORT EN PLUS

A NOS LECTEURS

ES *deux premiers volumes* de ***L'Histoire de la Guerre de 1914*** ont donné l'exposé des faits historiques et diplomatiques qui ont précédé et amené la guerre, et qui engagent si lourdement la responsabilité de l'Allemagne.

Avec *le troisième volume,* l'historien est entré dans le vif de son sujet, le grand drame de la guerre.

Le *quatrième volume,* achevé avec le fascicule 52, est consacré au récit de ***La Bataille des frontières.***

L'auteur aborde maintenant les combats du Luxembourg et de la Meuse, pour en venir, dans les prochains fascicules, aux engagements de la Sambre et à cette retraite vigoureuse qui prépare la victoire de la Marne.

Par les renseignements qu'il a recueillis, par les travaux d'enquête et de recherches auxquels il s'est livré, par les conversations qu'il a eues avec les personnages officiels et les hommes politiques de l'Europe entière, l'historien a approché, d'aussi près que peut le faire un contemporain, de la source où peut se découvrir la vérité complète, sincère et impartiale.

C'est vraiment le tableau de la « grande guerre ».

HUY SUR LA MEUSE

LES ORDRES POUR LES COMBATS DE LA SAMBRE

Revenons à cette heure critique où, en présence de la marche formidable des armées allemandes, le haut commandement français, sentant tout son monde en place (sauf le léger retard de l'armée anglaise), se décide à les attaquer de flanc sur tous les points à la fois.

L'instruction générale, qui arrive à la 5e armée dans la journée du 21, comporte les données suivantes : Il se confirme que l'ennemi, selon l'une des éventualités envisagées, s'efforce de déborder nos armées par le nord. Dans ces conditions, la 3e et la 4e armées ont ordre de marcher dès aujourd'hui dans la direction Neufchâteau-Arlon.

La 5e armée, s'appuyant à la Meuse et à Namur, prendra pour objectif le groupement ennemi du nord.

Le commandant des forces anglaises se portera sur Soignies, direction Nivelles.

C'est donc sur tout le front, Ardennes, Meuse et Sambre, que doit s'accomplir, immédiatement et simultanément, l'offensive contre les armées allemandes marchant d'est en ouest à travers la Belgique. Au même moment, l'armée d'Amade reçoit l'ordre d'organiser ses positions défensives et une nouvelle division, la 88e, est mise à la disposition du groupe.

Nous avons dit les événements qui se produisirent le 22 août sur le front des Ardennes et sur le cours de la Meuse en tant que cette partie du front relevait de la 4e armée.

Nous avons exposé, d'autre part, la marche accomplie par les armées allemandes au nord de la Sambre et les contacts pris par les deux cavaleries autour de Namur, Charleroi, Mons. Voici, maintenant, que, selon les ordres donnés, les gros vont à la rencontre les uns des autres sur tout le front, depuis Namur jusqu'à Tournai.

LE CHAMP DE BATAILLE

Front singulier et qui ne correspond en rien à l'idée qu'on se fait d'ordinaire d'un champ de bataille.

Dans les Vosges, nous avons assisté à des combats de montagnes ; dans les Ardennes à des combats de forêts ; ici, ce sont des combats de rues et de maisons.

Jetons les yeux sur la carte, de Huy, sur la

Meuse, à Condé, sur l'Escaut, en suivant approximativement une ligne se confondant au début avec celle de la Meuse et de la Sambre; cette ligne est jalonnée par des villes de renommée universelle ; c'est, après Namur, Charleroi et ses faubourgs ; puis, quittant la Sambre et suivant la Haine et le canal de Mons à Condé, la région minière du Borinage qui a pour centre Mons ; plus à l'ouest, c'est la région des grandes fermes groupées autour de la vieille cité, Tournai. Industrie, mines et culture, ce sont les trois caractéristiques distinctes de cette contrée surpeuplée qui fait un boulevard de prospérité et de travail en avant de la frontière française.

La région industrielle, c'est le pays de Charleroi. Dumont-Wilden en a donné, quelque temps avant la guerre, une description qu'on croirait faite exprès pour expliquer le drame militaire qui allait s'y dérouler :

« Quand du haut du plateau qui, au nord, domine la Sambre et qui a conservé le caractère agreste que toute cette partie du Hainaut avait avant l'envahissement de l'industrie, on découvre tout à coup le pays de Charleroi, on ne voit, d'abord, qu'une immense agglomération; on se croirait aux abords d'une ville gigantesque, d'une ville presque aussi grande que Londres. Des multitudes de fabriques envoient dans le ciel, par leurs hautes cheminées, des nuages fuligineux ; les maisons succèdent aux maisons, les rues aux rues, et c'est à peine si çà et là le parc d'un directeur d'usine, un champ ou un bois oublié piquent une note verdoyante dans cet horizon noirâtre. Ce pays de Charleroi, en effet, n'est, au propre, qu'une agglomération de faubourgs ouvriers. Jumet, Gilly, Lodelinsart, Courcelles, Montignies, Couillet, Roux, Marchiennes-au-Pont, Marcinelle, Gosselies, Fontaine-l'Evêque, qui n'étaient, il y a cinquante ans, que de modestes villages, sont, aujourd'hui, peuplés comme des villes. Ils étendent au loin leurs maisons basses, se touchent l'un l'autre, à tel point que l'étranger qui parcourrait le pays se figurerait aisément, après l'avoir traversé tout entier, qu'il n'a point quitté le faubourg de Charleroi (1). »

Sur la carte au 200.000e, la physionomie spéciale de cette agglomération est figurée par un pointillé représentant les maisons, d'une densité extrême et qui couvre le pays, autour de Charleroi, en largeur de Tamines à Lobbes, Binche et Houdeng-Aimeries, en profondeur de Gosselies à Montignies.

Au fond de ce paysage de briques, encombré de misères ouvrières, coule la Sambre, trouble et triste de le refléter. L'atmosphère n'est que fumée. Les arbres eux-mêmes sont salis d'une poussière rousse, les hautes maisons laissent pendre aux fenêtres des loques et des haillons ; les grands murs des usines sont des remparts, les hauts fourneaux semblent des tours et les collines sont faites de cendres et affectent la forme géométrique, en pyramide tronquée, des « terrils ». Les cabarets sont nombreux et répandent, avec l'odeur de l'alcool, l'ironie de leur triste gaieté. L'ensemble du pays, bloqué, serré, tassé autour du travail, s'appelle *obstacle*.

Cependant, si on s'éloigne de part et d'autre de la rivière, le terrain s'élève et devient soudain plus agreste. Au sud-ouest, un hémicycle de hauteurs enserre Charleroi et grimpe à la cote 217 entre Bauche et le Bout-là-Haut. A l'est, d'autres hauteurs complètent l'amphithéâtre au-dessus de Villers-Poterie.

Au nord de Charleroi, c'est-à-dire sur la rive gauche de la Sambre, dispositions analogues, la terre se relève vers Jemeppe et Velaine à l'est, vers Ransart et Sart-d'Hainaut à l'ouest. Ces pentes forment le rebord du plateau de Sart-Dame-Avelines, qui se tient en général à 150 mètres d'altitude. C'est de ces hauteurs, abordées par Wavre et Nivelles, que vont déboucher les Allemands.

Quittons Charleroi et ses faubourgs encombrés. La grand'route de Charleroi à Mons s'éloigne de la rivière ; elle entre dans un pays un peu plus clair, aux horizons plus plats et plus doux quand on a passé Anderlues et Binche ; mais, aux environs de Mons, la contrée reprend sa physionomie dure et douloureuse, c'est le pays de Constantin Meunier, le Borinage. A Charleroi, le charbon nourrit toutes les industries ; ici, il se suffit à lui-même : il règne. La terre est creusée, ravagée, ridée par la mine ; les villages miniers, « les corons », ont poussé comme une moisissure, sur la terre croulante. Les « terrils » multiplient ici leurs

(1) Dumont Wilden, *La Belgique illustrée* : « Le Hainaut », p. 156.

LE CANAL DE MONS

tas coniques où les détritus de la mine gardent des cendres qui, parfois, brûlent encore. Mons, avec ses rues mal percées, sa cathédrale tronquée, son haut beffroi au clocheton ajouré, a délaissé sa vieille histoire pour n'être plus que le lieu de fête et le marché du Borinage. Mons, pourtant, a de grands souvenirs militaires, car sa situation entre l'Escaut et la Sambre a fait d'elle le seuil des Flandres. Mons a vu les batailles de Louis XIV et du maréchal de Saxe, et c'est à ses portes que Dumouriez remporta en 1792 la victoire de Jemmapes.

Plus à l'ouest encore, le ciel s'éclaircit, les horizons s'élargissent, c'est le Hainaut occidental, le pays des fermes qui a pour capitale Tournai. La région de Soignies a encore les carrières — c'est de là que viennent le granit bleu, le porphyre, le pavé, la chaux et la terre plastique. Mais, si on descend vers Chièvres et Péruwelz, ce sont les vastes ondulations de la terre fourmentière. Terre grasse, moissons dorées, pâturages verts, champs de betteraves, avec, de temps en temps, sur un pli de terrain, la forteresse carrée et la tour ronde d'une « grande ferme ».

Tout à l'extrémité du parallèle, en face de Lille, encore en terre belge, mais déjà de vie française, c'est Tournai, que Jeanne d'Arc aimait et dont les hautes tours sont aperçues, dit-on, par les jours clairs, du haut des tours semblables de la cathédrale de Laon. Toute la richesse du Nord, belge ou française, s'étale dans la plaine intermédiaire. Tournai, le *Turnacum* des anciens, veille sur l'Escaut. C'est de là que sont venus nos Mérovingiens. Tournai, avec ses vieux ponts, ses anciens remparts, son hôtel de ville joli, sa halle aux draps de la plus pure renaissance flamande et, surtout, sa merveilleuse cathédrale, est une avant-garde de l'influence française et latine vers les mers du Nord. Si Tournai succombe, Lille et Valenciennes sont menacées. Or, Tournai, à l'extrême limite de la terre belge, est livrée sans défense au premier escadron de uhlans qui se présentera devant ses remparts féodaux. Cette porte de la France ne se protège pas elle-même. Elle ne serait défendue que si Namur résistait ou

MONS. — VUE GÉNÉRALE DE LA VILLE.

bien si les armées du sud, débouchant de la Sambre, barraient la route vers Soignies et Ath aux envahisseurs.

C'est pour obtenir ce résultat et pour protéger à la fois les Flandres françaises et le chemin de Paris que les armées alliées se hâtent vers la Sambre et même la dépassent et marchent au delà de Charleroi, au delà de Mons vers Ramillies et vers Soignies le 21 août 1914, tandis que les armées allemandes se précipitant de Bruxelles à Audenarde s'efforcent d'accomplir le grand tour qui les conduira par Tournai sur Valenciennes et dans la vallée de l'Escaut.

Tels sont les ordres donnés le 21 par le Grand Quartier Général français. On comprend les motifs de sa hâte, quoique l'armée anglaise ne soit pas encore en position : si on attend davantage, le grand mouvement des Allemands touche au but et les armées française et anglaise sont tournées.

L'offensive française se produit donc d'un seul bloc de Tournai à Etain : 5e, 4e et 3e armées. Dans la pensée du haut commandement français, il s'agit d'une bataille de rupture contre le flanc allemand, la ligne de la Meuse de Monthermé à Namur étant la médiane de cet immense engagement.

Nous avons dit le sort de ces journées du 21 au 25 dans la région boisée des Ardennes ; voyons maintenant ce qui se passe à l'ouest de la Meuse, de Namur à Tournai.

Ayant reçu, le 21, les ordres généraux prescrivant l'offensive, le général Lanrezac, considérant la situation de l'ensemble des troupes qu'il a sous son commandement, prend, à son tour, les dispositions suivantes :

Les corps d'armée se porteront en avant entre Namur et Nivelles.

Le 1er corps sera maintenu à la garde de la Meuse jusqu'à ce qu'il ait été relevé par la division Bouttegourd, et s'appuiera de Namur à Sart-Saint-Laurent. Le général Franchet d'Espérey enverra au plus tôt un régiment actif à Namur.

Le 10e corps, renforcé d'une division d'Afrique, organisera, à gauche, Fosse, Vitrival, Sart-Eustache, c'est-à-dire la région entre le cercle de défense de Namur et Charleroi.

Le 3e corps, lui aussi renforcé d'une division d'Afrique, s'opposera au débouché ennemi sur Châtelet et tiendra Nalinnes, Farcienne.

Le 18e corps, suivant le cours de la Sambre au sud, tiendra Ham-sur-Heure, Gozée, Thuin.

Le groupe des divisions de réserve du général Valabrègue portera sa division de droite sur Solre-le-Château, de façon à pouvoir gagner Cousolre par Beaumont, et enverra sa division de gauche dans la région sud-est de Maubeuge.

Le corps de cavalerie n'a qu'à garder les positions qu'il occupe à Gosselies-Fontaine-l'Evêque.

Evidemment, le général Lanrezac, avant de donner l'ordre de passer la Sambre, se maintient sur les positions défensives de la rive sud en attendant l'arrivée de l'armée anglaise qui a pour mission d'attaquer à gauche et de tenter d'envelopper par Soignies et Nivelles les armées allemandes dont on ignore encore l'importance.

Mais les événements se sont développés : car si le commandement français prend ses dispositions pour arrêter la marche ennemie, celle-ci s'est continuée et les deux armées se sont, pour ainsi dire, déjà enferrées.

CHAPITRE XIII

LA BATAILLE DES FRONTIÈRES
VI. — LA BATAILLE DE CHARLEROI

Les journées du 21 et du 22 août 1914. — Siège de Namur. — Combats de la Sambre ; 10e corps et 3e corps. Les contre-attaques françaises. — La lutte s'étend à l'ouest. — La journée du 23 août. Prise de Namur. — Le repli sur Saint-Gérard-Nalinnes. Le pont d'Hastière et l'entrée en ligne de l'armée von Hausen. — L'ordre de la retraite.

L'AVANCÉE des gros allemands s'était fait sentir d'abord vers Namur. A partir du 19 août, des troupes de toutes armes avaient été signalées dans le rayon de la place vers Faulx ainsi que vers Ramillies-Offus : on signalait plusieurs régiments d'infanterie et d'artillerie. Des pièces de très gros calibre les accompagnaient. C'était l'armée von Bülow qui venait prendre ses positions.

Le 20 août, dès le matin, l'ennemi commence à refouler les grand'gardes du secteur nord-est de la forteresse vers Branchon et Hemptinne (VIIe corps de réserve allemand). Des batteries ennemies s'installent en avant des forts de Maizeret, Andoy et Dave ; elles sont découvertes de la place et canonnées. Dans la nuit du 20 au 21, l'infanterie allemande, procédant comme à Liége, esquisse plusieurs attaques dans les intervalles du fort de Marchovelette.

LA JOURNÉE DU 21 AOUT NAMUR Le bombardement de Namur commence le 21 août à 10 heures. Il s'adresse simultanément aux forts d'Andoy, de Maizeret, de Marchovelette et de Cognelée tout aussi bien qu'aux intervalles et au terrain en arrière ; dès le début, il prend un caractère extrêmement violent. Des obusiers et des mortiers tirent sur les forts ; l'artillerie lourde d'armée prend pour objectifs les tranchées et points d'appui des intervalles ; des canons ouvrent le feu sur la ville elle-même et la bombardent pendant quatre heures.

Cette journée du 21 est dure pour les défenseurs de Namur. La prolongation de sa résistance, sur laquelle on comptait, est mise en question en présence des moyens dont dispose l'ennemi. Or, il ne faut pas oublier que c'est un des nœuds de la bataille.

Faisons le tour de la place vers le soir du 21 août : le fort de Maizeret, au sud de la Meuse, a reçu un grand nombre de projectiles, mais ses coupoles sont encore en état. Au fort d'Andoy, situé dans l'angle même du coude de la Meuse et qui se trouve plus directement en contact avec les armées françaises, les dégâts sont plus sérieux. L'ennemi, qui tire sans doute de la région de Gesves, a couvert le fort de ses projectiles ; plusieurs coupoles sont coincées par les débris de béton ; les magasins sont détruits en partie. Quant au fort de Marchovelette qui commande les débouchés de la place vers le nord-est et qui se trouve en plein dans le champ d'évolution de l'armée von Bülow, il a plus souffert encore : une cou-

L'ESCAUT A TOURNAI

pole de canons de 12 centimètres et deux coupoles de 5 et 7 centimètres étaient seules encore en état de servir. Le fort de Cognelée, plus à l'ouest, était à peu près intact ainsi que les autres forts situés au sud (1).

La place avait été violemment prise à partie ; mais elle n'était pas hors de combat. La garnison était à peu près intacte et, comme nous l'avons dit, elle allait recevoir un renfort sérieux par l'arrivée de trois bataillons français de la brigade du général Mangin.

Cependant, cette même journée du 21 août avait déjà eu des conséquences graves pour la 5e armée.

Comme le soleil se levait, le 21, vers 5 heures du matin, la situation était la suivante pour les deux corps de la 5e armée qui se trouvaient en flèche, le 10e et le 3e corps.

10e *corps*. — Le 10e corps (général Defforges) avait son quartier général à Fosse. La cavalerie (6e chasseurs d'Afrique et hussards) est répartie à la garde des ponts de Jemeppe, Mornimont, Franière, Floriffoux, dans ces espèces de longs faubourgs qui forment les approches de Charleroi. Deux escadrons du 13e hussards ont cantonné à Sovimont et explorent la rive gauche au nord de la rivière. La 19e division (général Bonnier) est massée, la 38e brigade (41e et 70e d'infanterie) entre le château de Taravisée et Arsimont, la 37e brigade (48e et 71e), près de Haut-Vent-du-Bois-Les Mazuys ; l'artillerie sur les hauteurs d'Arsimont, cote 190, Bois-de-Ham et Treissouroux (en moyenne 2 à 5 kilomètres au sud de la Sambre).

La Sambre, en aval de Charleroi, est extrêmement sinueuse, les ponts nombreux, les vues presque impossibles. Les ordres d'attaque ne sont pas encore parvenus : on attend. Rien n'est signalé, sauf des roulements de voitures, la nuit, vers Spy. A 8 h. 30, ordre est donné à la 37e brigade de se rapprocher encore de la Sambre. D'Onoz, on a signalé

(1) *Action de l'armée belge*, document officiel belge, p. 34.

TOURNAI. — LES VIEUX REMPARTS

quelques patrouilles de cavalerie allemande, vers 8 heures.

Seulement à 9 h. 30, on est averti qu'un effectif de 1.500 cavaliers environ apparaît vers Saint-Martin et qu'une colonne d'artillerie importante se dirige de Saint-Martin sur Velaine (cote 183); puis, c'est de l'infanterie allemande descendant vers la rivière par Gembloux, Corroy-le-Château, marchant sur Fleurus. A 10 h. 30, Spy et Temploux sont encore libres; mais Tongrinne et Fleurus sont encombrés de troupes ennemies; donc, toute une armée qui se presse dans la direction de Charleroi. Les gens du pays disent plus de 100.000 hommes!

Vers 10 heures, deux pelotons de uhlans et une centaine de cyclistes attaquaient le pont de Tamines, mais ils étaient repoussés. Le canon français tonne de la cote 190 et, comme le pont d'Auvelais est aussi menacé, le général Bonnier renforce, par un deuxième bataillon du 70e, le bataillon de ce même régiment qui garde le pont d'Auvelais.

Tels sont les préliminaires des combats de la Sambre. Au moment où les ordres d'offensive sont donnés à l'armée française, les gros allemands avisés, sans doute, de la présence des forces françaises dans les fonds de Sambre, s'avancent pour livrer bataille. Les premiers prisonniers signalent la présence de cinq régiments de cavalerie, dont deux de la Garde (1), trois régiments d'infanterie, un bataillon de chasseurs, deux régiments d'artillerie. Les batteries allemandes s'établissent sur les hauteurs de Bois-du-Curé qui dominent immédiatement la Sambre et, de là, canonnent les fonds de Sambre où le 70e a reçu l'ordre de garder les ponts.

A midi 45 (c'est l'heure précise où commence la bataille de Charleroi), une attaque est tentée par l'infanterie de la Garde sur le pont d'Auvelais; Tamines et Auvelais deviennent de véri-

(1) La cavalerie de la Garde était, avant le 15, rattachée à l'armée von Hausen; nous la trouvons ici avec l'armée von Bülow, ce qui explique le vide à l'est de Dinant du 15 au 21 août.

tables nids à projectiles, et le colonel du 70e reporte la défense à 500 mètres environ en arrière de ces villages, tout en laissant une force suffisante derrière le pont barricadé. Duel d'artillerie très violent ; les forces allemandes s'approchent en masse de la rivière. A 14 h. 30, une troisième attaque en force sur Auvelais emporte le pont et le 70e est obligé de se replier au sud du village.

Donc, à 14 h. 30, les Allemands sont maîtres du pont d'Auvelais, mais ils ont attaqué en vain le pont de Tamines; le pont de Ham-sur-Sambre tient toujours. Violent bombardement sur cette région très habitée et où les maisons s'écroulent à grand fracas sous l'avalanche des marmites.

Le général Defforges ordonne à ses deux divisions de se masser pour défendre les pentes des collines. Lui-même s'installait à Mettet et prescrivait à la 20e division (Général Boë) de soutenir la 19e.

A ce moment, le 3e corps d'armée (à gauche du 10e corps), fait connaître qu'il a devant lui de la cavalerie allemande, mais qu'une de ses brigades est prête à tendre la main au 10e corps vers Gerpinnes et Acoz.

Cependant, l'affaire du pont d'Auvelais commençait à avoir ses suites. Les forces allemandes ont passé la rivière ; elles débordent *à l'ouest* le 70e qui se replie sur Arsimont, c'est-à-dire qu'elles tentent de couper l'armée française entre le 10e et le 3e corps. A 16 h. 30, le 71e est lancé à l'aide du 70e, avec mission de rejeter les Allemands *coûte que coûte* au nord de la Sambre. Malheureusement, l'artillerie n'est pas en liaison de combat avec l'infanterie qui soutient héroïquement, sur le plateau d'Aisemont, le feu de l'artillerie allemande. Au moment où le jour baisse, le 71e se jette en ruée sur le bourg d'Auvelais, où la Garde s'est retranchée. Impossible de pénétrer dans le village barricadé de toutes parts : vaines tentatives pour le tourner. Il fait nuit. Les hommes refluent lentement vers Arsimont et Aisemont ; les deux régiments, composés d'admirables soldats bretons, ont été très éprouvés (16 officiers et 560 hommes tués ou blessés pour le 71e).

LE GÉNÉRAL SAURET

Voici un tableau de combat vu des hauteurs d'Aisemont :

« Le 21 au matin, nous entrons dans Fosse, ville située à peu près à égale distance de Namur et de Charleroi, et vers midi, nous recevons l'ordre de nous diriger vers Aisemont et de nous installer en ambulance dans l'école. Nous partons : Aisemont est à 5 kilomètres dans la direction de Charleroi. Bientôt le bruit du canon se fait

LE GÉNÉRAL MANGIN

plus précis, la fusillade éclate et l'on entend le crépitement régulier des mitrailleuses.

« Le village d'Aisemont est situé sur une hauteur et, lorsque nous arrivons près de l'école, en voyant celle-ci dominer la crête, nous sentons que la position choisie (sans doute vers Auvelais) n'est pas heureuse et qu'elle sera difficilement tenable... Nous attendons. La vue est superbe, et un spectacle nouveau, celui de la guerre, s'offre à nos yeux. Tout au loin, nous distinguons la vallée sinueuse de la Sambre; du côté de Ham, des forces ennemies considérables passent le fleuve et sont aux prises avec notre division; près d'Aisemont et d'Auvelais, nous voyons les obus allemands tomber avec fracas dans la plaine. Soudain, une batterie de 75 vient se mettre en position à quelques pas de l'école. Il ne nous reste qu'à céder la place. Nous descendons alors la colline plus en avant vers la gare d'Aisemont. Un peu mieux abrités, nous faisons halte de nouveau. De l'artillerie passe près de nous à toute allure; des dragons, des hussards paraissent et disparaissent sur les crêtes; des balles perdues sifflent de temps en temps à nos oreilles. La situation devient difficile; nous recevons l'ordre de rallier Fosse. Nous y arrivons à la nuit tombante... Il est environ 13 heures; la nuit est claire et fraîche... Soudain, une première voiture s'arrête devant notre poste. C'est un premier convoi; ils sont six blessés. A partir de ce moment, c'est une arrivée perpétuelle... Nous avons pansé et évacué cette nuit même 225 blessés (1). »

Il faut voir, maintenant, comment le combat faisait tache d'huile et de quelle conséquence était la chute du pont d'Auvelais.

Il est remarquable, tout d'abord, qu'à droite du 10e corps, c'est-à-dire en face du 1er corps français et vers Namur, aucun incident ne se produit. Il était donc probable que la gauche de l'armée ennemie ne s'étendait pas au delà d'Arsimont. Le commandement allemand avait sans doute porté ses forces sur un seul point pour rompre notre front de Sambre et, de là, pénétrer dans nos rangs et briser notre ligne tout en évitant le canon de Namur.

Si tel est son objectif, il doit chercher, aussitôt qu'il aura passé la rivière, à s'emparer d'une des hauteurs qui dominent la rive méridionale et essayer de prendre à revers les troupes fran-

(1) Eugène Bahier, *Une ambulance française pendant la guerre*, p. 6.

çaises alignées sur les bords de la rivière. C'est ce qui se produit, en effet.

La cavalerie du 10e corps français a reçu l'ordre de se porter vers Le Roux dans le but de maintenir à tout prix la liaison avec le 3e corps (général Sauret). Un malentendu paraît s'être produit de ce côté : le déplacement de la cavalerie vers Fosse laisse un vide se produire et la liaison entre le 10e et le 3e corps ne peut être maintenue.

A partir de 18 heures, la 20e division (général Boë) se masse vers Presles-Binche-Aiseau avec intention de s'engager vers Falisolle-Aiseau. Mais ces troupes arrivaient fatiguées après une marche des plus rudes. Quoi qu'il en soit, le 21 août à la nuit, la 20e division avait une brigade formée en échelon en arrière et à gauche de la 19e division, l'autre brigade en réserve derrière cette division. L'affaire était compromise, mais on pouvait croire qu'elle n'était pas perdue.

A 18 h. 30, le bataillon Gilquin, du 41e, tenait encore le pont de Ham-sur-Sambre et il était appuyé sur ses derrières par trois compagnies.

Que se passe-t-il alors ? Ce bataillon est attaqué par les troupes allemandes venant de l'ouest, c'est-à-dire venant du pont d'Auvelais, franchi par elles. C'est alors que se produit la vaine attaque du 71e sur Auvelais et la retraite du 70e, du 71e et du 48e sur Arsimont, Aisemont. Les Allemands suivent le recul de nos troupes et montent la colline ; vers 21 h. 15, ils s'emparent d'Arsimont, et la 19e division organise une ligne de repli sur le front Aisemont-Mazet. Déjà la défense sur cette ligne de crêtes est devenue difficile.

L'armée ordonne au 1er corps (général Franchet d'Espérey) qui, jusqu'ici, n'a pas pris part à la lutte, d'occuper Sart-Saint-Laurent pour soutenir le 10e corps, et au 3e corps d'appuyer la gauche du 10e corps à Presles. Mais le 3e corps, comme nous allons l'indiquer, est très occupé à se défendre lui-même.

On décide d'organiser avec la 37e brigade un repli sur la ligne Aisemont-Cortil-Mazet, derrière laquelle viendraient se réorganiser les 70e et 71e, à Fosse et Vitrival.

Ceci dit, l'armée n'abandonne pas encore les autres ponts de la Sambre (Ham et à l'est). Les forces ennemies étant contenues sur Arsimont dont elles s'étaient emparé, on se promettait de battre cette ligne qu'elles occupaient par une artillerie qui les dominerait d'Aisemont-Cortil-Mazet, et on comptait maintenir ainsi des débouchés possibles sur les ponts de la Sambre et la rive gauche pour le lendemain.

Malheureusement, les choses se gâtent encore pendant la nuit. Nous allons voir ce qui s'était passé au 3e corps; il fait savoir, vers 22 heures, que la 5e division d'infanterie a été repoussée de Roselies et sa cavalerie sur Aiseau ; d'autre part, le général commandant la 38e brigade (41e et 70e régiments) rend compte qu'en raison des pertes sensibles en officiers et sous-officiers, il ne lui est pas possible de défendre Aisemont et qu'il se rallie en bon ordre avec tout son monde sur Cortil-Mazet.

Il est minuit, les soldats sont exténués d'une journée terrible.

Dans les fonds de Sambre, on voit brûler les villages de Tamines et d'Auvelais et on entend distinctement les hourras et les chants de victoire des Allemands !

Résumons la journée pour le 10e corps. Les Allemands ont réussi non seulement à s'emparer des ponts d'Auvelais, de Tamines (évacué), de Roselies et de Pont-de-Loup, mais encore à prendre pied, sur la rive droite, sur la première hauteur, celle d'Arsimont. Ils n'ont indiqué à Ham-sur-Sambre que des attaques peu importantes venant de l'ouest, et plus à l'est aucune tentative. Le 10e corps occupe les hauteurs de Cortil-Mazet, appuyé à droite par le 1er corps à Sart-Saint-Laurent. Mais les liaisons n'ont pu être assurées avec le 3e corps, qui annonce une offensive sur Presles.

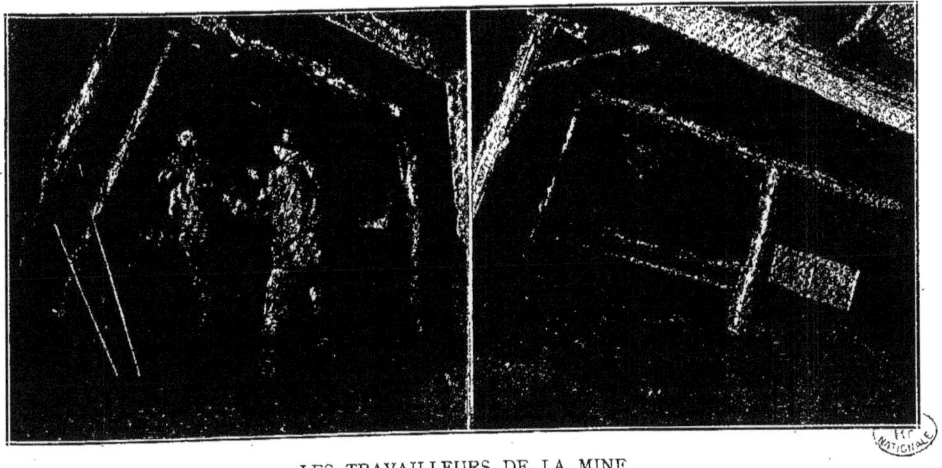

LES TRAVAILLEURS DE LA MINE

3e *corps*. — Voyons, maintenant, ce qui se passait au 3e corps (général Sauret) dans cette même journée du 21 août.

Nous avons dit quelle était sa position le 20 au soir ; il porte surtout le poids de la défense de la ville de Charleroi et de Châtelet ; il garde les passages entre Tamines et Marchienne-au-Pont. La 5e division (général Verrier) occupe les faubourgs de la ville à l'est en s'étendant par le faubourg de Châtelet jusqu'à Aiseau (74e de ligne) ; la 6e division (général Bloch) est un peu en arrière sur les hauteurs de Villers-Poterie, et la 38e division, général Muteau (troupes d'Algérie), envoyée en renfort au 3e corps dès son débarquement, est prête à se glisser entre les deux autres divisions, ayant bivouaqué à Somzée, Gomezée. Le quartier général du corps d'armée est à Walcourt.

Les ordres reçus par le 3e corps dans la journée du 21 août donnent l'idée du rôle qui lui était attribué par le commandement de l'armée : *se tenir prêt à l'offensive* ; *être en mesure de s'opposer éventuellement à un débouché des forces ennemies au sud de la Sambre* ; *se préparer à appuyer et à flanquer le 10e corps à sa droite et le 18e corps à sa gauche* ; *veiller à arrêter les incursions de la cavalerie ennemie sur les ponts de la Sambre.*

Il y avait quelque contradiction dans ces ordres si, comme il a été dit, ils étaient accompagnés d'une « défense formelle d'aller dans les fonds de Sambre autrement que par des détachements chargés d'empêcher les éclaireurs ennemis de la passer ». Car, pour empêcher l'ennemi de franchir la Sambre, il était nécessaire de garder les ponts ; et, au cas où l'ennemi attaquerait en forces, de simples détachements ne suffiraient pas.

La pensée du commandement de l'armée, sur ce point, semble se préciser dans un nouvel ordre, mais transmis seulement en fin de journée (17 h. 25), et qui enjoignait « de tenir les ponts par des postes et de les renforcer dès que l'ordre d'offensive entre Namur-Nivelles serait donné ». Evidemment, le général Lanrezac pensait avoir l'initiative de l'offensive ; mais, décidé à attendre que son 1er corps, à sa droite, fût libéré de la défense des ponts de Meuse par l'arrivée de la division Bouttegourd, et que l'armée anglaise fût en ligne, il remettait l'ordre d'attaque au lendemain : c'est

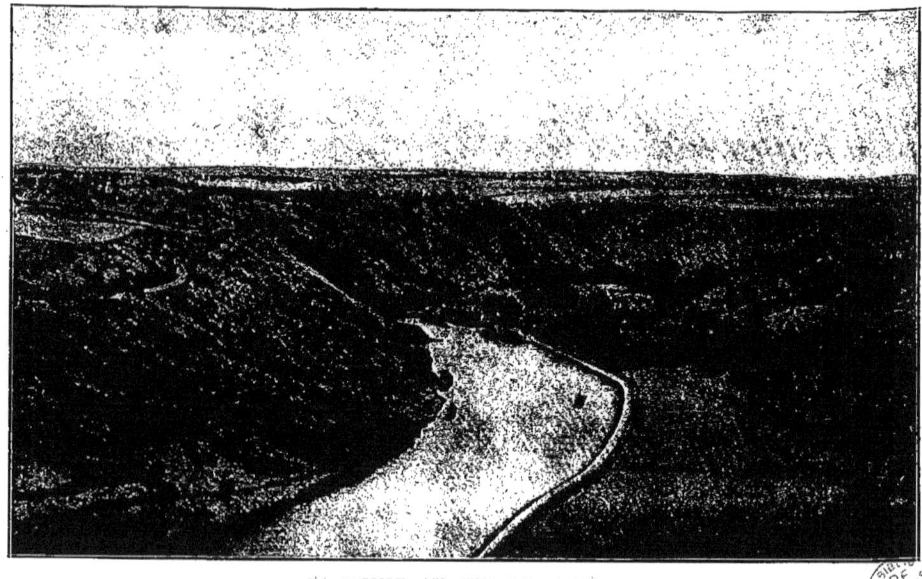

LA MEUSE AU SUD DE NAMUR

pourquoi il maintenait tout son monde sur les hauteurs sud de la Sambre jusqu'à ce terme qu'il s'était fixé, à savoir l'après-midi du 22 août.

Quoi qu'il en soit, en vue de cette offensive prévue pour le 22 après-midi, les ordres de l'armée sont les suivants : la droite, — c'est-à-dire le 1er corps renforcé de la brigade Mangin et le 10e corps renforcé de la division d'Afrique reprise au 3e corps et restant sous la main du général d'armée, — attaquera à fond à l'ouest de Namur où le terrain est relativement ouvert et où l'on bénéficiera de l'appui du canon de la place.

Le centre et la gauche, — c'est-à-dire le 3e et le 18e corps, plus deux divisions de réserve du général Valabrègue, — maintiendront l'ennemi sur le front Ham-sur-Sambre-Fontaine-l'Evêque et assureront la liaison avec l'armée anglaise.

Par cette attaque projetée sur la droite, on compte arrêter et refouler l'armée von Bülow à laquelle on attribue le dessein de vouloir couper la 5e armée de la place de Namur.

Mais les événements se sont précipités dans un sens un peu différent : comme nous l'avons vu, dès le 21 au soir, la situation n'est plus intacte au 10e corps, et elle n'est même plus intacte au 3e corps, ainsi qu'il va être expliqué.

L'ennemi, en effet, a pris l'initiative : non seulement devant le 10e corps, mais devant le 3e corps. Il a attaqué, dès le 21 après-midi, et plus près de Charleroi qu'on ne le supposait. Tandis que le 1er corps reste parfaitement tranquille à l'est, le 10e corps a perdu, dans l'après-midi, le pont d'Auvelais et les hauteurs d'Arsimont.

Le 3e corps a eu lui-même à soutenir, le 21, le poids d'une offensive des plus sérieuses.

Cela commence, ainsi qu'on l'a vu, par une sorte d'infiltration des troupes de couverture allemandes vers Charleroi. Dans ces faubourgs aux petites ruelles, aux jardinets nombreux, aux sentes garnies de haies, les premiers cavaliers se glissent d'abord sur la rive gauche et approchent de la rivière presque insensiblement : coups de fusil, culbutes de chevaux,

LA SAMBRE A CHARLEROI

coups de canon, d'abord rares, tirés par des artilleries invisibles et qui accumulent progressivement l'orage des marmites.

Qu'allaient faire les gros allemands des Xe actif et Xe de réserve ? Continuer à passer, ou se rapprocher et attaquer.

Dans l'après-midi du 20 août, on avait appris que la cavalerie allemande se portait sur les ponts de la Sambre. Les habitants signalaient, en outre, une colonne ennemie de toutes armes, marchant de Huy sur Wavre, flanc-gardée au sud par des forces importantes, progressant par Beuzet et Tongrinne, c'est-à-dire longeant la Sambre à quelques kilomètres sur la rive nord. C'est bien la marche vers l'ouest.

Mais, vers le milieu de la journée, un changement se produit. L'ennemi, probablement renseigné par avions sur la présence des troupes françaises et comprenant qu'il ne peut laisser de telles forces à proximité pendant qu'il défile, s'arrête, fait demi-tour par le flanc gauche et descend sur la Sambre.

Ainsi les troupes de couverture et de flanc-garde, sont renforcées progressivement par les gros ; et ceux-ci attaquent.

Tandis que le pont d'Auvelais, en face du 10e corps, est pris à partie vers 2 heures et demie, on signale vers 3 heures, en face du 3e corps, des cavaliers ennemis suivis de fantassins du Xe corps descendant de Campinaire et de Gilly sur Pont-de-Loup. Un bataillon de chasseurs allemands attaque Pont-de-Loup. Il est contenu et subit des pertes sensibles.

Rendons-nous bien compte que la Sambre est à peine un obstacle ; que les ponts sont intacts et gardés seulement par des détachements ; que la nature des lieux hérisse ce singulier champ de bataille d'entraves et de barricades naturelles ; que l'artillerie n'a pas de vues, et que si l'artillerie lourde allemande, en démolissant les maisons, peut produire un effet physique appréciable et un effet moral incontestable, notre 75 est à peu près inutile ; car, sur ces maisons en contre-bas, il n'a pas la ressource du tir plongeant ; ainsi, nous com-

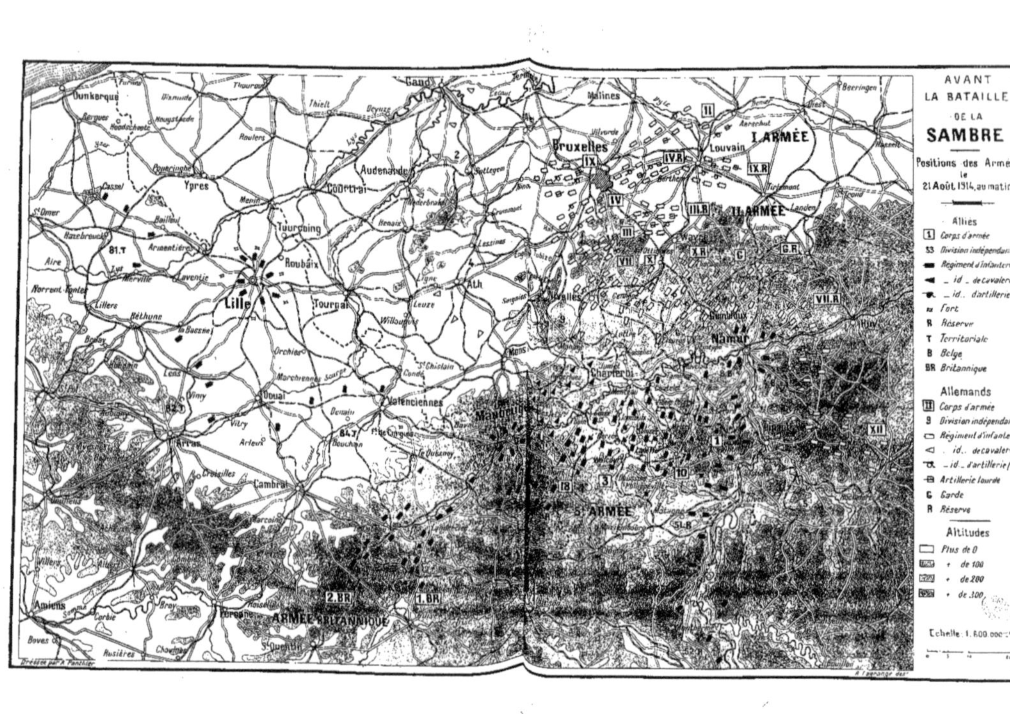
AVANT
LA BATAILLE
DE LA
SAMBRE
Positions des Armées
le
21 Août 1914, au matin.
Alliés
1 Corps d'armée
53 Division indépendante
Régiment d'infanterie
_ id _ de cavalerie
_ id.. d'artillerie (75
Fort
R Réserve
T Territoriale
B Belge
BR Britannique
Allemands
II Corps d'armée
9 Division indépendante
Régiment d'infanterie
. id.. de cavalerie
_ id. _ d'artillerie (77)
Artillerie lourde
G Garde
R Réserve
Altitudes
Plus de 0
+ de 100
+ de 200
+ de 300
Dunkerque
Ypres
Lille
Roubaix
Tourcoing
Tournai
Courtrai
Audenarde
Gand
Malines
Bruxelles
Louvain
I ARMÉE
II ARMÉE
Namur
Charleroi
Mons
Valenciennes
Douai
Lens
Arras
Cambrai
Amiens
Péronne
St Quentin
Ath
Béthune
Armentières
Hazebrouck
Cassel
5e ARMÉE
ARMÉE BRITANNIQUE
2.BR
1.BR
IX
IV
IV.R
IX.R
III
VII
X
X.R
III.R
G
G.R
VII.R
XII
81.T
82.T
84.T

prendrons comment les ponts nombreux qui, en prolongement presque de chaque rue, relient les deux rives, succombent l'un après l'autre. Les détachements français qui se tiennent d'abord sur la défensive, d'après les ordres, sont tournés pour ainsi dire, sans savoir comment.

Au fur et à mesure que les ponts sont occupés, les soldats ennemis, hommes exercés, appartenant au Xe corps, se glissent dans les faubourgs, sautant par-dessus les murs, gagnant de maison à maison. A 19 h. 30, le pont de Roselies est emporté à son tour ; l'ennemi prend pied à Tamines et dans Aiseau, insuffisamment défendu par un seul régiment, le 74e. Les Allemands, par Farciennes, gagnent Châtelet. Les troupes qui sont à Pont-de-Loup, nœud de la défense pour le 3e corps, sont tournées ; elles se maintiennent, néanmoins. Un bataillon du 129e les renforce ; le bataillon du 74e qui occupe Aiseau a ordre de reprendre Roselies par une contre-attaque de nuit.

Disons tout de suite que cette contre-attaque, ordonnée par la 5e division, a lieu pendant la nuit. Aiseau est réoccupé à minuit : mais une première tentative du 74e sur Roselies, qui est en contre-bas, échoue ; une nouvelle contre-attaque, avec l'appui de quatre bataillons, réussit à reprendre un instant le village, puis doit se replier. Ces offensives, sans préparation d'artillerie, sans plan de combat, sans idée de manœuvre, sont extrêmement coûteuses ; elles épuisent et découragent les soldats.

Ainsi que nous l'avons indiqué, la liaison est perdue à droite avec le 10e corps. Le bruit court, parmi les officiers et jusque dans la troupe, que Namur a capitulé. Quand l'aube du 22 août se lève, le spectacle des faubourgs détruits, des blessés qui se replient, des troupes en désordre après de si durs combats, est impressionnant. Précisément parce que l'on comptait sur une victoire trop facile, on s'exagère maintenant les difficultés. Une surprise inquiète tend à remplacer l'impétueuse confiance.

Evénements analogues, à l'ouest de Charleroi, dans la journée du 21. L'ennemi prend encore l'initiative. Nous l'avons vu gardant le contact avec le corps de cavalerie du général Sordet, qui se replie vers Monceau-sur-Sambre, Fontaine-l'Evêque, Anderlues (route de Charleroi à Mons). A 3 heures et demie, la lutte s'engage avec nos cavaliers épuisés. Vers 5 heures un quart, la 11e brigade d'infanterie (général Hollender) du 3e corps, reçoit l'ordre de se porter vers l'ouest pour couvrir le corps de cavalerie : transportée en auto, elle arrive vers 10 heures du soir et on la dispose sur le front Fontaine-l'Évêque-Anderlues-Trieu ; elle est attaquée violemment par le VIIe corps allemand et subit de lourdes pertes.

Le corps de cavalerie part à 1 heure du matin et se retire vers le sud. Charleroi est menacé à l'ouest : péril sérieux, car les éléments les plus avancés du groupe Valabrègue (69e division de réserve) commencent seulement à quitter la région de Vervins et se mettent en mouvement pour gagner la région Beaumont-Cousolre.

Quant au 18e corps (général Mas-Latrie), qui faisait antérieurement partie de la 2e armée et qui opérait au nord de Toul, il n'a reçu que le 17 l'ordre de s'embarquer pour le front nord. Il débarque les 18, 19 et 20, mais n'entre en ligne, à la gauche de la 5e armée, son quartier général à Beaumont, son avant-garde à Thuin, que juste le 21.

Tout de même, il arrive à temps : il est jeté dans la bataille au moment précis où la brigade Hollender soutient le pénible combat d'Anderlues. Selon les ordres qu'il a reçus de faire sentir sa présence sans une minute de retard, le 18e corps serre sur sa tête et fait organiser défensivement le front Thuin-Gozée-Ham-sur-Heure, tandis que ses détachements de cavalerie (10e hussards) et d'infanterie portés en avant, gardent les ponts de la Sambre de Thuin à Marchienne.

Quant à l'armée britannique, elle est encore

LES RUINES D'UN FORT DE NAMUR DÉTRUIT PAR L'ARTILLERIE ALLEMANDE

à Saint-Aubin, Saint-Hilaire, Landrecies, et une porte reste ouverte, entre Mons et Maubeuge, sinon aux gros allemands qui n'ont pas encore atteint Soignies, du moins aux cavaliers et aux troupes de couverture qui vont à l'enveloppement avec une incroyable vélocité.

En somme, cette journée du 21 a surpris le commandement français. Les Allemands ont pris l'initiative, tandis que nous comptions la prendre le lendemain. Le 10e et le 3e corps portés en flèche, n'ayant leurs mouvements combinés ni avec ceux du 1er corps à droite, ni avec ceux du 18e corps, des divisions de réserve et de l'armée britannique à gauche, sont engagés et ont déjà subi des pertes lourdes ; plusieurs ponts de la Sambre sont occupés par l'ennemi, au moment où le général Lanrezac adresse aux différents corps les ordres visés ci-dessus et qui prescrivent de franchir la rivière le 22 après-midi. Ces ordres sont datés du quartier général à Chimay, le 21 à 16 heures. Or l'ennemi, en prenant l'offensive et en portant son effort principal sur Charleroi-Châtelet, a déjoué, d'avance, les projets qui préparaient notre propre offensive dans la direction de Namur.

Tout compte fait cependant, rien n'était absolument compromis. L'entrée en ligne du 18e corps, des divisions de réserve et même de l'armée britannique dans la journée du 22 pouvaient rétablir le combat. Les Allemands, jusqu'ici, ne paraissaient pas avoir plus de trois corps engagés : la Garde, le VIIe et le Xe corps. La pression qu'ils exercent semble peu énergique. Nous sentons nos pertes, mais ils sentent les leurs.

LA BATAILLE DE CHARLEROI. JOURNÉE DU 22 AOUT

Voyons, maintenant, les événements du 22 août : ils constituent, en fait, la « bataille de Charleroi ».

Les ordres envoyés par le général Lanrezac dans l'après-midi du 21 et cités ci-dessus, prévoyaient le débouché au delà de la Sambre pour l'après-midi du 22 août, tous les corps devant participer à ce mouvement en avant. Pour s'assurer des intentions du Grand Quartier Général, le général Lanrezac interroge celui-ci le 21 et demande à quelle date la 5e armée doit franchir la Sambre. Il fait observer que le débouché de la 5e armée, le 22 août, sur la rive gauche de la Sambre peut exposer cette armée à livrer bataille seule. Pour agir avec les Anglais, il faut qu'elle attende au moins jusqu'au 24. Il lui est répondu, le 21 à 19 heures, qu'on le laisse absolument juge du moment où il conviendra de commencer le mouvement offensif.

Mais, d'ores et déjà, après les événements de la soirée du 21 et de la nuit du 21 au 22, l'initiative ne lui appartient plus.

SIÈGE DE NAMUR

Sur la droite, la place de Namur qui, avec ses 25.000 hommes de garnison, participe pour ainsi dire à la bataille, est malheureusement déjà réduite à l'impuissance. Le bombardement avait continué dans la nuit du 21 au 22. Le 22 août dans la matinée, la garnison pousse des pointes vers les lignes des assiégeants : elles furent partout accueillies par des fusillades nourries et par le tir des mitrailleuses. Le bombardement devient de plus en plus intense : un document allemand nous permet de nous rendre compte des méthodes de siège :

« Namur est située au confluent de la Sambre et de la Meuse. Elle est entourée d'une ceinture de neuf forts qui commandent les principales routes de Dinant-Givet et de Charleroi-Maubeuge. Quatre de ces forts sont situés au nord de la ville. Ce sont, en allant de l'ouest à l'est, les forts de Suarlée, d'Emines, de Cognelée et de Marchovelette. Il faut y ajouter les trois forts de Maizeret, d'Andoy et de Dave, dans la grande courbe de la Meuse et faisant face vers l'est et le sud. Les deux forts de Saint-Héribert et de Malonne, qui se trouvent à l'angle formé par la Sambre et la Meuse, défendent l'entrée de Namur, au sud et à l'ouest. Enfin, la ville possède une citadelle. Le système employé consiste, non pas à entourer la ville, mais à prendre à partie un ou deux forts et ensuite à faire pénétrer des troupes d'assaut par l'intervalle. Ainsi la défense par forts isolés se trouve gravement compromise. C'est

TROUPES ALLEMANDES ASSISTANT A UN SERVICE RELIGIEUX CÉLÉBRÉ EN PLEIN AIR

le 22 août que commence l'attaque proprement dite. Les Allemands s'en prennent aux forts du côté nord : Marchovelette, Cognelée et Maizeret, celui-ci au sud-est et le plus éloigné de la ville. Le bombardement des forts est effectué par des canons de 210, quelques 305 et quelques mortiers de 420. Les batteries de mortiers autrichiens arrivèrent le 22 août et leur feu fut immédiatement dirigé sur les forts du nord. En peu de temps, le fort de Marchovelette n'était plus qu'un tas de décombres et, après quelques coups, le fort de Cognelée sautait (1). »

Cependant, le gouverneur de la place (général Michel) avait demandé du renfort au général Lanrezac et en même temps des munitions dont ses canons se trouvaient un peu dépourvus. Le 1er corps (général Franchet d'Espérey) avait reçu l'ordre d'envoyer dans la place, outre les approvisionnements disponibles, trois bataillons français (deux bataillons du 45e et un bataillon du 148e) sous les ordres du général Mangin. On profita de leur arrivée pour tenter une attaque sur l'artillerie ennemie signalée vers Wartet. Mais l'artillerie de campagne belge prise à partie par l'artillerie lourde allemande fut contrainte de cesser le feu et les troupes se replièrent.

De ses grosses pièces, la place tirait sur les troupes allemandes, non sans leur causer de lourdes pertes. Cependant, le soir du 22, la situation avait empiré. Si les forts de Dave, d'Andoy et de Cognelée continuaient à tirer, le fort de Maizeret, complètement ruiné, avait dû être évacué. Le fort de Marchovelette était l'objet d'une destruction systématique ; sa dernière coupole était hors de service. Et le bombardement, de plus en plus intense, devait se poursuivre pendant toute la nuit ! La place de Namur était désormais sans efficacité dans la bataille livrée pour la délivrer (1).

1er CORPS ET 10e CORPS DANS LA JOURNÉE DU 22 Le 1er corps (général Franchet d'Espérey), qui était en liaison avec la place de Namur, d'une part, et le 10e corps, d'autre part, attend toujours d'être relevé par la division Bouttegourd ; celle-ci n'arrive, et la relève n'a lieu, que dans la soirée du 22 août.

En somme, le 1er corps reste l'arme au bras. La 2e brigade continue à occuper Sart-Saint-Laurent où elle s'est retranchée ; elle tient les ponts de Floreffe et de Floriffoux en liaison avec Namur.

(1) Kircheisen, *Lutte des peuples*, fasc. 13 et 15.

(1) *L'Action de l'armée belge*, publication officielle, p. 35.

Le 10e corps, au contraire, est en pleine bataille et cette journée est, pour lui, — comme pour le 3e corps, d'ailleurs, — la plus tragique des journées.

Ces deux corps, 10e et 3e, avaient reçu pour instructions, conformément aux ordres de l'armée, de combiner leur action pour reprendre l'offensive. Les ordres donnés à 1 h. 45 de la nuit furent les suivants : la 19e division d'infanterie (général Bonnier) attaquera au lever du jour dans la direction Arsimont-Auvelais, l'artillerie à Cortil-Mazet ; la 20e division (général Boë) attaquera en direction de Tamines. Départ à 3 h. 30, l'artillerie au nord de Le Roux pour appuyer la progression de la division. Il s'agissait donc de rejeter l'ennemi dans les fonds de Sambre. Prévoyant que la 19e division, dont deux régiments, le 70e et le 71e, étaient fort ébranlés à la suite des combats de la veille au soir et de la nuit, aurait besoin de renforts, le général Defforges, commandant du 10e corps, avait, de très bonne heure, pris ses mesures pour que la 37e division d'infanterie (troupes algériennes) (général Comby) fût en mesure de soutenir vers Fosse la 19e division.

La journée du 22 août, pour le 10e corps, se divise en deux parties : la matinée jusqu'à 11 heures :offensive ; l'après-midi : retraite en combattant.

A gauche du corps, on apprend de bonne heure que l'attaque du 74e sur Roselies pendant la nuit a échoué. Cependant, un bataillon du 41e tient toujours le pont d'Ham-sur-Sambre.

C'est la 20e division (général Boë) qui commence l'attaque à 5 h. 50 sur Falisolle, en liaison avec la droite du 3e corps qui attaque Roselies (74e et 129e). Malheureusement, en raison du brouillard qui traîne sur la Sambre, l'artillerie ne peut soutenir l'attaque. Celle-ci, exécutée par le 25e et le 136e, progresse lentement ; car les lisières des petits bois au sud d'Oignies sont fortement occupées. Le 47e, qui essaye de déboucher, est maintenu par un feu violent à cette lisière du bois.

Vers 9 heures, les deux régiments du 3e corps (74e et 129e) qui avaient occupé les premières maisons de Roselies, sont obligés de se replier devant les forces supérieures du Xe corps allemand. La 20e division du 10e corps subit l'effet de ce recul et elle se replie à son tour, tout en gardant, cependant, Falisolle et Aiseau.

La 19e division (général Bonnier) partant des bois de Ham et de Cortil-Mazet, a reçu pour objectif Arsimont. L'attaque ne se déclenche qu'à 8 h. 30. Arsimont est réoccupé, mais presque sans soutien d'artillerie. A 11 heures, les régiments engagés sont pris sous le feu violent des canons et des mitrailleuses de la Garde et se replient sur le bois de Ham, leur point de départ.

Le général Bonnier demande à la 37e division de le soutenir. Le général Comby engage le 3e zouaves qui, lui aussi, est ramené en arrière après avoir subi de fortes pertes.

Ainsi, vers 11 heures, les deux offensives des 19e et 20e divisions d'infanterie étaient brisées. Seuls, les villages d'Arsimont (28e d'infanterie), de Falisolle et d'Aiseau (136e) restaient en notre possession.

Les événements de cette matinée donnent lieu à une appréciation des plus autorisée et qu'il est intéressant de reproduire : « Les troupes qui répugnaient à la défensive et attendaient avec impatience l'ordre de se porter en avant, ont jugé inutile d'organiser leurs positions ; les travaux se sont bornés à la construction de tranchées à peine ébauchées, insuffisantes pour protéger les lignes d'infanterie. L'ennemi est signalé à portée depuis la veille au soir, ses avant-postes sur la Sambre au contact des nôtres. (Nous avons vu que la Sambre avait été franchie par l'ennemi le 21.) Dès l'aube, la division de gauche (général Boë) abandonne les positions qui lui sont confiées, Fosse, Vitrival, Le Roux, et se précipite en avant avec une ardeur fébrile. Nos fantassins, qui refoulent sans peine les postes avancés allemands, exaltés par leur succès, se hâtent davantage encore, et viennent buter contre les points d'appui solidement tenus ; la préci-

CHARLEROI. — LE CANAL

pitation de l'attaque n'a pas permis à l'artillerie de prendre ses mesures pour intervenir efficacement sur les rares points où cela était possible.

« On avait dit et répété sur tous les tons à nos officiers qu'à la condition d'attaquer à fond sans tergiverser, de bourrer avec vigueur, ils trouveraient, le plus souvent, l'ennemi en train de se former, qu'ils le surprendraient et en auraient facilement raison : or, partout, ils trouvent les Allemands les attendant de pied ferme sur des positions solides flanquées par d'innombrables mitrailleuses. Notre infanterie, que l'ennemi laisse approcher à courte distance, se trouve soudain soumise à des feux terribles de fusils et de mitrailleuses qui partent de tous côtés et jettent à terre, en un instant, la plupart des officiers et des meilleurs soldats. Désorganisée, elle cède devant des contre-attaques allemandes, et ramenée vivement, elle ne peut même pas tenir les positions qui lui étaient assignées.

« La division de droite (général Bonnier) tente vainement de dégager la division de gauche et se trouve rapidement elle-même en péril. »

Le général Lanrezac s'est transporté à son poste de commandement, Florennes, au premier avis du combat engagé. Le général Defforges vient lui rendre compte et, alors qu'on lui fait observer qu'il ne fallait pas s'engager dans les fonds de Sambre, répond : « La division Boë m'a échappé ! »

Le 10e corps, influencé, d'ailleurs, par les événements qui se passent au 3e corps et que nous allons bientôt exposer, se met en retraite à partir de 11 heures du matin.

Un premier repli est ordonné par le général commandant la 20e division sur la ligne Bruyère, cote 201 et les bois à l'est de cette cote (nord de Latrie). Le repli se fait sans difficulté, l'artillerie le protégeant au nord-ouest de Le Roux.

La 19e division a également ordonné le repli vers 11 heures sur les hauteurs de Cortil-Mazet. Une brillante contre-attaque de la 37e division (troupes algériennes), lançant en avant quatre bataillons de tirailleurs dans la direction d'Arsimont, ne réussit pas et le repli est général. Les pertes sont considérables des deux côtés. Le combat s'arrête un instant. On souffle. Mais il reprend bientôt avec rage.

Vers 13 heures, après une puissante préparation d'artillerie, les Allemands attaquent vers la ferme de la Belle-Motte. A leur tour d'être pris à partie par notre artillerie (groupe AD /20), qui les rejette dans les bois.

A 14 heures, nouvelle attaque allemande après une nouvelle préparation très violente, toujours dans la région ferme Belle-Motte. Le général Boë, « beau soldat », selon l'expression d'un témoin, est blessé et remplacé par le général Ménissier commandant la 39e brigade (1). Arrêtée pendant une heure par le feu de notre infanterie et de notre artillerie, l'infanterie ennemie finit par réussir à sortir des bois.

C'est le tour, maintenant, de la 20e division d'être débordée à l'est et à l'ouest, par les ruisseaux de Falisolle et de Presles : elle se replie sur Sart-Eustache. Ainsi, peu à peu, on s'éloigne des bords de la Sambre, que l'on avait ordre de traverser l'après-midi. Le 3e corps faisait savoir qu'il reculait lui-même sur la position Presles-Chainborgneau où il était violemment attaqué.

Heureusement, les contre-attaques de la 19e division pendant la matinée avaient arrêté l'élan de l'ennemi : il ne combat guère qu'avec son artillerie. Le repli nouveau de la division se fait en ordre sur Vitrival-Fosse, et c'est seulement à ce moment que les éléments de la 38e brigade quittent Arsimont.

(1) Citation du général Ménissier : « Ménissier, général de brigade, commandant une brigade d'infanterie, ayant pris, le 22 août, en plein combat, le commandement d'une division, a fait preuve des plus belles qualités de sang-froid et d'énergie en dirigeant, les 23, 29 et 30, de vigoureuses contre-attaques... »

Malgré l'appui du 1er corps à Sart-Saint-Laurent et du 3e corps vers Presles, il faut reculer encore. Le 10e corps abandonne vers 19 heures la ligne Fosse-Vitrival : à partir de ce moment, la retraite devient de plus en plus pénible. Ces vaillants corps sont épuisés ; on tourne les yeux vers la 37e division; mais après l'effort du matin, elle ne peut plus être employée pour rétablir la situation.

A la chute du jour, la ligne de retraite du 10e corps est établie à peu près ainsi qu'il suit : le 241e d'infanterie à Biesme ; la 19e division à cheval sur la route Fosse-Saint-Gérard, un peu en arrière de Fosse, le poste de commandement à Bambois, le 71e en avant sur la croupe sud de Vitrival ; la 20e division sur la ligne Gougnies-Devant-les-Bois et même dans la nuit Biesme-Scry-devant-Mettet.

Il est facile de se rendre compte, par l'examen de la carte, que la ligne ainsi marquée faisait une oblique d'est en ouest, la partie la plus voisine de la Sambre étant celle qui se rattache au 1er corps par Sart-Saint-Laurent. Le 1er corps, en effet, reste maître des ponts de Sambre et Namur tient toujours, tandis que l'oblique s'éloigne de la Sambre à mesure qu'on se rapproche du 3e corps. Charleroi, en effet, a cédé dans la journée.

L'impression d'un témoin est la suivante : « Dans l'après-midi du 22 août, mon régiment est appelé à Fosse ; la petite ville est encombrée de troupes de toutes sortes. Le 48e d'infanterie de la 37e division, puis les régiments d'Afrique, ont été, comme nous, le 21, lancés en contre-attaque et ont échoué avec de grosses pertes. Tout cela reflue. A peine arrivés à Fosse, on nous ramène vers Vitrival; de là, dans les bois du sud, enfin près de Mettet, où nous bivouaquons. Tout le monde a le sentiment que c'est une bataille perdue ; l'inquiétude flotte. Les pertes sont fortes. Cependant le moral est bon; il n'y a pas de désordre. » Les Bretons du 10e corps sont têtus et ne se frappent pas.

GABRIEL HANOTAUX
de l'Académie Française

HISTOIRE ILLUSTRÉE DE LA GUERRE DE 1914

LIRE dans ce Fascicule

LA BATAILLE DE CHARLEROI
ET LA CHUTE DE NAMUR

FASCICULE
N° 65

L'ÉDITION FRANÇAISE ILLUSTRÉE
(GOUNOUILHOU, Éditeur)
30, Rue de Provence, Paris

PRIX NET : 1 franc
ÉTRANGER, PORT EN PLUS

A NOS LECTEURS

Les *deux premiers volumes* de ***L'Histoire de la Guerre de 1914*** ont donné l'exposé des faits historiques et diplomatiques qui ont précédé et amené la guerre, et qui engagent si lourdement la responsabilité de l'Allemagne.

Avec *le troisième volume,* l'historien est entré dans le vif de son sujet, le grand drame de la guerre.

Le *quatrième volume,* achevé avec le fascicule 52, est consacré au récit de ***La Bataille des frontières.***

L'auteur aborde maintenant les combats du Luxembourg et de la Meuse, pour en venir, dans les prochains fascicules, aux engagements de la Sambre et à cette retraite vigoureuse qui prépare la victoire de la Marne.

Par les renseignements qu'il a recueillis, par les travaux d'enquête et de recherches auxquels il s'est livré, par les conversations qu'il a eues avec les personnages officiels et les hommes politiques de l'Europe entière, l'historien a approché, d'aussi près que peut le faire un contemporain, de la source où peut se découvrir la vérité complète, sincère et impartiale.

C'est vraiment le tableau de la « grande guerre ».

LA BATAILLE DE CHARLEROI. LE 3e CORPS DANS LA JOURNÉE DU 22 AOUT Continuant à procéder de l'est à l'ouest, rendons-nous compte maintenant de ce qui s'était passé autour de Charleroi.

Nous avons dit les efforts du 3e corps pour garder les abords de la ville et surtout le faubourg de l'est, Châtelet, attaqué dès le 21 par l'armée von Bülow. La 5e division (général Verrier) s'est ruée, la nuit du 21 au 22, sur Aiseau et Roselies, a repris un instant ce village situé dans la boucle de la Sambre ; mais elle s'est heurtée à une défense puissamment organisée, et, son effort étant brisé, elle a été obligée de se replier sur Binche. Ajoutons que l'attaque a été médiocrement conduite ; on a négligé la liaison des armes ; on a jeté les régiments, l'un après l'autre, dans la fournaise : les troupes, pleines d'élan, ont une éducation militaire insuffisante ; les officiers se précipitent en avant et tombent ; les soldats restent incertains et sans guides.

LE GÉNÉRAL VON BÜLOW
COMMANDANT LA IIe ARMÉE ALLEMANDE

Après l'échec de cette première contre-attaque, c'est-à-dire au début de la matinée du 22 août, la 5e division occupe le front Loverval-croupe nord de Chamborgneau-cote 70-parc nord de Presles. De petits groupes tiennent encore les ponts de Sambre, mais ils ont ordre de se replier sur la division.

A la droite de la 5e division, le 10e corps a reculé également sur Fosse-Vitrival-Sart-Eustache.

A gauche, la 6e division (général Bloch) tient la croupe des Haies, la cote 178 et le terrain au nord de Bomerée.

C'est-à-dire que toute la partie urbaine de Charleroi et de ses faubourgs à l'est est perdue, et que les troupes ont, sous la pression de l'ennemi, regagné les hauteurs qui dominent la vallée. L'ordre de l'armée de franchir la Sambre l'après-midi se trouve ainsi, par le fait, annulé.

Ce sont les Allemands, au contraire, qui, précédés par une puissante préparation d'artillerie, débouchent, maintenant, de Châtelet et montent à l'assaut des hauteurs. A 9 h. 45, l'ennemi s'empare de la cote 170 et de Bouffioulx. La 9e brigade recule ; la 10e brigade se replie à son tour. A l'ouest, la 6e division, réduite à une brigade, reçoit l'ordre de prêter son concours à la 5e.

C'est alors que se renouvellent, avec une admirable obstination, les contre-attaques sur la rivière ; car ni les chefs ni les soldats ne renoncent au succès. On appelle à l'aide la 38e division (troupes d'Afrique, général Muteau) et on la jette à son tour dans le gouffre des fonds de Sambre. La 73e brigade (général Schwartz) a l'ordre de prononcer une attaque de Binche sur Châtelet. Doivent coopérer à ce mouvement : un bataillon du 39e attaquant la cote 170 (est de Bouffioulx) et un bataillon du 36e attaquant dans la direction route de la Figotterie-Châtelet. Ces nouvelles contre-attaques échouent et les troupes se replient en désordre.

Il est 13 heures ; la journée est haletante, lourde de sacrifices et de déboires. Ces murs qui s'écroulent de toutes parts sont l'image des âmes où se ruine soudain l'espérance.

Il faut se résigner à abandonner les approches de Charleroi. Ordre est donné à la 73e brigade, à la 6e division et à toute l'artillerie disponible de résister sur la ligne Presles-Binche et de contenir l'ennemi dans Châtelet.

A l'est, le 10e corps demande l'appui du 3e. Il recule et le 3e corps doit reculer aussi. A 16 h. 45, nouvel ordre de se replier et de tenir sur la ligne Claquedent-Praile-Tarcienne, la 5e division à cheval sur la route Hanzinne-Hanzinelle. On est à plus de 10 kilomètres de la Sambre. Cependant, la liaison est maintenue avec le 10e corps qui s'est établi, comme nous l'avons vu, vers Mettet, Biesmerée, Ermeton, avec des avancées sur Scry et même Vitrival.

En gros (et en tenant compte de la solidité du 1er corps à droite), les deux corps qui ont porté le poids de cette journée du 22 août, le 10e et le 3e corps, font tête un peu en avant de la route Lesves-Saint-Gérard-Mettet-Morialme-Walcourt, l'oblique s'éloignant de la rivière plus on avance vers l'ouest.

Les attaques brutales et réitérées qui viennent d'être décrites sont les événements caractéristiques de la journée du 22 août. Elles mettent à une rude épreuve la *furia francese* : elles expliquent le mot du général Lanrezac que, dans cette journée, certaines de ses formations « lui ont échappé ».

On ne sent pas, en effet, le commandement et la volonté directrice dans cette partie de la bataille. Au 3e corps comme au 10e corps, les combats sont partiels, les engagements successifs et fragmentaires.

Maintenant que les grandes lignes tactiques ont été indiquées, suivons le tableau de la bataille du 3e corps telle qu'elle apparaît à un officier appartenant à l'artillerie de ce corps qui, des hauteurs, avait pu suivre presque tout le combat.

Ce témoin était, le 22 août, vers 8 heures du matin, à Bultia, poste de commandement du général Sauret, commandant le corps d'armée. A l'est, on voyait la 5e division (Verrier) engagée de Gerpinnes à Châtelet. A l'ouest, la 6e division (Bloch) gardait les pentes de la colline vers Charleroi. Déjà, il était question d'engager la brigade Schwartz de la division Muteau (1) pour attaquer Châtelet en partant du plateau de la Figotterie. La proposition émanait de l'état-major de la 5e armée : les artilleurs, interrogés, font observer que Châtelet est dans un fond et que la préparation par le canon est très difficile. Malgré tout, la proposition est maintenue : le général Schwartz reçoit l'ordre d'attaquer Châtelet par la Figotterie. Les dispositions sont prises pour que l'artillerie, en baissant son tir, seconde le mouvement. Elle envoie des « rafales » sur Châtelet.

Mais avant que le tir ait eu pour effet de rendre la position de Châtelet intenable à l'ennemi, la brigade part ; elle « bourre ». L'attaque se produit dans un admirable élan d'enthousiasme et atteint les lisières de Châtelet. Les Allemands, abrités derrière les barricades, les maisons et les murs crénelés, attendent et déclenchent un tir de fusils et de mitrailleuses presque à bout portant. Les régiments sont décimés : le 1er tirailleurs perd 70 o/o de son effectif et trente officiers, dont deux chefs de bataillon tués. Le 1er zouaves subit des pertes moins sévères, mais cependant très importantes ; la troupe hésite, chancelle,

(1) La brigade Schwartz était formée du 1er zouaves, trois bataillons (lieutenant-colonel Eudes), et du 1er tirailleurs, trois bataillons (colonel Vuillemin). Ces régiments provenaient de la province d'Alger. Les régiments de tirailleurs étaient très homogènes, vieux soldats bien encadrés ayant tous fait la campagne du Maroc. Les régiments de zouaves comprenaient chacun un bataillon de France, un bataillon de réserve et un ou deux bataillons d'Algérie ; ces derniers avaient fait la campagne du Maroc. L'artillerie de la division et la plupart des services venaient de France, un régiment de chasseurs d'Afrique (le 5e) était rattaché à la 38e division.

MAISONS DÉTRUITES A CHARLEROI

et bientôt reflue ; elle retraverse les bois en désordre. Le choc n'a pas duré un quart d'heure. La brigade Schwartz est recueillie par la 76e brigade (général Bertin) en avant du village de Somzée. L'artillerie allemande prenait part à la bataille en tirant, des coteaux d'en face, sur les positions françaises : tir impressionnant par son effet sur les maisons, mais, en somme, assez mal réglé et peu efficace. La retraite est dirigée vers Nalinnes et Somzée.

Après l'échec de l'attaque Schwartz, il y eut un moment de stupeur : la 5e division tout entière avait fléchi. De telle sorte que les troupes de cette division, celles de la brigade Schwartz, les cinq ou six groupes d'artillerie réunis sur le plateau, se pressaient en désordre, n'ayant pour s'écouler que le goulet de la Figotterie : « Je fus rassuré, dit le témoin, par le calme du général Verrier qui me donna des ordres très précis et très nets pour le mouvement de repli. Il ne quitta le plateau que lorsque le mouvement fut accompli et qu'il n'y eut plus de sujet de préoccupation, l'ennemi ne manifestant aucun mordant. »

L'embarras dura une heure et demie. Les Allemands avaient passé la rivière, mais ne débouchaient pas de Châtelet. On eut donc le temps de procéder avec calme et de dégager complètement les artilleries ; les compagnies, reconstituées, défendaient les lisières des bois de la Figotterie. Chose digne de remarque et qui correspond à un état d'esprit général, après ces contre-attaques si brutalement ramenées : le soldat n'est ni affolé ni démoralisé ; il ne se sent pas battu ; pour lui, c'est une partie à reprendre, voilà tout. La distribution des munitions par les caissons se faisait sur le champ de bataille aussi tranquillement qu'à la manœuvre.

Le repli s'achève sur Somzée dans un ordre

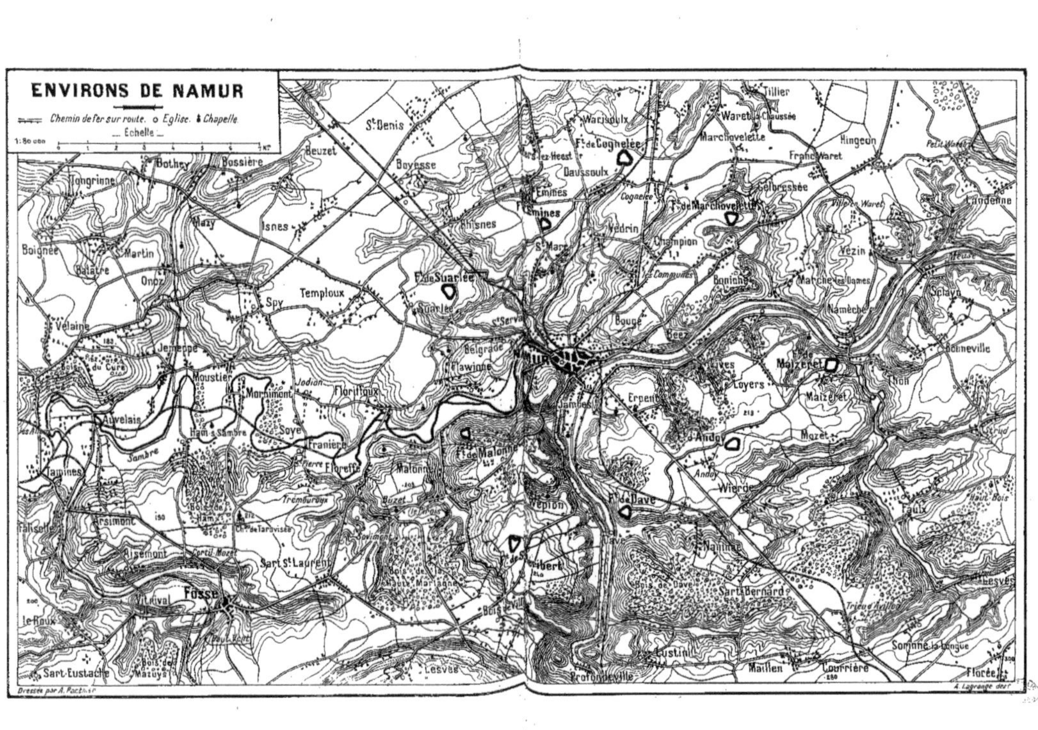
ENVIRONS DE NAMUR
Chemin de fer sur route. o Eglise. Chapelle.
Echelle
1:80 000
St Denis
Rhisnes
Bothey
Bossière
Beuzet
Bovesse
Tongrinne
Mazy
Isnes
Boignée
Balâtre
Onoz
Spy
Temploux
Suarlée
Velaine
Jemeppe
Moustier
Mornimont
Floriffoux
Soye
Franière
Floreffe
Auvelais
Tamines
Ham s. Sambre
Sambre
Arsimont
Falisolle
Aisemont
Sart St Laurent
Fosse
Vitrival
le Roux
Sart-Eustache
Lesves
Malonne
Belgrade
Flawinne
NAMUR
Jambes
Wépion
Profondeville
Lustin
Maillen
Courrière
Sart-Bernard
Naninne
Wierde
Andoy
Erpent
Loyers
Mozet
Maizeret
Thon
Faulx
Sclayn
Bonneville
Andenne
Namêche
Marche les Dames
Vezin
Boninne
Bouge
Champion
Vedrin
Cognelée
Warisoulx
Daussoulx
Emines
St Marc
Waret-la-Chaussée
Marchovelette
Tillier
Franc Waret
Hingeon
Gelbressée
Somme-la-Longue
Florée
Dressée par A. Pochet
A. Lagrange dest

suffisant. D'ailleurs, on ne recevait pas un coup de canon allemand.

Le corps d'armée est, le soir, dans cette situation : quartier général à Chastrès, 6e division (général Bloch) à Nalinnes, 38e division (général Muteau) sur la cote 232, et la 5e division (général Verrier) sur Tarcienne-Hanzinne. L'ennemi ne poursuit pas : on commence à apprendre qu'il a subi de grandes pertes dans Châtelet. Le calme règne à partir de 1 h. 1/2 du matin.

SUITES DE LA BATAILLE DE CHARLEROI A L'OUEST, LE 22 AOUT

En même temps que les deux corps placés en flèche sur la Sambre (10e et 3e corps) sont ainsi pris à partie, la bataille s'allume progressivement vers l'ouest. Comme nous l'avons dit, une brigade du 3e corps (11e brigade, général Hollender) avait été adjointe au corps de cavalerie du général Sordet pour permettre à celui-ci de contenir l'offensive ennemie qui, dès la veille, débordait Charleroi à l'ouest ; cette brigade a subi des pertes graves dans le combat de nuit du 21 au 22 août à Anderlues. D'autre part, le corps de cavalerie arrivé le matin dans la région de Merbes-le-Château garde, dans la matinée, les ponts de Sambre : Merbes et Erquelinnes ; mais les événements de la journée le forcent à se couvrir de la Sambre. Il fait sauter les ponts et se dirige en trois colonnes vers Bersillies-l'Abbaye, Cousolre et Montignies. Cependant, il laisse des arrière-gardes sur la rivière en attendant l'arrivée du 18e corps.

Le 18e corps, comme nous l'avons vu, a débarqué juste à temps dans la journée du 20 et du 21 août. La 36e division d'infanterie occupe, le 22 août, le front Thuin-Gozée-Ham-sur-Heure et les ponts de la Sambre de Thuin à Marchienne.

Il faut absolument que le corps vienne en aide au 3e corps qui fléchit. L'artillerie du 18e corps est portée à Strée et Thuillies, d'où elle peut canonner les Allemands débouchant de Charleroi sur Jamioulx et Nalinnes.

L'artillerie ne suffit pas. Il faut une intervention de l'infanterie. Le 18e corps reçoit, à 19 heures, l'ordre de mettre à la disposition du 3e corps la 69e brigade d'infanterie qui, de la région de Beaumont où elle est arrivée, est dirigée sur Nalinnes.

En fin de journée, le 22 août, le 18e corps se trouve dans la situation suivante : la 36e division, avec le 10e hussards, est sur la ligne de front vers Thuin ; la 35e division a une brigade dans la région Montignies-Saint-Christophe-Thirimont, tenant les passages de la Sambre à Merbes-le-Château et Fontaine-Valmont, et une brigade (la 69e) sur Nalinnes à la disposition du 3e corps.

L'arrivée du 18e corps couvre à temps la région ouest de Charleroi. Il n'en reste pas moins que ce corps, se tenant sur la rive sud de la Sambre et non sur la route de Charleroi à Mons vers Fontaine-l'Evêque ou Binche, comme y comptait le général commandant l'armée, il se fait, de ce côté, un décrochement, un vide qui aura les plus graves conséquences sur l'entrée en ligne de l'armée britannique, le lendemain 23 août.

La brigade Hollender, du 3e corps, prêtée au corps de cavalerie, a tenu, après le combat d'Anderlues, jusqu'au 22 soir, au nord de la Sambre ; mais elle reçoit l'ordre de se replier sur le front de Lobbes où elle est recueillie par le 18e corps. Elle a beaucoup souffert au cours de sa retraite ; elle est mise temporairement à la disposition du général de Mas-Latrie.

Il n'est pas encore question de l'entrée en ligne du groupe des divisions de réserve du général Valabrègue. Celui-ci a encore son quartier général à Avesnes. La 69e division a commencé, le 21 août au soir, son mouvement dans la direction de Beaumont-Cousolre. Mais c'est seulement le 22 à 9 heures du soir que le groupe reçoit, de la 5e armée, l'ordre « de se porter sur la Sambre, la gauche aux forts de Maubeuge, la droite sur la route Solre-sur-Sambre-Montignies ». Et ce sera seulement le 23 août, vers 10 heures, que le 4e groupe de divisions de réserve, après une marche forcée, arrivera sur le front de défense : Jeumont-Bois de Jeumont-Montignies-Saint-Christophe, à cheval sur la frontière française.

Quant à l'armée britannique, elle a appris seulement le 21 août que la cavalerie allemande est arrivée à Soignies, marchant vers Mons et Tournai. Elle s'élève dans cette direction, mais tout en restant encore sous la protection des forts de Maubeuge où le 1er corps anglais a son quartier général. Cependant, déjà, ce corps qui tient la droite de l'armée alliée prend ses dispositions pour se mettre en liaison avec le 18e corps français, dans la direction de Merbes-le-Château.

LE GÉNÉRAL HOLLENDER
COMMANDANT LA 11e BRIGADE D'INFANTERIE

CONSIDÉRATIONS SUR LA JOURNÉE DU 22

En considérant l'ensemble de cette journée du 22 août celle de la « bataille de Charleroi » proprement dite — on se rend compte à quel point les rencontres qui eurent lieu ce jour-là étaient peu décisives. Le grand bruit fait autour de l'événement apparaît comme singulièrement exagéré.

Deux corps seulement ont donné, le 10e et le 3e corps. Le 1er corps et la division Bouttegourd à droite n'ont, pour ainsi dire, pas été engagés; le 18e corps à gauche avait débarqué, mais n'avait pas pris complètement position.

Ajoutons que l'armée belge n'a pas coopéré à la bataille comme on pouvait penser encore, le 20, qu'elle le ferait, et que l'armée britannique, pas plus que le 4e groupe des divisions de réserve, ne sont arrivés sur le terrain.

Si l'affaire eût été bien en main, les troupes auraient sans doute pris du champ pour établir solidement le front sur les hauteurs au sud de la Sambre et pour ne pas laisser le combat s'accrocher avant la complète concentration de toutes les forces alliées ; l'excellent 1er corps eût participé à l'opération et même on peut supposer qu'il l'aurait conduite, au lieu d'être laissé dans la position d'attente où il fut attardé sur la Meuse.

Le projet de franchir la Sambre le 22 après-midi et de porter la 5e armée sur la droite pour dégager Namur, ayant été en quelque sorte déjoué par l'initiative allemande sur Charleroi dès le 21, les deux corps en flèche se trouvaient seuls exposés aux coups : cela suffit pour expliquer leur échec, encore ne faut-il pas l'exagérer.

La Sambre n'est pas, par elle-même, une

ligne de défense de premier ordre ; les faubourgs de Charleroi forment un champ de bataille à éviter plus qu'à rechercher ; les hauteurs situées au sud de la rivière, dont on reste maître, peuvent offrir un terrain infiniment meilleur pour une bataille nouvelle si on juge à propos de l'engager. La surprise, l'espèce de mésentente, apparue plutôt dans la façon de comprendre les événements que dans les volontés, une sorte de désordre où il y a beaucoup d'inexpérience, tout cela peut encore être facilement réparé.

Le moral du soldat n'est pas atteint. Prématurément engagé, emporté par son ardeur, il a reculé, mais il n'est pas découragé. L'ennemi, d'ailleurs, n'est nullement pressant. Les renseignements qui parviendront bientôt au commandement français par les prisonniers, par les civils fuyant Charleroi et même par les soldats isolés qui regagnent les régiments, confirment que les rafales de l'artillerie et les charges de l'infanterie française ont fait, dans les rangs allemands, de terribles ravages. Malheureusement, « l'invisibilité » de la bataille moderne ne permet pas aux chefs et aux soldats de « réaliser » ces résultats et d'en tirer les conclusions réconfortantes.

Quelques notes d'un carnet de route donnent bien cette impression et nous renseignent en même temps sur l'état d'esprit du soldat au cours de cette journée qui lui apparaît surtout obscure et presque inexplicable :

« 21 *août, à 9 heures du soir.* — La nuit épaisse est percée par les lueurs rouges de l'incendie de Tamines et, plus loin, par les mille lumières de Charleroi qui, à cette distance, semble paisible et qu'on devine haletante...

« 22 *août, 7 h.* 30. — Cette fois, ça y est tout à fait. La batterie (dont fait partie l'écrivain) tire maintenant à 200 mètres de nous à notre vue (il s'agit évidemment de préparer l'attaque de la 5e division Verrier) ; tout à l'heure, des balles, les premières, sont passées au-dessus de nous, pas très haut. Ça barde, dans toute l'acception du terme ; c'est réellement très chic.

« 22, 16 *h.* 30. — A 10 heures, j'ai failli reprendre ce cahier pour y inscrire une phrase de ce genre : « Qu'est-ce qu'ils ont dû prendre ! Ce que nous avons pu leur envoyer !... » Or, à 10 h. 15, les premières compagnies du 74e d'infanterie (5e division) se repliaient, très éprouvées, et en une demi-heure toute l'infanterie revenait, laissant des morts et traînant des blessés.

« On bat en retraite. A un moment donné, un obus éclate à 2 mètres au-dessus de nous ; c'est de l'affolement. Et puis, peu à peu, ça se régularise ; nous nous concentrons près de Farcienne où nous cantonnions il y a trois jours (1). »

Voici, sur l'ensemble de la journée, des observations d'une portée plus générale : « Les Allemands, maîtres de Fosse et des localités voisines, nous croient, sans doute, dissociés et pensent que nous sommes désormais une proie facile, car ils entreprennent de poursuivre leurs attaques dans une forme assez compacte sous la protection de leur artillerie. Celle-ci, dont les lueurs même sont invisibles, fait rage, tirant sur zone pour battre en long et en large tout le terrain occupé par nos troupes ; les obusiers de 15 centimètres qu'on ne sait où chercher et, d'ailleurs, si éloignés que nos canons ne peuvent rien contre eux, dépensent leurs munitions avec une prodigalité qui nous cause une véritable stupéfaction. Ces tirs, malgré que les avions interviennent avec beaucoup d'activité pour en faciliter le réglage, n'ont qu'une efficacité médiocre, mais, vu la quantité énorme de munitions que l'ennemi y emploie, ils produisent cependant des résultats matériels sérieux et un effet moral très grand. Néanmoins, lorsque l'artillerie allemande intervient en terrain découvert, notre artillerie a vite fait de lui infliger la leçon que mérite son impudence ; elle n'insiste pas et dès lors ne nous montre plus que des lignes de tirailleurs qui se terrent et laissent agir leur artillerie. »

Quelles étaient les forces allemandes ayant pris part à la bataille ?

Voici l'exposé le plus complet, encore que bien succinct, qui ait été donné jusqu'ici en Allemagne sur l'ordre de bataille des armées allemandes (2).

« Le colonel général von Bülow, dit Stegemann, après un efficace déploiement des batte-

(1) J. Brunel de Pérard, *Carnet de route*, p. 48.

(2) Hermann Stegemann, *Geschichte des Krieges* — Ester Band — « Die Schlacht bei Mons und Charleroi », p. 139.

SOLDATS ALLEMANDS REMONTANT UN CADAVRE DE MINEUR

ries lourdes, attaqua le 22 août au matin, avec son infanterie, la ligne de la Sambre. Le VIIe corps attaqua l'aile gauche française de la 5e armée sur Péronne et Saint-Pierre, à l'est de Mons, et la repoussa par Binche sur la Buissière et par Anderlues et Lobbes sur Thuin. Le Xe corps de réserve et le Xe corps actif reçurent l'ordre d'attaquer la position française du centre et Charleroi : le corps de réserve, comme centre droit, passa par Montignies et Charleroi, le corps actif, comme centre gauche, passa par Fleurus en direction de Farciennes et de Tamines. Le corps de la Garde avait marché à l'ouest de Namur et il força le passage de la Sambre à Auvelais. Les flèches d'attaques allemandes allaient concentriquement vers Nalinnes et Gerpinnes en direction de Philippeville. »

Du côté français, chaque corps déclare à l'envi qu'il a affaire à des forces adverses très supérieures. Ce n'est pas l'avis même du commandement de la 5e armée. En fait, on ne paraît avoir identifié que trois corps actifs, la Garde, le Xe et le VIIe corps, placés dans cet ordre de l'est à l'ouest et quelques fractions des corps d'ersatz correspondants. « Ma conviction, dit le critique autorisé, est que l'ennemi, qui avait peut-être à portée des forces considérables, n'a pas mis en ligne plus de troupes que nous. »

Et la conclusion est la suivante :

« La 5e armée est sortie ébranlée de la bataille du 22, mais elle n'est pas dissociée ; si elle a reçu de rudes coups, elle en a porté à l'ennemi d'aussi rudes. Ramenée dans une région plus ouverte, où son artillerie qui est intacte pourra intervenir sérieusement, elle sera à même de contenir les Allemands. Disputant le terrain pied à pied, nos troupes se reformeront et seront bientôt capables de contre-attaquer à leur tour. »

C'est bien cette disposition d'esprit que révèlent les ordres du général Lanrezac pour la journée du 23 août.

LA JOURNÉE DU 23. FIN DE LA BATAILLE DE CHARLEROI

La journée du 23 août, quoique moins animée que celle du 22, aura, sur les suites de la guerre, une grande importance : car, commencée à la 5e armée sur l'idée d'une reprise de l'offensive, elle s'achève par l'ordre de la retraite. Voyons comment cette évolution se produisit.

Le 22 août au soir, le sentiment, au quartier général de l'armée, était que, pour le 23, les 1er, 3e et 10e corps pouvaient garder leur position ; on rapprocherait le 18e corps du 3e pour faire place aux divisions de réserve qui agiraient entre Recquignies et Solre-sur-Sambre. En étayant fortement le 10e corps qui, en somme, avait été le plus éprouvé, sur le front Biesme-Saint-Gérard, on donnerait aux unités le temps de se reformer et on attendrait non seulement l'arrivée sur le front des divisions de réserve, mais aussi des deux corps de l'armée britannique.

Voyons si les événements se conforment à ces prévisions.

Namur. — A Namur, le bombardement s'était poursuivi pendant toute la nuit du 22 au 23. A l'aube du 23 août, le feu de la grosse artillerie augmente vers Cognelée : une attaque d'infanterie fut refoulée, mais, vers midi, l'ennemi s'empara du fort. C'était la brèche ouverte. Les récits allemands disent que les troupes d'assaut s'y précipitèrent aussitôt. Déjà le massif central du fort de Marchovelette était fissuré. Le feu des grosses pièces allemandes était dirigé sur les forts d'Emines et de Suarlée.

« Sur tout le front attaqué, les ouvrages permanents et les travaux des intervalles avaient été atteints ; depuis Cognelée jusqu'à Andoy, seules les batteries de campagne répondaient au feu des assaillants ; elles furent bientôt réduites au silence. Les troupes des secteurs nord (10e brigade) et nord-est (8e brigade) se replièrent alors vers Namur » (1).

Dès le 23 au matin, la position de Namur avait paru indéfendable au commandement belge. L'arrivée du général Mangin avec trois bataillons n'apportait pas au général Michel une aide suffisante pour garder les lignes extérieures de la place qui eussent pu servir de point d'appui à la bataille de la Sambre. On était encore imbu, alors, des idées anciennes au sujet de la défense d'une place forte. Quoi qu'il en soit, le dimanche 23, à 5 heures du matin, le général Michel, conformément aux ordres reçus, prenait le parti de quitter la ville pour sauver, du moins, la garnison. Vers midi, il fut suivi de son état-major. « Pour ne pas livrer la ville à la destruction, dit un récit allemand, il avait ordonné de cesser toute résistance. Malgré cela, de violents combats furent encore livrés dans les rues de Namur entre les troupes belges et françaises qui se retiraient et les Allemands qui avançaient. » Les ponts de la Meuse avaient été détruits, ce qui contribua à retarder quelque temps l'entrée des Allemands.

Ils pénétrèrent dans la ville et occupèrent la grand'place vers 8 heures du soir. Le maire était parti, remettant les pouvoirs au député Golenvaux. La lutte, d'abord violente, provoqua des incendies et des destructions, notamment celle de l'Hôtel de Ville. Mais, dans la soirée même, il semblait que les premières violences à Namur n'auraient pas de suite. Le général allemand faisait afficher la proclamation suivante :

« Le général en chef de l'armée allemande m'a nommé commandant de la place de Namur. Le dernier bombardement de la ville, causé par une erreur, a tué plusieurs habitants de la ville et des soldats allemands ; je le regrette vivement. J'exprime à la population ma satisfaction pour sa tenue et son accueil et j'espère qu'elle continuera. »

Namur, 23 août 1914.

(1) *L'Action de l'armée belge*, publication officielle, p. 36.

VUE DE NAMUR

Terminons immédiatement l'exposé des événements de Namur en ce qui concerne le point de vue militaire : la citadelle de la ville se rendit seulement le lundi matin 24 août, à 7 heures et demie. Le 25 août, cinq forts étaient aux mains des Allemands. Le fort de Suarlée tint le dernier, contribuant ainsi à protéger la ligne de la Sambre. Il fut bombardé du 23 août matin jusqu'au 25 août à 5 heures du soir, le 23 août d'environ 800 coups, le 24 de 1.300, et le dernier jour de 1.400 coups de trois batteries du plus fort calibre. Quand le fort se rendit, il était, pour ainsi dire, détruit.

Les deux forts du sud-ouest, Malonne et Saint-Héribert, impuissants, capitulèrent.

L'ensemble de ces opérations ne fut pas sans pertes sérieuses pour les Allemands. Un soldat allemand écrit :

« Le jour suivant (23 août), nous avançons sur toute la ligne; l'artillerie progresse en même temps, et crache incessamment sur l'adversaire... La mort, la mort partout! Jusqu'au soir, notre infanterie se retranche à proximité de Namur. Le lendemain encore, violent combat d'artillerie. Les obus et les schrapnells nous atteignent ; nous avons de grandes pertes. Ma compagnie est très particulièrement éprouvée. La nuit, passée encore dans les tranchées, était éclairée comme en plein jour par les villages en flammes (1). »

Les documents allemands affirment que, tant dans les forts que dans la ville et au cours de la poursuite, on fit à Namur 4.500 prisonniers.

En fait, la garnison, ainsi que nous l'avons vu, avait quitté la place par ordre et en bon ordre dans la journée du 23. Comme l'ennemi s'était avancé sur les débouchés de la Meuse et qu'il occupait, dès lors, en partie la rive nord de la Sambre, la retraite de la division se trouvait coupée dans toutes autres directions que celle de l'Entre-Sambre-et-Meuse.

C'est de ce côté que le mouvement de repli fut décidé. Vers minuit, le 23, la 4e division belge bivouaquait entre Bioul et Arbre ; l'ennemi la

(1) Kircheisen, fascicules 13 et 15.

menaçait à la fois en queue et surtout en flanc ; elle réussit pourtant à se retirer à l'exception d'une forte arrière-garde qui fut cernée à Ermeton-sur-Biert (environ 20 kilomètres sud-ouest de Namur), par l'aile droite (XIIe corps saxon) de l'armée von Hausen; elle perdit plusieurs milliers de prisonniers. Douze mille hommes gagnèrent cependant Mariembourg et la France (1).

On comprend le retentissement des événements de Namur sur tout le front français. Dans la pensée des soldats et même dans la pensée des chefs, l'armée s'était avancée pour protéger la Belgique et la Belgique était perdue; en particulier, on venait pour arrêter l'ennemi à la hauteur de Namur et Namur était tombée.

Le 1er corps. — Le 1er corps (général Franchet d'Espérey) était à la première place pour subir le contre-coup de ces événements précipités.

Immobile dans les journées du 21 et du 22, et attendant la relève de la division Boutegourd, il avait eu pour rôle d'assurer la solidité de la position capitale d'Entre-Sambre-et-Meuse. Mais voilà que, sans qu'il ait pour ainsi dire combattu, la pression ennemie se resserre autour de lui et menace de l'envelopper. La 51e division de réserve (général Boutegourd) est arrivée le 22 août au soir. Or, ce même jour, on a reçu, à 3 h. 45, l'ordre de détruire les ponts de la Meuse qu'on avait pris, jusque là, la précaution de garder.

Anseremme, Bouvignes et Houx sautent. Seul le pont de Dinant sera conservé. Que prévoit-on de ce côté ?

Le 23 août, à minuit 30, le 2e division du 1er corps (général Deligny) quitte son quartier général de Weillen et prend ses dispositions pour regrouper en une seule masse les divers détachements que la 51e division de réserve a relevés. Le mouvement est long à s'accomplir. Enfin, le rassemblement composé des 33e, 73e, 110e et de l'artillerie s'achève vers la ferme de Montigny, où le général Franchet d'Espérey vient passer en revue ces belles troupes. Il décore, sur le front, le capitaine Vauthrin du 33e, un des héros de Dinant.

La 1re division est, comme nous l'avons dit, portée à Sart-Saint-Laurent pour appuyer le 10e corps et son avant-garde (brigade Sauret) occupe ce point.

Le colonel Pétain (4e brigade) est resté un peu en arrière, vers Bioul, avec le 8e régiment en réserve générale de corps d'armée.

Jusqu'à midi, cette journée du 23 août est calme comme les précédentes; le général est rentré à Ermeton-sur-Biert pour voir ce qui se passe sur sa gauche, c'est-à-dire vers le 10e corps.

En effet, le 1er corps a reçu, vers 9 h. 30, l'ordre de porter toute la 2e division (général Deligny), moins le 8e régiment, sur Saint-Gérard-Maison. Le mouvement s'accomplit en deux colonnes, au nord la 3e brigade, au sud le 110e, l'artillerie sur les hauteurs entre Bioul et Denée. La jonction se fait à Graux avec la brigade du général Blancq, de la 37e division (10e corps) qui a là trois bataillons de zouaves et deux de tirailleurs. On est en force pour attaquer et prendre de flanc les Allemands s'engageant sur Mettet.

Après une copieuse préparation d'artillerie, le général Deligny va ordonner l'attaque, lorsqu'il reçoit l'ordre de rester sur la défensive sans dépasser à l'ouest Cottaprez, ferme Toyot et la cote 270.

La 1re division (général Gallet) s'est déjà engagée à Saint-Gérard ; mais tout mouvement offensif est arrêté par ordre.

Voici ce qui s'était passé.

Tandis que l'on croyait n'avoir affaire qu'à l'armée von Bülow marchant sur le 10e et le 3e corps, on apprend, d'abord, que Namur est abandonnée. Et, par surcroît, la nouvelle inquiétante arrive que la division Bouttegourd a été enfoncée, vers midi, dans la direction de Dinant-Hastière, et que les Allemands ont passé la Meuse au nord et au sud de Dinant.

C'était le corps de droite (XIIe corps) de l'armée von Hausen qui apparaissait sur la

(1) Voir un très beau récit de cette retraite de la garnison de Namur par le capitaine commandant d'artillerie Paulis, dans *Récits de combattants* publiés par le baron Buffin, p. 100.

ASPECT DU COURS DE LA MEUSE DANS LA RÉGION DE NAMUR

rivière, de même que son corps de gauche (XIXe corps) apparaissait plus au sud et prenait position contre la 4e armée française vers Bourseigne-Neuve. Le mouvement stratégique tendant à séparer nos deux armées en fonçant sur le décrochement entre Monthermé et Namur, était en voie d'exécution.

Et, des combats engagés contre l'armée von Bülow, les nouvelles n'étaient pas meilleures. Le 10e corps et le 3e corps continuaient à reculer.

Voyons, d'abord, ce qui s'était passé au 10e corps : nous reviendrons ensuite au 1er corps et à son rôle dans la fin de la journée du 23 août.

10e *corps*. — Au 10e corps, les ordres reçus de l'armée, dans la nuit du 22 au 23 août, prescrivaient de prendre les dispositions nécessaires pour réparer, autant que possible, le 23, les événements malheureux de la journée du 22 (1). La nuit avait été employée à ce travail. Le poste de commandement du général Defforges, un peu en l'air à Mettet, avait été ramené à Stave et on avait commencé à rallier les trois divisions, 19e, 20e et 37e (troupes d'Afrique), ainsi que les quatre groupes d'artillerie de corps et la brigade provisoire de cavalerie. La 37e division était en état de soutenir la lutte ; même les 19e et 20e divisions étaient moins désorganisées qu'on ne l'avait pensé. Le mouvement de repli s'était exécuté sans être gêné par l'intervention de l'ennemi ; la brigade de cavalerie intacte avait couvert la retraite et bivouaquait à Saint-Gérard.

Cependant, un nouveau repli s'était produit, dans la matinée, sur la ligne Furnaux-Ermeton-sur-Biert (19e division Bonnier) ; Scry-Devant-les-Bois (20e division Ménissier) (2) Graux-Mettet-Wagnée (37e division Comby). La nuit s'était passée sans incident : l'ennemi (Garde prussienne) lui-même, très éprouvé, avait besoin de se reconstituer.

Vers 10 heures, on crut qu'il allait attaquer : une violente canonnade prenait à partie la 37e division. L'artillerie française répondit vigoureusement et le 10e corps se préparait à soutenir l'attaque quand, tout à coup, vers 12 h. 30, la canonnade allemande cessa.

On apprit, en effet, que le 1er corps français à droite venait de déployer ses deux divisions et qu'il se préparait à prendre de flanc l'attaque allemande (2e division de la Garde) dès que celle-ci déboucherait de Fosse pour attaquer le 10e corps. L'offensive allemande eût été coincée par suite de cette manœuvre qui devenait la récompense de l'abstention du 1er corps depuis trois jours. Le général von Plettenberg, commandant la Garde, s'était, sans doute, aperçu du péril où il se trouvait : car, le tir d'artillerie étant suspendu, l'infanterie, prête à déboucher, stoppa ; on prenait probablement des dispositions dans le camp allemand pour parer à la contre-attaque française menaçant le flanc gauche.

Les choses furent ainsi comme en suspens au milieu de la journée du 23 août ; les deux

(1) Un article de la *Revue hebdomadaire* du 28 avril 1917 consacré au « peintre-soldat », sous-lieutenant Julien Lemordant, donne des détails intéressants sur le rôle d'un des régiments de la 19e division, le 41e d'infanterie (colonel Passaga), dans les journées des 21-25 août, défense du pont de Ham-sur-Sambre et retraite sur Fosse-Florennes. « ... Les routes étaient déjà encombrées de fuyards. Si ce n'était pas la débâcle, c'était pourtant quelque chose de sinistre que ce reflux de nos troupes du 10e corps, hachées, décimées, toutes les unités confondues, vers la petite ville (Fosse) qui les avait vus descendre en si bon ordre, deux jours auparavant, clairons en tête, les molles pentes conduisant au fleuve. Des hommes avaient jeté leurs armes, des compagnies n'avaient plus d'officiers... Les Allemands qui nous serraient de près entraient sur nos talons à Fosse le soir à 8 heures (22 août) et reprenaient aussitôt la poursuite sur Florennes. De sa propre initiative, Lemordant (simple sergent-major), avec son petit groupe, esquissait à 9 heures du soir une contre-attaque qui retardait la progression de l'ennemi... Sous le couvert de cette petite arrière-garde, le repli du bataillon put se poursuivre sans trop de pertes. Dès le lendemain, le colonel Passaga, informé, nommait Lemordant sous-lieutenant : « Vous étiez né pour être militaire », lui dit en le félicitant l'officier d'état-major Bernard qui devait succéder à la tête du 2e bataillon, au commandant Clerget, grièvement blessé le 22 août. » Charles Le Goffic, « Le sous-lieutenant Lemordant », *loc. cit.*, p. 462.

(2) Le général Ménissier avait remplacé le général Boë à la tête de la division, comme on l'a vu plus haut. En mai 1917, le général Boë fut promu commandeur de la Légion d'honneur avec cette belle citation : « *Boë*, général de brigade, commandant par intérim une division d'infanterie : Officier général, doué des plus belles qualités militaires et d'une haute valeur morale. Placé, au début de la campagne, à la tête d'une division, l'a commandée avec autorité et énergie et brillamment conduite au feu. A été très grièvement blessé le 22 août 1914, tandis que, debout sur une crête, il observait et conduisait le combat, faisant preuve de la plus éclatante bravoure. »

armées se tenaient dans l'immobilité et se surveillaient sans se voir, les Allemands n'attaquant pas parce qu'ils croyaient que Franchet d'Espérey allait attaquer.

Or, Franchet d'Espérey n'attaque pas. Pourquoi ?

A 13 h. 15, le général commandant le 1er corps faisait savoir au 10e corps que la 51e division de réserve (division Bouttegourd), chargée de garder la Meuse, avait fléchi, et que les Allemands avaient passé la rivière. Se trouvant ainsi menacé sur ses derrières, il était obligé de parer au péril le plus proche et il se retournait pour assurer la sécurité de l'armée contre l'ennemi venant de l'Ardenne belge.

Il ne fallait donc plus compter sur l'intervention du 1er corps : la manœuvre si habilement préparée n'avait pas lieu.

LE GÉNÉRAL DE MAS-LATRIE
COMMANDANT LE 18e CORPS.

Les Allemands observèrent probablement ce changement de direction, car, à 14 heures, on les vit reprendre l'offensive et déboucher sur Wagnée. La division Ménissier et la division Comby eurent à supporter le choc. Un combat très confus s'engagea entre Wagnée-Oret, le bois de la Gatte, avec des alternatives signalées par de belles contre-attaques du 25e, du 3e zouaves, du 136e.

A la fin de la journée, la 20e division restait sur ses positions, un peu en arrière de Wagnée, Graux, Mettet. Quant à la 19e division (général Bonnier), elle bivouaqua dans le ravin de Furnaux.

En somme, on gardait toute la route, de Bioul à Fraire et Walcourt. De ce côté, la journée n'avait pas été trop mauvaise.

On n'en avait pas moins manqué la belle occasion de l'attaque combinée et en forces du milieu de la journée, et, en plus, on apprenait la chute de Namur et de Dinant.

Le jour s'acheva sur ces impressions contrastées, et pendant la nuit, pour plus de sécurité, le général Bonnier, commandant la 19e division, crut prudent de se replier, à 21 heures, entre Biesmerée et Stave.

Ce nouveau repli du 10e corps et la chute de Namur laissaient le 1er corps bien en l'air.

51e *division de réserve.* — Revenons au 1er corps. On se souvient qu'il avait engagé, dans l'après-midi, la 2e division Deligny pour l'attaque combinée avec le 10e corps et que cette division avait entraîné dans son mouvement la brigade Blancq (de la 37e division) sur Graux ; quand la nouvelle de ce qui arrivait sur la Meuse à la 51e division de réserve força le général Franchet d'Espérey à se retourner, la division Deligny dut se décrocher en plein combat. L'opération ne se fit pas sans difficulté ; le 8e régiment

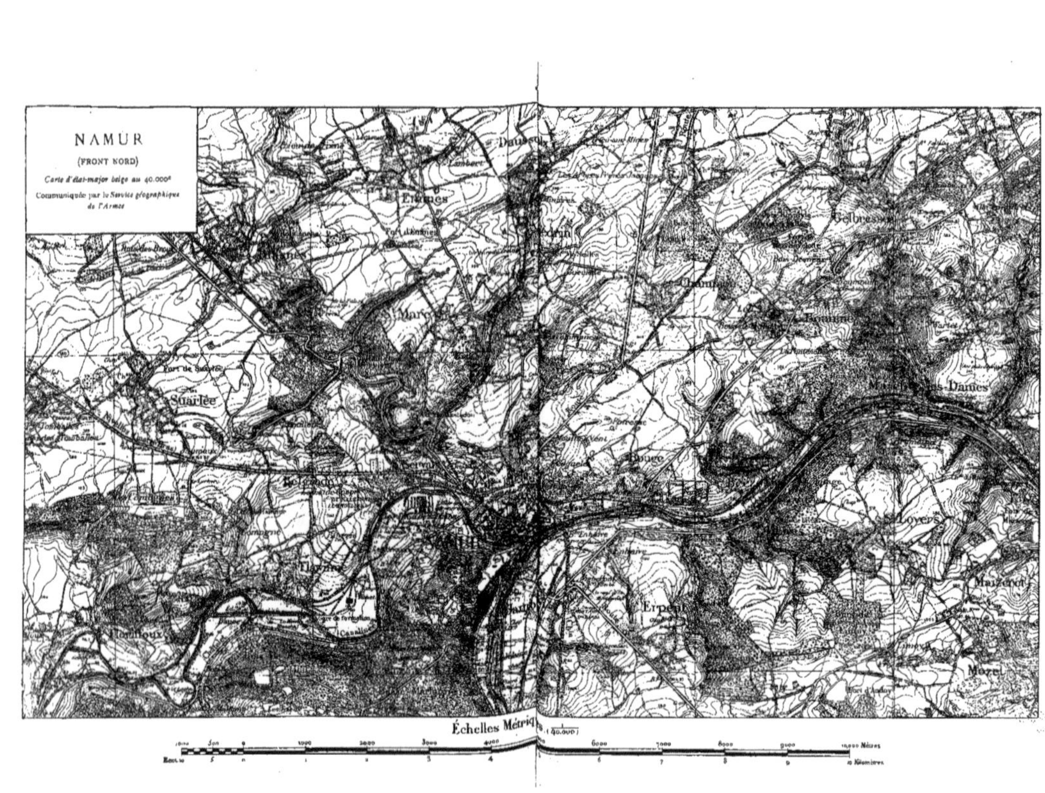
NAMUR
(FRONT NORD)
Carte d'état-major belge au 40.000e
Communiqué par le Service géographique
de l'Armée
Suarlée
Bouge
Mozet

d'infanterie avec Pétain et l'artillerie de corps soutinrent le combat, pendant que le général Deligny ralliait les 33e, 73e et 110e, et qu'avec eux et l'artillerie divisionnaire il se portait d'Ermeton-sur-Biert à Anthée au-devant des Saxons de von Hausen. La marche est longue et difficile, car elle est entravée par les convois et par la fuite des habitants abandonnant en masse la région d'Entre-Sambre-et-Meuse. Arrivée tard à Morville, près d'Anthée, la 2e division ne rencontre pas l'ennemi, mais quelques éléments de la 51e division de réserve, qui s'était ressaisie et avait tenu tête. On bivouaque à Morville ; spectacle tragique : toute la vallée de la Meuse est en feu.

D'autre part, le général Franchet d'Espérey se porte sur Dinant avec la brigade Mangin (45e et 48e) et entreprend de nettoyer la rive gauche de la Meuse des Allemands qui avaient réussi à y prendre pied.

Rappelons dans quelles conditions.

Tandis que l'armée von Bülow et le VIIe corps de réserve (von Zwehl) attaquaient vers Namur et Charleroi, l'armée von Hausen, débouchant du Luxembourg belge, avait reçu l'ordre, d'après le *Livre blanc* officiel allemand, de « forcer, aussi vite que possible, les passages de la Meuse et de chasser l'ennemi sur la rive gauche. Pour atteindre promptement ce but, il fallait briser, par tous les moyens, les résistances quelles qu'elles fussent ».

Cette mission, du moins en ce qui concerne la région de Dinant, était confiée au XIIe corps (Ier corps saxon). La 32e division devait forcer le passage à Houx, tandis que la 23e division attaquerait Dinant. A droite, le XIIe corps de réserve devait s'emparer d'Yvoir ; à gauche le XIXe corps se porterait sur Givet-Fumay.

Depuis l'engagement du 15 août (1), Dinant n'avait plus revu les Allemands. D'autre part, le 1er corps français avait organisé la rive gauche. A Dinant même, le pont était barré par un réseau de fils de fer ; le faubourg de la rive gauche était solidement occupé ; de même, la route de Dinant à Onhaye. En amont de Dinant, à Hastière, on avait coupé les routes et chemins venant de l'Est, on avait abattu des arbres, établi des barricades et des réseaux de fils de fer ; deux mitrailleuses avaient été postées sur la culée du pont rive gauche. Ce pont présentant une certaine importance, deux sections et demie du 348e étaient, exceptionnellement, installées sur la rive droite, à Hastière-par-delà. La défense d'Hastière-Lavaux, sur la rive gauche, était confiée à une compagnie du 208e appuyée par une section de mitrailleuses avec ordre de faire sauter le pont en cas de nécessité.

Quand la division Bouttegourd avait pris la relève, elle avait trouvé ces préparatifs achevés et s'était substituée sans difficulté au 1er corps. Celui-ci, avant de se retirer, avait fait sauter tous les ponts, sauf le pont d'Hastière et celui de Dinant.

A peine la relève était-elle prise, que le XIIe corps allemand débouchait sur la Meuse avec, pour objectif principal, Dinant. La 32e division opère au nord ; c'est la 23e qui opère sur Dinant, ayant à l'aile gauche le 182e grenadiers, tandis que le 100e grenadiers flanque l'aile droite. Les forces allemandes engagées appartiennent aux 101e, 102e, 103e, 108e, 177e, 178e, 182e régiments ; en plus, le 12e bataillon de chasseurs, les régiments d'artillerie 12 et 48. Ces troupes arrivent par quatre routes, celles de Lisogne, de Ciney, de la Montagne Saint-Nicolas et de Boisselles.

Au point du jour, le 23 août, les deux sections françaises qui défendaient Hastière-par-delà, sur la rive droite, reçoivent le premier choc de l'ennemi ; en même temps, vers Waulsort, les Allemands avaient commencé à passer la Meuse par petites fractions, refoulant deux sections du 208e postées l'une à Waulsort, l'autre à l'écluse voisine. A Anseremme, le pont, insuffisamment miné, livre passage à quelques éléments d'infanterie allemande qui abordent la rive gauche en refoulant les compagnies du 208e. C'est en se glissant ainsi, par le sud de Dinant et surtout par les ponts d'Hastière et de Waulsort que certains élé-

(1) Voir ci-dessus, t. III, p. 298.

LA PLACE DE L'HOTEL-DE-VILLE DE NAMUR APRÈS LE BOMBARDEMENT

ments allemands, peu importants d'ailleurs, parvinrent jusqu'à Onhaye.

A Dinant même, la lutte se borna à une canonnade d'un bord à l'autre. Tandis que la ville proprement dite, située sur la rive droite, était livrée au sort le plus affreux par les troupes saxonnes, en présence du major von Zeschau, adjoint au général commandant le XIIe corps, les grenadiers du 101e régiment attendaient vers 6 heures du soir, en ordre de marche, que le pont qui avait été détruit fût rétabli pour le passer.

C'est en présence de ces nouvelles, par elles-mêmes d'une importance secondaire, mais qui révélaient, cependant, la survenue de forces sérieuses menaçant le flanc et jusqu'à un certain point les communications du 1er corps et par conséquent de la 5e armée, c'est en présence de ces nouvelles que le général Franchet d'Espérey avait renoncé à l'offensive projetée avec le 10e corps et qu'il était venu porter aide à la division Bouttegourd. Arrivé dans la soirée du 23 août, il n'avait pas eu de peine à rejeter au delà de la rivière les quelques éléments ennemis qui l'avaient franchie.

Mais l'incident avait eu d'autres conséquences ; il avait, comme nous le verrons bientôt, pesé d'un grand poids sur les résolutions du général Lanrezac et sur le sort de la 5e armée.

SUITE DE LA JOURNÉE DU 23. LE 3e CORPS ET LA GAUCHE DE LA 5e ARMÉE

Mais avant d'en venir à cette décision, il est nécessaire de poursuivre le récit des autres événements qui contribuent à la motiver.

Voyons donc ce qui se passe, toujours dans la journée du 23, au 3e corps et aux autres corps français échelonnés vers l'ouest et jusqu'à l'armée britannique.

Malgré le résultat fâcheux des journées du 21 et du 22 août, on n'avait pas, au 3e corps, le sentiment qu'il n'y eût qu'à abandonner la partie. Le général Sauret a raconté qu'un officier détaché de l'état-major général de l'armée lui avait dit, le 23 au matin : « A l'armée, on ne considère pas les événements d'hier comme un échec, mais simplement comme une blessure momentanée qui n'influe pas sur l'issue finale ; les autres corps d'armée sont là pour vous aider à riposter. » Ces paroles correspondent certainement au sentiment que l'on avait alors de la situation.

Le 3e corps avait donc reçu l'ordre de défendre la position Nalinnes-Farcienne-Hanzinelle pour gagner le temps nécessaire à l'offensive des autres corps.

La 5e division (général Verrier) tient à droite la ligne cote 246-Hanzinelle, la 38e division (général Muteau) est au centre, la 6e division (général Bloch) est à gauche, un peu au sud de Nalinnes, vers Pairain.

Cette journée fut particulièrement grave pour la 6e division. Les Allemands, ayant senti probablement que le fléchissement du centre de la 5e armée leur faisait la partie belle et qu'ils avaient tout intérêt à poursuivre leur succès, résolurent d'attaquer à l'ouest de Charleroi. Cette manœuvre leur était facilitée par l'existence du ravin de Fontenelle (rivière de l'Heure) qui empêchait la liaison complète entre le 3e et le 18e corps. L'attaque allemande se glisse donc par le ravin et débouche par Linsoury sur Pairain.

L'artillerie française occupe la forte position de Chastrès et, de là, elle canonne les villages où l'ennemi est signalé. Même, pour la première fois, le général Rouquerol, qui commande l'artillerie du 3e corps et dont la vigueur fut si utile dans ces circonstances difficiles, se sert de son artillerie lourde dont il envoie une section dans la zone de la 6e division.

Le combat traîne dans la matinée : mais, vers 16 heures, la 6e division fléchit. Le commandement du corps d'armée a quitté Chastrès et s'est transporté dans la direction Vogenée-Silenrieux. Une grande confusion se produit alors. Une contre-attaque sur Hanzinne, préparée par la brigade Durand, ne peut se produire ; l'artillerie elle-même est menacée par le repli de la 6e division ; elle est soutenue seulement par l'arrivée fortuite du 123e (colonel Dhé) sur les hauteurs à l'est de Chastrès.

Tout le corps d'armée n'en est pas moins réduit à suivre le mouvement de repli qui, d'ailleurs, s'accomplit en bon ordre, le moral de la troupe restant excellent. La division Muteau stationne longtemps, attendant l'ennemi que l'on suppose devoir attaquer sur la gauche; notre artillerie de gros calibre tire sur les villages d'où l'on attend l'offensive ; mais elle ne débouche pas. Sur le soir, une énergique contre-attaque de cette division maintient l'ennemi qui poursuit mollement, et le général Muteau peut gagner sans encombre les hauteurs entre Somzée et Yves-Gomezée, où, avec ses troupes, il se tient prêt à soutenir de nouveaux combats.

Malheureusement, quand la nuit tombe, un encombrement indescriptible se produit entre les régiments qui se portent sur Silenrieux par Walcourt. A ce moment, malgré des dispositions toujours solides, le désordre matériel commence à donner à la retraite un nouveau caractère. Le quartier général du corps d'armée était à Silenrieux vers 10 heures et demie du soir, et on attendait les ordres de l'armée dans un état d'inquiétude qui, des chefs aux soldats, tendait à se généraliser.

18e *corps*. — La bataille se prolongeait plus à l'ouest encore.

Le 18e corps avait pour mission de surveiller les passages de la Sambre sans s'engager dans la vallée et de résister sur la ligne Thuin-Gozée-Ham-sur-Heure.

Nous avons dit que le 18e corps avait été renforcé par la 11e brigade (Hollender) appartenant au 3e corps et qui avait été d'abord donnée comme soutien au corps de cavalerie Sordet. Cette brigade est adjointe à la 36e division et elle se reconstitue à Biercée : on confie à cette division le soin de maintenir la liaison avec le 3e corps ainsi que la garde des ponts de Fontaine-Valmont et de Lobbes.

La 35e division est en réserve au sud des bois de Fontaine-Valmont.

On compte que la 69e division appartenant au groupe des divisions de réserve, arrivera dans la journée, en arrière de la 35e division, et qu'elle prendra sa gauche à Montignies-Saint-Christophe. Ainsi toute la région de Merbes-le-Château serait protégée.

On a dit que l'ennemi était resté stationnaire dans la journée du 23, attendant que l'armée von Kluck eût achevé son mouvement ; ce n'est pas ce qui résulte des documents allemands ni même des documents français. L'ennemi, au contraire, s'engageait partout, dans la pensée évidente de ne pas laisser à l'armée française le temps de reprendre haleine.

PONT DÉTRUIT AU PIED DE LA CITADELLE DE NAMUR

Vers 11 heures, l'ennemi dessine une attaque sur le pont de Lobbes. Le commandant du corps d'armée (général de Mas-Latrie) prescrit à une brigade de la 35e division de se porter au nord-est de Leers-et-Fosteau pour contre-attaquer et rejeter l'ennemi sur la Sambre au cas où il réussirait à prendre pied au sud de la rivière. Les deux régiments de réserve sont rapprochés : le 218e à Strée et le 249e à Beaumont.

Malheureusement, après un effort puissant sur le pont de Lobbes et une lutte qui dure de 11 heures à 13 heures, ce pont est enlevé à la 11e brigade (général Hollender). L'ennemi cherche à prendre pied sur la rive droite.

De violents combats s'engagent sur tout le front de la 36e division échelonnée sur les hauteurs longeant la rivière au sud ; Gozée est chaudement disputé. L'ennemi, qui établit là sa liaison entre le VIIe corps et le Xe corps de réserve, progresse lentement, arrêté par de vigoureuses contre-attaques qui lui infligent de fortes pertes.

Jusque vers 19 heures, le combat se poursuit avec une très vive canonnade réciproque. Mais l'ennemi, maître déjà du champ de bataille sur d'autres points, amène des renforts ; il rétablit ses lignes ébranlées et prépare une suprême offensive qui se déclenche avec une extrême violence. Gozée et Marbaix sont enlevés. Point extrêmement sensible, puisqu'il s'agit de la liaison avec le 3e corps, attaqué, comme nous l'avons dit, par la vallée de l'Heure et le ravin de Fontenelle.

Cependant, les vaillantes troupes du 18e corps tiennent toujours à Biesme et à Thuin, fortement menacés. Des combats sanglants s'engagent sur la gauche, pour la possession du pont de Valmont. Il est perdu d'abord ; une vigoureuse contre-attaque du 57e arrête le VIIe corps allemand.

A 21 heures, le combat cesse peu à peu. Le 18e corps a beaucoup souffert, mais, en somme, il a tenu contre les offensives ennemies ; on ne peut dire qu'il ait perdu la ligne de la Sambre, et sa résistance acharnée a infligé de rudes pertes à l'ennemi.

La situation à minuit est la suivante : quartier général du corps d'armée à Beaumont ; 36e division : zone Thuillies-Strée ; 35e division : zone Leers-et-Fosteau ; 11e brigade : au centre, à Ragnies.

Un peu plus tard, à une heure avancée de la nuit, le 18e corps reçoit l'ordre de s'établir un peu en arrière de la position où il s'était maintenu. Sa droite devra se replier vers Clermont pour maintenir la liaison avec le 3e corps qui se porte sur Walcourt. Suivant ce mouvement, la 35e division conservera ses positions à Ragnies-Thuillies, la 36e division s'établira vers Beaumont sans abandonner tout à fait la ligne de Strée ; arrière-garde à Leugries : c'est, qu'en effet, de ce côté, elle s'appuie, comme nous allons le voir, sur le groupe des divisions de réserve qui est entré définitivement en ligne et qui tient encore la Sambre, sa droite à Hautes-Wihéries.

L'ennemi ne manifeste plus la moindre activité : on dirait qu'il a perdu le contact. Le 18e corps, quoique ses régiments soient très éprouvés après cette dure journée, est prêt, s'il y a lieu, à accepter de nouveau le combat, le lendemain 24 août.

Corps de cavalerie. — Le corps de cavalerie du général Sordet était resté en ligne sur la Sambre et nous l'avons vu bivouaquer le 22 août au soir dans la région de Merbes-le-Château. Il a gardé les ponts jusqu'à l'arrivée de la brigade Hollender qui s'est substituée à lui, et il s'est retiré sur les hauteurs autour de Bersillies-l'Abbaye, quand, dans la journée du 23, il reçoit la mission de procéder à un mouvement rapide et de toute importance : cédant sa place au groupe des divisions de réserve, il quittera la 5e armée et se portera, le plus rapidement possible, sur la gauche de l'armée anglaise, dont la situation, comme nous allons le voir, est très compromise. Il s'agit de prendre en hâte les mesures qui empêcheront le mouvement d'enveloppement contre la gauche britannique de réussir. Le corps de cavalerie se mettra en marche pour

PONT DE FER TRAVERSANT LA MEUSE A MONTHERMÉ

aller stationner le soir au nord et à l'est de Maubeuge.

On part. La route est longue. Les chevaux et les hommes ont eu à peine le temps de se remettre de la grande randonnée de Belgique, et il faut recommencer. En cours de route, vers 18 heures, on reçoit un message du gouverneur de Maubeuge (général Fournier) prévenant qu'il ne peut être question de passer au nord de Maubeuge parce que l'armée anglaise retraite sur le front Bavai-Maubeuge.

Le corps de cavalerie, très fatigué, arrive en pleine nuit dans la région de Beaufort (sud de Maubeuge) où il bivouaque.

4e *groupe de divisions de réserve.* — Par le départ du corps de cavalerie, un vide s'est produit sur le front de Sambre, entre la 5e armée et l'armée britannique. Mais une nouvelle formation, le 4e groupe des divisions de réserve, arrive pour le remplir, et il arrive juste à temps, comme le 18e corps lui-même deux jours auparavant ; car le danger d'une coupure entre les deux armées serait peut-être le plus grave de tous.

Le 22 août au soir, le général Valabrègue a adressé à ses troupes un ordre qui définit parfaitement leur rôle :

« Le 4e groupe de divisions de réserve a eu pour première mission d'organiser une position défensive destinée à assurer la gauche des armées françaises et à couvrir la zone de débarquement de l'armée anglaise. Ce double but est aujourd'hui atteint.

« Les armées rassemblées à l'ouest de la Meuse se portent en avant à la rencontre de l'ennemi qui traverse la Belgique. Le 4e groupe de divisions de réserve va participer à ce mouvement d'ensemble avec nos corps d'armée et l'armée anglaise. Les divisions du 4e groupe ont témoigné, depuis leur entrée en campagne, d'un grand esprit de discipline, de beaucoup d'entrain et de dévouement... Le 4e groupe de D. R., conscient de sa force, marche à la bataille avec confiance ; il y fera tout son devoir et accomplira avec honneur toutes les missions qui lui seront confiées. »

Ces troupes, appartenant à des formations de réserve et dont la cohésion était encore si récente, savaient donc qu'elles allaient à la bataille. Composées d'hommes déjà mûrs, elles avaient conscience de leur devoir.

Les ordres pour la journée du 23 août étaient les suivants : le groupe des divisions de réserve se porte dans la région de Colleret, Montignies-Saint-Christophe, Cousolre, pour interdire le débouché des forces allemandes au sud de la Sambre. Le groupe occupera les hauteurs qui bordent la Sambre au sud du bois de Jeumont, à Montignies-Saint-Christophe et Sartiau. Au cas où l'ennemi aurait déjà débouché au sud de la rivière, on l'attaquera pour reconquérir ce front. La 69e division agira à droite jusqu'à Merbes-le-Château, un régiment en réserve à Les Haies de Cousolre ; la 53e division (général Perruchon) agira à gauche de Cousolre à Colleret et tiendra à tout prix un régiment en réserve à Aibes. Le poste de commandement du général Valabrègue sera à Solre-le-Château. Les ponts de Sambre seront tenus par des postes légers qui ont pour mission d'arrêter les incursions de cavalerie. Devant une attaque d'infanterie, ces postes se replieront sur la ligne principale de résistance.

Instructions précises et qui sont exécutées ainsi qu'il suit : les positions ci-dessus indiquées sont gardées vigoureusement pendant la première partie de la journée. On apprend cependant, d'une part, que les Anglais (1er corps) sont engagés au nord sur le front Peissant-Faurœulx et qu'ils progressent vers Binche. Vers 5 heures, on est avisé par l'officier de liaison de l'armée que le 18e corps a été attaqué à Thuin et sur son flanc nord-ouest, qu'il vient de perdre Leers-et-Fosteau et qu'il faut le soutenir dans la direction Thirimont. Aussitôt, la 69e division est portée sur Thirimont-Bousignies et la 53e division vers Cousolre.

Il est facile de voir sur la carte le décrochement qui se produit, ainsi, entre l'armée britannique qui s'est battue à Peissant et la 5e armée dont la gauche est vers Bousignies. Mais on assure que l'ordre d'attaquer sur Binche va être donné dans la nuit. Or, l'ordre n'arrive pas et le groupe des divisions de réserve garde ses positions.

En allant toujours d'est en ouest, il faut dire, maintenant, comment la bataille, dite « de Charleroi », se développait à gauche et comment elle devenait, dans cette même journée du 23 août, pour l'armée britannique et l'armée von Klück, la « bataille de Mons ».

FIN DU CINQUIÈME VOLUME

ERRATA

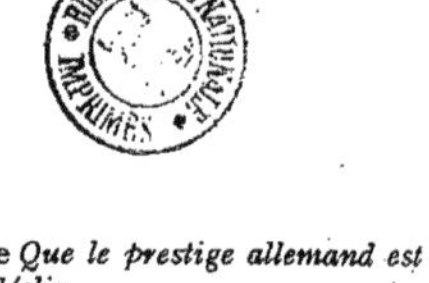

Pages	Colonnes	Lignes	
106	2e	26	lire *Dès le 1er août, le landsturm est mis sur pied pour la garde des ouvrages d'art de la frontière ; derrière cette couverture la mobilisation de l'armée commence ; elle s'achève le 4 août.*
106	2e	46	lire *Istein* au lieu *d'Huningue.*
107	1re	2	lire *la grande casemate qui constitue ce fort,* au lieu *de ce front.*
109	2e	20	lire *Que le prestige allemand est sur son déclin.*
157	2e	21	lire *le Xe R.* au lieu *de XER.*
158	1re	39	lire *le* 20 *août* au lieu *du* 29 *août.*
203	2e	12	lire *la* 6e *division de cavalerie* au lieu *d'une division de cavalerie.*
218	1re	5 et 7	lire *Von Hœningen* au lieu *de Von Heeringen.*

TABLE DES MATIÈRES

Pages

CHAPITRE VIII

II. — LES PREMIÈRES RENCONTRES DE L'EST. LA VICTOIRE DE LA TROUÉE DE CHARMES

CHAPITRE IX

LA BATAILLE DES FRONTIÈRES. OPÉRATIONS DANS LE LUXEMBOURG BELGE ET LES ARDENNES (AOUT 1914)

CHAPITRE X

LA BATAILLE DES FRONTIÈRES III. — COMBATS DES ARDENNES, 3e ET 4e ARMÉES (21 ET 22 AOUT 1914)

CHAPITRE XI

LA BATAILLE DES FRONTIÈRES IV. — LA RETRAITE SUR LA MEUSE (23-25 AOUT 1914)

TABLE DES GRAVURES

TABLE DES GRAVURES

CARTES

G. de Malherbe et Cie Imprimeurs, 12, Passage des Favorites, Paris

www.ingramcontent.com/pod-product-compliance
Ingram Content Group UK Ltd.
Pitfield, Milton Keynes, MK11 3LW, UK
UKHW021058220726
13924UKWH00005B/2146